# Durch die *Welt* im *Auftrag* des *Herrn*

## Reisen von Pietisten im 18. Jahrhundert

Kataloge der Franckeschen Stiftungen 35

# Durch die *Welt* im *Auftrag* des *Herrn*

## Reisen von Pietisten im 18. Jahrhundert

Herausgegeben von Anne Schröder-Kahnt und Claus Veltmann

Verlag der Franckeschen Stiftungen zu Halle
Harrassowitz Verlag in Kommission

# Inhalt


THOMAS MÜLLER-BAHLKE 6 **Geleitwort**

*Kapitel 1* *Reisen durch die Welt* *Franckes* Reise ins Reich

ANNE SCHRÖDER-KAHNT 13 **„Dass die Führung Gottes auf deiner Reise erkannt werde“**
Das Reiseverhalten der hallischen Pietisten in die Welt

28 ***EXPONATE***

DIETER ISING 37 **August Hermann Franckes Reise nach Süddeutschland 1717/1718**

44 ***EXPONATE***

*Kapitel 2* *Im Auftrag des Herrn nach Indien und in den Orient*

HEIKE LIEBAU 49 **Missionsauftrag, Wissensdurst und Abenteuerlust**
Reisen von hallischen Missionaren nach und durch Indien

58 ***EXPONATE***

DANIEL HAAS 67 **Von Halle in den Orient**
Stephan Schultz auf Reisen im Osmanischen Reich in den Jahren 1752 bis 1756

80 ***EXPONATE***

*Kapitel 3* *Von den Niederlanden lernen*

HOLGER ZAUNSTÖCK 89 **Auf der Suche nach einem „Modell“**
Georg Heinrich Neubauers Reise in die Niederlande (1697/98)

106 ***EXPONATE***

## Kapitel 4

## Medikamente zur Verbesserung der Welt

CLAUS VELTMANN 115 **„Arzeneyen in weit entlegenen Ländern zu vertreiben“**
Die Medikamenten-Expedition der Franckeschen Stiftungen

126 ***EXPONATE***

## Kapitel 5

## Vertreibung und Flucht um des Glaubens willen

BRIGITTE KLOSTERBERG 139 **„Der Segen dieser seiner Reisen wird noch in der Ewigkeit offenbar werden.“**
Heinrich Mildes Reisen zur Unterstützung böhmischer Protestanten

150 ***EXPONATE***

## Kapitel 6

## Ein Pilger im Orient

ANNE SCHRÖDER-KAHNT 161 **„beym Ümgange mit allerhand nationen und religionen ein und ander Vergnügen bescheret“**
Heinrich Wilhelm Ludolfs Reise in den Orient

174 ***EXPONATE***

## Kapitel 7

## Reise ins Ich

MARKUS MATTHIAS 189 **„Bring mich mit Freuden an den Ort“**
Reisen als Metapher im Pietismus

## Kapitel 8

## Schaufenster in die Welt

THOMAS MÜLLER-BAHLKE 201 **„Gott und die Welt beßer und zeitiger kennen zu lernen“**
Die Kunst- und Naturalienkammer des Halleschen Waisenhauses als Schaufenster in die Welt

**Anhang**
210 Register der Personen
213 Register der Orte
215 Bildnachweis
215 Leihgeber

## Geleitwort

Vor 300 Jahren unternahm August Hermann Francke eine ausgedehnte Reise, die ihn so weit und so lange von Halle und seinen Aufgaben als Direktor des Waisenhauses, als Professor an der Friedrichs-Universität und als Gemeindepfarrer an der städtischen Ulrichskirche wegführte, wie niemals zuvor und danach. Eigentlich als Erholungsreise von ein paar Wochen gedacht, entwickelte sich seine Fahrt nach Süddeutschland zu einem aufsehenerregenden Ereignis von mehrmonatiger Dauer. Diese denkwürdige Tour ist als *Franckes Reise ins Reich* in die Geschichte eingegangen. Die Franckeschen Stiftungen nehmen dieses markante Ereignis im Leben des Stiftungsgründers zum Anlass, eine Ausstellung über dieses Thema in der Frühen Neuzeit am Beispiel ausgewählter Reisen im Kontext des Halleschen Pietismus zu zeigen. Dabei wird deutlich, dass sich kaum eine Lebenssphäre in den letzten Jahrhunderten so stark gewandelt hat wie die des Reisens. Heute gehört es zum selbstverständlichen Lebensgefühl moderner Gesellschaften, unterwegs zu sein. Der Anspruch auf höchste individuelle Mobilität und die Möglichkeiten, jederzeit innerhalb kürzester Zeit an jeden beliebigen Ort der Welt gelangen zu können, werden bisweilen zu den Grunddispositionen freiheitlicher Gesellschaftsordnungen gerechnet. Das, was heute unter Nahverkehr und Kurzbesuch am Nachmittag rangiert, konnte vor dreihundert Jahren bereits als eine abenteuerliche, vielleicht sogar gefährliche Unternehmung gelten. Reisen in ausländische Gefilde oder sogar nach Übersee waren ungleich aufwendiger und mit zahlreichen Unwägbarkeiten verbunden.

Die Ausstellung „Durch die Welt im Auftrag des Herrn" fragt, aus welchen Gründen sich Menschen im 18. Jahrhundert auf den Weg machten, um die Welt zu erkunden. Sie geht dieser Frage am Beispiel einiger besonderer Reisen nach, die schon für sich genommen lohnen, nachgezeichnet zu werden, aber die in der Gesamtschau auch die These untersuchen, ob es so etwas wie eine pietistische Reisekultur gegeben hat. Unstrittig ist, dass Mobilität und Reisetätigkeit zum Bedingungsfeld einer Reformbewegung gehörten, die den Anspruch erhob, weltweit ausstrahlen und wirken zu wollen. Fraglich bleibt jedoch, ob sich daraus tatsächlich eine erkennbar pietistische Spezifik des Reisens entwickelt hat. Die Ausstellung thematisiert darüber hinaus auch das Reisen von Produkten aus dem Halleschen Waisenhaus und geht über die Belange physischer Mobilität hinaus auf die Metaphorik des Reisens im Pietismus ein.

Auch 2018 dient die Jahresausstellung als Referenzpunkt für ein ganzes Themenprogramm der Franckeschen Stiftungen. Dieses wird zusammen mit der Jahresausstellung anlässlich der Francke-Feier eröffnet. Im Jahresverlauf wird das Programm den Bogen immer wieder bis in die Gegenwart schlagen und nach der Art des Reisens heute, nach dessen Nutzen und Grenzen fragen. Auch unfreiwilliges Reisen in Form von Flucht und Vertreibung kommen sowohl in der Ausstellung als auch im Begleitprogramm zur Sprache.

Es ist seit der Wiedereröffnung des Historischen Waisenhauses im Jahr 1995 gelungen, alljährlich mindestens eine große Ausstellung zu zeigen, meistens waren es zwei und manchmal sogar mehr. Die meisten davon wurden durch gehaltvolle Kataloge ergänzt und flankiert. Deswegen sei auch in diesem Jahr wieder allen Mitwirkenden sehr herzlich gedankt, die zum Gelingen dieser Ausstellung beigetragen haben. Den Katalogautoren danke ich für ihre Zeit und die Bereitschaft, ihr reiches Fachwissen in gut lesbaren Texten beizusteuern. Dadurch werden die

6.15 | Pilger erblicken Jerusalem, Radierung von Jan Luyken, Amsterdam, 1683. Amsterdam, Rijksmuseum: P-P-OB-44.187. (Detail)

Ausstellungen der Franckeschen Stiftungen immer auch zu einem Forum des wissenschaftlichen Austauschs. Den Leihgebern möchte ich für ihr Vertrauen danken, den Stiftungen Ausstellungsstücke bereitzustellen und unser Ausstellungsprojekt auf diese Weise zu unterstützen. Den Ausstellungsgestaltern der Firma kocmoc.net aus Leipzig gebührt mein besonderer Dank dafür, dass es ihnen erneut gelungen ist, das Thema und die Objekte spannend in Szene zu setzen. Auch Klaus. E. Göltz gilt meine hohe Anerkennung. Der vorliegende Katalogband trägt seine bewährte gestalterische Handschrift, für die er seit vielen Jahren weithin geschätzt wird. Die Agentur anschlaege.de in Berlin hat den Umschlag und die Grafik entworfen, mit der die Ausstellung beworben wird. Die kokreative Zusammenarbeit mit den Berliner Kolleginnen und Kollegen ist ein Gewinn für unsere altehrwürdige Einrichtung.

Die Ausstellung wurde von Anne Schröder-Kahnt und Dr. Claus Veltmann kuratiert. Sie verantworten als Herausgeber auch den vorliegenden Begleitkatalog. Ihnen gilt mein ganz besonderer Dank, weil sie für die Kontinuität des Gesamtprojekts gesorgt haben, von der ersten Konzeption bis zum Aufbau der Ausstellungstechnik und der Mitarbeit am Begleitprogramm. Frau Schröder-Kahnt legt mit dieser Ausstellung ihr Gesellenstück vor, denn sie absolvierte in den vergangenen zwei Jahren ein wissenschaftliches Volontariat im Ausstellungsbüro der Stiftungen. Die Kuratoren wurden von einer kleinen internen Vorbereitungsgruppe begleitet, in der sich ganz besonders Prof. Dr. Holger Zaunstöck, Leiter der Stabsstelle Forschung, mit seinem breiten Fachwissen eingebracht und so zur fachlichen Verankerung der Ausstellung beigetragen hat. Auch den weiteren Abteilungen der Franckeschen Stiftungen sei herzlich für ihre kollegiale Unterstützung gedankt, vor allem dem Studienzentrum August Hermann Francke – Archiv und Bibliothek – unter Leitung von Frau Dr. Britta Klosterberg sowie dem Bereich Kommunikation und Veranstaltungen unter Leitung von Frau Dr. Kerstin Heldt. Schließlich möchte ich Frau Metta Scholz als Leiterin der Veröffentlichungsabteilung sehr herzlich für ihre Arbeit danken, die maßgeblich zum Gelingen dieser vorliegenden Publikation geführt hat. Abschließend sei auch allen Förderern und Unterstützern der Franckeschen Stiftungen herzlich für die Bereitstellung der erforderlichen finanziellen Mittel gedankt. Dazu zähle ich neben dem Land Sachsen-Anhalt und der Bundesbeauftragten für Kultur und Medien auch die Saalesparkasse sowie den Freundeskreis der Franckeschen Stiftungen e. V. Mir bleibt zu wünschen, dass es viele Menschen aus nah und fern in diese Ausstellung zieht und der eine oder andere hierfür auch eine etwas längere Reise in Kauf nimmt. Die Mühe lohnt, so viel ist sicher.

Prof. Dr. Thomas Müller-Bahlke
Direktor der Franckeschen Stiftungen

1.1.28 | Ein Schiff auf hoher See, Öl auf Leinwand von Willem van de Velde, um 1680. Amsterdam, Rijksmuseum: SK-A-1848. (Detail)

# 1

# Reisen durch die Welt

## Franckes *Reise ins Reich*

ANNE SCHRÖDER-KAHNT

# „Dass die Führung Gottes auf deiner Reise erkannt werde"

## Das Reiseverhalten der hallischen Pietisten in die Welt

Seit jeher gehört das Reisen zu den elementaren Kulturpraktiken der Menschheit. Im Mittelalter reisten Pilger ins Heilige Land, im Barock wurden die adligen Söhne auf Kavalierstour geschickt, die Romantik führte den Wanderer in die Schweizer Alpen und heute fliegt man nach Mallorca in den Badeurlaub. Für den Halleschen Pietismus spielten Reisen eine besondere Rolle, die im Folgenden beleuchtet werden soll. Zunächst wird der Blick dabei auf frühneuzeitliches Reisen im Allgemeinen geworfen, worauf der Fokus auf die Akteure des Halleschen Pietismus gelegt wird. Das abschließende Resümee erläutert das Reiseverhalten der hallischen Pietisten.

### Reisen in der Frühen Neuzeit

Das 18. Jahrhundert bedeutete für das Reiseverhalten eine grundlegende Zäsur,[1] die sich in einer enorm gesteigerten Reiseaktivität spiegelte.[2] Es wurde nicht nur quantitativ mehr gereist, auch die Motivationen des Reisens wurden vielfältiger. Neue Entwicklungen, etwa der Fortbewegungsmittel, der Infrastruktur und der Unterkünfte, vereinfachten und verbilligten die Mobilität. Dies ermöglichte wiederum sukzessive im Laufe des Jahrhunderts einem größeren Teil der Bevölkerung zu reisen, dem das Reisen zuvor verwehrt blieb. Besondere Bedeutung kommt dabei der Post zu. Vor diesem Hintergrund ist die hohe Bedeutung des Reisens im Halleschen Pietismus zu beleuchten. Dessen Akteure bemühten sich früh um eine Verbesserung und Vereinfachung ihrer Reisen, was sowohl die Reisevorbereitung als auch die -durchführung und ihre Nachbereitung anbelangte. Somit bereiteten sie in für ihre Zeit beispielloser Weise anderen Reisenden der eigenen „Gruppe" eine solide Grundlage für das eigene Reiseverhalten.

Ein Grund für die Entwicklungen und Neuerungen im Reiseverhalten der europäischen Gesellschaft des 18. Jahrhunderts lag in den verbesserten infrastrukturellen Gegebenheiten. Noch im 17. Jahrhundert bestanden Besiedlungslücken und entvölkerte Landstriche, die durch den Dreißigjährigen Krieg und immer wieder auftretende Epidemien verursacht worden waren. Diese verhinderten eine dichte und gut vernetzte Infrastruktur und bargen für den Reisenden das Risiko, in unbewohnten Gegenden überfallen zu werden oder durch das Wetter unbefahrbare Wege und Straßen vorzufinden. Durch das langsame Bevölkerungswachstum zur Wende zum 18. Jahrhundert konnten diese Bevölkerungslücken geschlossen werden. Durch eine größere Besiedlungsdichte verbesserte sich auch das Wegenetz, das nunmehr Reisenden günstigere Bedingungen bot, sicher und mit größerem Komfort zu reisen.[3] Anteil daran hatte auch der sich herausbildende vormoderne Staat, der den Ausbau der Verkehrsinfrastruktur zu fördern begann. Die gesteigerte Reiseaktivität der eigenen Bevölkerung wurde damit zum einen weiter verstärkt, andererseits bot dies dem frühneuzeitlichen Staat auch neue finanzielle Einnahmequellen, etwa durch Zolleinnahmen, und ermöglichte ihm einen stärkeren Zugriff auf seine Bevölkerung und deren Reiseverhalten, etwa durch Zollkontrollen.[4]

VORHERIGE DOPPELSEITE:
Zwei Reisende zu Pferde studieren eine Karte, Radierung nach Jan Luyken, Amsterdam, 1689. Amsterdam, Rijksmuseum: RP-P-1896-A-19368-769. (Detail)

1.1.10 | Christliche Ängste werden von einem Steinschlag zerschlagen, Radierung von Jan Luyken, Amsterdam, 1684. Amsterdam, Rijksmuseum: RP-P-1896-A-19368-434. (Detail)

1.1.5 | Reise zweier Offiziere, Radierung, Augsburg, 1785/86. Amsterdam, Rijksmuseum: RP-P-OB-85.417.

In der Frühen Neuzeit reiste man entweder mit dem Schiff, mit der Kutsche bzw. auf einem Pferd oder zu Fuß. Die wichtigste und häufigste Fortbewegungsart war das Reisen zu Fuß, denn dem größten Teil der Bevölkerung fehlten die finanziellen Mittel, um sich eine Kutsche oder eine Schiffspassage zu leisten. Insbesondere kürzere Strecken, beispielsweise zum Markt in die nächstgrößere Stadt, wurden zu Fuß zurückgelegt. Stabiles Schuhwerk war aus diesem Grund sehr wichtig und wurde zumeist aus Leder oder Holz gefertigt und mit Faden und Metallnägeln befestigt. Aufgrund des hohen Verschleißes des Schuhwerks gab es in jeder, auch kleineren, Stadt Schuh- oder Stiefelmacher und Flickschuster, die Reparaturen übernahmen oder neue Schuhe fertigten.[5]

Der Schiffsverkehr erlebte zahlreiche und tiefgreifende Neuentwicklungen, die sich sowohl in der Binnen- als auch in der Küsten- und der Seeschifffahrt bemerkbar machten. Wasserwege wurden in der Frühen Neuzeit, so oft es möglich war, dem Landverkehr vorgezogen, da auf Flüssen, Kanälen, Seen und entlang der Küste das Reisen mit dem Schiff nicht nur weniger strapaziös war, man denke an die schlechten Zustände der Straßen, sondern auch schneller und preisgünstiger. Aus diesem Grund hatte sich auf den meisten europäischen Binnenwasserwegen ein regelmäßiger Schiffsverkehr entwickelt.

Die Post spielte für das frühneuzeitliche Reiseverhalten ebenfalls eine zentrale Rolle. Ursprünglich waren berittene Kuriere allein für die Übermittlung von Briefen und Depeschen zuständig. Nachdem ab dem 16. Jahrhundert zunehmend auch Fahrgäste und Gepäck von den unterschiedlichen Postunternehmen befördert wurden, setzte man vermehrt Kutschen ein, wodurch die Reisen allmählich sicherer, zuverlässiger, schneller und günstiger wurden.[6] An sogenannten Relaisstationen gab es Pferdewechsel, sodass insgesamt größere Strecken in kürzerer Zeit zurückgelegt werden konnten: die Reisedauer verringerte, die Nachrichtenübermittelung beschleunigte sich. Damit erhielt auch das Nachrichtenwesen neue Impulse durch die gesteigerten Reiseaktivitäten. Im Zuge dieser Entwicklung entstanden die ersten „Fahrpläne" zu Beginn des 17. Jahrhunderts. Sie wurden im Verlauf des Jahrhunderts weiter präzisiert – von der Angabe des Tages hin zur Angabe der Stunde.[7] Mit dem zunehmenden Reiseaufkommen und der höheren Brief- und Nachrichtenübermittlung verdichtete sich das Netz der Postrouten.[8] Über Postverzeichnisse und Postroutenhandbücher konnte der Reisende seine Verbindungen heraussuchen sowie Dauer und Kosten der Reise abschätzen. Damit bildete die Post die organisierte Institutionalisierung frühneuzeitlichen Reisens.[9]

Die zunehmende staatliche Reglementierung an den Landesgrenzen und Zollstationen konnte jedoch Unannehmlichkeiten für den Reisenden verursachen.[10] Viele Verordnungen reglementierten beispielsweise den Grenzübertritt und konnten den Reisenden unter Umständen aufhalten oder sogar an der Weiterreise hindern. So durfte etwa in Preußen eine Person unter 30 Jahren das Herrschaftsgebiet nicht ohne staatliche Genehmigung verlassen.[11]

Die Entwicklungen im Postwesen zogen nur allmählich notwendige Verbesserungen der Verkehrswege nach sich. Während in Frankreich und England bereits breite Chausseen und Alleen das Fahren im Postwagen geradezu komfortabel machten und darüber hinaus für eine Verkürzung der Reisezeit sorgten, fuhr man insbesondere im Norden des Heiligen Römischen Reiches zum Teil noch auf Straßen oder sogar Wegen, die in schlechtem Zustand oder gänzlich unbefestigt waren.[12] Der Bau von künstlich angelegten Straßen begann in Preußen erst 1793, im Süden des Reiches wesentlich früher, beispielsweise in Baden bereits 1733.[13] Auch boten die Wagen im Heiligen Römischen Reich lange Zeit keinen Komfort und waren zum Teil mit unzulänglichen Bremsen ausgestattet, bevor es im Wagenbau entscheidende Fortschritte gab: Die Verglasung der Fenster und damit der Schutz vor Wind und Regen wurden entwickelt,[14] auch besondere Radlager und Schmiermittel, um die Reibung zwischen Radnabe und Achse zu verringern.[15] Damit einhergehend entwickelten sich „reisespezifische Berufe", etwa der Wagner für den Wagenbau.[16] Insgesamt führten die zunehmenden Reiseaktivitäten sowie der organisierte und institutionalisierte Postverkehr zur Professionalisierung und Entwicklung spezifischer Berufszweige

1.1.17 | Venezianische Postbarke, Öl auf Leinwand von Giovanni Domenico Tiepolo, um 1760. Berlin, akg-images: AKG 267227.

1.1.21 | Die Post, kolorierte Radierung, Nürnberg, 1799. Berlin, Pictura Paedagogica Online: b3d0654.

wie Sattler, Schlosser, Schreiner, Schmied, Landkartenstecher, mechanischer Apparatebauer, Geldwechsler, Zöllner und Tagelöhner für Chaussee-, Brücken- und Kanalbau, Schiffs- und Bootsbauer. All diese Verbesserungen im Straßenbau und Postwesen wie auch die technischen Neuerungen der verschiedenen Fortbewegungsmittel führten zu einer Beschleunigung des Reisens und letzten Endes zu einem Anstieg der Zahl der Reisenden.

Neben den Weiterentwicklungen in der Infrastruktur sowie der Fortbewegungsmittel war die Frage der Unterkunft ein zentrales Moment jeder Reise, die unter Umständen täglich neu gesucht werden musste, wenn man nicht bei Freunden Quartier beziehen konnte. So war die Gastfreundschaft, die in der Tugend der christlichen Nächstenliebe ihren Ursprung und in den Hospizen des Mittelalters entlang der Pilgerwege einen ersten Ausdruck gefunden hatte, von besonderer Bedeutung für den Reisenden. Mit dem Anstieg der Zahl der Reisenden begannen zahlreiche staatliche Verordnungen und Edikte[17] ab dem Ende des 17. Jahrhunderts das Reiseverhalten und die Bedingungen des Reisens zu regulieren, was zu einer „Verengung der Gastfreundschaft auf immer weniger Fremde und bald nur noch Bekannte und Verwandte" führte. Zugleich gab es eine zunehmende Reglementierung der Unterkünfte, die die Sauberkeit der Zimmer wie der Küche, die Ausstattung und Dienstleistungen, ja sogar den Umgangston und nicht zuletzt den Preis regulierte. Dies führte bei immer häufigeren Reisen und immer weniger zur Verfügung stehenden privaten Unterkünften zu einem rapiden Anstieg der Zahl der Gasthäuser bis 1800, um insbesondere die fehlenden privaten Unterkünfte zu kompensieren.[18]

Aber nicht nur die Mobilität von Personen, sondern auch von Waren wurde durch diese Entwicklungen begünstigt – neben den Entdeckern, Kaufleuten, Siedlern, Pilgern, Handwerkern, Soldaten, Mönchen, Missionaren, Studenten, Kurieren, Adligen und dem fahrenden Volk waren auch Waren und Güter auf den Straßen, Flüssen und Meeren unterwegs.[19] Der Zusammenhang vom sozialen Status, also dem Stand des Reisenden, und dessen Reiseaktivitäten ist in der Frühen Neuzeit evident. Axel Gotthard fasst dies so zusammen: „Der Hochadel war ein europäischer, der Arbeitsmarkt für die bürgerlichen Funktionseliten international; das Gros der Bevölkerung hingegen war nicht gänzlich (wie wir lange Zeit meinten), aber verglichen mit den Eliten doch ziemlich immobil".[20]

Neben den Entwicklungen im Bereich der Infrastruktur und der Fortbewegungsmittel fanden auch Veränderungen innerhalb der Gesellschaft statt, die das Reiseverhalten beeinflussten. War das Reisen im Mittelalter noch überwiegend negativ konnotiert, etwa in Assoziation mit dem „fah-

Der Wagner, Kupferstich nach einer Zeichnung von Daniel Chodowiecki, Berlin, 1774. Berlin, akg-images: AKG 28873.

1.1.24 | Der Überfall, Öl auf Leinwand von August Querfurt, 1750. Berlin, akg-images: AKG 172362.

renden Volk", so machte sich in der Frühen Neuzeit zunächst der Adel in Form der Kavalierstour und etwas zeitversetzt auch das aufstrebende Bürgertum das Reisen als zentrales Bildungsmoment zu eigen.[21] Justin Stagl sieht im Mentalitätswandel des Spätmittelalters und in der „Neubewertung der intellektuellen Neugier" gar den entscheidenden Impuls für die zunehmende Mobilität.[22] Das Reisen wurde demnach immer stärker als eine Form der Wissensgenerierung verstanden und verlor dadurch die negativen Assoziationen, die bisher damit verbunden waren.

Trotz aller Verbesserungen blieb das Reisen in der Frühen Neuzeit in vielerlei Hinsicht gefährlich und riskant. Die natürlichen und schlecht kalkulierbaren Risiken einer solchen Unternehmung waren Krankheiten, kriegerische Auseinandersetzungen, Unfälle, Überfälle und Naturgewalten aller Art. Da man insbesondere dem Wetter während der Reise viel stärker ausgesetzt war und zusätzlich die Straßenverhältnisse von diesem abhingen, konnten Sturm, Frost, starker Regen, aber auch Sonnenschein und trockene Hitze ernst zu nehmende Risiken für den Reisenden darstellen oder zumindest die Reise verlängern.[23] Auch Beschilderungen und ungenaue Karten konnten den Reisenden durchaus in die Irre führen.[24] Hinzu kam die Verpflegung unterwegs, denn der Reisende musste Getränkevorräte aus Schläuchen oder Flaschen mit sich tragen, um nicht auf unter Umständen unreines Wasser aus Seen und Flüssen zurückgreifen zu müssen. Bier und Wein wurden daher oft als Durstlöscher bevorzugt, weil infektiöse Bakterien durch den Brau- und Gärungsprozess abgetötet

1.1.3 | Szene im Hof einer Herberge, Öl auf Leinwand von Pieter Angillis, 1724. Berlin, akg-images: AKG 4998986.

worden waren. Überdies konnten Schwierigkeiten mit Zollbeamten oder Gastwirten auftreten, die den Reisenden schlecht behandelten oder sogar betrogen.[25]

Die Verbesserung der Reisebedingungen und die damit einhergehende Zunahme der Reiseaktivitäten gaben entscheidende Impulse für die textuelle Verarbeitung der Reise selbst. Es entstanden im Verlauf des 17. und 18. Jahrhunderts zahlreiche Handbücher, Anleitungen, Karten und weitere Hilfsmittel zur Orientierung während der Reise oder zur Vorbereitung derselben.[26] So verdeutlicht die Zunahme von Apodemiken, also Reiseinstruktionen, aber auch von Reisebeschreibungen mit erzählerischem Duktus eine sich herausbildende „Reisekultur".[27] Reiseanleitungen wurden zumeist für die Vorbereitung, Durchführung und Nachbereitung der Reise verwendet. Sie gaben Ratschläge zum richtigen Verhalten während der Reise und in der Fremde in Bezug auf die Sitten und kulturellen Gegebenheiten der fremden Gesellschaft. Oft enthielten sie Klugheitsregeln, an die sich der Reisende halten sollte. Dabei unterscheidet man zwischen Werken, die sich an ein allgemeines Publikum richteten, und solchen, die sich an spezifische Stände oder Berufe wandten.[28] Die Auflagen der Apodemiken erlebten in der zweiten Hälfte des 18. Jahrhunderts ihren Höhepunkt,[29] was auf die zunehmende Nachfrage nach Reiseliteratur während jener Zeit zurückzuführen ist.[30] An der Wende zum 19. Jahrhundert entwickelte sich daraus eine neue Dimension, als Reiseliteratur selbst als Bildungserlebnis verstanden[31] und damit von der Reise entkoppelt betrachtet wurde. Ein wichtiger Aspekt ist dabei der Wahrheitsgehalt der Reiseberichte. Während im 16. Jahrhundert vielfach die Erwartung nach Information und gleichzeitiger

Unterhaltung dazu führte, dass diese Beschreibungen von Kuriositäten und Fantastischem berichteten und nicht immer auf wirklichen Begebenheiten beruhten, wuchs bald die Kritik daran und das Bedürfnis nach realistischen, tatsächlichen Reiseerzählungen stieg.[32]

### Das Reiseverhalten der hallischen Pietisten

Die Akteure des Halleschen Pietismus, deren Reiseverhalten in Katalog und Ausstellung näher beleuchtet wird, gruppieren sich um August Hermann Francke (1663–1727) und seinen Sohn. Diese Gruppe vereinfachte und verbesserte gezielt ihr Reiseverhalten bereits in der ersten Hälfte des 18. Jahrhunderts, während derartige Entwicklungen in der breiten Öffentlichkeit erst für die zweite Hälfte desselben Jahrhunderts in diesem Umfang nachweisbar sind. Zu den hier näher beleuchteten wichtigen pietistischen Reiseakteuren gehören etwa Benjamin Schultze (1689–1760), Stephan Schultz (1714–1776), Georg Heinrich Neubauer (1666–1725), Heinrich Milde (1676–1739) und Heinrich Wilhelm Ludolf (1655–1712). Als Emissäre der hallischen Pietisten unternahmen sie Reisen in alle Welt. Sie dienten so auch auf unterschiedliche Weise mittelbar oder unmittelbar den Zielen Franckes. Wie stark diese Reisen durch göttliche Providenz bestimmt waren, zeigt ein Brief

Posselt, Franz

Apodemik
oder
die Kunst zu reisen.

Ein systematischer Versuch
zum
Gebrauch junger Reisenden aus den gebildeten Ständen überhaupt
und
angehender Gelehrten und Künstler
insbesondere.

Erster Band.

Leipzig,
in der Breitkopfischen Buchhandlung. 1795.

Titelblatt in: Franz Posselt: Apodemik oder die Kunst zu reisen. Leipzig 1795. Halle, Martin-Luther-Universität Halle-Wittenberg, Universitäts- und Landesbibliothek Sachsen-Anhalt: Ob 56 (1 + 2).

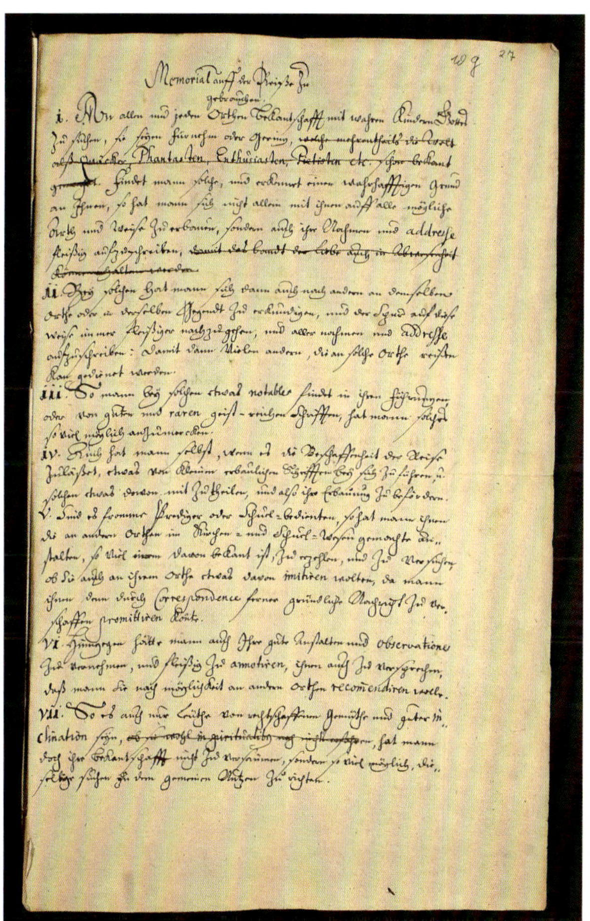
Memorial auff der Reiße zu gebrauchen.

Memorial auf der Reiße zu gebrauchen, Manuskript, um 1700. Halle, Franckesche Stiftungen: AFSt/M 2 A 1, 10g, 27.

Landschaft mit zwei Wandersleuten, Radierung nach Hermann van Swanevelt, 2. Hälfte 17. Jahrhundert. Amsterdam, Rijksmuseum: RP-P-1904-3749.

August Hermann Franckes an seine Frau während der *Reise ins Reich*. Dort schreibt er: „Es ist bißhieher so klar als die Sonne an dem Himmel ist, daß mein verweilen u. fortreisen von dem lebendigen Gott abgemeßen ist, so, daß ich mir biß auf diese Reise noch nicht hätte vorstellen können, daß die Führung Gottes in so großer Gewißheit auf deiner Reise von Ort zu Ort erkant werden könnte, als ichs nun erfahren." Francke stellt damit seine Reise ganz explizit unter eine göttliche Bestimmung.

Das Reisen diente im Kontext des Halleschen Pietismus der Reich-Gottes-Arbeit, die mit einer „Weltveränderung durch Menschveränderung"[33] ihre Wirkkraft über die Mauern der Glauchaschen Anstalten in die Welt hinaus zu entfalten suchte. Aus diesem zentralen Anliegen Franckes heraus generierten sich alle missionarischen, pädagogischen, aber auch pekuniären Bestrebungen, die dazu führten, dass man beispielsweise Missionare nach Indien schickte und Medikamente sowie Pastoren nach Nordamerika. Deshalb strebte man früh nach einer möglichst hohen Effizienz der Reisen, und zwar sowohl was die Vorbereitung, die Durchführung als auch die Besuche unterwegs und die damit verbundene größtmögliche Sicherheit der Reisenden betraf. Erfahrungen und Wissen wurden dafür zusammengetragen und nachfolgenden Reisenden zur Verfügung gestellt.

Wichtig für die Verbesserung ihrer Reiseaktivitäten war für die Akteure des Halleschen Pietismus die Briefkorrespondenz, die die Akteure zum Aufbau, Ausbau und zur Stabilisierung eines Netzwerkes nutzten, auf welches sie auch während ihrer Reisen zurückgreifen konnten. Schon früh hatte August Hermann Francke eine umfangreiche Briefkorrespondenz mit Freunden und Bekannten aus aller Welt begonnen. Diese Korrespondenz bildete dann die Grundlage des Kommunikationsnetzwerkes der Glauchaschen Anstalten.[34] Denn die Reisen der Akteure hatten immer auch die Funktion, dieses Netzwerk auszubauen, zu intensivieren und zu stabilisieren. Man reiste nicht etwa von Relaisstation zu Herberge, sondern war systematisch bestrebt, während einer Reise möglichst bei Freunden oder dem Halleschen Pietismus nahestehenden Bekannten sowie Gleichgesinnten unterzukommen. Ein *Memorial auff der Reiße zu gebrauchen*[35] aus den Anfängen der Glauchaschen Anstalten macht dies deutlich. Dieses *Memorial* formuliert Regeln zum Aufbau eines Netzwerkes von Gleichgesinnten. Es beginnt mit der Aufforderung „an allen und jeden Orthen bekanntschafft mit wahren Kindern Gottes zu suchen, sie seyen fürnehm oder gering“, und weiter: „Findet man solche, und erkennet einen wahrhafftigen grund an Ihnen, so hat man sich nicht allein mit ihnen auff alle mögliche Arth und Weise zu erbauen, sondern auch ihre Nahmen und addresse fleißig aufzuschreiben“.[36] Es folgen einige Ratschläge zum Aufbau und zur Stabilisierung einer Korrespondenz. Etwa solle man immer „kleine erbauliche Schrifften bey sich führen“ und verteilen.[37] Die Bedeutung eines solchen *Memorial* und der darin enthaltenen Anleitungen zeigt sich unter anderem

Blick auf das Krankenhaus in Den Haag, Radierung von Jacques le Charmentier, Pierre Fouquet (Verleger), Amsterdam, 1761. Amsterdam, Rijksmuseum: RP-P-AO-12-118A-1.

auch darin, dass Francke 1714 in einem Brief an Graf Heinrich XXIV. Reuß-Köstritz (1681–1748) auf dieses oder ein vergleichbares verweist.[38]

Wurde die professionelle Unterbringung in Gasthäusern für Reisende auf Grund der zunehmenden Verordnungen und Erlasse immer wichtiger, verließen sich die Pietisten während ihrer Reisen sehr stark auf die Unterbringung bei Freunden, Bekannten und Gleichgesinnten. Über diese Form der Unterbringung konnten sie sowohl ihre Ideen verbreiten als auch ihr Netzwerk stärken und ausbauen. Dieses ist auch anhand der paradigmatischen Reisen nachvollziehbar, die in der Ausstellung dargestellt werden. Francke selbst kam während seiner *Reise ins Reich* bei Freunden und Bekannten unter, etwa in Stuttgart bei Samuel Urlsperger (1685–1772). Georg Heinrich Neubauer besuchte, bevor er in die Niederlande einreiste, erst einmal Gleichgesinnte in Magdeburg,[39] Wolfenbüttel[40] und Celle.[41] Und auch Heinrich Wilhelm Ludolf, der von Halle aus in Richtung Jerusalem aufbrach, machte Station in Augsburg bei Johann Thomas von Rauner[42] (1659–1735), einem Pietisten und Freund von Samuel Urlsperger, und in Venedig, wo er Franckes Bruder Heinrich Friedrich traf.[43] Jedoch diente es im Kontext des Halleschen Pietismus immer auch der Netzwerkbildung bzw. -stabilisierung. Im Austausch und Kontakt mit „Gleichgesinnten" sahen die hallischen Pietisten die Arbeit am Reich Gottes.

Ein weiteres pietismusspezifisches Phänomen ist die Multifunktionalität der vom Halleschen Waisenhaus ausgehenden Reisen. Wieder allen voran nutzte Francke seine *Reise ins Reich* zur eigenen Imagepolitik, hielt Predigten und ließ ein Porträt von sich stechen, nutzte also gezielt das Massenmedium Druckgrafik, um es für seine eigenen Ziele einzusetzen.[44] Schaut man sich nun andere Reisen der hallischen Pietisten an, kristallisiert sich bald heraus, welche Ziele verfolgt wurden. Neben dem Reiseziel und dem primären Reisegrund standen die Netzwerkbildung und -stabilisierung, wie auch die Reich-Gottes-Arbeit im Handlungsfokus der Reisenden.

Neubauer etwa reiste in die Niederlande, um sich Armen- und Waisenhäuser anzusehen und damit Anregungen für das Fürsorgewesen in Halle zu erhalten. Er arbeitete einen Fragenkatalog ab, um für das Hallesche Waisenhaus die modernste Architektur und die innovativsten wie auch erfolgreichsten Ideen der Sozialfürsorge bei den Niederländern abzuschauen. Die Besichtigung von Waisenhäusern spielte offenbar für die Reise Neubauers als Akt der Wissensgenerierung eine besondere Rolle. Dahinter stand das Ziel, das Hallesche Waisenhaus zu einer erfolgreichen Fürsorgeeinrichtung aufzubauen und sicherzustellen, dass die Ideen Franckes bestmöglich umgesetzt werden können.[45]

Die Medikamenten-Expedition ist ähnlich zu verstehen. Sie war eine der ökonomisch erfolgreichsten Unternehmungen Franckes und brachte den Glauchaschen Anstalten zudem internationales Prestige ein. Das Archiv der Franckeschen Stiftungen bewahrt unzählige Briefe auf, in denen die Arzneimittel und deren gute Wirkung gepriesen werden.[46] Somit verhalf die weltweite Versendung von Waren – in diesem Fall die sogenannten Waisenhausmedikamente – der „Marke Waisenhaus"[47] und damit den Glauchaschen Anstalten zu internationalem Renommee.[48]

Und auch Heinrich Wilhelm Ludolf muss in einem Kontext gesehen werden, der neben der vordergründigen Reisemotivation auch der Netzwerkbildung und Arbeit am Reich Gottes diente. Er unternahm im Laufe seines Lebens unzählige Reisen, unter anderem nach Russland, England, Italien, in die Niederlande und den Orient. Seine Pilgerreise nach Jerusalem ist in vielerlei Hinsicht außerordentlich. Ein Protestant, der an die Heiligen Stätten des christlichen Glaubens reiste und sich dazu noch ein Pilgerzeichen auf den Arm tätowieren ließ, obwohl eine solche Pilgerfahrt laut Martin Luther (1483–1546) eher Ausdruck falschen Glaubens sei, ist äußerst ungewöhnlich.[49] Seine Jerusalemreise ist aber auch im Kontext von Franckes Ideen zu verstehen. Zunächst einmal berichtete er Francke von dieser Reise sehr ausführlich, schickte Listen mit Kontaktpersonen und Einschätzungen der Christen im Orient; Informationen, die Francke die Möglichkeit verschaffen sollten, Kontakte dorthin zu knüpfen und die richtigen Ansprechpartner kennen zu lernen. Diese Informationen sammelte Ludolf in erster Linie, um seine eigenen Ideen einer Universalkirche umzusetzen. Dass er sie Francke zukommen ließ, zeugt aber auch davon, wie sehr er dessen Ziele unterstützte.[50]

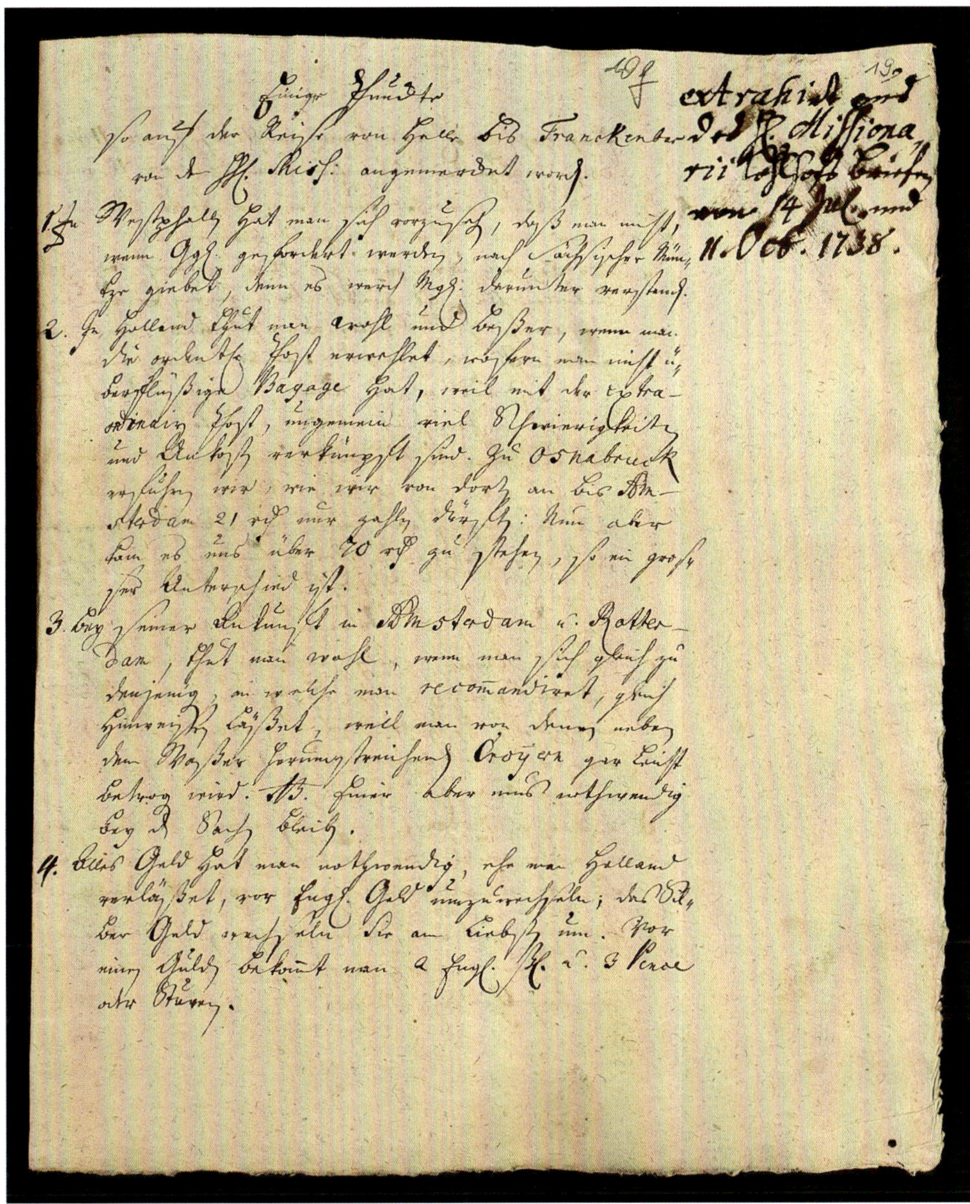

Einige Punkte, so auf der Reise von Halle bis Tranckebar von den H. Miss[ionari]i angemercket worden, mit Extrahierungshinweis, Manuskript, 1738. Halle, Franckesche Stiftungen: AFSt/M 2 A 1, 10g, 19.

Ludolf ist zudem aufgrund eines weiteren Aspektes sehr interessant. Denn anhand eines Briefwechsels zwischen ihm und Francke ist auch die beginnende gezielte Verbesserung und Erleichterung des Reisens nachweisbar. Als er 1695 von dem Leibarzt Peters I. (1672–1725), Laurentius Blumentrost (1619–1705), erfuhr, dass in Moskau ein Inspektor für die Schule und ein lutherischer Prediger benötigt würde, wandte er sich an Francke.[51] Dieser schlug sogleich Justus Samuel Scharschmid (1664–1724) als Kandidaten vor. Ludolf reagierte mit einem Brief, in dem er allerlei Hilfestellungen für die Reise Scharschmids nach Moskau gab, ihm Freunde in Livland nannte, bei denen er während der Reise unterkommen konnte, und ihm sogar ein Empfehlungsschreiben zukommen ließ.[52] Er formulierte ein Jahr später zudem die Absicht, Scharschmid in Moskau seine *Russica Grammatica* zukommen zu lassen, um ihn bei der Erlernung der russischen Sprache zu unterstützen.[53] Das Beispiel verdeutlicht, wie konkret auf die entsprechende Situation reagiert wurde und die Reisemodalitäten in möglichst effektiver Weise vorbereitet und geplant wurden, um die Reise erfolgreich, schnell und weniger beschwerlich zu gestalten.

Das Erlernen von Fremdsprachen war von zentraler Bedeutung für den Halleschen Pietismus, was etwa im Unterricht und durch zahlreiche Übersetzungsarbeiten für den Verlag der Buchhandlung des Waisenhauses deutlich wird.[54] Auch für Heinrich Milde spielte Sprache eine wichtige Rolle. Er lernte Tschechisch auf der Reise durch Böhmen und konnte so schneller Kontakt zu den Böhmischen Brüdern aufnehmen, die er später erfolgreich bei ihrer Flucht unterstützte.[55]

Frontispiz in: Hieronymus Freyer: Nützliche und nöthige Handleitung zu Wohlanständigen Sitten […]. Halle: Waisenhaus, 1706. Halle, Franckesche Stiftungen: BFSt: 169 H 5.

Auch die Reisen der Missionare, die im Zuge der Dänisch-Halleschen Mission nach Tranquebar reisen sollten, wurden professionell vorbereitet. Ein umfangreiches Aktenkonvolut im Archiv der Franckeschen Stiftungen gibt Zeugnis davon.[56] Darin wurden Hinweise und Ratschläge zusammengetragen, die den Reisenden eine weitreichende Anleitung für die Reise und deren Aufgaben vor Ort an die Hand geben sollten. Das Konvolut enthält beispielsweise *observationes* (Beobachtungen) und Ratschläge für die Reise nach Ostindien. Diese reichen von Tipps zur besseren Verständigung während der Reise, wie etwa „In Westphalen muß man blatt=teutsch verstehen und reden lernen, das hilft hernach desto besser holländisch zu verstehen", über Warnungen, wie „In England kann man ohne große Gefahr nicht bey Nacht reisen", bis hin zu Hinweisen für die richtige Kleidung, etwa: „Peltz Handschuhe so von außen und innern von Peltz sind". Sie umfassen sowohl Allgemeinplätze, aber auch detaillierte Anleitungen. Missionare, die bereits in Indien angekommen waren, schickten Briefe nach Halle, in denen sie diese Ratschläge aufführten, die dann von einem Mitarbeiter der Glauchaschen Anstalten „extrahiert" und in dieser Akte zusammengefasst wurden.[57] Aber die Kommunikation funktionierte auch in die andere Richtung, denn vom Halleschen Waisenhaus wurde ein Fragenkatalog nach Ostindien zu den Missionaren geschickt. Zwischen den Fragen befinden sich Leerstellen auf dem Papier, um Platz für deren Beantwortung zu lassen. So bat Francke Bartholomäus Ziegenbalg (1682–1719) und Johann Ernst Gründler (1677–1720) 1715 um die Beantwortung einiger Fragen, wie beispielsweise: „Auf was weise künftig einige subjecta ad obeundam missionem gebührend zu praeparieren?"[58] Es zeigt sich hierbei, wie effizient in den Glauchaschen Anstalten bereits mit derartigen Reiseratschlägen umgegangen und wie entsprechende Hinweise extrahiert und systematisiert wurden, um sie künftigen Reisenden aus den Anstalten zur Verfügung zu stellen. Zudem wurden die Informationen in so spezifischer Form eingeholt, dass sie nicht nur für die mediale Weiterverwendung zur Verfügung standen, sondern Franckes Ideen unterstützten. Im Falle des Fragenkataloges an die beiden Missionare in Tranquebar sollten also offenbar deren Erkenntnisse den zukünftigen Missionaren die Reise und deren Vorbereitung erleichtern.[59]

Bestrebungen, die Reisen möglichst umfassend und vorausschauend vorzubereiten, schlagen sich auch in der *Nützlichen und nöthigen Handleitung zu Wohlanständigen Sitten*[60] Hieronymus Freyers (1675–1747) nieder. Ausführlich erklärt er hier, auf was der Begleiter einer höherstehenden Standesperson zu achten hat. Hiermit wurden die Absolventen des Pädagogiums angesprochen, da sie potentielle Begleiter von Kavalierstouren adliger Söhne sein würden. In der Vorrede wird erklärt, welches Ziel die *Handleitung* verfolgt: „wie sich iunge Leute auch auf Reisen in den rechten Schranken halten/ ihre Dinge recht wahrnehmen/ einen ieglichen nach Gebühr begegnen/ vor Gefahr und Ungelegenheit sich hüten/ den rechten Zweck der Reise beobachten/ keine Gelegenheit ihres Vortheils/ um Lebenslang von der Reise einen Nutzen zu haben". So konnte letztendlich durch die Begleitpersonen erzieherisch auf die Kavaliere Einfluss genommen werden.[61]

Derartige Anleitungen wurden in Deutschland verstärkt erst in der zweiten Hälfte des 18. Jahrhunderts veröffentlicht, etwa die Werke von Keyßler (ca. 1693–1743)[62] oder Posselt,[63] die sehr populär wurden. Im Halleschen Pietismus wurden Reise-Ratschläge in der Regel selten gedruckt. Offenbar sollten sie nur an Personen gelangen, die dem hallischen Umfeld angehörten und denen diese Hilfestellungen unmittelbar nützlich waren. Ein breites Publikum oder eine Öffentlichkeit sollte hingegen nicht erreicht werden. Darin zeigt sich ein spezifisches „Ingroup-Verhalten" der Akteure des Halleschen Pietismus: die Informationen waren der eigenen Gruppe vorbehalten und sollten allein denen zukommen, die für die übergeordnete Idee tätig waren.

### Resümee

Diese Erkenntnisse haben unweigerlich die Frage nach der Eigenständigkeit dieser Bemühungen um eine hohe Effizienz der Reisen zur Folge. Sind sie ein genuines Phänomen des Halleschen Pietismus oder von anderen Gruppen adaptiert worden? Es lassen sich einige Parallelen zu jesuitischen Handlungsmustern und Herangehensweisen an die Praxis

Spanische Missionare wenden sich an die Ureinwohner Amerikas, kolorierter Holzschnitt, 19. Jahrhundert. Berlin, akg-images: AKG 913629.

des Reisens erkennen. Informationsaustausch innerhalb der Gruppe und Präparierung der eigenen Mitglieder für die Missionsarbeit, die historisch für die Jesuiten von weitaus größerer Bedeutung war als für die hallischen Pietisten, lassen sich eindeutig nachweisen.

Auch lässt sich im Bereich der Pädagogik eine gewisse Vorbildfunktion der Jesuiten für die hallischen Pietisten zeigen. Im bereits erwähnten *Memorial* werden die Reisenden explizit dazu aufgefordert, die „Jesuiten-Schulen zu besehen und auf ihren modum informandi und vortheile genaue Zucht zu haben, auch darnach zu fragen"[64]. Gegen eine reine Adaption spricht jedoch, dass man nicht „blind" übernahm. Für den Halleschen Pietismus sind keine *Kon-*

*stitutionen*[65] nachweisbar, die die schriftliche und mediale Kommunikation der Jesuiten seit Ignatius de Loyola (1491–1556) regelten. Hingegen zeigt beispielsweise das *Memorial*, dass man sich vielmehr im Bereich der Sozialfürsorge, der Pädagogik, der Naturaliensammlungen und der Missionsarbeit dort umsah, wo sich (erfolgreiche) Konzepte etabliert hatten. Zum Bereich der Sozialfürsorge etwa rät das *Memorial*: „Die Hospitäle, Waysen-, Armen-, Krancken-, Zuchthäußer und was sonst für gute und zum besten der Elenden und armen gemachte anstalten an einem Orthe seyn mögen, hat mann fleißig zu besuchen, und auffs genaueste alles zu observiren und zu annotiren, damit mann auff bedürffenden fall selbst dergleichen anrichten und andern angeben, oder bereits gemachte anstalten durch guten Rath verbeßern könne“[66]. Es ging also um die Adaption erfolgreicher Konzepte oder Elemente, weshalb sich die Akteure des Halleschen Pietismus durchaus auch bei den Jesuiten bedienten. Allerdings übernahm man nur spezifische Elemente, die auf die eigenen Netzwerkstrukturen übertragbar und den eigenen Ideen und Zielsetzungen hilfreich waren.

Alexander Schunka wiederum bringt die internationalen Reisetätigkeiten der Akteure des Halleschen Pietismus mit denen des Reformiertentums zusammen, die sich seit dem 16. Jahrhundert bereits international zu vernetzen suchten. Über Heinrich Wilhelm Ludolf, den Schunka in dieser Tradition der „christlichen Wandersleute“ verortet, könnten diese Bestrebungen und deren internationale Auswirkungen an August Hermann Francke herangetragen worden sein, die dieser dann möglicherweise eklektisch aufgenommen und genutzt hat.[67]

Die Akteure des Halleschen Pietismus bemühten sich schon an der Wende zum 18. Jahrhundert um eine Verbesserung und Erleichterung ihrer Reisen. Sie trugen Ratschläge für die Reise und Listen mit Freunden und dem Halleschen Pietismus nahestehenden Personen, bei denen man unterwegs unterkommen konnte, zusammen. Diese Ratschläge waren dabei keine Allgemeinplätze, die sich an jedermann richteten, wie es den Zeitgenossen etwa bei Posselts *Apodemik*[68] begegnete. Vielmehr richteten sie sich an die eigene „Gruppe“ und kommunizierten die spezifischen Anforderungen, die an die Reisevorbereitung und -durchführung von deren Mitgliedern gestellt wurden. Für diese Erleichterung und Verbesserung des Reisens war das internationale Kommunikationsnetzwerk August Hermann Franckes die elementare Grundlage, das wiederum durch die Reisenden ausgeweitet und gestärkt wurde.

[1] Joachim Rees: Einleitung. Als der König den Gänsen das Reisen verbot oder von der Kunst, „mit gutem Endzweck und Nutzen andere Länder zu sehen“. In: Europareisen politisch-sozialer Eliten im 18. Jahrhundert. Theoretische Neuorientierung, kommunikative Praxis, Kultur- und Wissenstransfer. Hg. v. Joachim Rees [u. a.]. Berlin 2002 (Aufklärung und Europa, 6), XIII; Robert Rebitsch: Einleitung. In: Migration und Reisen. Mobilität in der Frühen Neuzeit. Hg. v. Elena Taddei [u. a.]. Innsbruck 2012 (Innsbrucker historische Studien, 28), 11–14, hier 11.

[2] Klaus Beyrer: Des Reisebeschreibers „Kutsche“. Aufklärerisches Bewußtsein im Postreiseverkehr des 18. Jahrhunderts. In: Reisen im 18. Jahrhundert. Neue Untersuchungen. Hg. v. Wolfgang Griep u. Hans-Wolf Jäger. Heidelberg 1986 (Neue Bremer Beiträge, 3), 50–90, hier 50.

[3] Pierre Chaunu: Europäische Kultur im Zeitalter des Barock. Frankfurt/Main 1989, 341 u. 371.

[4] Axel Gotthard: In der Ferne. Die Wahrnehmung des Raums in der Vormoderne. Frankfurt/Main 2007, 35f. Ob man vor 1800 überhaupt von einem vormodernen „Staat“ sprechen kann, ist Gotthards Meinung nach strittig, denn dessen Gewaltmonopol ist keineswegs vollständig durchgesetzt (36). Gotthard spricht vielmehr von einer „Staatlichkeit [...] auf Territorialebene“ (35).

[5] Holger Thomas Gräf u. Ralf Pröve: Wege ins Ungewisse. Reisen in der Frühen Neuzeit 1500–1800. Frankfurt/Main 1997, 111.

[6] Gräf u. Pröve, Wege ins Ungewisse [s. Anm. 5], 58 u. 125–140.

[7] Wolfgang Behringer: Kommunikationsgeschichte. In: Reisen und Reisebeschreibungen im 18. und 19. Jahrhundert als Quellen der Kulturbeziehungsforschung. Hg. v. Boris I. Krasnobaev. Essen 1987, 85; Klaus Beyrer: Zeit der Postkutschen. Ein Überblick. In: Zeit der Postkutschen. Hg. v. K. Beyrer. Karlsruhe 1992, 9–23, hier 12. Eine länderübergreifende Koordinierung der Fahrpläne setzte erst um die Wende zum 18. Jahrhundert ein.

[8] Thomas Grosser: Reisen und soziale Eliten. Kavalierstour – Patrizierreise – bürgerliche Bildungsreise. In: Neue Impulse der Reiseforschung. Hg. v. Michael Maurer. Berlin 1999, 135–176, hier 135.

[9] Beyrer, Postkutschen [s. Anm. 7], 12–15.

[10] Gräf u. Pröve, Wege ins Ungewisse [s. Anm. 5], 58.

[11] Wolfgang Martens: Zur Einschätzung des Reisens von Bürgersöhnen in der frühen Aufklärung (am Beispiel des Hamburger „Patrioten“ 1724–26). In: Reisen im 18. Jahrhundert [s. Anm. 2], 34.

[12] Norbert Ohler: Reisen an der Schwelle zur Neuzeit. In: Zeit der Postkutschen [s. Anm. 7], 24–37, hier 28; Harald Witthöft: Reiseanleitungen, Reisemodalitäten, Reisekosten im 18. Jahrhundert. In: Reisen und Reisebeschreibungen [s. Anm. 7], 39–47, 43.

[13] Beyrer, Postkutschen [s. Anm. 7], 17; Uwe Müller schreibt dazu: „Preußen verfügte im späten 18. sowie im ersten Jahrzehnt des 19. Jahrhunderts über eines der hinsichtlich Dichte und Qualität schlechtesten Straßennetze Mitteleuropas.“ (Uwe Müller: Chausseebaupolitik und Herrschaft in Preußen vom Ende der Napoleonischen Kriege bis zum Beginn des Eisenbahnbaus. In: Wissen ist Macht. Herrschaft und Kommunikation in Brandenburg-Preußen. 1600–1850. Hg. v. Ralf Pröve u. Norbert Winnige. Berlin 2001 (Schriftenreihe des Forschungsinstituts für die Geschichte Preußens, 2), 191–209, Zitat 194). Er führt außerdem aus, dass die Chaussierung, also dauerhafte Befestigung der Wege und Straßen, eine „Erhöhung und der Verkehrswertigkeit des Landstraßensystems“ zur Folge hatte. So konn-

ten Personen schneller transportiert werden und die Ladekapazität der Frachtfuhrwerke wurde deutlich gesteigert (ebd., 193).

[14] Gräf u. Pröve, Wege ins Ungewisse [s. Anm. 5], 123.

[15] Ohler, Reisen [s. Anm. 12], 30; Gert Robel: Reisen und Kulturbeziehungen im Zeitalter der Aufklärung. In: Reisen und Reisebeschreibungen [s. Anm. 7], 9–24, hier 13.

[16] Gräf u. Pröve, Wege ins Ungewisse [s. Anm. 5], 191.

[17] Gräf u. Pröve, Wege ins Ungewisse [s. Anm. 5], 150–168.

[18] Gerd Schwerhoff: Die „Policey" im Wirtshaus. In: Dimensionen institutioneller Macht. Fallstudien von der Antike bis zur Gegenwart. Hg. v. Gert Melville u. Karl-Siegbert Rehberg. Wien 2012. Schwerhoff spricht von dem Wirtshaus als „zentrale Facette frühneuzeitlicher städtischer Öffentlichkeit", die aber damit zugleich ein „instabiler und potentiell gefährlicher Ort" sei und durch Polizeiordnungen zu einem „durch die herrschaftlichen Normen des entstehenden Staates mehr oder weniger erfolgreich zivilisiert[en]" Ort werde (ebd., 180).

[19] Jürgen Osterhammel: Von Kolumbus bis Cook. Aspekte einer Literatur- und Erfahrungsgeschichte des überseeischen Reisens. In: Neue Impulse der Reiseforschung [s. Anm. 9], 97–134, hier 97.

[20] Gotthard, In der Ferne [s. Anm. 4], 15.

[21] Robel, Reisen und Kulturbeziehungen [s. Anm. 15], 11.

[22] Justin Stagl: Eine Geschichte der Neugier. Die Kunst des Reisens 1550–1800. Weimar 2002, 73.

[23] Gräf u. Pröve, Wege ins Ungewisse [s. Anm. 5], 193–195.

[24] Witthöft, Reiseanleitungen [s. Anm. 12], 44; Gräf u. Pröve, Wege ins Ungewisse [s. Anm. 5], 82.

[25] Gräf u. Pröve, Wege ins Ungewisse [s. Anm. 5], 193–197.

[26] Peter J. Brenner: Der Mythos des Reisens. Idee und Wirklichkeit der europäischen Reisekultur in der Frühen Neuzeit. In: Neue Impulse der Reiseforschung [s. Anm. 8], 13–61, hier 16.

[27] Rees, Einleitung [s. Anm. 1], XIIIf.

[28] Witthöft, Reiseanleitungen [s. Anm. 12], 39.

[29] Stagls These wird von Witthöft bestätigt; vgl. Witthöft, Reiseanleitungen [s. Anm. 12], 40.

[30] Rainer S. Elkar: Reisen bildet. Überlegungen zur Sozial- und Bildungsgeschichte des Reisens während des 18. und 19. Jahrhunderts. In: Reisen und Reisebeschreibungen [s. Anm. 7], 51–73, 54.

[31] Elkar, Reisen bildet [s. Anm. 30], 63.

[32] Osterhammel, Von Kolumbus bis Cook [s. Anm. 19], 106.

[33] Carl Hinrichs: Preußentum und Pietismus. Der Pietismus in Brandenburg-Preußen als religiös-soziale Reformbewegung. Göttingen 1971, IX.

[34] Vgl. dazu: Brigitte Klosterberg: August Hermann Francke und das hallische Kommunikationsnetzwerk: Bedeutung, Überlieferung, Erschließung. In: Die Welt verändern. August Hermann Francke. Ein Lebenswerk um 1700. Hg. v. Holger Zaunstöck [u. a.]. Halle 2013 (Kataloge der Franckeschen Stiftungen, 29), 157–165.

[35] Halle, Archiv der Franckeschen Stiftungen (nachfolgend AFSt): AFSt/M 2 A 1, 109, 27. Dieses *Memorial* muss recht früh entstanden sein, da es unter XVI. darauf verweist, dass eine „Naturalien-Kammer hieselbst angeleget wirdt". Der Grundstock der heutigen Kunst- und Naturalienkammer wurde 1698 gelegt, als Francke Kurfürst Friedrich III. um geeignete Sammlungsstücke für eine Naturalienkammer in den Glauchaschen Anstalten bat. Siehe dazu: Thomas Müller-Bahlke: Die Wunderkammer der Franckeschen Stiftungen. 2., überarb. u. erw. Aufl. Halle 2012, 15.

[36] AFSt/M 2 A 1, 109, 27.

[37] AFSt/M 2 A 1, 109, 27. Wahrscheinlich handelt es sich hierbei um das *Memorial*, das Francke in seinem Brief an Heinrich XXIV. von Reuß-Köstritz zum Aufbau einer Korrespondenz erwähnte. Heinrich antwortete darauf, dass er es an seinen Hofmeister nach Italien weiterschicken will. Diese Briefe stammen aus dem Jahr 1714.

[38] Brief von August Hermann Francke an Heinrich XXIV. Reuß-Köstritz, Halle, 22.03.1714, abgedruckt in: A. H. Franckes Briefe an den Grafen Heinrich XXIV. j. L. Reuß zu Köstritz und seine Gemahlin Eleonore aus den Jahren 1704 bis 1727. Als Beitrag zur Geschichte des Pietismus. Hg. v. Berthold Schmidt u. Otto Meusel. Leipzig 1905, 67 (Halle, Bibliothek der Franckeschen Stiftungen: S/FS.5:620 : 24): „21. Weil allerdings Subjecta, die sich zu Reisen schicken, schwer zu finden, so können wir doch einigermaßen den Zweck erreichen, wenn wir denen, die an einen andern, sonderlich weit entlegenen Ort reisen, ein wohleingerichtet memorial mitgeben, was sie auf ihrer Reise observiren und uns berichten sollen." Auf dieses *Memorial* verweist auch Anke Brunner: Aristokratische Lebensform und Reich Gottes. Ein Lebensbild des pietistischen Grafen Heinrich XXIV. Reuß-Köstritz. Herrnhut 2005 (Unitas Fratrum, Beiheft 13), 52.

[39] AFSt/W II/-/17. „Herr geheimde Rath und/ Domherr zu Magdeburg, Herr/ Baron von Schweinitz". Gemeint ist wahrscheinlich Georg Rudolf von Schweinitz (1649–1707).

[40] AFSt/W II/-/17. „Her geheimten Rath von Schulenburg". Daniel Bodo von der Schulenburg (1662–1733) könnte gemeint sein.

[41] AFSt/W II/-/17. Hier wohnte Neubauer bei der Mutter von Frau von Kißleben (wohl Elisabeth Ehrengardt von Kißleben). Neubauer schrieb lediglich von einer „frau von wensen".

[42] Das wird aus einem Brief rückblickend deutlich; vgl. Brief von Heinrich Wilhelm Ludolf an August Hermann Francke, Venedig, 11.05.1698, AFSt/H A 112, 269–270.

[43] Brief von Heinrich Wilhelm Ludolf an August Hermann Francke, Venedig, 11.05.1698, AFSt/H A 112, 269–270.

[44] Michael Wiemers: „Sehr wohl getroffen". August Hermann Francke im Bildnis. In: Die Welt verändern [s. Anm. 34], 247–257.

[45] Kollektenbuch Georg Heinrich Neubauers, AFSt/W II/-/17; Was bey Erbauung unsres Waysen-Hauses zu wissen nöthig sey. Der Fragenkatalog Georg Heinrich Neubauers für die Hollandreise 1697. Vorw. v. Jürgen Gröschl. Halle 2003 (Kleine Texte der Franckeschen Stiftungen, 9); siehe dazu auch den Beitrag von Holger Zaunstöck in diesem Katalog.

[46] Christian Friedrich Richter berichtet beispielsweise in einem Brief an Carl Hildebrand von Canstein über die Behandlungserfolge eines Medikamentes; Brief von Christian Friedrich Richter an Carl Hildebrand von Canstein, Halle, 14.03.1702, AFSt/H C 285 : 14.

[47] Holger Zaunstöck: Das „Werck" und das „publico". Franckes Imagepolitik und die Etablierung der Marke Waisenhaus. In: Die Welt verändern [s. Anm. 34], 259–271.

[48] Dazu siehe den Beitrag von Claus Veltmann in diesem Katalog.

[49] Auf der anderen Seite scheinen sich Protestanten im 17. und 18. Jahrhundert nicht unbedingt Luthers ablehnender Haltung angeschlossen zu haben. Alexander Schunka beschreibt protestantische Interessen, die zu zahlreichen Orientreisen geführt haben; vgl. Alexander Schunka: Orientinteressen und protestantische Einheit in der Frühen Neuzeit. In: Şehrâyîn. Die Welt der Osmanen, die Osmanen in der Welt. Wahrnehmungen, Begegnungen und Abgrenzungen. Festschrift für Hans Georg Majer. Hg. v. Yavuz Köse unter Mitarb. v. Tobias Völker. Wiesbaden 2012, 319–336.

[50] Alexander Schunka: „An England ist uns viel gelegen". Heinrich Wilhelm Ludolf (1655–1712) als Wanderer zwischen den Welten. In: London und das Hallesche Waisenhaus. Eine Kommunikationsgeschichte im 18. Jahrhundert. Hg. v. Holger Zaunstöck [u. a.]. Halle 2014 (Hallesche Forschungen, 39), 65–86, hier 82.

[51] Brief von Heinrich Wilhelm Ludolf an August Hermann Francke, London, 14.10.1695, AFSt/H A 112, 1.

[52] Brief von Heinrich Wilhelm Ludolf an August Hermann Francke, London, 07.02.1696, AFSt/H A 112, 5–6; Empfehlungsschreiben: AFSt/H A 144, 1–3.

[53] Brief von Heinrich Wilhelm Ludolf an August Hermann Francke, Den Haag, 15.01.1697, AFSt/H A 112, 7–10.

[54] Halle als Zentrum der Mehrsprachigkeit im langen 18. Jahrhundert. Hg. v. Mark Häberlein u. Holger Zaunstöck. Halle 2017 (Hallesche Forschungen, 47).

[55] Siehe dazu den Beitrag von Brigitte Klosterberg in diesem Katalog.

[56] Für den Hinweis auf die Akte AFSt/M 2 A 1 danke ich Herrn Prof. Dr. Thomas Müller-Bahlke.

[57] AFSt/M 2 A 1, 109. Hier ist neben der Liste der Ratschläge eine kurze Notiz mit dem Verweis auf die entsprechenden Briefe des Missionars Johann Balthasar Kohlhoff: „extrahiert aus des H. Missionarii Cohlhoft briefen vom 14. Jul. Und 11. Ocb. 1738".

[58] = „Auf was weise künftig einige Kandidaten für die Übernahme der Missionstätigkeit gebührend zu praeparieren?"

[59] AFSt/M 2 A 1, 11.

[60] Hieronymus Freyer: Nützliche und nöthige Handleitung zu Wohlanständigen Sitten, Wie man sich In der Conversation [...] verhalten soll. Zum Gebrauch des Paedagogii Regii zu Glaucha an Halle abgefasset. Halle: Waisenhaus, 1706.

[61] Freyer, Handleitung [Anm. 60].

[62] Johann Georg Keyßler: Neueste Reisen durch Teutschland, Böhmen, Italien und Lothringen. Hannover: Förster, 1751.

[63] Franz Posselt: Apodemik oder die Kunst zu reisen. Leipzig: Breitkopf, 1795.

[64] AFSt/M 2 A 1, 109, 27.

[65] Markus Friedrich: Die Jesuiten. Aufstieg, Niedergang, Neubeginn. Berlin 2016.

[66] AFSt/M 2 A 1, 109, 28.

[67] Schunka, Ludolf als Wanderer [s. Anm. 48], 70. Alexander Schunka: Internationaler Calvinismus und protestantische Einheit um 1700. In: Brückenschläge. Daniel Ernst Jablonski im Europa der Frühaufklärung. Hg. v. Joachim Bahlcke. Dößel 2010, 172f.

[68] Posselt, Apodemik [s. Anm. 61].

## Verzeichnis der Exponate

Das Reiseverhalten der Menschen veränderte sich an der Wende zum 18. Jahrhundert, denn es wurde häufiger gereist und die Motive, sich auf Reisen zu begeben, wurden vielfältiger. Aufgrund der anfallenden Kosten reiste man am häufigsten zu Fuß, wohlhabendere Reisende ritten zu Pferde oder reisten mit einer Kutsche. Häufig mietete man einen Platz in der Post (-Kutsche). Durch die Post wurde das Reisen zu Lande zunehmend sicherer, zuverlässiger, schneller und günstiger. Denn sie fuhr regelmäßig nach Fahrplan und an Relaisstationen wurden die vorgespannten Pferde gewechselt, so dass größere Strecken in kürzerer Zeit zurückgelegt werden konnten. Wenn möglich, nutzte man das Binnen-, Küsten- oder Seeschiff für die Reise, da das Reisen zu Wasser weitaus bequemer war als zu Lande, weil die Straßen oftmals in einem sehr schlechten Zustand waren.

Auf Reisen lauerten überall Gefahren: Überfälle, Schiffbruch, aber auch Unfälle oder Krankheiten konnten dem Reisenden zustoßen. Dennoch unternahm man bereits damals auch weite Reisen in entfernte Länder, die oft unter schwierigsten Umständen durchgeführt wurden und Jahre dauerten. Die Motivationen für eine solche Reise waren dabei vielfältig: unterwegs waren Pilger, Kaufleute, Handwerker, Bildungsreisende, Missionare, aber auch Flüchtlinge.

**1.1.1** Hörstation: Reiselied in Gottfried Arnold: Vollständiges Geistreiches Gesangbuch Zum Paradisischen Lust=Garten Nach Ordnung der Jahrs=Zeit eingerichtet. Leipzig: Campe, 1709, Nr. 184
Halle, Franckesche Stiftungen: BFSt: S/A:928

IN deinen nahm'n / auff dein geheiß /
O JEsu / ich von hier nun reiß
HErr / dein beruff / mein ambt und stand
erfordert dies reis'm land.

2. Was ich in JEsus nahm'n anheb /
wohin ich denck / wornach ich streb:
das alles muß gerahten wol /
von GOttes segen werden voll.

3. Du richst / HErr JEsu / meinen fuß /
daß nichts von dir mich wenden muß:
Du führst mich aus und wieder ein /
durch dich muß alles heylsam seyn.

4. Befiehl den engeln / daß sie mich
auf allen wegen sicherlich
begleiten / und mit ihrer wach
abwenden alles ungemach.

1.1.4

1.1.7

5. Treib mein vorhaben glücklich fort /
bring mich mit freuden an den ort /
da ich zu reisen hingedenck:
der Menschen hertzen zu mir lenck.

6. Gib / HErr / daß ich die treffe an /
auf die ich sicher trauen kann:
und mich zu solchen leuten | führ
die fromm sind und gefallen dir.

7. Für strassen=räuber mich bewahr /
für wassers=nöthen und gefahr:
für wilden thieren / fall und brand /
für allem leyd / für sünd und schand.

8. In deine händ ergeb ich dir
leib /seel und was gehöret mir /
an allen orten nah und weit /
bewahr es / HErr / zu jederzeit.

9. Behüt auch unterdeß in gnad
die meinen für gefahr un schad /
(weib kind / gesind / hauß / hoff / für schad)
und was ich mehr verlassen hab /
von dem wend alles unglück ab.

10. Und wann ich dann nach wunsch vollbracht /
was zu vollbringen ich gedacht /
so führe du mich selbst zu hauß /
wie du mich hast geführet aus.

11. Und laß mich finden unversehrt /
was du aus gnaden mir beschert /
für solchen schutz / für solch geleit /
danck ich dir dann in ewigkeit.

**1.1.2** Schrittmesser, Messing, Glas und Leder, Ende 18. Jahrhundert
Ø 11 cm
Zeitz, Museum Schloss Moritzburg: V/H – 327
► Um die Entfernungen während der Reise zu Fuß abschätzen zu können, nutzte man in der Frühen Neuzeit mechanische Schrittzähler. Dafür wurde der Lederriemen fest um das Bein gebunden und der Schrittmesser am Gürtel eingehängt. Jeder Schritt des Reisenden erzeugte so einen Zug am Lederriemen, der von dem Schrittmesser re-

1.1.10

gistriert wurde. Derartige Geräte wurden schon in der Antike entwickelt. So gibt es etwa eine Beschreibung von Vitruv (1. Jh. v. Chr.) eines mechanischen Schrittzählers für Mensch und Pferd.

**1.1.3** Szene im Hof einer Herberge („Scène dans une cour d'auberge"), Öl auf Leinwand von Pieter Angillis, 1724, Reproduktion
Berlin, akg-images: AKG4998986
• *Abbildung auf Seite 18*

**1.1.4** Pferdewechsel eines Reisewagens, Aquarell von Wilhelm von Kobell, 1792, Reproduktion
Berlin, akg-images: AKG359182
► An sogenannten Relaisstationen wurden die Pferde der Reiter oder Kutschen gewechselt, wodurch größere Strecken in kürzerer Zeit zurückgelegt werden konnten. Im Zuge dessen entstanden auch die ersten „Fahrpläne" zu Beginn des 17. Jahrhunderts, die das Reisen planbarer machten.

**1.1.5** Reiß eines Preisischen und Französischen Officir in Holland, Radierung, Johann Martin Will (Verleger), Augsburg, 1785/86, Reproduktion
Amsterdam, Rijksmuseum: RP-P-OB-85.417
• *Abbildung auf Seite 14*

**1.1.6** Koffertruhe (Lade eines Fuhrmanns), Holz, Metall und Papier, 18. Jahrhundert
Höhe 21 cm, Breite 38 cm, Tiefe 28 cm
Werdau, Stadt- und Dampfmaschinenmuseum: 2 98
► Koffertruhen wurden zur Aufbewahrung verschiedener Gegenstände und Utensilien während der Reise verwendet und auf der Kutsche entweder auf dem Kutschbock vorn, auf dem Dach einer überdachten Kutsche oder im hinteren Bereich der Kutsche verstaut. Die Ecken und Kanten wurden zur Stabilität mit Metall verstärkt. Diese Koffertruhe verwendete der Fuhrmann möglicherweise als Lade; ein kleines Geheimfach im Inneren konnte demnach für persönliche Wertsachen verwendet worden sein.

**1.1.7** Sechsteiliges Reisebesteck von August Hermann Francke mit Etui, Besteck: Messing, Etui: Holz, mit Leder bezogen, geprägt, mit Samt ausgeschlagen, 18. Jahrhundert
Höhe 5 cm, Breite 10 cm, Länge 25 cm
Halle, Franckesche Stiftungen: AFSt/D 0094
► Während seiner *Reise ins Reich* nutzte August Hermann Francke ein sechsteiliges Reisebesteck, das aus zwei Messern, einer Gabel, einem Löffel, einem Eierbecher und einem Salzdöschen besteht.

**1.1.8** Marcus Martini: Der vorsichtige Banqvier und accurate Wechsler weiset in folgenden neuen vollständig- und richtig ausgerechneten Rabat- und Wechsel-Tabellen an [...].
Berlin: Henning, 1739
Halle, Franckesche Stiftungen: BFSt: 121 C 21
► Mithilfe von Wechselbriefen – kurz Wechsel genannt – konnte man in der Frühen Neuzeit Geld über weite Strecken und in andere Währungen übertragen. Dabei konnte nur der Begünstigte den Wechsel zu einem bestimmten Zeitpunkt an einem bestimmten Ort einlösen. Damit konnte der Aussteller des Wechsels vermeiden, dass im Falle eines Diebstahls oder Verlustes das Geld verloren ging. Martinis Werk erklärt das System des zeitgenössischen Geldtransfers.

**1.1.9** Ein Paar Herrenschuhe (Laschenschuhe), Rindsleder, Holz und Stoff, 17.–18. Jahrhundert

11,4 × 25,5 cm
Weißenfels, Museum Weißenfels im Schloss Neu-Augustusburg: V 1727 a, b D
►Aus schwarzem Rindleder ist dieses Paar Herrenschuhe gefertigt, wobei nur an einem Schuh noch der Absatz aus schwarz gefärbtem Holz mit Laufplatte aus Leder erhalten ist. In der Frühen Neuzeit waren Schuhe ein vielbenutztes Kleidungsstück, denn die meisten Reisenden waren zu Fuß unterwegs, weil Transportmittel wie Kutsche oder Schiff zu teuer waren. Aufgrund der häufigen Nutzung der Schuhe gab es in jeder größeren Ortschaft einen Flickschuster, bei dem der Reisende die Schuhe reparieren lassen konnte.

**1.1.10** Christliche Ängste werden von einem Steinschlag zerschlagen („Christen vreest door een vallend rotsblok verpletterd te worden"), Radierung von Jan Luyken, Johannes Boekholt (Verleger), Amsterdam, 1684, Reproduktion
Amsterdam, Rijksmuseum: RP-P-1896-A-19368-434
►Dieser Reisende ist an seinem Stock, breitkrempigen Hut und der Trinkflasche am Gürtel als solcher erkennbar. Der sogenannte Mantelsack diente in der Frühen Neuzeit dem Transport der eigenen Habseligkeiten und wurde quer über den Rücken getragen.
• *Abbildung auf Seite 12 (Detail)*

**1.1.11** Spendensammeln für ehemalige Häftlinge („Remember the Poor Prisoners"), Kupferstich von Pierce Tempest (Stecher) nach Mauron (Zeichner), London, 1688, Reproduktion
Berlin, akg-images: AKG1426769
►Auch dieser Reisende war zu Fuß unterwegs. Stabiles Schuhwerk, wie seine ledernen Laschenschuhe, war für

1.1.13

1.1.19

1.1.18

die Reise unabdingbar und musste aufgrund des hohen Verschleißes oft repariert und ausgebessert werden. Der große Korb auf dem Rücken verweist darauf, dass es sich hier um einen Wanderhändler handelt.

**1.1.12** Zwei Wanderer, ein Mann und eine Frau, Radierung von Rembrandt Harmenszoon van Rijn, 1634, Reproduktion
Braunschweig, Herzog Anton Ulrich Museum. Kunstmuseum des Landes Niedersachsen: Rembrandt AB 3.180

**1.1.13** Landschaft mit am Fluss rastenden Reisenden und Pferden, Radierung von Paul Bril, Sadeler (Verleger), 1590–1640, Reproduktion
Braunschweig, Herzog Anton Ulrich Museum. Kunstmuseum des Landes Niedersachsen: PBril nach AB 3.4
►Die meisten Reisenden waren auch zu Beginn des 18. Jahrhunderts noch zu Fuß unterwegs. Esel und Pferde wurden dabei eher als Lastentiere verwendet. Nur wenige konnten sich ein eigenes Reitpferd oder eine Kutsche leisten und damit komfortabler, schneller und sicherer reisen.

**1.1.14** Modell einer Brigg aus dem 18. Jahrhundert, Holz und Metall, Nachbau 20. Jahrhundert
Höhe 98 cm, Breite 32 cm, Länge 77,5 cm
Schönebeck, Salzlandmuseum: V/L1 3/90
►Die Brigg ist ein zweimastiges Segelschiff, das im 18. Jahrhundert vor allem als Handelsschiff eingesetzt wurde. Das Schiff wurde gegenüber der Kutsche von den früh-

neuzeitlichen Reisenden zumeist bevorzugt, weil es weniger strapaziös, schneller und preisgünstiger war.

**1.1.15** Modell eines Preußischen offenen Personenpostwagens um 1720, Holz, Metall und Korbgeflecht, Nachbau Ende 19. Jahrhundert
Höhe 27 cm Breite 28 cm, Länge 59 cm
Berlin, Museumsstiftung Post und Kommunikation: 4.5.2970
► Aus der Übermittlung von Briefen entwickelten sich ab dem 16. Jahrhundert unterschiedliche Postunternehmen, die auch Fahrgäste und Gepäck beförderten. Dazu wurden Postkutschen eingesetzt, die an sogenannten Relaisstationen die Pferde wechselten und so größere Strecken in kürzerer Zeit zurücklegten. Damit wurde das Reisen allmählich sicherer, zuverlässiger, schneller und günstiger.

**1.1.16 a+b**
Zwei Wagenräder einer Kutsche, Holz und Metall, 20. Jahrhundert
Ø 100 cm und 80 cm
Halle, Franckesche Stiftungen

**1.1.17** Venezianische Postbarke, Öl auf Leinwand von Giovanni Domenico Tiepolo, um 1760, Reproduktion
Berlin, akg-images: AKG267227

1.1.22

►Binnenschiffe, wie diese Venezianische Postbarke, wurden wegen ihres geringen Tiefgangs im Wasser vor allem auf Kanälen und Flüssen zum Transport von Gütern und Personen eingesetzt. Einige Binnenschiffe boten den Reisenden ein kleines, beengtes Dach über dem Kopf.
• *Abbildung auf Seite 15*

**1.1.18** Eine Brigantine oder Brick (Brigg), kolorierter Kupferstich, Friedrich Justin Bertuch (Verleger), 1816, Reproduktion
Berlin, akg-images: AKG169916

**1.1.19** Die ‚Gouden Leeuw' auf dem Ij vor Amsterdam, Öl auf Leinwand von Willem van de Velde d. Jüngeren, 1686, Reproduktion
Berlin, akg-images: AKG206173
►Dargestellt ist der Hafen von Amsterdam, eines der wichtigsten Handelszentren der Frühen Neuzeit. Das große Segelschiff im Vordergrund, die ‚Gouden Leeuw', ist ein sogenannter Ostindienfahrer, ein großes, mit Kanonen bewaffnetes Handelsschiff, das für den Handel mit Asien eingesetzt wurde.

**1.1.20** Posthorn, Messing, hergestellt von Augustin Hönich, München, 1786
Rohrlänge 198 cm, Standhöhe 21,3 cm
Frankfurt/Oder, Museum Viadrina: V/J 217
►Das Horn ist ein einfaches Blechblasinstrument und wurde schon im 15. Jahrhundert als Signalinstrument im Kontext der Nachrichtenübermittlung genutzt. Mit dem Aufkommen der Postkutschen im 17. Jahrhundert etablierte sich das Posthorn vollends, um damit Ankunft und Abfahrt anzukündigen. Um 1740 kamen in Bayern die ersten musikalischen Posthörner wie das hier ausgestellte auf, mit denen man bereits einfache Melodien spielen konnte.

**1.1.21** Pp Die Post Pp, kolorierter Kupferstich in: Johann Wolf: Neues Buchstabir- und Lesebuch. Zur Beförderung der Entwiklung des Verstandes für niedere besonders aber für Landschulen, nebst einer kurzen Anweisung für Aeltern und Lehrer zum Gebrauch desselben. Nürnberg: Schneider und Weigel, 1799, Tafel VIII, Reproduktion
Berlin, Pictura Paedagogica Online: b3d0654
►In der Frühen Neuzeit übermittelte die Post zunächst vorrangig Briefe und Depeschen. Erst im Verlauf des 16. Jahrhunderts wurden zunehmend auch Fahrgäste und Gepäck befördert, weswegen man vermehrt Kutschen einsetzte. Das Reisen wurde damit allmählich sicherer, zuverlässiger, schneller und günstiger. Dass es dennoch nicht immer ganz bequem war, erkennt der Betrachter an der abgebildeten Kutsche ohne jegliche Federung.
• *Abbildung auf Seite 16*

**1.1.22** Karte mit den Poststrecken in Deutschland („Postarum seu Veredariorum Stationes per Germaniam et Provincias adjacentes"), kolorierter Kupferstich von Pieter Schenck, Amsterdam, um 1710, Reproduktion
Halle, Franckesche Stiftungen: BFSt: 86 A 35 (24)
►Mit dem Aufkommen der Postunternehmen entwickelte sich rasch ein dichtes Netz von festen Postrouten, auf denen die Kutschen fuhren. Über Postverzeichnisse, Postroutenhandbücher und die hier gezeigte Karte konnte der Reisende sich seine Verbindungen heraussuchen und Dauer und Kosten der Reise abschätzen.

**1.1.23** Nürnberger Postbote, kolorierter Kupferstich, um 1700, Reproduktion
Berlin, akg-images: AKG34051

**1.1.24** Der Überfall, Öl auf Kupfer von August Querfurt, 1750, Reproduktion
Berlin, akg-images: AKG172362
►Das Reisen war mit allerlei Gefahren verbunden. Neben den natürlichen Widrigkeiten, wie Hitze, Regen, Schnee und starkem Wind, drohten dem Reisenden auch Unfälle oder Überfälle – dies vor allem in unbewohnten und entlegenen Gegenden.
• *Abbildung auf Seite 17*

**1.1.25** Heinrich IV. in Wassergefahr, nachkolorierte Radierung von Jan Luyken, Frankfurt/Main, 1718, Reproduktion
Berlin, akg-images: AKG1950157
►Unwetter und Überschwemmungen drohten für den Reisenden zur Gefahr zu werden, wie es Heinrich IV. von Frankreich (1553–1610) auf dieser Darstellung widerfährt.
• *Abbildung auf Seite 190f.*

**1.1.26** Der Tod des Keyx („Ceyx naufragio perit"), Radierung von Johann Wilhelm Baur, Melchior Küsel (Verleger), Augsburg, 1681, Reproduktion
Wolfenbüttel, Herzog August Bibliothek: Xb 4139 (107)
►Auch die Reise mit dem Schiff barg allerlei Gefahren. Gerade auf hoher See konnte ein Unwetter mit meterhohen Wellen den Schiffen sehr zusetzen oder sie sogar zum Kentern bringen.

**1.1.27** Schiffbruch an felsiger Küste („Shipwreck off a Rocky Coast"), Öl auf Leinwand von Wijnand Nujen, um 1837, Reproduktion
Amsterdam, Rijksmuseum: SK-A-4644

1.1.27

**1.1.28** Ein Schiff auf hoher See, gefangen durch einen Sturm, bekannt als „Die Windböe" („A Ship on the High Seas Caught by a Squall, Known as ‚The Gust'"), Öl auf Leinwand von Willem van de Velde, um 1680, Reproduktion
Amsterdam, Rijksmuseum: SK-A-1848
►Eine Schiffsreise zu einem anderen Kontinent konnte, anders als heute, mehrere Monate bis zu Jahre dauern und bedeutete für den Reisenden zumeist einen endgültigen Abschied von seiner Heimat.
• *Abbildung auf Seite 8 (Detail)*

**1.1.29** Ein gestürzter Reiter wird von drei Männern attackiert, Radierung, 1793, Reproduktion
Wolfenbüttel, Herzog August Bibliothek: Graph. Res. A:361

**1.1.30** Ein niederländischer Ostindienfahrer bei der Ausreise, Scherenschnitt, 1762
40 × 34 cm
Privatbesitz, Udo Schmidt

**1.1.31** Pfeifenkopf mit einer Ansicht von Kapstadt, Porzellan, um 1800
Höhe 16 cm, Ø 4 cm
Privatbesitz, Udo Schmidt
►Von der Reise brachten sich Reisende oft Souvenirs und Andenken mit, die sie unterwegs erworben hatten. Sie erinnerten an die Reise und bezeugten die Erzählungen und Berichte danach. Der Pfeifenkopf zeigt eine Ansicht von Kapstadt, eine wichtige Zwischenstation auf der Reise nach Südostasien.

**1.1.32** Schiffbruch an felsiger Küste, Öl auf Leinwand, um 1800
35 × 40 cm
Privatbesitz, Udo Schmidt

AUGUSTUS HERMANNUS FRANCKIUS,
S. THEOLOGIÆ PROFESSOR ORDINARI9 IN ACADEMIA HALLENSI,
IBIDEM AD D. ULRICI PASTOR ET GYMNASII SCHOLARCHA,
ITEMQUE PÆDAGOGII REGII ET ORPHANOTROPHEI GLAUCHENSIS DIRECTOR,
ætatis LV; natus Lubecæ anno 1663. d. 12.mo Martii, st. v.
Bernard, Vogel ad vivum delineavit et sculpsit Aug. Vind.

DIETER ISING

# August Hermann Franckes Reise nach Süddeutschland 1717/1718

Im Jahr 1717 entschließt sich August Hermann Francke (1663–1727) zu einer Reise. Als Leiter der Glauchaschen Anstalten, als theologischer Lehrer an der Universität Halle und (seit 1716) Prorektor braucht er eine Auszeit. Im Urlaubsgesuch an den preußischen König[1] begründet er dies Ende Juli 1717 mit körperlicher Abgespanntheit; eine Reise von sechs Wochen werde ihm guttun. Den Reiseverlauf plant er nicht. Er will sich am Auszug des Volkes Israel orientieren, von dem es in 4Mose 9,18 heißt: „Nach dem Worte des Herrn zogen sie, und nach seinem Wort lagerten sie sich." Wohin man ihn einlade, dorthin werde er gehen. Dagegen steht der Zweck der Reise für ihn fest. Mengen von Kleinschriften aus Franckes Waisenhausverlag werden mitgenommen, um sie unterwegs zu verteilen. Eine Kutsche wird angemietet um des großen Gepäcks willen, auch um Routen abseits der allgemeinen Poststrecken nutzen zu können. Seine Begleiter Georg Heinrich Neubauer (1666–1725) und sein Sohn Gotthilf August (1696–1769) sollen Nachschriften und Kopien von Franckes unterwegs gehaltenen Predigten anfertigen. Der junge Theologe Johann Ulrich Christian Köppen (1694–1763) ist für die Korrespondenz und das Reisetagebuch zuständig.[2] Eine Erholungsreise im heutigen Verständnis ist das nicht, eher eine Mischung aus Abenteuerurlaub und Missionsreise. Hier wird eine Fahrt geplant ins Blaue hinein, wobei man allerdings deutlich nach Süddeutschland tendiert. Eine möglichst große Breitenwirkung und ein publizistisches Nachspiel sind angestrebt. Die Gruppe, die am 29. August 1717 Halle verlässt, hat nicht vor, einmal unbeschwert auszuspannen. Sie ist eine Delegation des Halleschen Pietismus, welche das Franckesche Kommunikationsnetzwerk ausbauen und bei Groß und Klein ein ihrer Meinung nach zutreffendes Bild vom Pietismus in Halle etablieren will.[3]

Aus den anvisierten sechs Wochen werden sieben Monate. Kein Wunder bei einer Reiseroute, die über Weimar, Erfurt und Gotha führen wird, von dort über Eisenach, Hersfeld und Gießen nach Frankfurt am Main. Von hier aus besucht man die fürstlichen Residenzen Idstein und Usingen sowie die Reichsstadt Wetzlar. Über Darmstadt und Heidelberg erreicht man am 29. Oktober Heilbronn, einen Tag später Ingelfingen, von dort aus Schwäbisch Hall, schließlich die Grafenhäuser Solms-Rödelheim-Assenheim und Hohenlohe-Pfedelbach. Für Francke haben die Anbindung und der Kontakt zum Adel, insbesondere dem reichsunmittelbaren Adel, eine wichtige Bedeutung. Denn die Adligen können als Multiplikatoren in ihren Territorien und im Reich seine Idee der Reich-Gottes-Arbeit weitertragen und diese unterstützen.[4] Über Ludwigsburg trifft die Reisegruppe am 11. November in Stuttgart ein, am 23. November in Denkendorf. Tags darauf geht es über Walddorf und Bebenhausen nach Tübingen (25.11.–2.12.). Am 4. Dezember erreicht man Biberach, am 11. Dezember die Reichsstadt Ulm, von wo aus Francke zwei Abstecher nach Blaubeuren unternimmt. Angriffe des Ulmer lutherisch-orthodoxen Predigers Johann Caspar Funk (1680–1729) und Franckes Rechtfertigung verzögern die Weiterreise bis zum 20. Januar 1718. Die nächsten Stationen sind Augsburg (21.1.–8.2.) und Nördlingen (9.–16.2.) mit einem Abstecher nach Bopfingen (14.2.). Über Öttingen wird am 22. Februar Ansbach erreicht; am 1. März fährt man über Kloster Heilsbronn nach Nürnberg. Der letzte Teil der Reise führt über Erlangen (10.3.), Kulmbach (12.3.) sowie die Reußischen Herrschaften (u. a. Ebersdorf 16.3.) nach Gera (25.3). Am 2. April 1718 kehrt man ins heimatliche Halle zurück.

1.2.6 | August Hermann Francke, Mezzotinto von Bern[h]ardus Vogel, 1718.

Graf Ludwig Gottfried zu Hohenlohe-Pfedelbach, Mezzotinto von Gabriel Spizel, Augsburg, vor 1760. Tübingen, Eberhard Karls Universität, Universitätsbibliothek: Dd 133 c gr Fol.

Johann Albrecht Bengel, Kupferstich von Johann Christoph Sysang (Stecher), um 1750. Halle, Franckesche Stiftungen: BFSt: Porträtsammlung P 12.

Reiseverlauf, Begegnungen und Wirkungen sind dokumentiert durch das bekannte, von Köppen geführte Reisetagebuch Franckes,[5] außerdem durch württembergische Quellen. Vor allem wird im Folgenden Bezug genommen auf die handschriftliche Sammlung *Iter Franckianum*[6] von Johann Albrecht Bengel (1687–1752), Klosterpräzeptor in Denkendorf bei Stuttgart, später Prälat, Konsistorialrat und Mitglied des württembergischen Landtags.[7] Mit dem Namen Bengel sind textkritische und exegetische Arbeiten zum Neuen Testament verbunden, auch seine Versuche einer Berechnung der Heilsgeschichte. Aufgrund biblischer Zeitangaben (etwa in Apk 13) will Bengel die relevanten Ereignisse der Heilsgeschichte von der Schöpfung bis zur Vollendung zeitlich bestimmen. Die Aufrichtung des ersten Tausendjährigen Reiches Christi berechnet er auf das Jahr 1836 – eine Vorhersage, verantwortlich für enthusiastische Erwartungen und tiefe Enttäuschungen im Württembergischen Pietismus. Johann Albrecht Bengel hat auf seiner wissenschaftlichen Reise Francke 1713 in Halle kennen und schätzen gelernt. Die Arbeit in Waisenhaus und Pädagogium, Franckes Persönlichkeit, seine Vorlesungen und Veröffentlichungen haben für Bengel, damals Klosterpräzeptor in spe, eine Vorbildfunktion.[8] Daher verfolgt er 1717 und 1718 Franckes Reise mit höchster Aufmerksamkeit. Bengels *Iter Franckianum* hält persönliche Begegnungen sowie besondere Geschehnisse fest und nimmt auch briefliche Mitteilungen Dritter auf, vor allem im Reiseabschnitt von Stuttgart bis Ulm.[9]

In Württemberg muss sich Francke Skepsis und kritische Fragen gefallen lassen. Der kirchliche Pietismus hat hier durch Theologen wie Johann Andreas Hochstetter (1637–1720) und Johann Reinhard Hedinger (1664–1704) zwar Fuß gefasst – Bengel vertritt bereits die zweite Generation –, jedoch ist der lutherisch-orthodoxe Widerstand gegen pietistische Bestrebungen noch deutlich spürbar. Hinzu kommt der am Anfang des 18. Jahrhunderts auch in Württemberg auftretende radikale Pietismus, welcher fundamentale Kirchenkritik mit der Behauptung einer unmittelbaren Offenbarung verbindet:[10] Wer die Bibel als letztgültige Instanz nicht respektiert, kann ungehindert seiner persönlichen Erleuchtung frönen. In diesen Spannungsfeldern muss Francke mit seinem Auftreten, in Predigten und theologischen Gesprächen den Halleschen Pietismus verorten.

So wird er in Stuttgart genau beobachtet. Der Bericht eines Unbekannten hat die Funktion heutiger Pressefotos und Talkshows:[11] Francke ist „von Person kurz (klein), aber wohl untersetzt oder dick, eines breiten angesichts, weiß und gefärbter wangen, an haaren weißgrau, welche langshin auff den achseln oder rucken auffligen". Sein Humor und offener Blick werden gerühmt, aber auch sein Festhalten an der Erbaulichkeit einer Unterhaltung: „Kam ein pößle [Posse] auf die bahn, so machte er sein compliment gegen den, der es sagte, redte aber nichts darzu." Am Sonntag, dem 14. November 1717, sucht ihn Bengel auf und wird „sehr liebreich" empfangen. Am folgenden Tag nimmt er an einer Gesprächsrunde Franckes mit Stuttgarter Theologen teil und kann anschließend noch eine halbe Stunde allein mit ihm reden, bevor man bei Samuel Urlsperger (1685–1772), dem damaligen Stuttgarter Oberhofprediger, zu Mittag isst. Die Gespräche drehen sich um das von Herzog Eberhard Ludwig von Württemberg (1676–1733) erlassene Predigtverbot gegen Francke, der auf Einladung des Konsistoriums am 14. November eine Gastpredigt in der Stiftskirche halten soll. Francke habe sich nicht dem Ludwigsburger Hof vorgestellt – der wahre Grund wird die Abneigung des Herzogs gegen den bekannten pietistischen Prediger gewesen sein. Im Hintergrund steht die aufgelöste, aber faktisch weiter bestehende Zweitehe des Herzogs mit Christiane Wilhel-

1.2.2 | Herzog Eberhard Ludwig von Württemberg, Mezzotinto von Johann Christoph Hafner (Verleger), 1700–1730.

mine von Grävenitz (1686–1744),[12] auch die verschwenderische Ludwigsburger Hofhaltung.[13] Man befürchtet, Franckes Auftreten werde diese württembergischen Reizthemen aufgreifen, und lässt ihm am Sonntagmorgen vom völlig überraschten Stiftsprediger mitteilen, er dürfe nicht auf die Kanzel. In aller Ruhe hört Francke der Predigt zu. Er weiß, dass ganz Stuttgart auf den Beinen ist, um ihn zu hören. Ein Predigtverbot schadet nicht ihm, sondern dem Herzog. Und so kann Hofprediger Urlsperger nicht nur eine herzogliche Predigterlaubnis für Sonntag, den 21. November erwirken, sondern auch den Befehl, „diesen Theologum wohl zu bewirten".[14] Francke predigt vor einer „daselbst niemahl gesehenen Menge Leuth"; der ganze Hof einschließlich Wilhelmine von Grävenitz ist anwesend.[15] Die Predigt über Jesu Worte vom Jüngsten Gericht (Mt 25,31–46), von Franckes

Begleitern nachgeschrieben, wird sofort gedruckt und an die Mitglieder des Konsistoriums und der Landstände, auch an die von ihrem Mann verlassene Herzogin, verschickt. Die Rückmeldungen sind positiv.

Am 23. November verlässt die Reisegesellschaft Stuttgart und trifft in der Klosterschule Denkendorf ein, der Wirkungsstätte Bengels, wo künftige Theologen auf das Studium in Tübingen vorbereitet werden.[16] Zur Begrüßung hält der Primus des Studienjahrgangs, der spätere Kopenhagener Hofprediger und Tübinger Universitätskanzler Jeremias Friedrich Reuß (1700–1777), eine lateinische Rede. Francke antwortet in lateinischer Sprache. Aufmerksam verfolgt er den vor den Mahlzeiten üblichen Chorgesang, verbunden mit alt- und neutestamentlicher Schriftlesung aus dem Urtext und Gebet. Er beobachtet den Ablauf des Abendessens und das Verhalten der Schüler. Auf dem Speiseplan stehen „eine FleischBrühe, hierauff eine GrießSuppe und zuletzt eine Schüßel mit Rindfleisch".[17] Anschließend werden die Gäste in der Propstei bewirtet. Das einfache Essen entspricht Franckes Vorstellungen, hat er doch Anfang November in Schwäbisch Hall ein zu seinen Ehren ausgerichtetes festliches Abendessen vorzeitig verlassen. Die opulente Tafel und eine Tischgesellschaft, die dem Wein kräftig zuspricht und immer lauter wird, kann er mit der von ihm geforderten Mäßigkeit und Erbaulichkeit nicht vereinbaren.[18] Am nächsten Tag geht es um die Auswahl der richtigen Personen für das Pfarramt; Francke hebt die innere Berufung eines jungen Theologen durch eine Bekehrung hervor. Man besucht Bengels Unterricht, in dem das Neue Testament im griechischen Urtext gelesen wird. Francke legt den Schülern „das eiferige Forschen der Schrifft (auch biß auf alle particuln hinauß), die würkliche Gehorßame ausübung und das Gebett"[19] ans Herz. Damit hat er Bengel aus dem Herzen gesprochen, der eine bis in die „particuln" gehende textkritische Durchsicht des griechischen Neuen Testaments plant, die 1734 als *Novum Testamentum Graecum* erscheinen wird. Außerdem empfiehlt Francke die tägliche und auf eine *praxis pietatis* zielende Lektüre der deutschen Lutherbibel.[20] Beim Abschied von Denkendorf am 24. November 1717 werden mitgebrachte Traktate an die Kinder der Präzeptoren verteilt. Als Francke

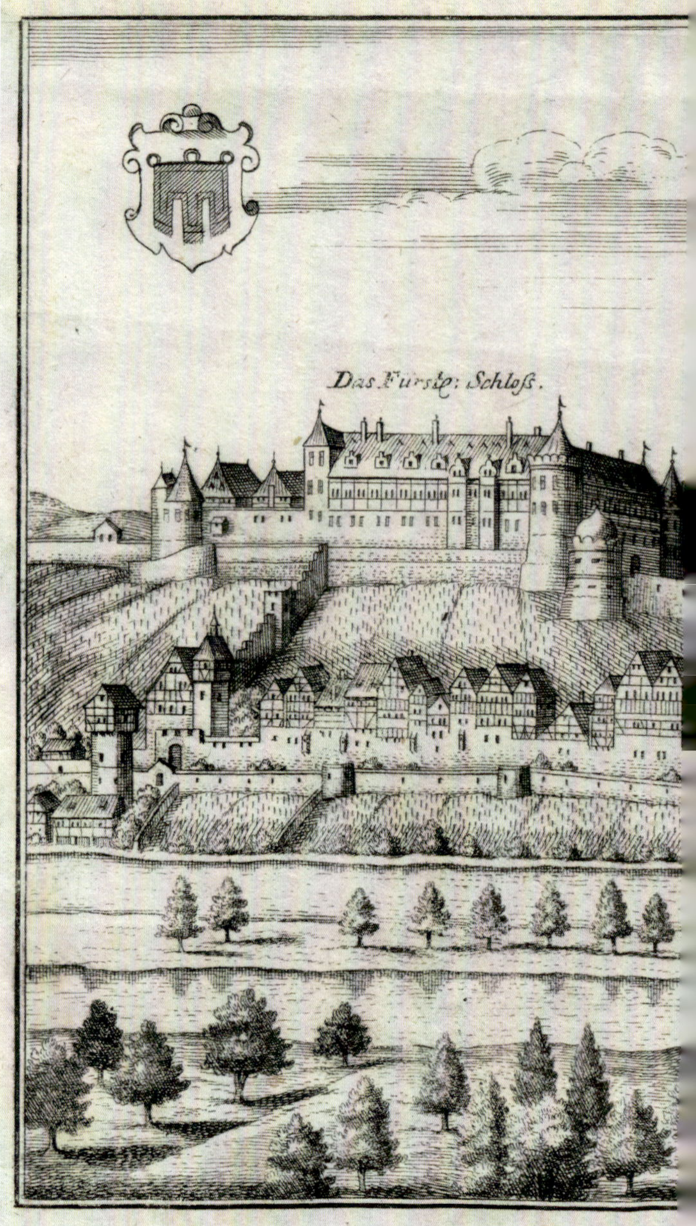


bereits die Kutsche bestiegen hat, fragt er noch einmal nach Bengel: „Und da ich eben auf dem weg war, noch einmal zur Kutsche hinzugehen, auf der Seite, da ich allein bey ihm seyn konte, gab er mir nochmalen einen geneigten Wunsch, gleich als ob er mich herzen wolte, und sprach: Gott wolle Ihn seegnen; mit dem beysatz: und auch seegnen von meinetwegen."[21]

Am Abend des 24. November erreicht man die Klosterschule Bebenhausen bei Tübingen. Menschen mit Fackeln

haben sich im Wald postiert, um den Weg zu zeigen. Herzlich begrüßt Francke den 80-jährigen Prälaten Johann Andreas Hochstetter (1637–1720), genannt „der württembergische Spener"; beide sind in der Verehrung Speners einig. Francke nennt sich einen „Sohn" des Prälaten, als Ersatz für den vor wenigen Monaten verstorbenen Andreas Adam Hochstetter (1668–1717), und stiftet mit der Familie eine „fraternitaet".[22] Den Klosterschülern empfiehlt er die Liebe Gottes als das Kompendium aller Kompendien.[23]

1.2.4 | Tübingen von Süden, Kupferstich, 17. Jahrhundert. Tübingen, Eberhard Karls Universität, Universitätsbibliothek: PA 20.

Am 25. November trifft er in Tübingen ein, wo man ihn freundlich aufnimmt. In theologischen Gesprächen mit Tübinger Professoren macht Francke eine gute Figur. So äußert er sich als Vertreter des kirchlichen Pietismus über radikalpietistische Autoren freundlich-distanziert. Auf Johann Wilhelm Petersens (1649–1717) Versuch angespro-

1.2.5 | Pfeilerfigur August Hermann Franckes im Ulmer Münster, Fotografie. Ulm, Stadtarchiv.

chen, aus Jes 6 die Wiederbringung aller Dinge zu beweisen, antwortet er, hierin seien die Hallenser mit ihm nicht einig. Sie „können nicht anders als bey der H. Schrifft bleiben. Sonsten aber lieben sie dannoch d[en] D. Petersen wegen s[einer] schönen gaben."[24] Am 1. Advent predigt er auf Einladung der Tübinger Theologen. Es geht, in Anlehnung an Mt 21,1–9, um diejenigen, die Christus aufgenommen und die ihn nicht aufgenommen haben, „zur Nachfolge und Warnung". Die erbauliche Predigt wird kurz darauf gedruckt und hat erstaunliche Wirkungen. So bekennt Johann Wolfgang Jäger (1647–1720), Professor der Theologie und Kanzler der Tübinger Universität, der Spener kritisch gegenübersteht, er „habe nie eine solche Evangelische Predigt gehöret", und bricht in Tränen aus. Ihm sei es bei der Begegnung mit Francke ergangen „wie der Königin vom Reich Arabien mit Salomo: Er habe zuvor die helffte nicht von ihm gewußt." Eine solche Predigt würde er gern auf seinem Sterbebett hören.[25] Franckes Absicht ist erreicht, Vorurteile durch persönliches Kennenlernen abzubauen. Zum Abschied am 2. Dezember verehrt ihm der Senat der Universität eine silberne Büchse mit sechs neugeprägten Goldgulden. Am 4. Dezember erreicht man die Reichsstadt Biberach, eingeladen vom dortigen Evangelischen Magistrat. Wiederum hält Francke eine „sehr erbauliche und bewegliche" Predigt und verteilt an die Schulkinder seine *Ordnung des Heils samt Güldnem ABC.*[26] Die Biberacher wollen den Tübingern nicht nachstehen; auch sie beschenken den Gast mit sechs goldenen Gedenktalern.[27]

Am 11. Dezember trifft Francke in der Reichsstadt Ulm ein. Nach einem kurzen Abstecher zur Klosterschule im nahe gelegenen Blaubeuren kommt es in Ulm zum Eklat, ausgelöst durch den orthodoxen Theologen Johann Caspar Funk. In einer Predigt am 4. Advent 1717 rechnet er mit den Pietisten ab. Bengels *Iter Franckianum* dokumentiert die Ereignisse ausführlich mit Briefen von Franckes Sohn Gotthilf August und anderen:[28] Die Pietisten hätten sich von der evangelischen Kirche getrennt, was längst von der Wittenberger und anderen Universitäten bewiesen worden sei. Die Trennung komme auch durch das pietistische Anliegen an den Tag, die evangelische Kirche immer reformieren zu wollen. Luthers Bibelübersetzung werde verachtet und verkleinert. Auch ein „noch lebender Prof. Theol. zu Halle" – der anwesende Francke – habe die lutherische Lehre herabgesetzt.[29] Funk ist die große Hochachtung, welche dem Gast in Ulm entgegengebracht wird, gar nicht recht. Man solle nicht vergessen, „daß offt unter einem Schafbeltz ein wolfshertz stecke". In der Stadt herrscht helle Aufregung. Auf Betreiben des Geistlichen Ministeriums beschließt der Magistrat, Francke Gelegenheit zu geben, im Münster zu predigen. So spricht er am 16. Januar 1718 vor einer „unzälbaren menge volcks" – sieben- bis achttausend Zuhörer sollen es gewesen sein. Aus dem für diesen Tag vorgesehenen Predigttext Joh 2,1–11 (Hochzeit zu Kana) macht Francke deutlich, was Glaube heißt. Die Predigt, mit großer Zustimmung aufgenommen, ist wie zuvor in Stuttgart und Tübingen nach kurzer Zeit gedruckt zu haben.

Auch im weiteren Verlauf der Reise predigt Francke, besucht Schulen und Waisenhäuser und spricht mit Personen aus allen gesellschaftlichen Schichten. Sein Ruf zur Umkehr, zu einer Innerlichkeit und Intensität des Glaubens, die sich in allen Lebensbereichen auswirken müsse, zieht viele Menschen an. Was Bengels Notizen über Franckes Wirkung in Nürnberg berichten, gilt auch für andere Reisestationen: Dort finde sich „unter dem Volk eine grosse Liebe, davon alles rege ist, wie denn auch gar einige vormals widriggesinnte gesagt haben sollen, da sie Hn. Prof. nur gesehen, nun wolten sie gleich revociren [widerrufen]".[30]

Auf der Reise ist es Francke gelungen, den Halleschen Pietismus darzustellen und für ihn zu werben. Seine Differenz zur lutherischen Orthodoxie, aber auch zum radikalen Pietismus kann er deutlich machen. Nicht gelöst hat er die Frage, ob nicht der Ruf nach permanenter „Erbaulichkeit" den Menschen überfordert. Auch wir Heutige haben das Problem, wie das Ineinander von Rechtfertigung und Heiligung gelebt werden kann, und müssen es immer wieder neu auf dem Boden der Reformation bedenken.

[1] Brief von August Hermann Francke an König Friedrich Wilhelm I., Halle, 27.07.1717, Halle, Archiv der Franckeschen Stiftungen (nachfolgend AFSt): AFSt/H A 170 : 49.

[2] Erich Beyreuther: August Hermann Francke. Zeuge des lebendigen Gottes. 2. Aufl. Marburg 1961, 218.

[3] Vgl. Holger Zaunstöck: Das „Werck" und das „publico". Franckes Imagepolitik und die Etablierung der Marke Waisenhaus. In: Die Welt verändern. August Hermann Francke. Ein Lebenswerk um 1700. Hg. v. Holger Zaunstöck [u. a.]. Halle 2013 (Kataloge der Franckeschen Stiftungen, 29), 259–271.

[4] Vgl. Thomas Müller-Bahlke: Die Bedeutung des Adels für das hallische Netzwerk. In: Die Welt verändern [s. Anm. 3], 181–193.

[5] August Hermann Francke: Tagebuch 1717, AFSt/H A 170 : 1 (URL: https://digital.francke-halle.de/mod2/content/titleinfo/4537 [letzter Zugriff 07.11.2017]); ders.: Tagebuch 1718, AFSt/H A 171 : 1 (URL: https://digital.francke-halle.de/mod2/content/titleinfo/4538 [letzter Zugriff 07.11.2017]).

[6] Stuttgart, Württembergische Landesbibliothek Stuttgart (nachfolgend WLB): cod. hist. fol. 1002, 14.

[7] Vgl. Gottfried Mälzer: Johann Albrecht Bengel. Leben und Werk. Stuttgart 1970; Dieter Ising: Die württembergischen Klosterschulen und Seminare zwischen Pietismus und Aufklärung. Der Klosterpräzeptor Johann Albrecht Bengel (1687–1752) und der Seminarist Johann Christoph Blumhardt (1805–1880). In: Blätter für württembergische Kirchengeschichte 107, 2007, 105–119.

[8] Vgl. die kommentierte Ausgabe der Bengelschen Korrespondenz: Johann Albrecht Bengel: Briefwechsel. Bd. 1: Briefe 1707–1722. Hg. v. Dieter Ising. Göttingen 2008, Nr. 48, 230–250.

[9] Die Schilderung von Franckes Besuch in Stuttgart und Denkendorf ist veröffentlicht in: Bengel, Briefwechsel [s. Anm. 8], Bd. 1, Nr. 136, 470.

[10] Vgl. Dieter Ising: Radikaler Pietismus in der frühen Korrespondenz Johann Albrecht Bengels. In: Pietismus und Neuzeit 31, 2005, 152–195.

[11] Iter Franckianum [s. Anm. 6], Bl. 19v–20r.

[12] Die Abneigung gegen die Zweitehe und gegen die machtbewusste Wilhelmine von Grävenitz war in Württemberg verbreitet, natürlich auch im württembergischen Pietismus. Vgl. Bernd Wunder: Herzog Eberhard Ludwig. In: 900 Jahre Haus Württemberg. Hg. v. Robert Uhland. Stuttgart 1984, 214–226.

[13] Dagegen legt Francke Wert auf eine mäßige Lebensführung, was seine Reaktion beim Festessen in Schwäbisch Hall illustriert (s. Seite 40 mit Anm. 18).

[14] Iter Franckianum [s. Anm. 6], Bl. 15r, 19v.

[15] Francke, Tagebuch [s. Anm. 5], November 1717, 52.

[16] Neben den genannten Quellen wird hier die *Relation deßen, waß sich mit Herrn Professore Francken aus Halle in dem Closter Denckendorff begeben* herangezogen, verfasst von Bengels Kollegen Andreas Christoph Zeller (1684–1743) (WLB: cod. hist. qt. 137,4).

[17] Francke, Tagebuch [s. Anm. 5], November 1717, 60.

[18] Vgl. Gustav Kramer: August Hermann Franckes Reise in das südliche Deutschland. In: Nachricht über das Königliche Pädagogium zu Halle, Bd. 35, 1870, 1–27, hier 4f.

[19] Iter Franckianum [s. Anm. 6], Bl. 25r.

[20] Zeller, Relation [s. Anm. 16], Bl. 16v.

[21] Iter Franckianum [s. Anm. 6], Bl. 25v.

[22] Brief von Bengel an Georg Heinrich Hofholz, 27.12.1717. In: Bengel, Briefwechsel [s. Anm. 8], Bd. 1, Nr. 138, 487.

[23] Iter Franckianum [s. Anm. 6], Bl. 26r.

[24] Iter Franckianum [s. Anm. 6], Bl. 29r; Petersen stand persönlich Francke nahe und war Taufpate von dessen Sohn Gotthilf August.

[25] Francke, Tagebuch [s. Anm. 5], Dezember 1717, 2f.; Iter Franckianum [s. Anm. 6], Bl. 32r.

[26] Wohl: August Hermann Francke: Fünf Fragen, Um der Schul-Jugend Einen summarischen Begriff Von der Ordnung des Heils zu geben. Derselben In dem Waysenhause zu Glauche an Halle vorgestellet Den 28. Decembr. 1713. [Halle: Waisenhaus, 1713].

[27] Iter Franckianum [s. Anm. 6], Bl. 34r–v.

[28] Iter Franckianum [s. Anm. 6], Bl. 9r–v sowie Bl. 5v–7r, 13r–14r, 35r, 36r. Die Dokumente geben die Sicht von Mitarbeitern und Freunden Franckes wieder. Die Schwere der Vorwürfe wird allerdings auch außerhalb dieses Kreises wahrgenommen, etwa im Ulmer Geistlichen Ministerium. Vgl. Wolfgang Schöllkopf: „Streit im Münster". August Hermann Francke zu Besuch in Ulm 1717/1718. In: Tradition und Fortschritt. Festschrift für Hermann Ehmer zum 65. Geburtstag. Hg. v. Norbert Haag [u. a.]. Epfendorf 2008, 165–186.

[29] Vgl. August Hermann Francke: Observationes biblicae. Anmerckungen über einige Oerter H. Schrifft, Darinnen die Teutsche Ubersetzung des Sel. Lutheri gegen den Original-Text gehalten und bescheidentlich gezeiget wird, Wo man dem eigentlichen Wort-Verstande näher kommen könne [...]. Halle: Zeitler; Salfelden, 1695. Wenn Francke den Denkendorfer Schülern die tägliche Lektüre der Lutherbibel empfiehlt, geht es ihm nicht um Herabsetzung, sondern Präzisierung.

[30] Iter Franckianum [s. Anm. 6], Bl. 42r.

## Verzeichnis der Exponate

Als sich August Hermann Francke (1663–1727) am 30. August 1717 auf seine mehrmonatige, sogenannte *Reise ins Reich* begab, stand er auf dem Höhepunkt seiner Ausstrahlung und Wirkkraft. Zunächst als nur kurze Erholungsreise geplant, wurde diese Reise in erster Linie zu einer Werbetour für den Pietismus und das Hallesche Waisenhaus. Er reiste in den Südwesten des Deutschen Reiches, wo er auf viele Menschen traf, die von ihm, seinen Ideen und seinem Wirken bereits fasziniert waren oder die er im direkten Kontakt beeindruckte. In vielen Orten wurde Francke aufgefordert zu predigen. Zudem traf er eine Vielzahl von Menschen und nutzte dabei die Chance, zahlreiche Schriften aus dem hallischen Waisenhausverlag, die seine Ideen transportierten, zu verteilen. Auf dieser Reise hatte Francke viele Kontakte zu Mitgliedern des Adels, was verdeutlicht, wie sehr der Hallesche Pietismus gerade in diesem Stand verbreitet war. Am 2. April 1718 traf Francke wieder in Halle ein. Der Erfolg seiner Reise wirkte sich auf vielfältige Weise positiv auf die Glauchaschen Anstalten, die heutigen Franckeschen Stiftungen, und die Verbreitung des Halleschen Pietismus aus.

**1.2.1** Hörstation: Auszug aus der Predigt zum 200. Reformationsjubiläum von August Hermann Francke: Der Zuruf Christi an seine jubilirende Evangelische Gemeine. An dem auf den 23ten Sonntag nach Trin. gefälligen andern Jubel-Feste der Evangelischen Kirchen, oder den 31. Octobr. 1717. In einer zu Ingelfingen in der Grafschaft Hohenloh […] Gehaltenen Predigt […] vorgestellet. Halle: Waisenhaus, 1723
Halle, Martin-Luther-Universität Halle-Wittenberg, Universitäts- und Landesbibliothek Sachsen-Anhalt: II 4672 (3)
► Diese Predigt hielt Francke auf Einladung des Grafen Christian Kraft zu Hohenlohe-Ingelfingen (1668–1743), dem Direktor des fränkischen Reichsgrafenkollegiums, und dessen Gemahlin Maria Katharina Sophie (1680–1760).

**1.2.2** Herzog Eberhard Ludwig von Württemberg, Mezzotinto, Joh[ann] Christ[oph] Hafner (Verleger), 1700–1730, Reproduktion
Halle, Franckesche Stiftungen: BFSt: Porträtsammlung C 455
► Der reichsunmittelbare Adel hatte für Francke eine wichtige Bedeutung bei der Verbreitung seiner Idee der Reich-Gottes-Arbeit, denn die Adligen konnten als Multiplikatoren dieser Idee in ihren eigenen Territorien und im Reich wirken. Francke besuchte während seiner *Reise ins Reich* deshalb auch zahlreiche Adlige wie den Herzog Eberhard Ludwig von Württemberg (1676–1733).
• *Abbildung auf Seite 39*

**1.2.3** Diverse Schriften, die August Hermann Francke auf seiner Reise an Schüler verteilt hat, Fotografie
Halle, Franckesche Stiftungen
► In der Klosterschule Denkendorf, die Francke während seiner Reise besuchte, war er von dem Verhalten der Schüler sehr angetan und empfahl die tägliche Lektüre der deutschen Lutherbibel. Zum Abschied verteilte er an die Kinder selbstverfasste Traktate, die er als Werbematerial für Förderer und Unterstützer mit auf die Reise genommen hatte.

**1.2.4** Tübingen, Ansicht von Süden, Kupferstich, Franz Hogenberg und Georg Braun (Verleger), 17. Jahrhundert, Reproduktion
Tübingen, Eberhard Karls Universität, Universitätsbibliothek: PA 20
► Francke erreichte im November 1717 Tübingen, wo er theologische Gespräche mit Professoren der Tübinger Universität führte und am ersten Advent predigte. Die erbauliche Predigt wurde kurz darauf in den Druck gegeben und verbreitete sich schnell.
• *Abbildung auf Seite 40f.*

**1.2.5** Pfeilerfigur August Hermann Franckes, Plastik von Carl Federlin, Stein, 1907, Fotografie
Ulm, Stadtarchiv Ulm
► Zwischen Dezember 1717 und Januar 1718 verweilte Francke in Ulm und hielt im Ulmer Münster eine Predigt vor mehr als Tausend Menschen. Dieser waren theologische Auseinandersetzungen zwischen der lutherischen Orthodoxie und dem Halleschen Pietismus vorausgegangen. Francke ging daraus als gefeierter Sieger hervor. Als Erinnerung daran wurde die Pfeilerfigur 1907 von dem Bildhauer Carl Federlin (1854–1939) gefertigt und befindet sich heute im südlichen Seitenschiff des Münsters.
• *Abbildung auf Seite 42*

**1.2.6** Porträt August Hermann Franckes, Schabkunst von Bern[h]ardus Vogel, 1718, Reproduktion
Halle, Franckesche Stiftungen: BFSt: Porträtsammlung PP 149
► Im Januar 1718 verweilte August Hermann Francke in Augsburg, wo er dem Maler, Zeichner und Kupferstecher Bernhard Vogel (1683–1727) Porträt saß. Zwei sehr unterschiedliche Bildnisse Franckes entstanden dabei. Das hier gezeigte stellt Francke in geistlichem Ornat in einem ovalen Medaillon, auf dem sich das Wappen Franckes mit dem Schwan als Hinweis auf Martin Luther (1483–1546) befindet. Darunter verweist die Inschrift auf Franckes Ämter und Funktionen in Halle.
• *Abbildung auf Seite 36*

MONITA PASTORALIA
THEOLOGICA,
oder
Theologische
Erinnerungen
Und
Vorschläge/
Für einige im Lehr-Amt stehende
Freunde anfänglich entworfen,
Und nunmehro
Zum gemeinsamen Dienst und Nutzen
insonderheit dererjenigen, welche ehemals zu
Halle studiret haben, und ietzt im Predig-Amte
ben,
Wie auch
CANDIDATORUM
Fünff Fragen/
um der
Schul-Jugend
Einen summarischen Begriff
von der
Ordnung
des
Heils
zu geben,
Derselben
In dem Waysenhause zu Glau-
Aug. Herm. Franckens/
S.S. Theol. P. Ord. & Past. Glauch.
Schrifftmäßige
Anweisung
Recht und GOTT wohlgefällig
Zu
Beten/
Nebst
Einer Anfrage
An die Hochlöbl. Theol.
Zu KJEL
Und deren
Die Gewißheit und
Erhörung des Gebets
Andere EDITION.
HALLE
Gedruckt und verlegt im
Schriftmäßige und gründliche
Anleitung
zum
Wahren
Christenthum/
Vormals kürtzer abgefasset/
Nun aber
Zu mehrer Deut-
lichkeit und nützlichern
Gebrauch erweitert/
Und
aufs neue zum Druck
gegeben
von
Aug. Herm. Francken/
SS. Th. Prof. in Halle und Past.
zu Glaucha.
HALLE/
In Verlegung des Waysen-Hau-
ses. 1710.

2

# Im Auftrag des Herrn nach Indien und in den Orient

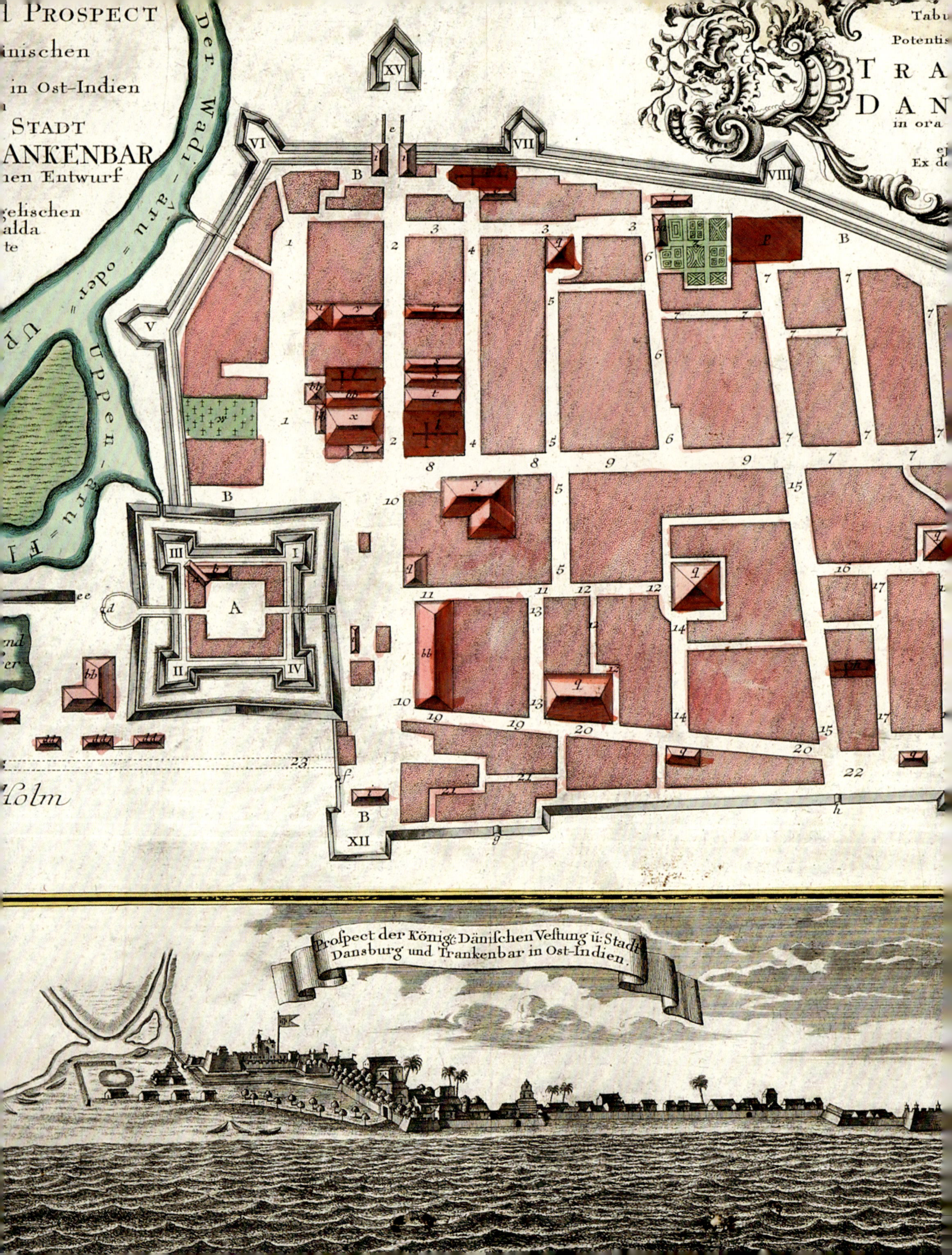

l Prospect
nischen
in Ost-Indien
Stadt
ANKENBAR
nen Entwurf
gelischen
alda
te
Tabu
Potentis
TRA
DAN
in ora
Ex de
Der Wadi-aru = oder = Up
Uppen-aru = Fl
Holm
Prospect der Königl: Dänischen Vestung u: Stadt Dansburg und Trankenbar in Ost-Indien.

HEIKE LIEBAU

# Missionsauftrag, Wissensdurst und Abenteuerlust

## Reisen von hallischen Missionaren nach und durch Indien

Die im Ergebnis translokaler Verflechtungen durch Handel, Expansion und Kolonialismus in der Frühen Neuzeit entstandenen ökonomischen Abhängigkeiten, Kommunikationsstrukturen und politischen Netzwerke bildeten eine notwendige Voraussetzung für christliche Missionsbestrebungen. Vertreter verschiedener Missionsgesellschaften reisten auf Handelsschiffen in entfernte Weltgegenden, errichteten Missionsstationen in den europäischen Handelsniederlassungen und kolonialen Territorien und schufen so ihrerseits Strukturen und Beziehungen zur Verbreitung des christlichen Glaubens und zur missionarischen Wissensproduktion. Waren es zunächst katholische und vorrangig jesuitische Missionare, die auf den europäischen Schiffen nach Indien gelangten, traten im 18. Jahrhundert zunehmend protestantische Missionen in Erscheinung.

Die Dänisch-Hallesche Mission mit ihrem Hauptsitz in der dänischen Handelsniederlassung Tranquebar an der Südostküste Indiens gilt als erste organisierte protestantische Mission in Indien. Seit Beginn des 17. Jahrhunderts hatten wechselnde dänische Handelsgesellschaften ihre Präsenz im Indischen Ozean ausgebaut. Im Auftrag der 1616 gegründeten dänischen Ostindiengesellschaft unterzeichnete Admiral Ove Giedde (1594–1660) im Jahre 1620 den entscheidenden Vertrag mit dem südostindischen König Raghunatha Nayak (reg. 1600–1634). Dieser Vertrag erlaubte den Dänen die Gründung einer Handelsniederlassung und die Errichtung einer Festung in der kleinen Stadt Tranquebar,[1] die fast einhundert Jahre später zum Zentrum der Dänisch-Halleschen Mission wurde.[2] Vom dänischen König Friedrich IV. (reg. 1699–1730) 1705 initiiert, wurden im Verlauf der folgenden ca. 150 Jahre mehr als 50 Missionare, einige Missionarsfrauen sowie Missionsärzte nach Indien entsandt. Die Männer waren größtenteils in Halle in den Glauchaschen Anstalten, den späteren Franckeschen Stiftungen, ausgewählt und vorbereitet worden.

Die Reise eines Missionars von Europa nach Indien war im Falle der Dänisch-Halleschen Mission zumindest in den ersten Jahrzehnten ihres Bestehens meistens eine Ausreise für immer. Die Praxis des Heimaturlaubs war im 18. Jahrhundert noch nicht entwickelt und so fanden viele Angehörige der Mission ihre letzte Ruhestätte in Südindien. Ihre Einschiffung erfolgte in der Regel von Kopenhagen oder London. Die Dauer der Passage variierte von mehreren Monaten bis zu mehr als einem Jahr. Die Missionare reisten auf den so genannten Ostindienfahrern: Segelschiffe, die als Handels- und Kriegsschiffe im Indischen Ozean eingesetzt wurden. Für eine bei Fahrtantritt nicht genau bestimmbare Zeit richteten sie sich in ihrer kleinen Schiffskammer ein. Da die Segelschiffe von Windstärke und Windrichtung abhängig waren, entstanden oft lange Wartezeiten. Viele Missionare nutzten die Schiffsreise, um zu meditieren, sich auf das Leben in Südindien vorzubereiten, soweit dies möglich war, die Sprache zu erlernen oder Tagebuch zu schreiben. Oft waren sie aber auch durch Krankheit zu Untätigkeit verurteilt, hatten Depressionen oder litten unter Spannungen mit der Besatzung oder anderen Mitreisenden.

Von fast allen diesen langen Reisen zwischen Europa und Indien liegen ausführliche Reisetagebücher vor, die zum Teil später in den *Halleschen Berichten* oder *Neuen Halleschen Berichten* gedruckt wurden.[3] Sie enthalten Wetter-,

VORHERIGE DOPPELSEITE:
2.2.12 | Die Pyramiden in Ägypten, Kupferstich, Amsterdam, 1668. (Detail)

2.1.17 | Grundriß und Prospect der [...] Vestung und Stadt Dansburg und Trankenbar, kolorierter Kupferstich, Augsburg, um 1745. (Detail)

Natur- und Ortsbeschreibungen, Reflexionen über Religion und Mission, Berichte über interessante Begegnungen oder scheinbar nebensächliche Alltagserlebnisse. Diese Form der Reisedokumentation kennzeichnet insbesondere die Reisen von Pietisten zu Beginn des 18. Jahrhunderts. Eine der längsten Reisen hatte wohl August Friedrich Cämmerer (1767–1837), der am 4. November 1789 in Kopenhagen ordiniert wurde. Dort ging er am 12. November an Bord und erreichte, nach einer Schiffskatastrophe am Kap der Guten Hoffnung und einer längeren Wartezeit in Colombo, Tranquebar erst am 14. Mai 1791.[4] Auch in seinem Tagebuch finden sich die „üblichen“ Darstellungen des Reisealltags, aber auch widersprüchliche Gefühle: Traurigkeit und Zweifel konkurrieren mit der Überzeugung, für diese Mission auserwählt zu sein.

„Wegen Unbekanntschaft mit der Dänischen Sprache war es für mich sehr einsam. Meine einzige Beschäftigung war daher mit der Reise, die ich unter der Leitung meines guten Gottes antreten sollte. Die Betrachtung eines Schiffes, theils seiner Bauart, theils seiner Regierung, setzte mich in Erstaunen, der Gedanke aber, daß

2.1.1 | Beneras-Carte zur Erläuterung der Missions-Geschichte und verschiedenen Reisen der Evangel: Hrn: Missionarien nach Indien, kolorierter Kupferstich von Gottlob August Liebe, Halle, um 1740.

2.1.3 | Benjamin Schultze (1689–1760), Öl auf Leinwand, um 1760.

> es Gottes Wille sey, mich einem solchen Gebäude anzuvertrauen, und mich dadurch über die Wellen führen zu lassen, stärkte mich, und ich betete mit gerührtem Herzen zu Gott."[5]

Die wenigen Missionarsfrauen, die im Rahmen der Dänisch-Halleschen Mission ausreisten, beschrieben ihre Reiseeindrücke seltener. Eine Ausnahme ist Dorothea Ziegenbalg (* um 1693), die Gattin von Bartholomäus Ziegenbalg (1682–1719). Ziegenbalg hatte die Tochter eines Merseburger Beamten während seiner Europareise im Juni 1715 geheiratet und war anschließend mit ihr nach Indien zurückgekehrt. Dorothea Ziegenbalg schickte ihr Tagebuch an August Hermann Francke, der wiederum ihren Bruder und die Mutter informieren sollte. Abgedruckt wurde das Reisetagebuch nicht. Neben den Wetter- und Naturbeobachtungen enthält es ausführliche Reflexionen über ihre Rolle als Missionarsfrau an der Seite eines Mannes, den sie immer wieder als einen ehrenwerten und überall verehrten Menschen darstellt. Bezogen auf das, was sie in Indien erwartet, sprechen aus ihren Worten große Neugier und Abenteuerlust gepaart mit einer Bereitschaft zu Disziplin und Fügsamkeit.[6]

Diejenigen Missionare, die von Indien aus Europa besuchten oder gänzlich zurückkehrten, arbeiteten auf der Reise oft die Ergebnisse ihrer missionarischen Übersetzungs- oder Forschungsarbeit auf. Benjamin Schultze (1689–1760) kehrte 1743 nach einem Indienaufenthalt von mehr als 20 Jahren aus gesundheitlichen Gründen wieder nach Europa zurück. In seinem ausführlichen Reisetagebuch beschrieb er seine Eindrücke der Seereise von Madras nach Kopenhagen auf dem dänischen Schiff *Princess Charlotta Amalia*. Über den Zweck seines Tagebuchs vermerkte er, es sei ein Bericht, „woraus Sie absehen mögen, wie unsere Schiffahrt beschaffen gewesen, und was sich innerhalb 7 Monathe und 12 Tage auf der gantzen Reise von Madras angerechnet d. 6. Jan. biß Copenhagen d. 17. Aug. etwann merckwürdiges zugetragen hat."[7] Gleich zu Beginn beschwerte er sich darüber, dass ihm ein Korb mit mehreren Flaschen Wein, die er für die Rückfahrt organisiert hatte, gestohlen worden sei. Relativ breiten Raum nimmt der Alltag auf dem Schiff ein, Schultze berichtet über Auspeitschungen von Schiffsangestellten wegen Diebstahls, über die Besonderheiten der Ernährung auf hoher See, über Krankheit und Tod. Die Darstellungen werden immer wieder unterbrochen von Wetterbeobachtungen, besonders dann, wenn Wetterunbilden die Weiterfahrt verhindern, aber auch wenn bei schönem Wetter ein besonderer Zauber von der Seefahrt ausging. Benjamin Schultze vollendete auf dieser Fahrt seine letzten Tagebücher über die Zeit in Madras und fertigte Abschriften der Telugu-Grammatik sowie der Korankritik *Compendiaria Alcorani refutatio indostanice* an.[8]

In ihrem Wirkungsgebiet in Südindien standen Reisen in die nähere Umgebung der Missionsstationen auf dem täglichen Arbeitsprogramm der Missionare. Wenn die christliche Mission die Botschaft des Christentums verbreiten wollte, musste sie zu denen gehen, an die diese Botschaft adressiert war. Reisen, oft über mehrere Wochen hinweg, waren Teil der Missionsstrategie und erforderten, neben physischer Mobilität und Belastbarkeit, auch eine entsprechende sprachliche sowie theologische Ausbildung der Missionsmitarbeiter. Die Reisetätigkeit im Land war fester Bestandteil des Alltags nicht nur eines jeden Missionars, sondern auch der ordinierten indischen Landprediger, der Katecheten und Gehilfen. Sie zogen innerhalb eines zuvor festgelegten Territoriums von Ort zu Ort, um bestehende Gemeinden zu betreuen, christliche Feste zu organisieren, zu predigen und zu bekehren. Diese Reisen erfolgten zu Fuß, zu Pferd oder mit dem Palanquin, einer von mehreren Personen getragenen Sänfte, wobei letztere den Missionaren vorbehalten war. Insbesondere längere Strecken bedurften einer umfangreichen logistischen Vorbereitung und einer entsprechenden Ausstattung mit Personal und Proviant. Als Bartholomäus Ziegenbalg 1710 mit einem in Indien lebenden Zerbster Kaufmann eine Reise von Tranquebar über Cuddalore und Pondicherry nach Madras unternahm, wurde dafür eine große Gruppe Bediensteter benötigt.

> „Wir nahmen 24 Malabaren mit uns, 6. Soldaten, 10. Palanquin=Träger/5. Personen, die unser Essen und Trincken tragen musten, 1. Malabarischen Schreiber/ und 1. Diener/der uns täglich unsere Speise und Geträncke zubereiten muste, 1. Pferde=Knecht. Einer von uns beyen ließ sich auf dem Palanquin tragen/der andere saß zu Pferde; jedoch wechselten wir stets um."[9]

Nachdem die Mission sich von ihrer ersten und zentralen Station Tranquebar aus weiter vergrößert hatte und mehrere Stationen eingerichtet worden waren, wuchs die Zahl der zu betreuenden christlichen Gemeinden. Es gab verschiedene Stadt- bzw. Landgemeinden sowie tamilische bzw. indo-europäische Gemeinden und jeweils zuständiges Personal. 1743 war die Mission in fünf „Landkreise" aufgeteilt: Majaburam, Thanjavur, Madewipatnam, Tirupalaturey, Kumbakonam. In Zusammenarbeit mit der englischen Society for Promoting Christian Knowledge erfolgte vor allem seit den 1760er Jahren eine weitere Ausdehnung auf englische Gebiete mit der Errichtung von Missionsstationen in den Städten Madras, Cuddalore, Thanjavur und Tiruchirappalli. Diese territoriale Aufteilung schlug sich in der Reisetätigkeit nieder. Sowohl die europäischen Missionare als auch indische Landprediger, Katecheten und Gehilfen waren oft viele Monate des Jahres unter der Bevölkerung des Landes unterwegs. Dabei kam den Indern als Begleitern der Missionare die Aufgabe zu, den ersten Kontakt zur Bevölkerung herzustellen. Sie wa-

ren nicht nur wegen ihrer Sprach- und landeskundlichen Kenntnisse unabkömmlich, sondern dienten gleichzeitig wichtigen Repräsentations- und Legitimationszwecken für die Europäer. Die in den Missionsstationen herrschende strenge Hierarchie zwischen Missionar und indischen Missionsmitarbeitern wurde auf Reisen oft auf den Prüfstand gestellt, weil die Europäer auf das Wissen und die Erfahrungen ihrer indischen Mitarbeiter angewiesen waren. Mit der Zeit setzte es sich immer mehr durch, dass indische Landprediger, Katecheten und Gehilfen ohne einen europäischen Missionar reisten und die oft weit verstreuten christlichen Gemeinden allein betreuten. Die Reisetätigkeit wurde zur vorrangigen Aufgabe der indischen Landprediger. Sie übernahmen damit einen Arbeitsbereich, der für die europäischen Missionare insbesondere in den heißen Monaten und in der Monsunperiode mit erheblichen Anstrengungen und Entbehrungen verbunden war.

In den Instruktionen für den Landprediger Diogo (1704?–1781) vom 8. Dezember 1741 wurde dessen Reisetätigkeit genau festgelegt: Die Feiertage im christlichen Kalender strukturierten die Reisetätigkeit innerhalb eines Jahres. Viermal im Jahr, zu Weihnachten, Ostern und Pfingsten sowie einmal im September, sollte Diogo die christlichen Gemeinden besuchen, wobei jede Reise mindestens 15 Tage dauerte. Auf sich allein gestellt, trafen die indischen Missionsmitarbeiter während der Reisen eigenständige Entscheidungen. Zu den Aufgaben der Landprediger während ihrer Besuche in den verschiedenen Orten gehörten neben dem Unterrichten und Taufen, dem Ausrichten von Festgottesdiensten und der Durchführung des Abendmahls in Kriegszeiten auch Besuche in Armeefeldlagern, Lazaretten oder Gefängnissen.

2.1.22 | Ruhehaus in Mayaveram am Kaveri Fluß, Gouache, um 1800. Oslo, University Museum of Cultural Heritage: Anker Collection, Nr. 4431.

FOLGENDE DOPPELSEITE:
2.1.21 | Modell einer indischen Tragesänfte (Palanquin), Südindien, 2. Hälfte 18. Jahrhundert.

Auch die indischen Landprediger und Katecheten hatten die Aufgabe, genauestens Tagebuch zu führen. Sie trugen ihre Berichte auf den regelmäßigen Treffen in Tranquebar vor. Teilweise sind die Reiseberichte der Landprediger übersetzt bzw. in gekürzter Form und in der dritten Person ab-

2.1.14 | Bananenpflanze [Feigenbaum], Federzeichnung und Beschreibung von Benjamin Schultze, Manuskript, um 1725.

gefasst in den *Halleschen Berichten* oder *Neuen Halleschen Berichten* gedruckt. Einige befinden sich als tamilsprachiges Manuskript im Archiv der Franckeschen Stiftungen. So existieren zum Beispiel Arbeitsberichte von Philipp († 1788) oder Rajappen in Tamil.[10] Die gedruckten *Halleschen Berichte* und *Neuen Hallesche Berichte* enthalten einige Beispiele für diese eigenständigen Missionsreisen, wie etwa *Des Stadt=Catecheten Philipps Reise nach Tirutschinapalli im Jahr 1774*[11] oder den Bericht über die *Reise des Stadtkatecheten Schawrirajen zu den Landchristen, vom 27sten Febr. bis 29sten März 1805*[12].

Während der Reisen traf man sich zu Gesprächen, Bibelstunden und Predigten in speziellen Bethäusern in den Dörfern, auf einem zentralen Platz im Schatten von Bäumen oder in der Hütte des lokalen Gemeindegehilfen bzw. Katecheten. Unterwegs rastete man oft in „Ruhehäusern“, die überall Reisenden in Indien als Raststätte während der Mittagsstunden oder als Unterkunft für die Nacht dienten. Reisende fanden dort Schutz vor Sonne, Regen und gefährlichen Tieren sowie Schlafmöglichkeiten und Wasser. Bei den Ruhehäusern handelte es sich manchmal um massive, palastartige Steinbauten, meistens jedoch um einfache, mit Palmblättern bedeckte Lehmhütten oder lediglich um ein Schatten spendendes, nach allen Seiten offenes Dach.

Das wichtigste Ziel aller Reisen im Landesinneren war die Verbreitung des christlichen Glaubens. Das wurde in den Berichten mit statistischen Daten und ausführlichen Beschreibungen einzelner Bekehrungserfolge dokumentiert. So hatte der Schreiber, der Bartholomäus Ziegenbalg 1710 auf seiner oben erwähnten Reise begleitete, die Aufgabe, Tagebuch zu führen und alle Gespräche aufzuzeichnen. Diese Aufzeichnungen dienten Ziegenbalg dann als Grundlage für seinen Bericht: „Nach dem Willen des Herrn hoffe ich übers Jahr einen ausführlichen Bericht von dieser meiner Reise zu schreiben/sintemal mein Kannakappel oder Malabarischer Schreiber alles aufgezeichnet hat.“[13] Neben Predigten und Gesprächen verteilten die Missionsangestellten auch spezielle kleine, mit Fäden gebundene christliche Traktate.[14] So berichteten die Katecheten Rajappen und Philipp, die gemeinsam vom 15. Juli bis 17. August 1774 unterwegs waren, von kleinen „Malabarischen Büchlein“, die sie mit sich führten, daraus vorlasen bzw. sie verteilten.[15] Waren die Diarien der Reisen innerhalb des Missionsgebietes in erster Linie dazu da, die Methoden und vor allem den Erfolg der Missionsarbeit zu dokumentieren, enthalten sie daneben breite landeskundliche Beobachtungen, Reflexionen über Religionen und Traditionen der Bevölkerung sowie Darstellungen sozialer und ökonomischer Alltagspraktiken. Darüber hinaus gibt es kartographische Darstellungen, oft von den indischen Mitarbeitern angefertigt, von denen einzelne später in Europa als Vorlage für Kupferstiche dienten.[16]

Neben den regelmäßigen Reisen zur Betreuung und Erweiterung der christlichen Gemeinden pflegten die Missionare intensive Kontakte zu Vertretern anderer europäischer Länder in Südostindien. Dazu gehörten Besuche bei englischen oder holländischen Beamten und Handelsvertretern, vor allem aber ein Austausch mit Geistlichen in Madras, Nagapattinam oder Colombo.[17] Durch diese Kontakte entstanden einflussreiche Netzwerke und Korrespondenzen, die die politische Stellung der Mission in Südostindien festigten und zu einer intensiven Wissensproduktion beitrugen. Auch zu indischen Herrscherhäusern wurden Beziehungen aufgebaut. Bereits Bartholomäus Ziegenbalg und Johann Ernst Gründler (1677–1720) hatten erste Versuche unternommen, die Missionstätigkeit außerhalb des dänischen Hoheitsgebietes im Reich des Königs von Thanjavur zu beginnen. Seit Beginn der 1750er Jahre reisten verschiedene Missionare in größeren Abständen nach Thanjavur, um mit dem Raja zu verhandeln, aber erst mit Christian Friedrich Schwartz (1726–1798) konnte die Missionsarbeit in Thanjavur Ende der 1760er Jahre etabliert werden.[18]

Im Zusammenhang mit allen hier beschriebenen Formen missionarischen Reisens entstanden „Kontaktzonen", in denen die Beteiligten entsprechend den jeweiligen Interessen zielgerichtet miteinander in Kommunikations- und Austauschbeziehungen traten. Marie Louise Pratt betrachtet diese Kontaktzonen als soziale Räume, in denen – oft in stark asymmetrischen Machtkonstellationen – Kulturen aufeinandertrafen und interagierten.[19] Im Ergebnis dieser Interaktionen wurde auf ganz unterschiedlichen Ebenen Wissen generiert, wobei die damit verbundenen Prozesse und Praktiken nicht nur vom Willen der Missionare abhingen und wohl weitaus komplizierter waren, als es Ziegenbalg und Gründler 1713 formulierten:

> „Wir halten es auch nicht vor eine geringe Frucht unserer Mission, daß wir jährlich unser geliebtes Europa mit allerlei schriftlichen Relationen aus dieser ostindischen Welt versehen können [...] Hinführo soll es in diesem Stück gleichfalls an uns nicht ermangeln, also daß auch und nach unsern geringen Dienst das geliebte Europa mit seinen heiligen Gesetzen und Statuten der ostindischen Welt, und diese hinwiederum in ihren innerlichen und äußerlichen Beschaffenheiten der europäischen Welt besser kund und offenbar werde."[20]

[1] Zum Seehandel der Dänen siehe u. a.: Martin Krieger: Kaufleute, Seeräuber und Diplomaten. Der dänische Handel auf dem Indischen Ozean (1620–1868). Köln 1998; Stephan Diller: Die Dänen in Indien, Südostasien und China (1620–1845). Wiesbaden 1999; zur wechselvollen, vom Zusammentreffen unterschiedlicher Kulturen und Religionen geprägten Geschichte der Stadt Tranquebar siehe: Beyond Tranquebar. Grappling Across Cultural Borders. Hg. v. Esther Fihl u. A. R. Venkatachalapathy. New Delhi: Orient Black Swan, 2014.

[2] Zur Dänisch-Halleschen Mission sind in den vergangen Jahrzehnten neben theologischen und missionswissenschaftlichen Einzelstudien auch zahlreiche sozialgeschichtliche Arbeiten erschienen. Einen guten Überblick über die interdisziplinäre und internationale Forschungslandschaft bietet: Halle and the Beginning of Protestant Christianity in India. Hg. v. Andreas Gross [u. a.]. 3 Bde. Halle 2006. Unter den Einzelstudien sind insbesondere die Studien und Übersetzungen von Daniel Jeyaraj hervorzuheben, z. B. Daniel Jeyaraj: Bartholomäus Ziegenbalg: the Father of Modern Protestant Mission – An Indian Assessment. Delhi: ISPCK, 2006; ders.: A German Exploration of Indian Society: Ziegenbalg's Malabarian Heathenism. Delhi: ISPCK, 2006.

[3] Der Königl. Dänischen Missionarien aus Ost-Indien eingesandter Ausführlichen Berichten, Von dem Werck ihres Amts unter den Heyden, angerichteten Schulen und Gemeinen, gepflogenen brieflichen Correspondentz und mündlichen Unterredungen mit selbigen Heyden [...]. Teil 1–9, Continuation 1–108. Halle 1710–1772 (nachfolgend abgekürzt HB); Neuere Geschichte der Evangelischen Missions-Anstalten zu Bekehrung der Heiden in Ostindien. 1/1 (1770) – 8/95 (1848) (nachfolgend abgekürzt NHB).

[4] Jürgen Gröschl: Missionaries of the Danish-Halle and English-Halle Mission in India 1706–1844. In: Halle and the Beginning [s. Anm. 2], Bd. 3: Communication between India and Europe, 1497–1527, hier 1521.

[5] NHB 42. Stück, 523.

[6] Brief von Dorothea Ziegenbalg (an ihren Bruder), Madras, 20.08.1716. In: Alte Briefe aus Indien. Unveröffentlichte Briefe von Bartholomäus Ziegenbalg 1706–1719. Hg. v. Arno Lehmann. Berlin 1957, 534.

[7] Kopenhagen, Königliche Bibliothek Kopenhagen, Ledreborg-Sammlung, 407 fol: Des Evangelischen Missionarii Benjamin Schultzen Reise=Diarium von Madras in Ost=Indien, nach Copenhagen im Jahr 1743.

[8] Brief von Benjamin Schultze an Johann Heinrich Callenberg, Kopenhagen, 27.11.1743, Halle, Archiv der Franckeschen Stiftungen (nachfolgend abgekürzt AFSt): AFSt/M 1 D 1a : 9; das Werk erschien 1744 in Halle: Benjamin Schultze: Compendiaria Alcorami refutatio indostanice. Halle 1744.

[9] Brief von Bartholomäus Ziegenbalg, Madras, 17.01.1710. In: HB. 2. Cont., 95.

[10] AFSt/M 1 B 63 : 20; AFSt/M 1 B 70 : 21.

[11] NHB 8, 1774, 1003–1005.

[12] NHB 64, 1808, 362–369.

[13] Brief von Bartholomäus Ziegenbalg, Madras, 17.01.1710. In: HB, 2. Cont., 95.

[14] Kurt Liebau: Buchdruck und Missionsbibliothek. In: Geliebtes Europa // Ostindische Welt. 300 Jahre interkultureller Dialog im Spiegel der Dänisch-Halleschen Mission. Hg. v. Heike Liebau. Halle 2006 (Kataloge der Franckeschen Stiftungen, 16), 105–120.

[15] NHB 8, 1774, 1003.

[16] Michael Mann: Geografie in Wissenschaft und Unterricht. Die Glauchaer Anstalten zu Halle, die Missionare in Tranquebar und die Kartografie Indiens im 18. Jahrhundert. In: Mission und Forschung. Translokale Wissensproduktion zwischen Indien und Europa im 18. und 19. Jahrhundert. Hg. v. Brigitte Klosterberg [u. a.] Halle 2010 (Hallesche Forschungen, 29), 115–140.

[17] Heike Liebau: Die indischen Mitarbeiter der Tranquebarmission (1706–1845): Katecheten, Schulmeister, Übersetzer. Tübingen 2008 (Hallesche Forschungen, 26), 256–265 sowie 271–276.

[18] Liebau, Die indischen Mitarbeiter [s. Anm. 17], 249–256.

[19] Marie-Louise Pratt: Arts of the Contact Zone. In: Profession 91, 1991, 33–40, hier 34, URL: https://serendip.brynmawr.edu/oneworld/system/files/PrattContactZone.pdf (letzter Zugriff: 15.10.2017).

[20] AFSt/M 2 C 5, 59.

## Verzeichnis der Exponate

Für die hallischen Pietisten war die Mission ein wichtiger Aspekt ihrer Arbeit am Reich Gottes, die das Ziel hatte, zu einer Verbesserung der Welt durch christliche Besserung des einzelnen Menschen beizutragen.

Deshalb entsandte Francke 1705/06 auf Initiative des dänischen Königs Friedrich IV. (1671–1730) zwei Pfarrer in die dänische Handelsniederlassung Tranquebar im Südosten Indiens, um dort unter der tamilischen Bevölkerung das Christentum zu verbreiten. Die beiden Pfarrer erlernten zunächst die tamilische Sprache und übersetzten die Bibel und andere christliche Texte ins Tamil. Nach hallischem Vorbild gründeten sie Schulen und unternahmen Missionsreisen durch den Südosten Indiens. Außerdem setzten sie sich intensiv mit der Kultur der Region auseinander und sandten dieses Wissen in Form von Berichten und Objekten nach Halle ins Waisenhaus. Der Missionar Benjamin Schultze (1686–1760) beherrschte mehrere indische Sprachen und veröffentlichte zahlreiche philologische Studien dazu.

**2.1.1** Beneras-Carte zur Erläuterung der Missions-Geschichte und verschiedenen Reisen der Evangel: Hrn: Missionarien nach Indien, kolorierter Kupferstich von Gottlob August Liebe, Halle, um 1740
49 × 42 cm
Halle, Franckesche Stiftungen: BFSt: S/Kt 0286
► Die Missionare reisten auf dänischen, später auch englischen Schiffen nach Südostindien. Die Reise konnte bestenfalls ein halbes oder bis zu einem Jahr dauern.
• *Abbildung auf Seite 50*

**2.1.2** Vorstellung der Evangelisch-Ostindischen Kirche, Kupferstich von Johann Jacob Kleinschmidt, nach 1730, Reproduktion
Halle, Franckesche Stiftungen: AFSt/M 2 B 5 : 13
► Im Vordergrund halten zwei idealisiert dargestellte Tamilen Medaillons mit Porträts der dänischen Könige Friedrich IV. (1671–1730) und Christian VI. (1699–1746) als Hinweis auf die dänische Oberhoheit über die Handelsniederlassung Tranquebar. Im Bild dahinter predigt ein Missionar im Talar mit Beffchen und Turban auf dem Kopf den Tamilen vor einem hinduistischen Heiligtum.

**2.1.3** Benjamin Schultze (1689–1760), Öl auf Leinwand, um 1760
88 × 71 cm
Halle, Franckesche Stiftungen: AFSt/B G 088
► Schultze besuchte das Joachimsthalsche Gymnasium in Berlin und studierte Theologie in Halle. Gleichzeitig arbeitete er als Lehrer an den Glauchaschen Anstalten. 1719 ging er als Missionar nach Tranquebar und arbeitete ab 1726 in Madras, dem heutigen Chennai. 1743 kehrte er nach Halle zurück und arbeitete bis zu seinem Tod als Übersetzer, da er mehrere indische Sprachen beherrschte.
• *Abbildung auf Seite 51*

2.1.2

Genes: c. 1, 2,

GENESIS

| | | | | |
|---|---|---|---|---|
| Chap: 1 | [illegible] | | [illegible] | Cap: 1. |
| void | [illegible] | Urike, wattiga | [illegible] | Inanis, vacuus 2 |
| to move | [illegible] | Kadulukuntschu unddedi | [illegible] | commovere se 2 |
| to explain | [illegible] | Witshedi | [illegible] | Expandere 6 |
| Explaination | [illegible] | Wippu, witschu | [illegible] | Expansum 6 |
| id | [illegible] | Witischiundedi | [illegible] | extensum esse 6 |
| green grass | [illegible] | Patschanttidi | [illegible] | germen 11. |
| to bring forth | [illegible] | molipintschedi | [illegible] | progerminare 11. |
| creeping or moving creature | [illegible] | Paracteschant tuwulu | [illegible] | Reptilia 20 |
| fliering things | [illegible] | Egiredschant tuwulu | [illegible] | Volatilia 20 |
| fishes | [illegible] | matshialu | [illegible] | Pisces 26 |
| Imago | [illegible] | Patham | [illegible] | Imago 27. |
| meat | [illegible] | Aharam | [illegible] | Cibus |
| Chap: 2 | [illegible] | | [illegible] | Cap: 11 |
| plants | [illegible] | Molakalu | [illegible] | Frutices 5. |
| a mist | [illegible] | Kamminamantschu | [illegible] | Vapor 6 |
| to went up | [illegible] | Kammedi | [illegible] | ascendere, vaporem emittere |
| to water | [illegible] | tadipedi | [illegible] | irrigare 6 |
| to part | [illegible] | Schitedi | [illegible] | separare 10 |
| a help | [illegible] | Todu | [illegible] | Socius 18 |
| Chap: 3 | [illegible] | A. | [illegible] | Cap: 111 |

2.1.11

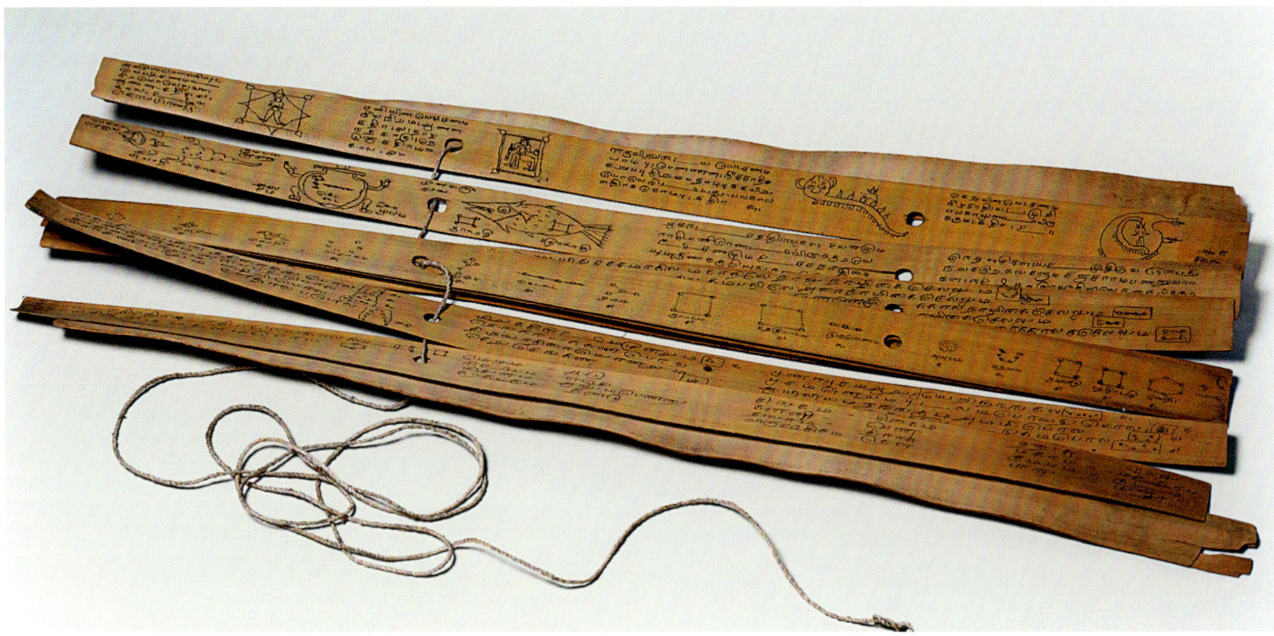

2.1.13

**2.1.4** Biblia Damulica [...] / Studio & Opera Bartholomæi Ziegenbalgii & Benjamini Schultzii. Tranquebar: Dänische Missionsdruckerei, 1728
Halle, Franckesche Stiftungen: BFSt: 12 D 7
► Schultze vollendete die vom ersten hallischen Missionar in Tranquebar, Bartholomäus Ziegenbalg (1682–1719), begonnene Bibelübersetzung ins Tamilische. Die Bibel wurde dann in der missionseigenen Druckerei in Tranquebar gedruckt.

**2.1.5** Hymnologia Damulica. Sive ex germanico in damulorum idioma, observatis usque et melodiis et rhythmis odarum translatorum centum et sexaginta hymnorum spiritualium fasciculus. Hg. v. Benjamin Schultze. Tranquebar, 1723
Halle, Franckesche Stiftungen: BFSt: S/MISS:C 46
► Schultze gab auch ein tamilisches Gesangbuch heraus, das 160 Lieder enthielt, die er aus dem Freylinghausenschen Gesangbuch übersetzt hatte.

**2.1.6** Benjamin Schultze: Grammatica Hindostanica. Hg. v. Johann Heinrich Callenberg. Halle: Institutum Judaicum et Muhammedicum, 1745
Halle, Franckesche Stiftungen: BFSt: S/VERL:1803
► Schultze verfasste nach seiner Rückkehr nach Halle diese Grammatik der nordindischen Sprache Hindustani, aus der sich die heutigen Sprachen Hindi und Urdu herausgebildet haben. Anscheinend sollte die Grammatik dem Spracherwerb späterer, in Nordindien arbeitender Missionare dienen.

**2.1.7** Benjamin Schultze: Compendiaria Alcorani refutatio indostanice. Hg. v. Johann Heinrich Callenberg. Halle: Institutum Judaicum et Muhammedicum, 1744
Halle, Franckesche Stiftungen: BFSt: S/VERL:1804
► Diese Kritik am Koran verfasste Schultze auf Hindustani. In Indien konkurrierte das Christentum nicht nur mit dem Hinduismus, sondern auch mit dem Islam.

**2.1.8** Benjamin Schultze, Johann Friedrich Fritz: Orientalisch- und Occidentalischer Sprachmeister. Welcher nicht allein hundert Alphabete nebst ihrer Aussprache, so bey denen meisten Europäisch-, Asiatisch-, Africanisch- und Americanischen Völckern und Nationen gebräuchlich sind; auch einigen Tabulis Polyglottis verschiedener Sprachen und Zahlen vor Augen leget, sondern auch das Gebet des Herrn, in 200 Sprachen und Mund-Arten mit dererselben Characteren und Lesung, nach einer Geographischen Ordnung mittheilet. Leipzig: Geßner, 1748
Halle, Franckesche Stiftungen: BFSt: 132 F 7
► Diese Wörtersammlung zeugt von Schultzes großem Interesse an Sprachen. Beigefügt ist ihm das Vaterunser in vielen verschiedenen Sprachen. Anscheinend sollte das Buch in der Fremdsprachenunterweisung von Missionaren eingesetzt werden.

**2.1.9** Benjamin Schultze: Conspectus litteraturae Telugicae vulgo Warugicae, secundum figurationem et vocalium et consonantium, quae frequentissimo in usu sunt. Halle, 1747
Halle, Franckesche Stiftungen: BFSt: S/MISS:C 73
►Neben Tamil und Hindustani beherrschte Schultze auch die südindische Sprache Telugu, über die er diese Abhandlung verfasste. Diese sollte dem Spracherwerb späterer Missionare dienen.

**2.1.10** [Benjamin Schultze:] The Large And Renowned Town Of The English Nation In The East-Indies Upon The Coast Of Coromandel, Madras Or Fort St. George, Representing The Genius, The Manners [...]. Halle: Waisenhaus, 1750
Halle, Franckesche Stiftungen: BFSt: S/MISS:C 146
►Madras, das heutige Chennai, war ein wichtiges Zentrum der britischen Herrschaft in Indien. Schultze verfasste diese Beschreibung der Stadt ursprünglich in Telugu in Form von 30 Dialogen. Später übersetzte er es ins Englische, so dass man vermittels der einen Version die andere Sprache lernen konnte.

**2.1.11** Benjamin Schultze: Englisch-Telugu-Tamil-Latein-Wörterbuch, Manuskript, 2. Viertel 18. Jahrhundert
Halle, Franckesche Stiftungen: AFSt/H J 66

**2.1.12** Benjamin Schultze: Von der Succession in dem großen Mogulschen Reiche; von Aureng-Zeb, der A[nno] 1709 gestorben, bis auf den heutigen Mogul, Manuskript, 2. Viertel 18. Jahrhundert
Halle, Franckesche Stiftungen: AFSt/M 1 H 3 : 15
►Die hallischen Missionare interessierten sich auch für die Geschichte Indiens und verfassten solche Betrachtungen zu historischen Ereignissen und Entwicklungen.

**2.1.13** [Anonym:] Der Malabaren Sternkundigkeit und 12 Himmelszeichen, Abschrift v. Benjamin Schultze, Palmblattmanuskript, Tranquebar, 1719–1726
Halle, Franckesche Stiftungen: AFSt/P TAM 79
►Die Tamilen setzten sich intensiv mit der mythischen Bedeutung der Sterne auseinander und „befragten" diese bei bedeutenden Ereignissen. Auch dies erweckte das Interesse der Missionare und solche Palmblattmanuskripte wurden von ihnen nach Halle geschickt.

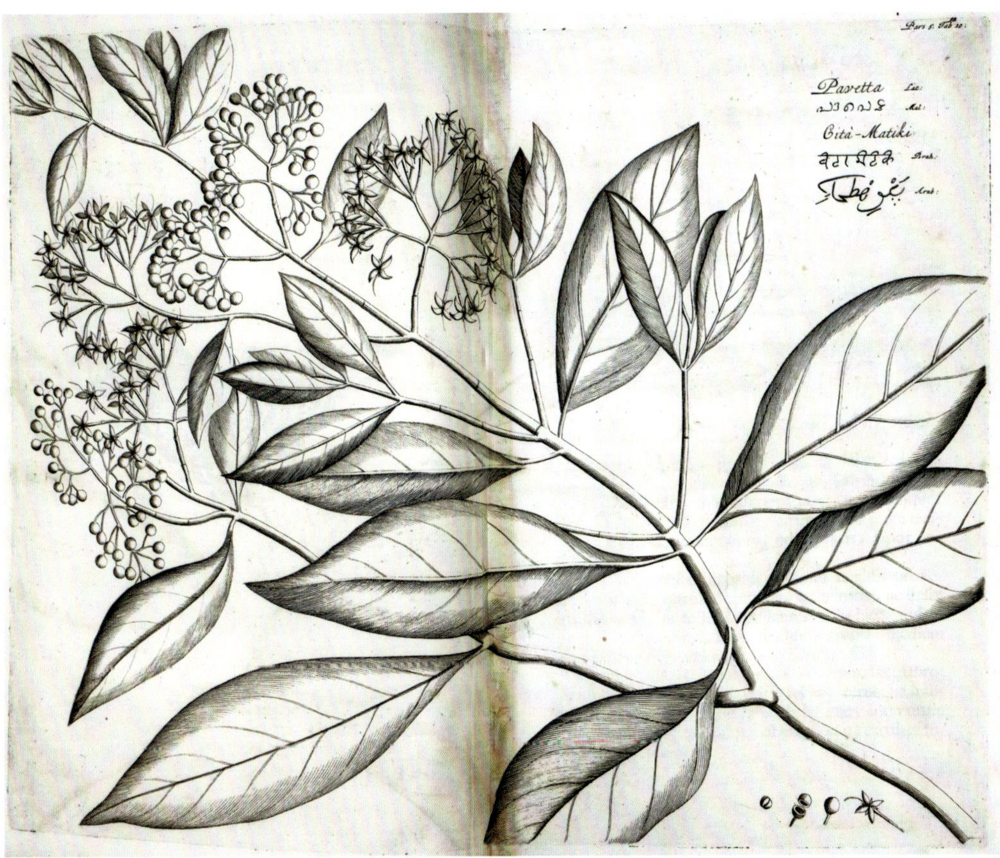


2.1.15

**2.1.14** Bananenpflanze [Feigenbaum], Federzeichnung und Beschreibung von Benjamin Schultze, Manuskript, um 1725
Halle, Franckesche Stiftungen: AFSt/M 1 B 2 : 12
►Die Zeichnung zeugt vom großen Interesse der Missionare an der Flora Südindiens. In der Frühen Neuzeit wurde die Banane auch als Paradies-Feige bezeichnet.
• *Abbildung auf Seite 56*

**2.1.15** Hendrik Adriaan van Reede tot Drakestein: Hortus Indicus Malabaricus. Bd. 4. Amsterdam: van Someren, van Dyck, 1683
Halle, Franckesche Stiftungen: BFSt: 169 A 5
►Dieses Buch ermöglichte europäischen Botanikern und Ärzten erstmals einen Einblick in die indische Pflanzenwelt und deren Arzneimittel. Es erschien in 12 Bänden zwischen 1678 und 1693 und beschrieb 690 Pflanzen. Die Pflanzen sollten möglichst in natürlicher Größe abgebildet werden. Der begleitende Text enthält Angaben über Standort, Morphologie und medizinische Anwendung.

**2.1.16** Indische Ärzte, kolorierte Tuschezeichnung in: Costumes of India, Sammelalbum, 19. Jahrhundert, Reproduktion
Berlin, Stiftung Preußischer Kulturbesitz, Museum für Asiatische Kunst: I 5039 (1)
►Die hallischen Missionare sowie die von Halle nach Indien entsandten Mediziner hatten auch Interesse an der Medizin der Tamilen und berichteten nach Halle darüber.
• *Abbildung auf Seite 120*

**2.1.17** Grundriß und Prospect der [...] Vestung und Stadt Dansburg und Trankenbar, kolorierter Kupferstich von Matthäus Seutter, Augsburg, um 1745
51 × 58 cm
Halle, Franckesche Stiftungen: BFSt: Kt 256

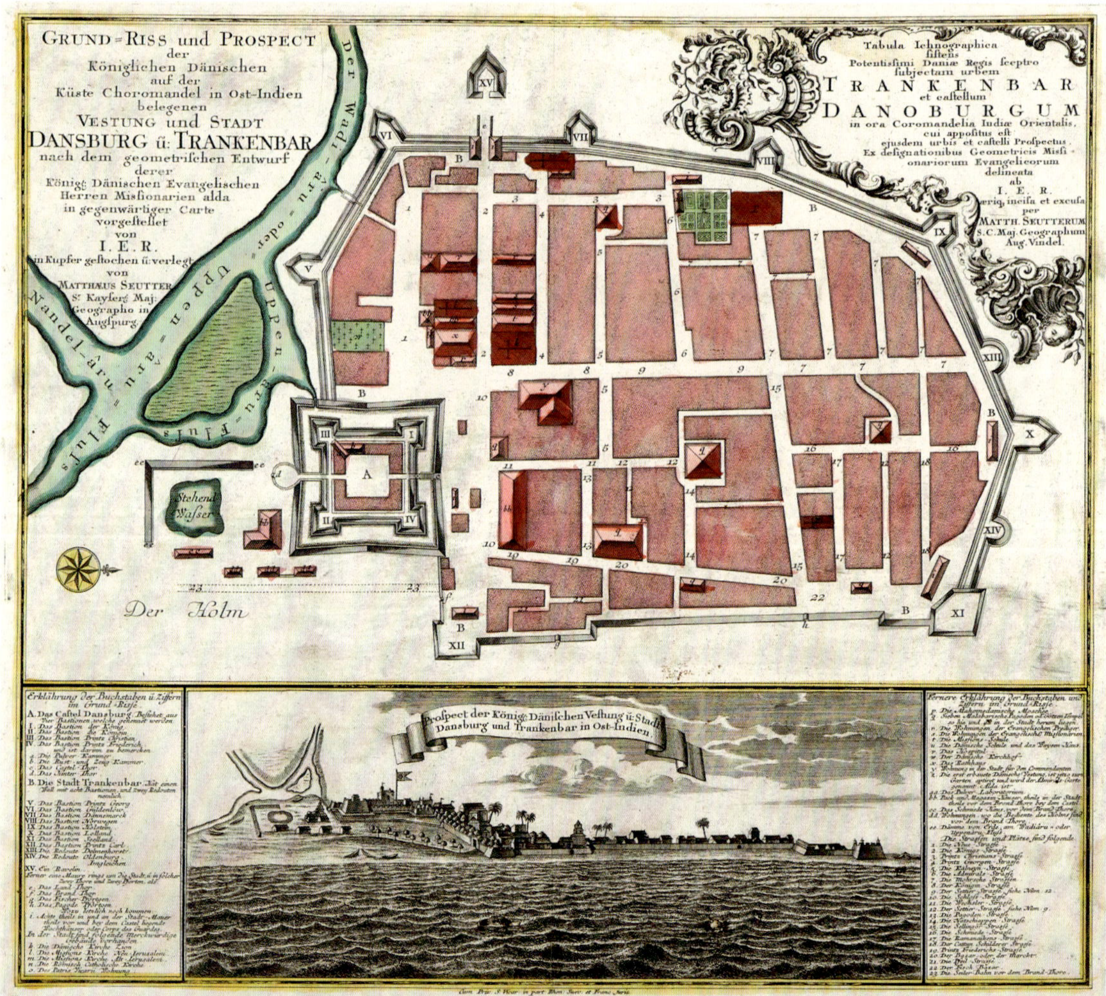

2.1.17

2.1.18

►Die Dänisch-Hallesche Mission hatte ihren Hauptsitz in der dänischen Handelsniederlassung Tranquebar an der Südostküste Indiens. Sie gilt als erste organisierte protestantische Mission in Indien. 1705 initiiert, wurden im Verlauf der folgenden ca. 150 Jahre mehr als 50 Missionare, einige Missionarsfrauen sowie Missionsärzte nach Indien entsandt. Die Männer waren größtenteils in den Glauchaschen Anstalten Franckes ausgewählt und vorbereitet worden.
• *Abbildung auf Seite 48*

**2.1.18** Accurater geographischer Entwurf der […] Stadt und Vestung Trankenbar oder Tarangambadi u. Dansburg nebst denen dazugehörigen Flecken und Dörfern, kolorierter Kupferstich von Matthäus Seutter, Augsburg, um 1745
51 × 58 cm
Halle, Franckesche Stiftungen: BFSt: S/Kt 247
►Von Tranquebar ausgehend, dehnte sich das von den Missionaren und ihren indigenen Helfern betreute Missionsgebiet immer weiter aus. Auf ihren Wanderungen und Reisen sammelten sie geografische Angaben und fertigten Zeichnungen an, die dann die Grundlage für in Europa hergestellte Karten bildeten.

**2.1.19** Perspectivischer Aufzug des neu erbauten malabarischen Schul-Gebäudes, kolorierte Zeichnung, 1741
36 × 22 cm

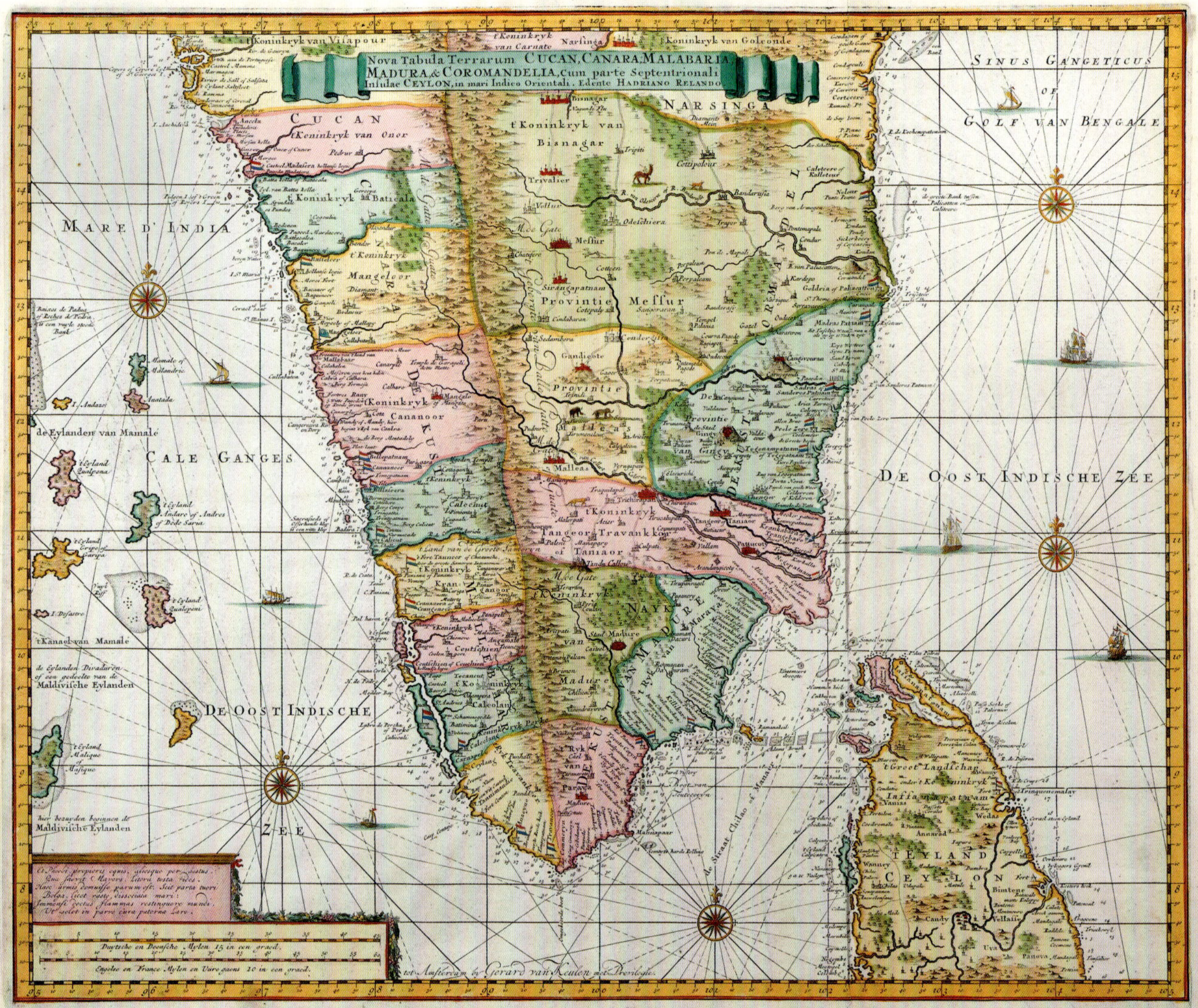


2.1.20

Halle, Franckesche Stiftungen: AFSt/A 45/02/04

► Nicht nur in Tranquebar, sondern auch an ihren anderen Wirkungsstätten gründeten die Missionare Schulen zur Ausbildung der indigenen Bevölkerung. Um den großen Bedarf an Lehrern zu decken, wurden geeignete Schüler der Missionsschulen weiter zum Lehrer ausgebildet.

**2.1.20** Karte von „Coromandel und Malabar", kolorierter Kupferstich von Gerhard van Keulen, Amsterdam, um 1750
Halle, Franckesche Stiftungen: BFSt: S/Kt 262
50 × 61 cm

► Das Wirkungsgebiet der hallischen Missionare dehnte sich immer weiter aus. So arbeiteten sie später auch im Auftrag der englischen Society for Promoting Christian Knowledge in den von den Briten kontrollierten Gebieten.

**2.1.21** Modell einer indischen Tragesänfte (Palanquin), Südindien, 2. Hälfte 18. Jahrhundert
Höhe 36 cm, Breite 59 cm, Tiefe 19 cm
Halle, Franckesche Stiftungen: KNK R.-Nr. 0815

► Die Reisetätigkeit im Land war fester Bestandteil des Alltags nicht nur eines jeden Missionars, sondern auch der indischen Landprediger und Katecheten. Diese Reisen erfolgten zu Fuß, zu Pferd oder mit dem Palanquin, einer von mehreren Personen getragenen Sänfte, wobei letztere den Missionaren vorbehalten war.

• *Abbildung auf Seite 53f.*

**2.1.22** Ruhehaus in Mayaveram am Kaveri Fluß, Wasserfarbe und Gouache auf Papier von Peter Anker, um 1800, Reproduktion

Oslo, University Museum of Cultural Heritage: Anker Collection, Nr. 4431

► Unterwegs rastete man oft in „Ruhehäusern", die überall Reisenden in Indien als Raststätte während der Mittagsstunden oder als Unterkunft für die Nacht dienten. Sie fanden dort Schutz vor Sonne, Regen und und je nach Ausführung auch vor gefährlichen Tieren sowie Schlafmöglichkeiten und Wasser. Bei den „Ruhehäusern" handelte es sich manchmal um massive Steinbauten, meistens jedoch um einfache Lehmhütten oder lediglich um ein Schatten spendendes, nach allen Seiten offenes Dach.

• *Abbildung auf Seite 53*

**2.1.23** Medienstation: Der Königl. Dänischen Missionarien aus Ost-Indien eingesandter Ausführlichen Berichten, Von dem Werck ihres Amts unter den Heyden, angerichteten Schulen und Gemeinen, gepflogenen brieflichen Correspondentz und mündlichen Unterredungen mit selbigen Heyden [...]. Teil 1–9, Continuation 1–108. Halle: Waisenhaus, 1710–1772

Halle, Franckesche Stiftungen: BFSt: 121 K 1a, S/MISS:A 1:2– S/MISS:A 1:9

► Die unter dem Namen *Hallesche Berichte* bekannten, periodisch erschienenen Missionsberichte aus Indien gelten als die erste protestantische Missionszeitschrift. Die Missionare sandten regelmäßig Briefe und ausführliche Berichte an August Hermann Francke und seine Nachfolger. Ab 1710 wurden diese Berichte veröffentlicht und in der Buchhandlung des Halleschen Waisenhauses verlegt. Die von den Missionaren eingesandten Briefe, Diarien und Berichte wurden dabei redaktionell überarbeitet, um die Missionstätigkeit für ein europäisches Lesepublikum verständlich aufzubereiten und die religiösen Ideen des Halleschen Pietismus einzubeziehen. Die Themen der Berichte umfassen Religion und Philosophie, Gesellschaftsstruktur, Literatur und Sprache, Moral, Sitten und Gebräuche, Ackerbau und Handwerkskunst sowie Mathematik, Botanik, Medizin und Astronomie.

2.1.23 (FRONTISPIZ)

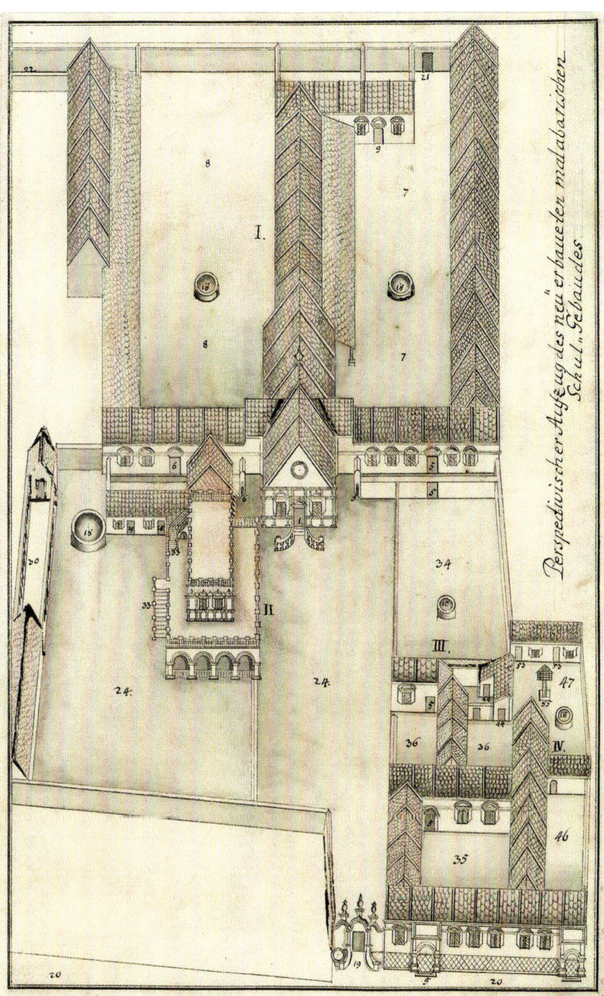


2.1.19

سلستره سنجاغنده [illegible]

عبد الله [illegible]

[illegible]

ذكر اولنان [illegible]

[illegible]

١٠٠

تصرف ايلوب [illegible]

متقلد ايليه لر [illegible] هيچ احد مانع اولميه [illegible]

تحريرا في [illegible]

[illegible]

DANIEL HAAS

# Von Halle in den Orient

## Stephan Schultz auf Reisen im Osmanischen Reich in den Jahren 1752 bis 1756

Mit einer Postkutsche erreichte am 16. Oktober 1756 ein Mann die Stadt Halle, der auf einheimische Beobachter einen zunächst sonderbaren Eindruck gemacht haben muss, denn er trug eine für sie exotische Gewandung, wie sie damals im Osmanischen Reich üblich war. Und doch, so notierte der Mann später, habe man ihn im Posthaus gleich erkannt: Es war Stephan Schultz (1714–1776), der nach einer knapp vier Jahre dauernden Reise durch den Orient nach Halle zurückkehrte.[1] Dem vierten Band von Schultz' selbstverfasster Lebensbeschreibung *Der Leitungen des Höchsten nach seinem Rath auf den Reisen durch Europa, Asia und Africa* (nachfolgend: *Leitungen*)[2] ist ein eindrucksvoller Kupferstich vorangestellt, der den Reisenden nur wenige Wochen vor seiner Ankunft in Halle in seiner ungewöhnlichen Robe porträtiert.[3] Was hatte den Mann, der nun mit einem Turban auf dem Kopf die Blicke der Hallenser auf sich zog, von der Salzstadt an der Saale in den fernen Orient verschlagen?

### Stephan Schultz und das Institutum Judaicum et Muhammedicum

Der 1714 im großpolnischen Flatow (Złotów) geborene Stephan Schultz studierte ab 1735 Theologie an der Königsberger Universität.[4] Bereits etwa ein Jahr nach seinem Studienbeginn wurden Johann Georg Widmann (1693–1753) und Johann Andreas Manitius (1707–1758), zwei Mitarbeiter des hallischen Institutum Judaicum et Muhammedicum, auf Schultz aufmerksam, der sich in Königsberg durch eine Begabung bei der Erlernung von Fremdsprachen hervorgetan hatte.

Das Institutum Judaicum et Muhammedicum hatte Johann Heinrich Callenberg (1694–1760), Professor an der Universität Halle, 1728 ins Leben gerufen.[5] In einer eigenen, königlich-preußisch privilegierten Druckerei wurden an Juden und Muslime sowie ab 1746 auch an Angehörige der Ostkirchen gerichtete Schriften zur Verbreitung protestan-

2.2.14 | Osmanisch-türkischer Reisepass von Stephan Schultz, Manuskript, Konstantinopel 1753.

2.2.2 | Stephan Schultz, Kupferstich, 1736. Leipzig, Universitätsbibliothek, Porträtstichsammlung: 46/178.

tischen Gedankenguts in einer Vielzahl von Sprachen – darunter Hebräisch, Jiddisch, Arabisch, Türkisch, Persisch und Neugriechisch – produziert. Das Institut stand dem Halleschen Pietismus nahe, dessen universelle Ziele es zu realisieren suchte, war aber eine eigenständige Einrichtung.[6] Finanziert wurde das Institut durch Spenden, wozu Callenberg einen viele Hundert Personen umfassenden Kreis an Förderern, den so genannten Freundeskreis, unterhielt.

Ein Weg, die im Verlag hergestellten Publikationen an die Zielgruppen zu verteilen, war die Entsendung von Mitarbeitern, welche die Büchlein bei Gesprächen mit Juden, Muslimen und Orientalischen Christen an diese weitergaben. Widmann und Manitius versuchten nun, Schultz als einen solchen reisenden Mitarbeiter für das Institut zu rekrutieren. Noch 1736 absolvierte er gemeinsam mit ihnen eine Probereise von Königsberg bis Danzig. Aber erst zu Beginn des Jahres 1740, nach der Fortsetzung seines Studiums, stellte sich Schultz als Nachfolger Widmanns in den Dienst der Einrichtung, für die er in den folgenden 16 Jahren ausgedehnte Reisen unternahm.

Seine Reisetätigkeit für das Institut beschreibt Schultz in den fünf Bänden der *Leitungen*; die Bände 4 und 5 behandeln besonders detailliert die Reise durch das Osmanische Reich. Grundlage waren die Tagebuchaufzeichnungen, die Schultz und seine Gefährten – die Mitarbeiter des Instituts waren zumeist in Zweierteams unterwegs – zu führen hatten. Bis auf einen kurzen Abschnitt, der einen Teil der Orientreise behandelt, sind die originalen Aufzeichnungen von Schultz heute verloren.[7] Exzerpte sind allerdings auch in den so genannten Institutsberichten enthalten. Hierbei handelt es sich um chronologisch geordnete Berichte, die die Direktoren des Instituts herausgaben, um den Freundeskreis über die laufenden Tätigkeiten zu informieren. Da Callenberg die Tagebücher der Orientreise nicht mehr zu Lebzeiten veröffentlichen konnte, wurden sie von Schultz selbst, der dem Institutsgründer 1760 als Leiter der Einrichtung nachfolgte, in acht Bänden des Be-

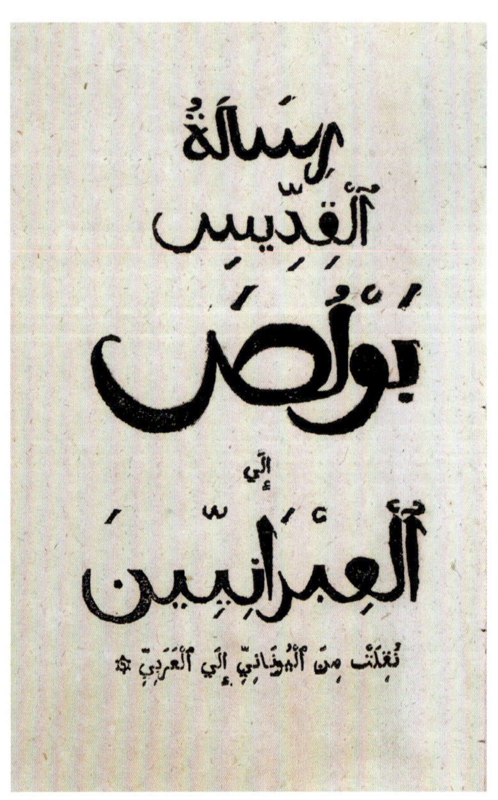

رسالة
القديس
بولص
الى
العبرانيين
نقلت من اليوناني الى العربي

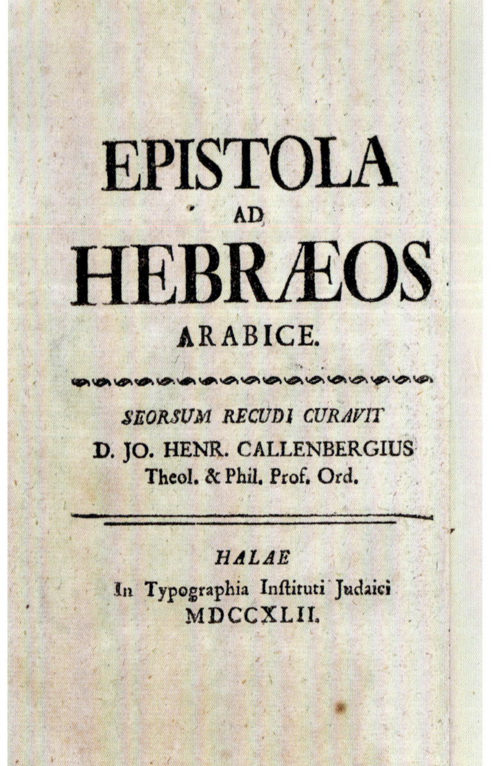

EPISTOLA
AD
HEBRÆOS
ARABICE.
SEORSUM RECUDI CURAVIT
D. JO. HENR. CALLENBERGIUS
Theol. & Phil. Prof. Ord.
HALAE
In Typographia Instituti Judaici
MDCCXLII.

2.2.13 | Titelblätter, arabisch und lateinisch, in: Epistola Ad Hebraeos Arabice. Halle 1742.

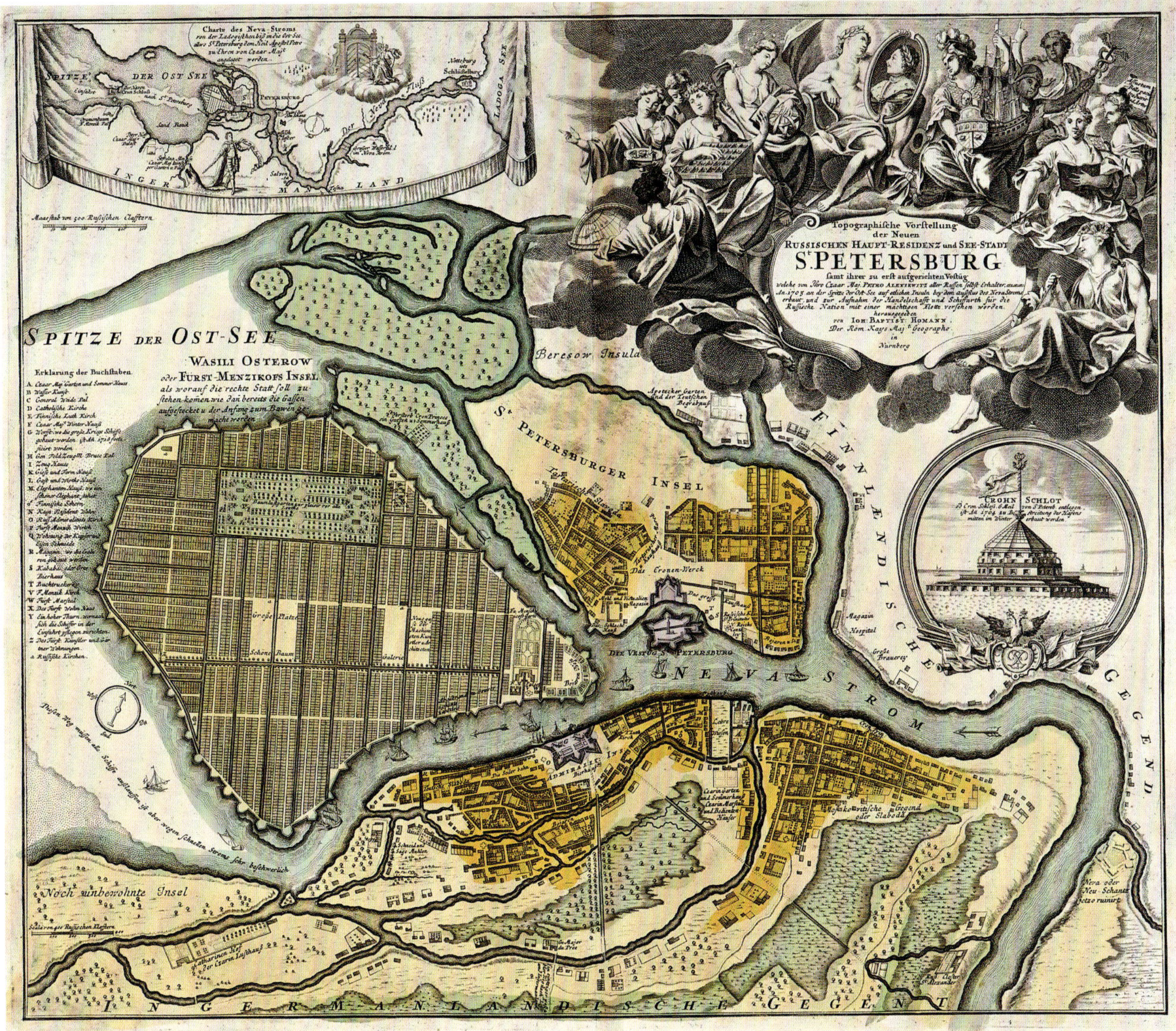


Topographische Vorstellung der Neuen Russischen Haupt-Residenz und See-Stadt St. Petersburg, kolorierter Kupferstich von Johann Baptist Homann, nach 1715. Halle, Franckesche Stiftungen: BFSt: S/Kt 0257.

richts *Fernere Nachricht von der zum Heil der Juden errichteten Anstalt* ediert.[8] Der Bericht in den *Leitungen*, der erhaltene Tagebuchauszug sowie die Institutsberichte sind die wichtigsten Quellen, die uns zu Schultz' Orientreise vorliegen.[9]

In den ersten Jahren seiner Anstellung am Institut führten die Reisen Schultz zunächst durch weite Teile Europas. Neben der Bereisung des deutschsprachigen Raumes inklusive der Schweiz und Österreich gelangte er so nach Dänemark, Schweden, Polen, Russland, Ungarn, in die Niederlande sowie nach England. Im Vordergrund stand bei diesen Reisen zumeist noch die Beschäftigung mit Juden, da Schultz auf europäischem Boden nur selten in Kontakt zu Muslimen oder Orientalischen Christen kam.

**Die Vorbereitung auf die Reise in das Osmanische Reich**

Eine Reise in den Orient wurde seit der Gründung des Instituts wiederholt ins Auge gefasst: Zum Beispiel beorderte Callenberg seinen Mitarbeiter Manitius nach London und St. Petersburg, wo er bei entsprechend erfahrenen Ansprechpartnern Ratschläge für mögliche Reisen in diese Weltgegend einholen sollte.[10] Auch Schultz reiste in dieser Sache 1745 nach St. Petersburg.[11]

Zusätzlichen Auftrieb erhielten die Planungen, als 1746 die „alte orientalische Christenheit"[12] zu einer Zielgruppe

Halle
Wien
Triest
Ancona
Konstantinopel
Smyrna/
Izmir
Mykonos
Skanderona/
İskenderun
Aleppo
Zypern
Damaskus
Akkon
Jerusalem
Alexandria
Kairo
POLOGNE
MER NOIRE autrement MER MAIOU
et autrefois PONT EVXIN
CIRCASSIE
ANATOLIE
MER MEDITERRANEE
MER DE LEVANT
Mer d'Egipte
BARBARIE
BILEDVLGERID
PARTIE DAFRIQVE
MER D'ALGER
ROYAV. D'ALGER
PARTIE DV BILEDVLGERID
NVBIE
ETHIOPIE
EGIPTE
ARABIE PETREE
MER ROVGE
NIGRITIE
ZAARA
ISLE DE CANDIE
Mer de Toscane
Mer de Tripoli
ARCHIPEL

2.2.3 | Reiseroute von Stephan Schultz durch den Orient auf einer zeitgenössischen Karte.

des Instituts wurde. Ihretwegen begab sich Schultz 1747 auf die Reise. Jedoch endete diese aus unbekannten Gründen in Ungarn, sollte aber ursprünglich Konstantinopel (Istanbul), die Hauptstadt des Osmanischen Reiches, als Ziel haben.[13] Möglicherweise hatte Callenberg damals noch Bedenken bezüglich der Sicherheit seiner Mitarbeiter, denn in den *Leitungen* ist die Rede von der „Furchtsamkeit des Hrn. D. Callenbergs, uns [die reisenden Mitarbeiter des Instituts, d. Vf.] in so gefährlich beschriene Länder reisen zu lassen"[14]. Schließlich wurde aber der Entschluss gefasst, 1752 zwei Mitarbeiter in den Orient zu entsenden.

Wenngleich in den vorhergehenden Jahren die Pläne für eine Orientreise zunächst noch wenig konkret waren, so bereitete sich Schultz seit Beginn seiner Tätigkeit für das Institut im Jahr 1740 dennoch stetig auf diese Option vor. In der institutseigenen Büchersammlung und der Bibliothek des Waisenhauses hatte er die Möglichkeit, sich notwendiges Hintergrundwissen durch die Lektüre von Reiseberichten zu erarbeiten.[15] Darüber, welche Reiseliteratur er im Einzelnen konsultierte, gibt es bislang allerdings keine Erkenntnisse.

Von Bedeutung waren in dieser Phase darüber hinaus seine Begegnungen mit orts- und sprachkundigen Orientalen, die sich in Europa aufhielten. Ein Beispiel ist Raphael Tuki (1701–1787). Dieser war ein koptisch-katholischer Mönch aus Ägypten, der in Rom als Koptischdozent am Collegium Urbanum, der Hochschule der katholischen Kongregation für die Verbreitung des Glaubens, wirkte. Als Schultz 1750 während einer Italienreise einen Gottesdienst in der von den katholischen Kopten genutzten Kirche Santo Stefano degli Abissini besuchte, ergab sich im Anschluss die Gelegenheit zu einer Unterhaltung mit dem Mönch:

> „Nun fragte ich ihn, wie es in Groß=Cairo aussehe, weil der Pater Raphael daher ist. Er sagte: Es sind über vierzig tausend Juden in der Stadt, und mehr als noch einmal so viel Christen, die übrigen sind Heyden und Muhammedaner. Ferner, die Copthische Sprache werde nur in

den Kirchen gebraucht, sehr selten aber von jemand geredet. Die gemeineste Sprache sey die Arabische, viele redeten aber auch das Italiänische; daher wäre es gut, wenn man beyde Sprachen redete […].“[16]

Kontaktpersonen wie Tuki statteten Schultz mit hilfreichen Informationen aus erster Hand aus. Dazu gehörten auch solche Hinweise, die die sprachliche Vorbereitung auf ein Orientreiseprojekt betrafen. Schon mit Aufnahme seiner Beschäftigung am Institut hatte Schultz mit dem Erlernen diverser orientalischer Sprachen im Selbststudium begonnen, so des Arabischen, Armenischen, Syrischen und Türkischen.[17] Seinen Versuchen zur Erlernung der armenischen Sprache in dieser Zeit wird ein mühsam zusammengestelltes armenisch-lateinisches Wörterbuch zugewiesen, das sich heute in der Universitäts- und Landesbibliothek Sachsen-Anhalt befindet.[18]

### Die Reiseroute durch das Osmanische Reich

Im Mai 1752 brach Schultz von Halle in den Orient auf.[19] Begleitet wurde er dabei von dem jungen Studenten Albrecht Friedrich Woltersdorf (1729–1755), mit dem er bereits seit 1749 für das Institut reiste. Ihre erste wichtige Station war Wien, wo sie sich mit Empfehlungsschreiben ausstatten ließen.[20] Hier, wie auch an anderen Stellen in Schultz' Bericht, zeigt sich, dass es offenbar keinen im Detail ausgearbeiteten Plan für die zu nehmende Route gab. Ein griechischer Kaufmann in Wien riet aufgrund von Sicherheitsbedenken davon ab, den Landweg über den Balkan nach Konstantinopel zu wählen. Zumal die Ausstellung der hierfür notwendigen Dokumente außerdem das Budget und den zeitlichen Rahmen gesprengt hätte, entschied sich Schultz für eine abweichende Strecke.[21] Sehr wohl waren aber einige Orte als Ziele fest vorgesehen, was sich zum Beispiel daran zeigt, dass Schultz aus Halle eine Reihe von Büchlein aus dem Institutsverlag vorab als Nachschub nach Alexandria geschickt hatte.[22]

Nach kurzen Aufenthalten in Venedig und Triest schifften sich Schultz und Woltersdorf in Ancona ein und reisten über Smyrna (Izmir) nach Konstantinopel, um von der Hohen Pforte ein offizielles Reisedokument zu erwirken, welches den weiteren Weg durch das Osmanische Reich erleichtern sollte. Diese Urkunde mit dem kunstvoll gestalteten Herrschaftsemblem Sultan Mahmuds I. (1696–1754, Sultan ab 1730) ist in der Kunst- und Naturalienkammer der Franckeschen Stiftungen erhalten, wo sie im sogenannten Schriftenschrank (Schrank Nr. XVI.Q., siehe Kat.-Nr. 2.2.14) lagert. Der Vermittlung des schwedischen Gesandten bei der osmanischen Regierung, Gustaf Celsing des Jüngeren (1723–1789), ist es zu verdanken, dass die in hallischem Auftrag reisenden Gefährten darin als Schweden deklariert sind.[23]

Anschließend an einen erneuten Aufenthalt in Smyrna begaben sich Schultz und Woltersdorf nach Ägypten, wo sie in Alexandria und Kairo Station machten. Ein Programmpunkt war hier ein Ausflug zu dem Pyramidenfeld von Giseh, bei dem sich Woltersdorf während der Besteigung eines der Königsgräber eine Verletzung am Bein zuzog.[24] Dieses Ereignis war prägend für den weiteren Verlauf der Tour. Nachdem die Gefährten nach Aleppo weitergereist waren, verschlechterte sich der gesundheitliche Zustand Woltersdorfs dramatisch.[25] Da die Ärzte in Aleppo nicht zu einer Heilung beitragen konnten, gingen sie nach Jerusalem in der Hoffnung, bei den dortigen Franziskanermönchen medizinische Unterstützung zu erhalten. Die Osterfeierlichkeiten des Jahres 1754 verbrachten sie in der Heiligen Stadt.

Hernach zogen Schultz und Woltersdorf weiter nach Akkon. Woltersdorf war nun so angeschlagen, dass an eine Weiterreise nicht zu denken war. Sie blieben deshalb mehr als ein Jahr in Akkon, wobei Schultz Ausflüge in die nähere und weitere Umgebung machte, zum Beispiel nach Nazareth. Am 12. August 1755 verstarb Woltersdorf schließlich unter Qualen an den Folgen seiner Verletzung.[26]

Mit dem Tod seines Begleiters Woltersdorf war die Fortsetzung der Reise für Schultz hinfällig, weshalb er nach kurzen Besuchen in Damaskus sowie im Libanongebirge die Heimreise antrat. Ursprünglich hatte Schultz in Betracht gezogen, die Tour von Aleppo aus über den Euphrat nach Armenien, Persien mit Isfahan, weiter über Basra nach Indien und dann über das Meer nach Äthiopien fortzuführen. Jerusalem war erst als anschließende Station vorgesehen.[27]

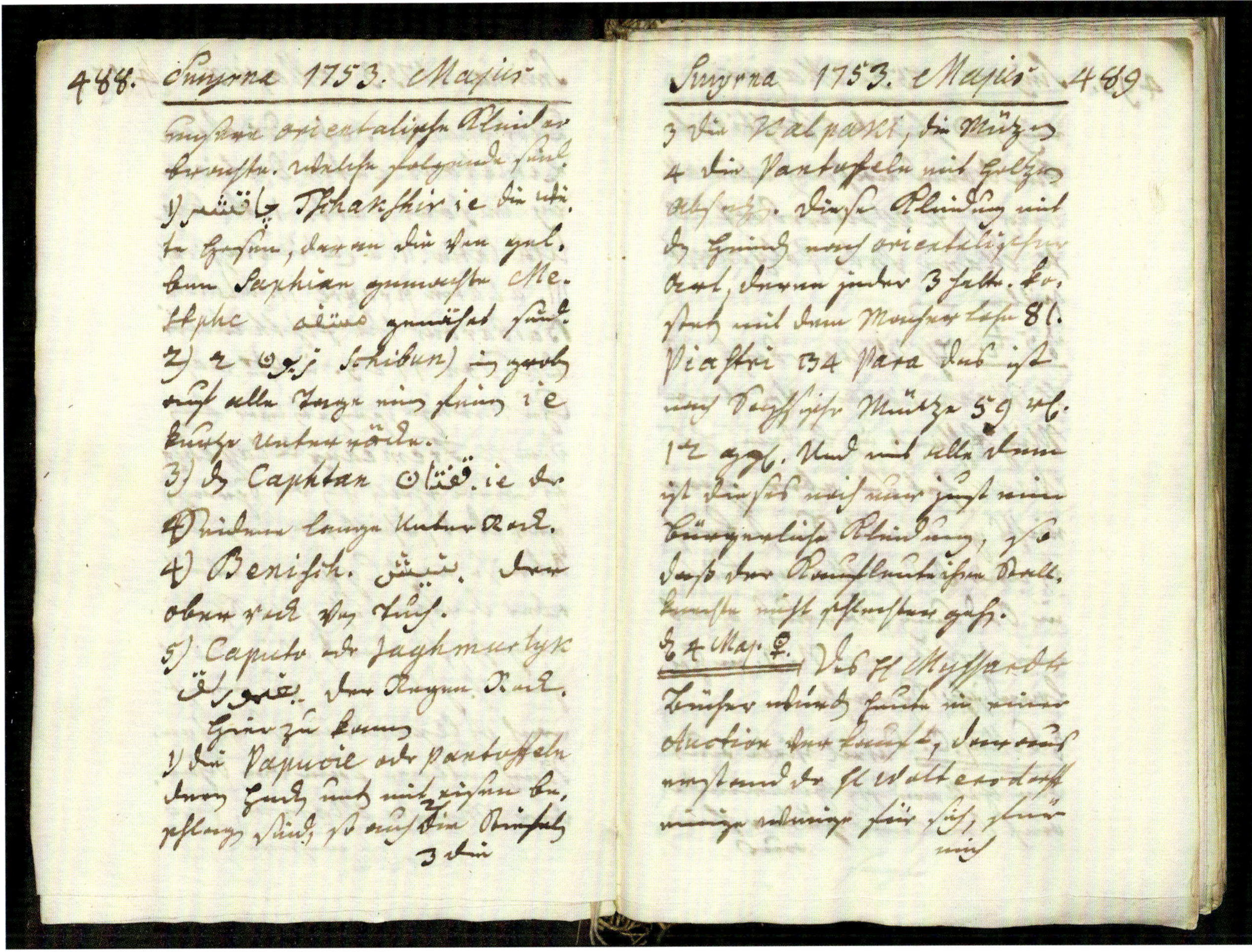

2.2.18 | Tagebuchaufzeichnungen von Stephan Schultz, Autograph, um 1755. Leiden, Universitaire Bibliotheken: UB Acad. 196, S. 488–489.

**Der Aufenthalt im Osmanischen Reich**

Schultz reiste aus dienstlichen Gründen in den Orient. Seine Reise lässt sich aber nicht ohne weiteres mit einem einzelnen Label wie ‚Missionsreise' oder ‚Bildungsreise' versehen, denn es gab mehrere inhaltliche Ziele. Durch eines der in Wien empfangenen Schreiben waren er und Woltersdorf an James Porter (1710–1776), den englischen Botschafter in Konstantinopel, empfohlen worden. In einer Unterhaltung mit Porter äußerte sich Schultz darüber, was er sich für die Reise vorgenommen hatte:

„1) Weil die *viva pronunciatio* der Türkischen, und einiger andern Orientalischen Sprachen, mit der Zeit in unsern Landen aussterben dürfte, ferner, weil manche Türkische *Manuscripte* sich hin und wieder finden, die man entweder gar nicht, oder doch schwerlich und mit Ungewißheit lesen kann: so sind wir hieher gekommen, uns so wol in der Türkischen Sprache, hier, als auch nachher in Aleppo und andern Orten, in der Arabischen Sprache zu üben, um nicht nur in der *Pronunciation*, sondern auch in dem Lesen der *Manuscripte*, einige Fertigkeit zu erlangen.
2) Wollen wir so wie andere Reisende, nachdem ich in Europa mich ziemlich umgesehen habe, auch zusehen, was wir in dem Orient anzumerken finden, und denn
3) Weil wir uns in der Hebräischen Sprache geübet, und auf unsern bisherigen Reisen mancherley Unterredungen mit Juden, Gottlob nicht ohne Nutzen gehabt haben, so wollen wir nun auch sehen, wie weit man sich mit diesem Volke in den Orientalischen Landen wird einlassen können."[28]

Das Studium der orientalischen Sprachen, insbesondere des Arabischen und Türkischen, war demnach eines der vordringlichen Ziele der Reise. Schultz und Woltersdorf bedienten sich hierzu der Unterstützung einheimischer Sprachlehrer[29] und übten im Selbststudium, wenn sie sich zum Beispiel gegenseitig oder bei Begegnungen mit Juden, Muslimen sowie Orientalischen Christen aus den mitgeführten Drucken aus dem Institutsverlag vorlasen.[30]

Der Ausrichtung des Institutum Judaicum et Muhammedicum in Hinsicht auf eine Kommunikation mit dessen Zielgruppen durch gedruckte Texte, Briefe und persönliche Gespräche folgend, war dieses Sprachstudium besonders an den Anforderungen alltäglicher Situationen orientiert. Manchmal bis spät in die Nacht kopierten Schultz und Woltersdorf hierzu etwa ein vulgärarabisch-italienisches Wörterbuch, welches ihnen ein Franziskanerpater in Kairo geborgt hatte. Die Abschriften gelangten nach Halle, wo sie am Beginn des 19. Jahrhunderts noch existierten; ihr heutiger Verbleib ist ungeklärt.[31] Überhaupt sind nur einige der von den Gefährten im Orient als Originale erworbenen oder als Abschriften angefertigten Texte erhalten geblieben. Ein nennenswerter Bestand – zu dem auch der erwähnte Tagebuchauszug gehört – befindet sich heute in der Universitätsbibliothek Leiden. Noch zu Schultz' Lebzeiten sind diese Manuskripte auf unbekanntem Weg in die Niederlande gelangt.[32]

Wie erfolgreich Schultz und Woltersdorf bei ihren Sprachstudien letztlich waren, ist nicht im Detail bekannt. Woltersdorf scheint es zu einiger Fähigkeit im Türkischen gebracht zu haben, während Schultz am Ende der Reise nach eigener Aussage zu Gesprächen in arabischer Sprache fähig war.[33] Gelehrte Zeitgenossen kritisierten ihn jedoch für sein mangelndes Verständnis des Arabischen.[34]

Von „Mission" ist in den Schriften des Instituts hingegen nicht die Rede; Callenberg lehnte die Bezeichnung seiner Mitarbeiter als „Missionare" sogar ab.[35] Sehr wohl dienten die Tätigkeiten im Orient – insbesondere die Distribution der im Verlag produzierten Schriften im Rahmen der in den *Leitungen* zahlreich dokumentierten Gespräche mit Juden, Muslimen sowie Orientalischen Christen – natürlich der Verbreitung protestantisch-christlicher Glaubensinhalte, weshalb durchaus von einem missionarischen Charakter der Reise gesprochen werden kann. Die unmittelbare Herbeiführung von Konversionen war allerdings nicht vorgesehen und außerdem nicht realisierbar, da den Mitarbeitern die Ordination fehlte. Ohnehin war die Mission unter Muslimen im islamisch dominierten Osmanischen Reich verboten:

> „Ehe wir hinauf giengen, kam ein Herr zu dem H[e]r[r]n Nensen [schwedischer Legationsprediger in Konstantinopel, d. Vf.], der mit ihm Italiänisch redete, und auch von uns sagte, daß wir *Studiosi Theologiae* seyen. Ferner sagte er: vielleicht sind es die, von welchen ich schon gehört habe, daß sie Mißionarien sind aus den Preußischen Landen. H[e]r[r] Nensen antwortete: wie können sie Mißionarii seyn? wen wolten sie hier bekehren? die Türken? Hiermit hielte er den Finger an den Hals, damit andeutend: So haben sie ihren Kopf verlohren. Darauf sagte er, daß wir gekommen seyen, die Welt zu sehen, und Sprachen zu lernen."[36]

Die Punkte 2 und 3, die Schultz im Gespräch mit Porter anführte, können vielmehr als eine proto-ethnographische Betätigung von Schultz und Woltersdorf interpretiert werden. Um künftige Aktivitäten des Instituts konzipieren zu können, war Callenberg auf Informationen über die Zielgruppen und ihre Lebensumstände jenseits der ihm in Halle verfügbaren Literatur angewiesen. Somit fungierten die reisenden Mitarbeiter, die ihre Beobachtungen in Tagebüchern notierten und mit ihm korrespondierten, als Augen und Ohren des Direktors in den besuchten Gebieten.[37]

Schlüssel zum Zugang zu Juden, Muslimen sowie Orientalischen Christen waren für Schultz und Woltersdorf zumeist die im Orient lebenden Europäer beziehungsweise Vertreter europäischer Nationen. Anders als in Europa, wo sie weitläufig von Ort zu Ort reisten, hielten sich die Gefährten im Orient zumeist in zentralen Städten auf, von denen ausgehend sie allenfalls Ausflüge machten. Unterkunft erhielten sie hier in der Regel bei den europäischen Vertretungen oder organisiert durch diese. Kontakte gerade zu Juden und Orientalischen Christen waren in diesem Rahmen unkompliziert möglich, da die angestellten Dragomane (Übersetzer) und anderes Personal meist aus der

Inneres der Grabeskirche in Jerusalem, Radierung von Jan Luyken, Amsterdam, 1698. Amsterdam, Rijksmuseum: RP-P-1896-A-19368-1210.

einheimischen jüdischen und christlichen Bevölkerung rekrutiert wurden.[38]

Angehörige ihrer Zielgruppen trafen die Reisegefährten daneben unter anderem bei Besuchen von Kirchen und Synagogen an. Als sie sich in Jerusalem aufhielten, nahm Schultz an den Osterfeierlichkeiten der verschiedenen Kirchengemeinschaften in der Grabeskirche teil. Das in seinen Augen unschickliche Verhalten der „Griechen",[39] nachdem die Patriarchen die Osterflamme aus dem Jesusgrab in die Kirche überführt hatten, entsetzte ihn:

> „Ein jeder, der den bemeldeten Busch [die Gläubigen hielten Kerzenbündel in den Händen, d. Vf.] angezündet hatte, ließ ihn ohngefehr zwey Minuten brennen, hielte ihn in einer Hand, mit der andern aber grif er in die Flamme, und hielte sodann die an der Flamme warm gemachte Hand an das Gesicht, auf die Brust, an die Füsse, an die Schaam und an den Hintern; solches thaten beyderley Geschlecht, nur daß sie die Schaam und den Hintern nicht entblösseten, sondern die warme Hand an besagten Oertern an die Kleider hielten, dahingegen die Brüste entblösseten sie, und berührten solche mit der warmen Hand. Auf dieses letztere hatte ich anfänglich nicht acht, weil ich über die erschreckliche Flamme des Feuers so bestürzt war, allein die andern Freunde stiessen mich an, und erinnerten mich, zuzusehen, was sie machten; da habe ich das Erzählete mit Augen angesehen."[40]

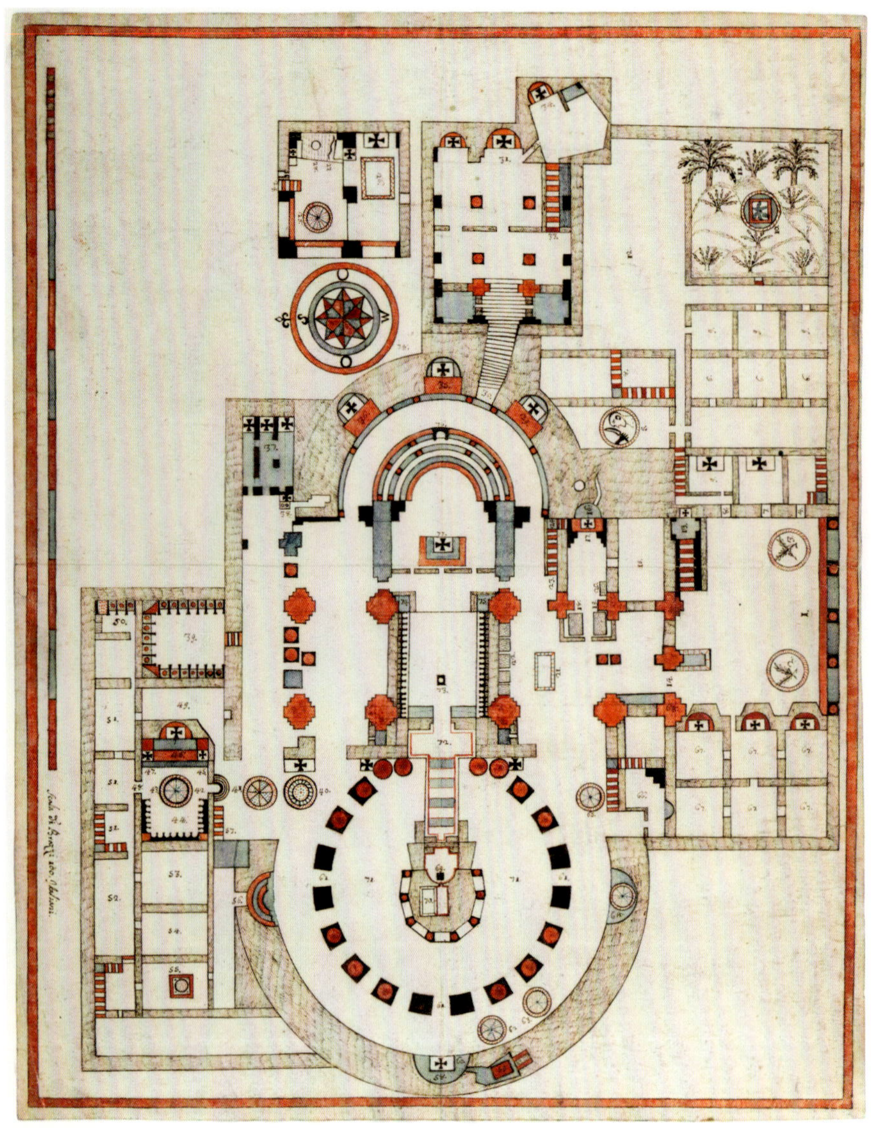

2.2.5 | Grundriss der Grabeskirche in Jerusalem, Federzeichnung, vor 1754.

Mit unverhohlenem Hohn dachte er an die als heilig verehrten Plätze innerhalb des Komplexes der Grabeskirche zurück:

> „Siehe da einen ganzen Sack voll heiliger Oerter, welche nur zu nennen mir die Zeit schon lange wird, geschweige daß ich ihre Beschaffenheit, und wie viel das eine für Kopfschmerzen, das andere für die Leibesschmerzen, und das vierte für das Podagra [Gicht, d. Vf.] gut sey, beschreiben solte.“[41]

Dieses Urteil schließt Schultz an die Wiedergabe der Legende zu einem trotz aller Vorbehalte für vier Dukaten von einem (Franziskaner?-)Pater namens Ludewig Voogt gekauften Plan der Kirche an. Bis heute ist diese Grundrisszeichnung in der Kunst- und Naturalienkammer der Franckeschen Stiftungen erhalten, wo sie – erst kürzlich identifiziert – üblicherweise links neben Schrank X.K. hängt.[42]

Neben ihren beruflichen Verpflichtungen absolvierten Schultz und Woltersdorf auch ein touristisches Programm. Bei einem ihrer Sightseeingausflüge stießen sie zum Pyramidenfeld von Giseh vor, wo sich Woltersdorf seine oben erwähnte tragische Beinverletzung zuzog. Sie schreckten nicht davor zurück, die dunklen Gänge der großen Pyramide des Cheops zu erkunden:

„In die grösseste [der Pyramiden, d. Vf.] giengen wir hinein, mußten inwendig einen Gang von 160 Staffeln steigen, die Staffeln aber sind nicht von denen Erbauern, sondern von denen Reisenden, nach und nach gemacht worden; denn es sind nur Aushölungen in den sonst glatten Porphyr, als wenn er ausgetreten wäre. Da wir eine Etage hinauf geklettert waren, fanden wir viele Kreutzgänge, und Capellen wie in einem Kloster. Darauf kletterten wir höher und kamen in einen Saal, wo ein grosser Kasten von Porphyr stunde, dessen Deckel abgenommen war und neben bey lag. [...]
Als wir wieder zurück giengen, stiegen wir nicht durch die bemeldeten Staffeln, sondern setzten uns nieder und fuhren wie auf einem Schlitten herunter bis auf die untere Etage; und eben so den folgenden Gang bis auf den Boden; da fanden wir eine Oefnung, welche sonst bedeckt gewesen; denn der Porphyr=Deckel, der dabey lag, war zwar zerbrochen, aber man konnte sehen, daß er ehedem diese Oefnung bedeckt hat. Wir leuchteten hinein, konnten aber die Tiefe nicht ersehen; wir warffen ein paar Steine hinein, und höreten daß sie lange fuhren, bis sie auf einen Absatz kamen; wir selbst aber, ob wir wol Licht genug hatten, wolten uns nicht herunter lassen, weil wir nicht wusten, ob wir wieder herauf kommen könnten; denn die obbemeldete Aufkletterung wäre uns unmöglich gewesen, wenn wir nicht die ausgehauene Fußtritte gefunden hätten.“[43]

Der anschließende gefährliche Aufstieg auf die Pyramide markierte den Anfang vom Ende von Schultz' und Woltersdorfs Orientreise. Die Episode gehörte aber auch zu den spannenden Abenteuern, von denen Schultz später in Halle berichten konnte.

## Die Nachwirkungen der Reise durch das Osmanische Reich

Schultz kehrte 1756 in einer turbulenten Zeit aus dem Orient zurück: der Siebenjährige Krieg (1756–1763) hatte Preußen im Griff und ging auch an Halle sowie der Arbeit des Instituts, welches in der Folge an einem Einbruch der Spendenzahlungen litt, nicht spurlos vorbei. Dennoch dachte er – mittlerweile über 40 Jahre alt – noch nicht daran, den Reisedienst für die Einrichtung aufzugeben, und suchte nach einem neuen Reisegefährten. Auch durch das Zureden Callenbergs nahm er aber 1757 eine Berufung als Oberdiakon an St. Ulrich in Halle an. Als der Institutsgründer 1760 starb, folgte ihm Schultz, der unterdessen ein Magisterdiplom der Universität Halle erhalten hatte, auf dem Posten als Direktor nach. Beide Tätigkeiten übte er bis zu seinem Tod aus.[44]

Bei der Leitung des Instituts konzentrierte er sich fortan allerdings auf die Beschäftigung mit den Juden in Europa, wenngleich er an der Universität noch einige Kurse in orientalischen Sprachen unterrichtete, bei denen er aus den Erfahrungen seines Aufenthalts im Osmanischen Reich schöpfen konnte.[45] Eine erneute Reise in den Orient durch Mitarbeiter des Instituts fand nicht statt.

Welche konkreten Nachwirkungen die Orientreise hatte, ist bislang kaum untersucht. Bekannt ist jedoch, dass Schultz in die Vermittlung von Christoph Wilhelm Lüdeke (1737–1805) als lutherischem Prediger für Smyrna involviert

Carsten Niebuhr, Radierung von Carl Christian Glassbach, vor 1781. Leipzig, Universitätsbibliothek Leipzig, PSL: 36/123.

2.2.21 | Münze mit einem Porträt von Stephan Schultz, Nürnberg.

war, nachdem man ihm selbst diesen Posten angeboten hatte.[46] Johann Friedrich Mann († 1774), ein holländischer Kanzler deutscher Herkunft in Smyrna, mit dem sich Schultz während seiner Reise angefreundet hatte, sandte 1765 seine Söhne Justinus Philippus und Johann Friedrich als Schüler an die Glauchaschen Anstalten.[47] Zweifelsohne hatte sich Schultz durch seinen Besuch des Osmanischen Reiches außerdem ein gewisses Renommee als Ansprechpartner in orientalischen Fragen erworben. So entwarf er mit einiger Wahrscheinlichkeit für Johann Julius Hecker (1707–1768) ein arabisches Werbeschreiben für die Berliner Realschule an einen osmanischen Gesandten am preußischen Hof, welches sich heute ebenfalls im Schriftenschrank der Wunderkammer der Franckeschen Stiftungen befindet.[48] Der Göttinger Professor Johann David Michaelis (1717–1791), der zur Zeit von Schultz' Rückkehr die Arabienexpedition des berühmten Carsten Niebuhr (1733–1815) vorbereitete, wandte sich dabei mit der Bitte um nützliche Hinweise an Callenberg sowie Schultz.[49]

1765 heiratete Schultz die aus Nürnberg stammende Dichterin Margarete Barbara Birckmann (1734–1801). Wohl aus diesem Anlass wurde ein Porträt des nunmehrigen Institutsdirektors auf eine Medaille geprägt.[50] Die Rückseite trägt das Symbolum auf die Anfangsbuchstaben seines Namens, welches ihn während seiner ausgedehnten Reisen, so auch in den Orient, begleitet hatte: „Sanftmut Sieget" (nach Mt 5,5). Mit der Unterstützung seiner Frau verfasste Schultz an seinem Lebensabend „auf vieles Verlangen" – so heißt es auf dem Titelblatt – die fünf Bände der *Leitungen* und hinterließ der Nachwelt damit einen ausführlichen Bericht über seine Reise durch das Osmanische Reich. Schultz starb, gesundheitlich schwer angeschlagen, aber als eine berühmte Persönlichkeit, im Jahr 1776. Das Institut existierte noch bis 1792.

1 Stephan Schultz: Der Leitungen des Höchsten nach seinem Rath auf den Reisen durch Europa, Asia und Africa […]. Aus eigener Erfahrung beschrieben; und auf vieles Verlangen dem Druck übergeben von M. Stephanus Schultz […]. T. 1–5. Halle: Hemmerde, 1771–1775, hier T. 5, 496.

2 Schultz, Leitungen [s. Anm. 1]. Auszüge daraus sind zusammengestellt in Stephanus Schultz: Aus den Lebenserinnerungen. Leitungen des Höchsten nach seinem Rath auf den Reisen durch Europa, Asia und Africa. Hg. v. Editha Wolf-Crome. Hamburg-Bergstedt 1977 (Schwarz-Weiss-Reihe, 8).

3 Der Stich wurde von Christian von Mechel (1737–1817) in Paris gefertigt. Vorlage war ein von dem späteren Dresdner Hofmaler Anton Graff (1736–1813) gemaltes Porträt, welches von Mechel bei einem kurzen gemeinsamen Reiseabschnitt mit Schultz in Auftrag gegeben hatte. Siehe Schultz, Leitungen [s. Anm. 1], T. 4, 3. Seite der Vorrede; T. 5, 491f. Siehe außerdem Eckhard von Knorre: Anton Graff in Augsburg. In: Zeitschrift des Historischen Vereins für Schwaben 66, 1972, 59–120, hier 71f., 120, 102 Abb. 4, 120.

4 Seine Kindheits-, Jugend- sowie Studienjahre beschreibt Schultz ausführlich in Schultz, Leitungen [s. Anm. 1], hier T. 1, 3–50. Zu ihm siehe darüber hinaus bes. Ernst Bohn: Der lokalgeschichtliche Hintergrund zur Kindheits- und Jugendgeschichte des Judenmissionars Stephan Schultz aus Flatow in Westpreußen (1714–1776). In: Nathanael 21/3, 1905, 33–77; Walter Beltz: Stephan Schultz, der zweite Direktor des Institutum Ju-

daicum und sein Reisebericht „Der Leitungen des Höchsten nach seinem Rath auf den Reisen durch Europa, Asien und Afrika". 1.–5. Teil. Halle 1771–1775. In: Von Halle nach Jerusalem. Konferenzbeiträge zur gleichnamigen Tagung der Seminare Jüdische Studien und Christlicher Orient im Institut für Orientalistik der Martin-Luther-Universität Halle-Wittenberg in Halle vom 27.–30. Juni 1994. Hg. v. Eveline Goodman-Thau u. W. Beltz. Halle 1994 (Hallesche Beiträge zur Orientwissenschaft, 18), 78–92; ders.: Biographie als Pilgerreise – Zur Vita von Stephan Schultz. In: Biographie und Religion – Zur Personalität der Mitarbeiter des Institutum Judaicum et Muhammedicum J. H. Callenbergs. III. Internationales Callenberg-Kolloquium in Halle vom 15.–17.10.1997. Hg. v. W. Beltz. Halle 1997 (Hallesche Beiträge zur Orientwissenschaft, 24), 75–90.

[5] Zu Callenberg und dem Institutum Judaicum et Muhammedicum siehe mit Hinweisen auf die ältere Literatur bes.: Von Halle nach Jerusalem [s. Anm. 4]; Übersetzungen und Übersetzer im Verlag J. H. Callenbergs. Internationales Kolloquium in Halle (Saale) vom 22.–24. Mai 1995. Hg. v. Walter Beltz. Halle 1995 (Hallesche Beiträge zur Orientwissenschaft, 19); Christoph Bochinger: Abenteuer Islam. Zur Wahrnehmung fremder Religion im Hallenser Pietismus des 18. Jahrhunderts. Habil.-Schrift [masch.] München 1996; Biographie und Religion [s. Anm. 4]; Christoph Rymatzki: Hallischer Pietismus und Judenmission. Johann Heinrich Callenbergs Institutum Judaicum und dessen Freundeskreis (1728–1736). Tübingen 2004 (Hallesche Forschungen, 11).

[6] Callenberg hatte bei August Hermann Francke (1663–1727) studiert und diesem eine Weile als Sekretär gedient. Darüber hinaus wirkte er auch als Bibliothekar der Glauchaschen Anstalten.

[7] Leiden, Universitätsbibliothek, Acad. 196. Zu den in Leiden vorhandenen Quellen über Schultz' Orientreise siehe die in Anm. 32 genannte Literatur.

[8] Stephan Schultz: Fernere Nachricht von der zum Heil der Juden errichteten Anstalt, Nebst den Auszügen aus den Tagebüchern der reisenden Mitarbeiter. Stk. 1–8. Halle 1762–1769.

[9] Die Darstellung hier beruht im Wesentlichen auf den *Leitungen*.

[10] Bochinger, Abenteuer Islam [s. Anm. 5], 97f.; Rymatzki, Hallischer Pietismus [s. Anm. 5], 223.

[11] Schultz, Leitungen [s. Anm. 1], T. 1, 303f., 312f., 320–323.

[12] So wurde im Sprachgebrauch des Instituts die Gesamtheit des (auch unierten) Ostchristentums genannt. Hier wird daran angelehnt die Bezeichnung „Orientalische Christen" verwendet.

[13] Schultz, Leitungen [s. Anm. 1], T. 2, 115.

[14] Schultz, Leitungen [s. Anm. 1], T. 3, 345.

[15] Schultz, Leitungen [s. Anm. 1], T. 1, 226.

[16] Schultz, Leitungen [s. Anm. 1], T. 3, 281.

[17] Zu Schultz' Sprachenstudien im Vorfeld der Orientreise siehe ausführlich Daniel Haas: „es kam mir diese Sprache etwas schwer vor". Stephan Schultz (1714–1776), Mitarbeiter und später Direktor des Institutum Judaicum et Muhammedicum in Halle, und seine Beschäftigung mit orientalischen Sprachen. In: Halle als Zentrum der Mehrsprachigkeit im langen 18. Jahrhundert. Hg. v. Mark Häberlein u. Holger Zaunstöck. Halle 2017 (Hallesche Forschungen, 47), 167–199, hier 174–183.

[18] Halle, Universitäts- und Landesbibliothek Sachsen-Anhalt: Hss.-Abt., Yb 2 ° 4. Zu dem Manuskript siehe Manfred Zimmer: Zum armenisch-lateinischen Lexikon ULB Sachsen-Anhalt Yb 2 ° 4. In: Čutik Halleakan. Kleine Sammlung armenologischer Untersuchungen. Hg. v. Walter Beltz u. Armenuhi Drost-Abgarjan. Halle 1995 (Hallesche Beiträge zur Orientwissenschaft, 20), 27–88; Haas, „es kam mir diese Sprache etwas schwer vor" [s. Anm. 17], 176–178.

[19] Zu Schultz' Orientreise siehe auch die Betrachtungen einiger orientwissenschaftlich relevanter Passagen in Jan Schmidt: Winning hearts and minds. Stephan Schultz' conversations with Ottoman Muslims, Jews and Franks, 1752–1756. In: Writings and writing from another world and another era. Investigations in Islamic text and script in honour of Dr. Januarius Justus Witkam, Professor of Codicology and Palaeography of the Islamic World at Leyden University. Hg. v. Robert M. Kerr u. Thomas Milo. Cambridge 2010, 375–391; ders.: The journey of Stephan Schultz, protestant missionary from Halle, in the Ottoman Empire 1752–1756. In: Oriens 39/1, 2011, 17–57; ders.: „Guided by the Almighty". The journey of Stephan Schultz in the Ottoman empire, 1752–6. In: The Ottoman world. Hg. v. Christine Woodhead. London, New York 2012 (The Routledge worlds), 332–346.

[20] Schultz, Leitungen [s. Anm. 1], T. 4, 37.

[21] Schultz, Leitungen [s. Anm. 1], T. 4, 31, 36.

[22] Schultz, Leitungen [s. Anm. 1], T. 4, 289.

[23] Halle, Franckesche Stiftungen: Kunst- und Naturalienkammer, R.-Nr. 18. Siehe zu diesem Reisedokument Schultz, Leitungen [s. Anm. 1], T. 4, 152–155; Manfred Fleischhammer: Arabische und türkische Urkunden in den Franckeschen Stiftungen. In: Zeichen und Wunder. Geheimnisse des Schriftenschranks in der Kunst- und Naturalienkammer der Franckeschen Stiftungen. Kulturhistorische und philologische Untersuchungen. Hg. v. Heike Link u. Thomas Müller-Bahlke. Halle 2003 (Kleine Schriftenreihe der Franckeschen Stiftungen, 4), 56–70, hier 62–66 (mit einer deutschen Übersetzung des türkischen Textes).

[24] Schultz, Leitungen [s. Anm. 1], T. 4, 390.

[25] Die leidvolle Krankengeschichte Woltersdorfs wird von Schultz im fünften Band der *Leitungen* beschrieben.

[26] Schultz, Leitungen [s. Anm. 1], T. 5, 402.

[27] Schultz, Leitungen [s. Anm. 1], T. 5, 1, 51.

[28] Schultz, Leitungen [s. Anm. 1], T. 4, 106f.

[29] Schultz, Leitungen [s. Anm. 1], T. 4, 148, 151f., 201, 325f.; T. 5, 17, 280f.

[30] Zum Beispiel Schultz, Leitungen [s. Anm. 1], T. 4, 33, 54, 103, 277f.

[31] Schultz, Leitungen [s. Anm. 1], T. 4, 325f., 340f. Zum Verbleib der Abschriften siehe Heinrich Eberhard Gottlob Paulus: Sammlung der merkwürdigsten Reisen in den Orient. In Uebersetzungen und Auszügen, mit ausgewählten Kupfern und Karten, Anmerkungen und kollectiven Registern auch mit den nöthigen Einleitungen. T. 6. Jena: Stahl, 1801, 351–354.

[32] Die Manuskripte gehören zur Sammlung der Königlich-Niederländischen Akademie der Wissenschaften. Zu den Hintergründen des hier relevanten Bestandes siehe Jan Schmidt: Catalogue of Turkish manuscripts in the library of Leiden University and other collections in the Netherlands. Minor collections. Leiden, Boston 2012 (Islamic manuscripts and books, 3; Bibliotheca Universitatis Leidensis: Codices manuscript, 41), 139f.; Haas, „es kam mir diese Sprache etwas schwer vor" [s. Anm. 17], 169 Anm. 8.

[33] Zu Schultz' Sprachenstudien während der Orientreise siehe ausführlich Haas, „es kam mir diese Sprache etwas schwer vor" [s. Anm. 17], 183–191, bes. 190f.

[34] Zum Beispiel Johann David Michaelis: Orientalische und Exegetische Bibliothek. T. 8. Frankfurt/Main: Garbe, 1774, 124–143, hier 128.

[35] Rymatzki, Hallischer Pietismus [s. Anm. 5], 136.

[36] Schultz, Leitungen [s. Anm. 1], T. 4, 109.

[37] Die Darstellung dieses Sachverhaltes ist Teil der in Bearbeitung befindlichen Dissertation des Verfassers.

[38] Maurits H. van den Boogert: Intermediaries par excellence? Ottoman dragomans in the eighteenth century. In: Hommes de l'entredeux. Parcours individuals et portraits de groupes sur la frontière de la Méditerranée. XVIe–XXe siècle. Hg. v. Bernard Heyberger u. Chantal Verdeil. Paris 2009, 95–115.

[39] Gemeint sind der byzantinischen Tradition folgende Christen.

[40] Schultz, Leitungen [s. Anm. 1], T. 5, 103f.

[41] Schultz, Leitungen [s. Anm. 1], T. 5, 108f.

[42] Halle, Franckesche Stiftungen: Kunst- und Naturalienkammer, R.-Nr. 1068. Ein von dem Plan abgeleiteter Stich ist dem fünften Band der *Leitungen* beigegeben. Siehe zu Zeichnung und Stich Schultz, Leitungen [s. Anm. 1], T. 5, 106–108, 113f., 114–116; Daniel Haas: Johann Heinrich Callenbergs Institutum Judaicum et Muhammedicum und die ‚alte orientalische Christenheit' mit besonderer Berücksichtigung des Wirkens des reisenden Mitarbeiters Stephan Schultz. Magisterarbeit [masch.] Halle 2016, 180.

[43] Schultz, Leitungen [s. Anm. 1], T. 4, 335.

[44] Seine Lebensjahre nach der Rückkehr von der Orientreise bis in das Jahr 1765 beschreibt Schultz knapp in Schultz, Leitungen [s. Anm. 1], T. 5, 497–501.

[45] Zu Schultz' Wirken als Sprachlehrer nach der Orientreise siehe Haas, „es kam mir diese Sprache etwas schwer vor" [s. Anm. 17], 193–197.

[46] Schultz, Leitungen [s. Anm. 1], T. 4, 133 in der Anm.; T. 5, 481f.; Alexander Clauß: Christoph Wilhelm Lüdeke (1737–1805): ‚Glaubwürdige Nachrichten' und ‚Beschreibung des Türkischen Reichs' im historischen Kontext. Diss. theol. [masch.] Halle 2015. URL: http://digital.bibliothek.uni-halle.de/hs/content/titleinfo/2346833 (letzter Zugriff: 11.12.2017), 20–23.

[47] Clauß, Christoph Wilhelm Lüdeke [s. Anm. 46], 77–79.

[48] Halle, Franckesche Stiftungen: Kunst- und Naturalienkammer, R.-Nr. 22. Siehe zu diesem Briefentwurf Fleischhammer, Arabische und türkische Urkunden [s. Anm. 23], 57–59.

[49] Literarischer Briefwechsel von Johann David Michaelis. Geordnet und herausgegeben von Joh. Gottlieb Buhle. T. 1. Leipzig: Weidmann, 1794, 366–369.

[50] Ein Schaustück, auf den berümten Prediger zu St. Ulrich in Halle, und Direktor der zu Bekehrung der Juden gemachten Anstalten, Herrn Magister Stephan Schulz. In: Der brandenburgischen historischen Münzbelustigungen, vierter Theil, in welchem viele, meist sehr seltene und unbekante, sowol ältere als neuere Schaustücke, Dukaten, Thaler, auch andere Münzen, von verschiedenem Metal, welche die brandenburgische Geschichte erläutern, sauber in Kupfer gestochen, genau beschrieben und mit historischen und kritischen Anmerkungen begleitet werden, herausgegeben von Johann Jakob Spies [...]. Ansbach: Hofbuchhandlung, 1771 (29.4.1771, 17. Woche), 129–136.

## Verzeichnis der Exponate

Eine weitere Region, in der die hallischen Pietisten missionarisch wirken wollten, war der Orient. Eigens dafür wurde 1728 in Halle das Institutum Judaicum et Muhammedicum gegründet. In dessen Auftrag reiste Stephan Schultz (1714–1776) ab 1752 vier Jahre durch Ägypten und den Vorderen Orient. Für diese Reise hatte Schultz Arabisch, Armenisch, Syrisch und Türkisch gelernt und er suchte seine Sprachkenntnisse auf der Reise zu vervollkommnen. Zudem sollte er die Region erkunden und mit Juden und Orientalischen Christen ins Gespräch kommen, um eine pietistische Mission vorzubereiten.

**2.2.1** Stephan Schultz (1714–1776), Öl auf Leinwand, 18. Jahrhundert
82 × 63 cm
Halle, Evangelische Marktkirchengemeinde, Marienbibliothek
► Schultz reiste ab 1736 im Auftrag des Institutum Judaicum et Muhammediucm zunächst nach Russland und Europa. 1752 bis 1756 reiste er gemeinsam mit Albrecht Friedrich Woltersdorf (1729–1755) in den Vorderen Orient. Nach seiner Rückkehr wurde er 1757 Archidiakon an St. Ulrich in Halle und 1760 Direktor der Institutum.

**2.2.2** Stephan Schultz in orientalischer Kleidung, Kupferstich von Christian von Mechel (Stecher) nach Anton Graff (Maler), Leipzig, 1736, Reproduktion
Leipzig, Universitätsbibliothek, Porträtstichsammlung: 46/178
► Der Kupferstich ist nach einem verschollenen Gemälde von Anton Graff (1736–1813) angefertigt worden und zeigt Schultz in orientalischer Kleidung. Die Mitarbeiter des Institutum waren im Orient angehalten worden, sich den örtlichen Begebenheiten und Kleidungsstilen anzupassen, um nicht aufzufallen.
• *Abbildung auf Seite 67*

**2.2.3** Die Reiseroute von Stephan Schultz auf der Karte L'Empire Des Turcs, en Europe, En Asie, et en Afrique […], 1699, Reproduktion
Halle, Franckesche Stiftungen: BFSt: 204 A 15 (18)
► Ihre Reise führte Schultz und Woltersdorf zunächst nach Wien, Venedig, dann per Schiff nach Smyrna, dem heutigen Izmir. Weiter ging es nach Alexandria, Kairo, Zypern, Antiochia, dann nach Aleppo, Akkon, Jaffa und Jerusalem. Der Rückweg erfolgte über Akkon mit einem Abstecher nach Damaskus, dann über Zypern und Chios zurück nach Triest.
• *Abbildung auf Seite 70f.*

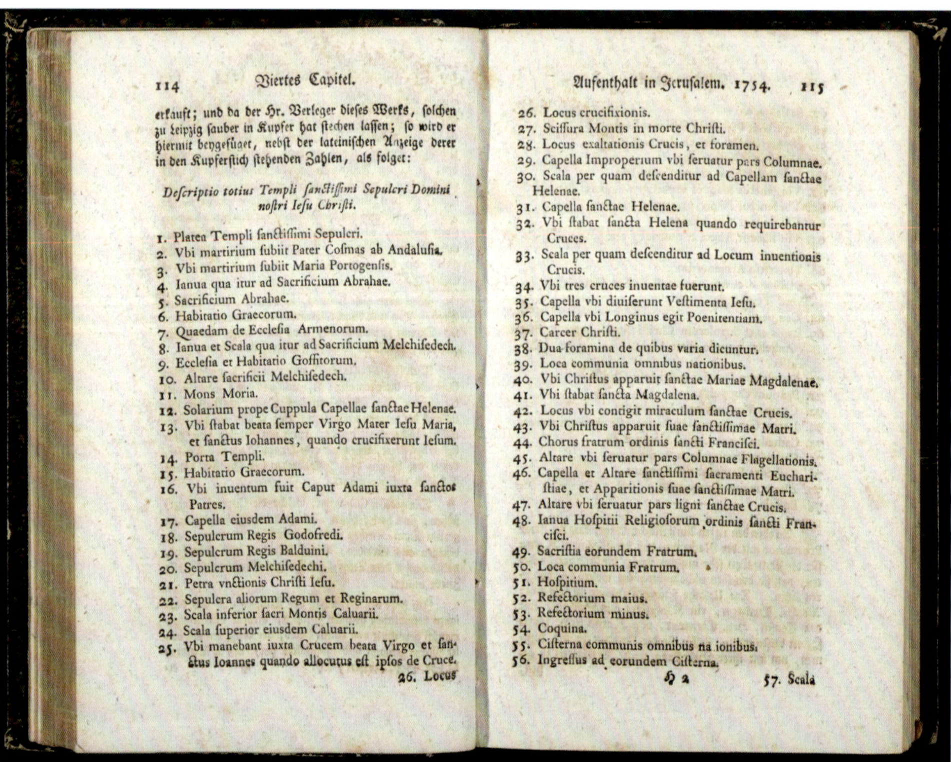

114 Viertes Capitel.

erkauft; und da der Hr. Verleger dieſes Werks, ſolchen zu Leipzig ſauber in Kupfer hat ſtechen laſſen; ſo wird er hiermit beygefüget, nebſt der lateiniſchen Anzeige derer in den Kupferſtich ſtehenden Zahlen, als folget:

*Deſcriptio totius Templi ſanctiſſimi Sepulcri Domini noſtri Ieſu Chriſti.*

1. Platea Templi ſanctiſſimi Sepulcri.
2. Vbi martirium ſubiit Pater Coſmas ab Andaluſia.
3. Vbi martirium ſubiit Maria Portogenſis.
4. Ianua qua itur ad Sacrificium Abrahae.
5. Sacrificium Abrahae.
6. Habitatio Graecorum.
7. Quaedam de Eccleſia Armenorum.
8. Ianua et Scala qua itur ad Sacrificium Melchiſedech.
9. Eccleſia et Habitatio Goſſitorum.
10. Altare ſacrificii Melchiſedech.
11. Mons Moria.
12. Solarium prope Cuppula Capellae ſanctae Helenae.
13. Vbi ſtabat beata ſemper Virgo Mater Ieſu Maria, et ſanctus Iohannes, quando crucifixerunt Ieſum.
14. Porta Templi.
15. Habitatio Graecorum.
16. Vbi inuentum fuit Caput Adami iuxta ſanctos Patres.
17. Capella eiusdem Adami.
18. Sepulcrum Regis Godofredi.
19. Sepulcrum Regis Balduini.
20. Sepulcrum Melchiſedechi.
21. Petra vnctionis Chriſti Ieſu.
22. Sepulcra aliorum Regum et Reginarum.
23. Scala inferior ſacri Montis Caluarii.
24. Scala ſuperior eiusdem Caluarii.
25. Vbi manebant iuxta Crucem beata Virgo et ſanctus Ioannes quando allocutus eſt ipſos de Cruce.

26. Locus

Aufenthalt in Jeruſalem. 1754. 115

26. Locus crucifixionis.
27. Sciſſura Montis in morte Chriſti.
28. Locus exaltationis Crucis, et foramen.
29. Capella Improperium vbi ſeruatur pars Columnae.
30. Scala per quam deſcenditur ad Capellam ſanctae Helenae.
31. Capella ſanctae Helenae.
32. Vbi ſtabat ſancta Helena quando requirebantur Cruces.
33. Scala per quam deſcenditur ad Locum inuentionis Crucis.
34. Vbi tres cruces inuentae fuerunt.
35. Capella vbi diuiſerunt Veſtimenta Ieſu.
36. Capella vbi Longinus egit Poenitentiam.
37. Carcer Chriſti.
38. Dua foramina de quibus varia dicuntur.
39. Loca communia omnibus nationibus.
40. Vbi Chriſtus apparuit ſanctae Mariae Magdalenae.
41. Vbi ſtabat ſancta Magdalena.
42. Locus vbi contigit miraculum ſanctae Crucis.
43. Vbi Chriſtus apparuit ſuae ſanctiſſimae Matri.
44. Chorus fratrum ordinis ſancti Franciſci.
45. Altare vbi ſeruatur pars Columnae Flagellationis.
46. Capella et Altare ſanctiſſimi ſacramenti Euchariſtiae, et Apparitionis ſuae ſanctiſſimae Matri.
47. Altare vbi ſeruatur pars ligni ſanctae Crucis.
48. Ianua Hoſpitii Religioſorum ordinis ſancti Franciſci.
49. Sacriſtia eorundem Fratrum.
50. Loca communia Fratrum.
51. Hoſpitium.
52. Refectorium maius.
53. Refectorium minus.
54. Coquina.
55. Ciſterna communis omnibus na ionibus.
56. Ingreſſus ad eorundem Ciſterna.

H 2 57. Scala

2.2.4

2.2.1

**2.2.4** Stephan Schultz: Leitungen des Höchsten nach seinem Rath auf den Reisen durch Europa, Asia und Africa. Bd. 5. Halle: Hemmerde, 1775
Halle, Franckesche Stiftungen: BFSt: S/MISS: N 55:5
► Die fünf Bände der *Leitungen* beinhalten Schultz' Beschreibung seiner Reiseerlebnisse. Sie dienten der Verbreitung von Informationen über die Arbeit des Institutum und dem Gewinnen von Unterstützern. Aufgeschlagen ist die Legende des Grundrisses der Grabeskirche in Jerusalem, der sich in der Kunst- und Naturalienkammer der Franckeschen Stiftungen erhalten hat.

**2.2.5** Grundriss der Grabeskirche in Jerusalem, kolorierte Federzeichnung, vor 1754
43 × 34 cm
Halle, Franckesche Stiftungen: KNK R.-Nr. 1068
► 1754 kaufte Schultz diesen Grundriss für vier Dukaten von einem Pater in Jerusalem. Er diente einem Kupferstich von Carl Hermann Hemmerde (1708–1782) als Vorlage und wurde auch mit Legende in den *Leitungen des Höchsten* abgedruckt. Er zeigt die Grabeskirche mit der Rotunde im unteren Bereich, in dem sich das Heilige Grab befindet, und darüber die basilikale Kirche.
• *Abbildung auf Seite 76*

**2.2.6** Stephan Schultz: Der Gnaden-Wille Gottes von der Menschen Seligkeit, über Jesaia 45/22 wurde in einer Predigt, so gehalten in der Hauptkirchen zu den Barfüssern in Franckfurt am Mayn, den 29. Octobr. 1751 abgehandelt. Frankfurt/Main: Knoch, Esslinger, [1751]
Halle, Franckesche Stiftungen: BFSt: 132 C 2a [1]
► Das Buch enthält einige der Predigten, die Schultz während seiner Reise durch den Vorderen Orient gehalten hatte.

**2.2.7** Johann Müller: Or le-ʿet ʿerev ... = Dos´likhṭ ḳegn abend tsayṭ tsu erlaykhten di oygen Yisroʾel ... ỵi Menaḥem ben Yeshaʿya ha-Kohen in dizem bukh unṭer ỵayzṭ den R. Shemuʾel ben Yosef aynen soḥer (Das Licht kegen Abend Zait= Licht am Abend) [...]. Halle: Institutum Judaicum et Muhammedicum, [1736]
Halle, Franckesche Stiftungen: BFSt: 132 B 15
► Müllers judenmissionarisches jiddisches Traktat *Licht am Abend* gab die Initialzündung für Johann Heinrich Callenbergs (1694–1760) Gründung des Institutum Judaicum et Muhammedicum. Er sammelte für die Drucklegung des Textes Spenden und entschied sich 1727 schließlich dazu, eigenes Druckmaterial zu erwerben.

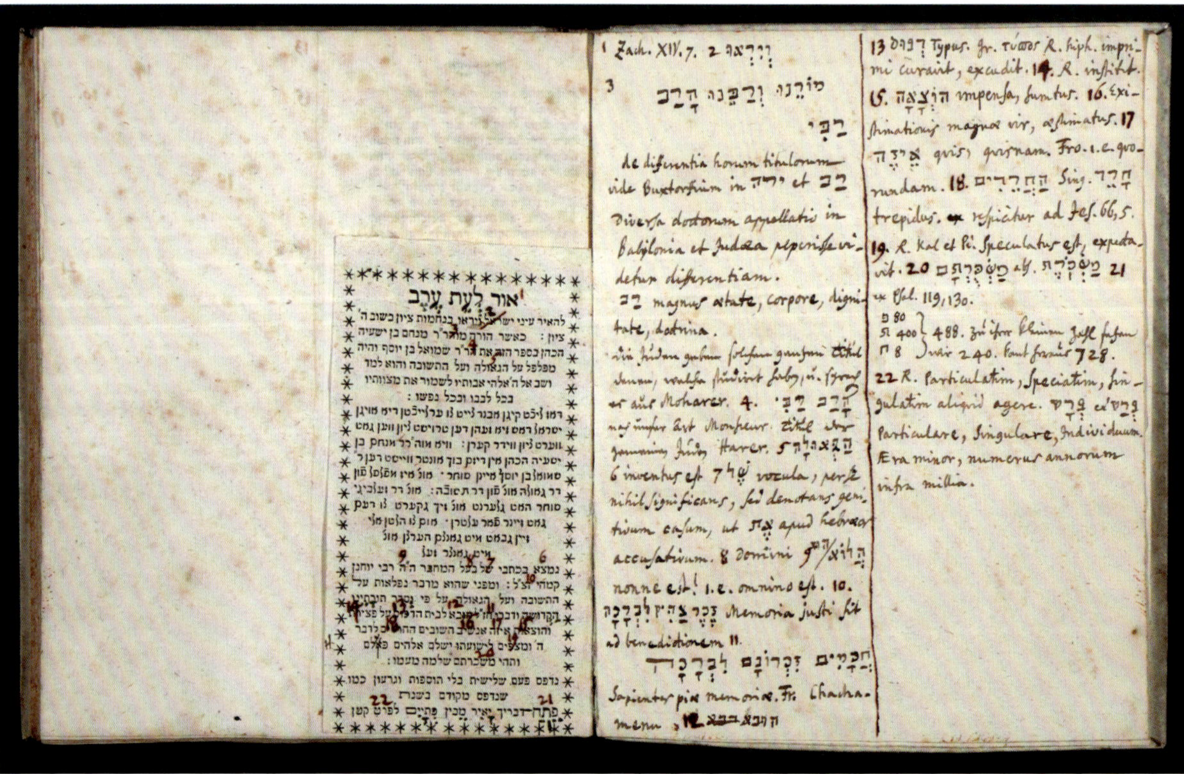
אור לעת ערב

2.2.7

**2.2.8** Stephan Schultz: Epistola Pauli Apostoli ad Titum. Halle, 1744
Halle, Franckesche Stiftungen: AFSt/H H 16f
► Schultz übersetzte den Brief von Paulus an Titus aus dem Hebräischen und dem Jiddischen ins Lateinische. Die Briefe waren mit Kommentaren eines Rabbiners versehen gewesen, die er in seine Übersetzung mit einschloss. Schultz verbrachte seine Aufenthalte in Halle zumeist mit Übersetzungsarbeiten zur Nach- und Vorbereitung seiner Reisen.

**2.2.9** Johann Heinrich Michaelis: ʿĀśrīm wearbaʿ sifrē haq-Qodäš Sive Biblia Hebraica, Ex Aliqvot Manvscriptis Et Complvribvs Impressis Codicibvs, Item Masora Tam Edita, Qvam Manvscripta, Aliisqve Hebraeorvm Criticis Diligenter Recensita […]. Halle: Waisenhaus, 1720
Halle, Franckesche Stiftungen: BFSt: S/THOL:IX 021
► Diese hebräische Bibel entstand noch im Collegium Orientale, das Francke 1702 als eigenständige Institution gegründet hatte und bis 1720 bestand. Die Herausgabe dieser hebräischen Bibel war das wichtigste Projekt des Collegiums und stand unter der Leitung von Johann Heinrich Michaelis (1668–1738).

2.2.10

**2.2.10** Armleuchter aus einer kaiserlichen Moschee, geschnitztes Holz
Höhe 4 cm, Breite 5 cm, Länge 14 cm
Halle, Franckesche Stiftungen: KNK R.-Nr. 162
► Diesen Wandleuchter erhielt Schultz 1753 von einem Reformierten Juwelier in Konstantinopel. Er stammt aus einer griechischen Kirche, die schon Kaiser Konstantin (272–337) als Hofkapelle genutzt haben soll. Im 4. Band der *Leitungen* beschreibt Schultz den Leuchter „wie eine Hand, mit eingebogenen Fingern, die ein Licht hält; und diese ragt gleichsam hervor wie aus dem Munde eines Fisches, als ob der Fisch die Hand hielte".

**2.2.11** Sendschreiben eines Pilgers der seine Pilgrimschaft thut wie Abraham, Isaac und Jacob, Manuskript, 1734
Halle, Franckesche Stiftungen: AFSt/H Q 59
► Das Sendschreiben ist an einen fiktiven Rabbi gerichtet, der aus dem Alten Testament das wahre Christentum ableitet.

**2.2.12** Egiptische Piramiden, Kupferstich in: Olfert Dapper: Naukeurige Beschrijvinge Der Afrikaensche Gewesten Van Egypten, Barbaryen, Libyen, Biledulgerid, Negroslant, Guinea, Ethiopien, Abyssinie. Amsterdam: van Meurs in Meurs, 1668, Reproduktion
Halle, Franckesche Stiftungen: BFSt: 108 C 5
► Albrecht Friedrich Woltersdorf und Schultz besuchten

2.2.12

während ihres Aufenthaltes in Kairo auch die Pyramiden in Giseh, wobei sich Woltersdorf dabei eine schwere Verletzung am Bein zuzog, weswegen er nach leidvoller Krankheit in Jerusalem verstarb.

• *Abbildung auf Seite 46f.*

**2.2.13** Johann Heinrich Callenberg: Epistola Ad Hebraeos Arabice. Nuqilat min al-jūnānī ilā 'l-ʿarabī. Halle: Institutum Judaicum, 1742
Halle, Franckesche Stiftungen: BFSt: S/VERL:2027
► Bücher wie diesen arabisch-lateinischen Paralleldruck verteilte Schultz während der Reise.

• *Abbildung auf Seite 68*

**2.2.14** Osmanisch-türkischer Reisepass von Stephan Schultz, Schreiben der Hohen Pforte an die Gouverneure in Kleinasien, Syrien, Palästina, Ägypten und Zypern, Manuskript, Konstantinopel, 1753
Halle, Franckesche Stiftungen: KNK R.-Nr. 18
► Diesen türkischen Reisepass erhielten Schultz und Woltersdorf von der Hohen Pforte in Konstantinopel, um ungehindert durch Kleinasien, Syrien, Palästina, Ägypten und Zypern reisen zu dürfen. Über der Schrift ist das Namenszeichen, die Tughra, von Mahmud I. zu sehen, der von 1730 bis 1754 Sultan des Osmanischen Reichs war und derartige Schriftstücke so unterschrieb und damit beglaubigte.

• *Abbildung auf Seite 66*

**2.2.15** Türkisches Tintenfass, Messing, 17.–18. Jahrhundert
Höhe 5 cm, Breite 2–6 cm, Länge 25 cm
Halle, Franckesche Stiftungen: KNK R.-Nr. 36
► Dieses Tintenfass, das sich schon vor 1741 in der Kunst- und Naturalienkammer befunden haben muss, wurde gewöhnlich an der Seite im Gürtel getragen.

**2.2.16** Johann Heinrich Callenberg: Acta Apostolorum Turcice. Halle: Institutum Judaicum, 1749
Halle, Franckesche Stiftungen: BFSt: S/CANST:1672 [4]
► Auch diese Schrift wurde von den beiden Missionaren während ihrer Reise durch den Orient verteilt und enthält türkischsprachige Bibeltexte.

**2.2.17** Johann Heinrich Callenberg: [Peri mimēseōs Christu] Biblion deuteron peri mimēseōs Christu = De Christo Imitando Liber Secundus / in linguam graecam vulgarem conversus. Halle: Institutum Judaicum, 1749
Halle, Franckesche Stiftungen: BFSt: S/VERL:2071
► Callenbergs *Biblion deuteron* wurde von Schultz und Woltersdorf an Orientalische Christen gegeben. Es enthält ins Arabische übersetzte Bibeltexte und deren Exegese.

**2.2.18** Tagebuchaufzeichnungen von Stephan Schultz während seiner Reise von Smyrna (Izmir) nach Kairo im Jahr 1753, Autograph, um 1755, Reproduktion
Leiden, Universitaire Bibliotheken: Acad. 196, Seite 488-489
• *Abbildung auf Seite 73*

**2.2.19** Stephan Schultz: Fernere Nachricht von der zum Heil der Juden errichteten Anstalt nebst d. Auszügen aus d. Tagebüchern d. reisenden Mitarbeiter. Halle 1767
Halle, Franckesche Stiftungen: BFSt: 87 K 45 d
► In der Buchreihe *Fernere Nachricht* veröffentlichte Schultz nach seiner Übernahme des Direktorats des Institutum Judaicum Berichte aus der Missionsarbeit der Mitarbeiter. Auch seine eigene Orientreise wurde hier thematisiert.

**2.2.20** Stephan Schultz: Armenisch-Lateinisches Lexikon, Manuskript, um 1765
Halle, Martin-Luther-Universität Halle-Wittenberg, Universitäts- und Landesbibliothek Sachsen-Anhalt: Hss.-Abt., Yb 2° 4

**2.2.21** Zwei Münzen mit einem Porträt von Stephan Schultz, Silber und Kupfer, 18. Jahrhundert
Ø 5 cm
Privatbesitz, Wolfgang Pechstedt
• *Abbildung auf Seite 78*

2.2.15

# 3

# Von den Niederlanden lernen

HOLGER ZAUNSTÖCK

# Auf der Suche nach einem „Modell"

## Georg Heinrich Neubauers Reise in die Niederlande (1697/98)*

Die Reise von Georg Heinrich Neubauer (1666–1725) gehört zum festen Inventar jeder Darstellung über die Geschichte von Franckes Anstalten bzw. der Franckeschen Stiftungen seit dem 18. Jahrhundert bis in die Gegenwart. Sie hat eine ähnlich mythische Qualität wie Franckes Erzählung über die vier Taler und sechzehn Groschen, die den Impuls für das große, von Gott geleitete Werk gegeben hätten. Francke selbst beginnt diese Erzähltradition und verweist in den *Segensvollen Fußstapfen*, seiner populären Erläuterungs-, Werbe- und Verteidigungsschrift von 1701, explizit auf diese Reise: „Dieweil aber in diesen Landen man noch nicht sonderlich gewohnet ist / Waysen=Häuser zubauen / bin ich schlüßig worden / mich nach andern dergleichen guten Anstalten umbzusehen / und ferner / da die gedruckten und schrifftlichen Beschreibungen mir keine satisfaction gegeben / oben benannten Georg Heinrich Neubauern in Holland / als den Sitz guter und löblicher Armen=Anstalten / zusenden ; Welcher auch den 2. Junii Anno 1697. dahin abgereiset / mit der Intention, die Waysen=Häuser / deren Gebäu / Ordnungen und Anstalten daselbst zusehen / und daraus zu observiren was bey Erbauung und guter Ordnung unsers Waysen=Hauses zu wissen nöthig seyn möchte."[1] Damit kommunizierte Francke zugleich seinen Anspruch: von Beginn an großdimensioniert zu agieren und sich an den besten Beispielen und Vorbildern des ausgehenden 17. Jahrhunderts zu orientieren. Um dieses Ansinnen umzusetzen, bekam Neubauer einen umfänglichen Fragenkatalog mit auf den Weg, bestehend aus ca. 200 (!) zu eruierenden Einzelaspekten, der ebenfalls Kernbestandteil der Gründungsgeschichte des Waisenhauses ist.[2] Im Folgenden soll die Reise mit Blick auf die dazu überlieferten Quellen und sich daraus ergebenden Forschungsperspektiven in drei Schritten vorgestellt werden: vor der Reise – auf der Reise – nach der Reise.

VORHERIGE DOPPELSEITE:
3.9 | Die Abreise eines Würdenträgers aus Middelburg, Öl auf Holz von Adriaen Pieterszoon van de Venne, 1615. Amsterdam, Rijksmuseum: SK-A-1775. (Detail)

3.14b | Ansicht des Mädchenhofes im Amsterdamer Bürger-Waisenhaus, Kupferstich, 1775. (Detail)

### Vor der Reise

Der Abreise Neubauers aus Halle im Juni 1697 war eine Recherchephase über niederländische Waisenhäuser und Armeneinrichtungen vorausgegangen. Der Grund hierfür war die Einsicht, dass sowohl die Anzahl der Waisenkinder als auch der zu speisenden armen, als Lehrer tätigen Studenten innerhalb kürzester Zeit seit 1695 so angestiegen war, dass die ursprünglichen Räumlichkeiten in Glaucha nicht mehr ausreichten, weshalb „man sofort auf einen grösseren Bau bedacht seyn" müsse.[3] Dafür begannen Francke und Neubauer Informationen und Erfahrungen zu sammeln. Zwar war eine Reise zu diesem Zweck augenscheinlich nicht das erste Mittel der Wahl, aber die Waisen- und Armeneinrichtungen in den Niederlanden waren Francke und Neubauer ein Begriff, da sie um 1700 in Europa als vorbildhaft galten. Für diese gilt das 17. Jahrhundert als das „golden age of orphanages", was durch den exzeptionellen Reichtum der niederländischen Städte ermöglicht wurde.[4] Dies hatte sich auch nach Halle herumgesprochen.

Francke selbst berichtete, dass er „sofort" einen größeren Bau im Blick hatte,[5] was durchaus wörtlich zu verstehen ist. Denn die Zeitspanne nach der Einrichtung seiner Anstalten im Frühjahr 1695 bis zum Zeitpunkt dieser Überzeugung war sehr kurz – dies ist nicht erst auf die Zeit unmittelbar vor der Reise im Frühjahr 1697 zu datieren, sondern bereits auf den Jahresbeginn 1696, also wenige Monate nach dem Start seiner Unternehmungen. Denn trotz des Erwerbs eines Hauses und dessen baulicher Veränderung inklusive eines Anbaus, das als erstes Waisenhaus genutzt wurde (November 1695 bis kurz vor Pfingsten 1696),[6] hatte er augenscheinlich schon damals größer dimensionierte Vorstellungen für sein Werk vor Augen,[7] die über die bestehenden deutschen Waisen- und Armeneinrichtungen hinausgingen, an denen er sich nicht orientieren konnte und wollte. Man sei darin, so Francke nüchtern und mokiert, hierzulande nicht „sonderlich gewohnet". Deshalb der Blick nach Westen. Dabei informierte er sich mit Hilfe seines Korrespondenznetzwerkes über die Sozialfürsorgeeinrichtungen in Amsterdam. Dies geschah vor dem Hintergrund, dass die Waisen- und Armenhäuser in den Niederlanden sich ihrer Vorbildrolle bewusst waren und Informationen über sich preisgaben bzw. man diese (gegen Bezahlung) auch besichtigen konnte, sowie ebenso durch die Adaption niederländischer Vorbilder im Alten Reich im 17. Jahrhundert.[8] So hatte Francke diesbezüglich zu Beginn des Jahres 1696, parallel zum Ausbau des ersten kleinen Waisenhauses in Glaucha, den brandenburgischen Hofmedicus Johann Overbeek (1651–1702) in Kleve kontaktiert. Dieser schrieb jedenfalls am 23. Februar, dass er „morgen" wegen der „Grundregeln der Waisen= Armen= u. Verbesserungshäuser in Amsterdam", die in hervorragender Verfassung seien, dorthin schreiben werde.[9] Am 24. April des Jahres meldete Overbeek dann, dass er nach „langem anhalten" nun „endlich" aus Amsterdam Nachricht von den Ordnungen und Gesetzen der „Waisen= Verbesser= oder Zuchthäuser" in Händen habe. Dies sei auf Niederländisch auf etwa sieben großen Bogen niedergeschrieben worden. Er werde den handschriftlichen Bericht „übermorgen" mit dem von Kleve aus abgehenden „Postwagen" versenden.[10] Zugleich bittet Overbeek darum, dass man, nachdem man die niederländische Handschrift in Halle rezipiert haben wird, von der er hofft, dass man sie leicht verstehen oder diese von einem Sprachkundigen übersetzen lassen werde, wieder an ihn zurücksenden möge, denn in Kleve sei man selbst in Überlegung, solche Anstalten zu gründen.[11] Mit diesem umfänglichen Bericht – wir kommen darauf weiter unten zurück – war Francke aber offenbar nicht recht zufrieden. Zwischen dem Erhalt dieses handschriftlichen Amsterdamer Berichts im Frühjahr 1696 und dem Entschluss, ein Jahr später Neubauer auf Reise zu schicken, hatte man augenscheinlich weitere Informationen eingezogen und Lektüre konsultiert, was in der Summe aber dennoch nicht befriedigend ausfiel, wie 1701 in den *Fußstapfen* zu lesen war: „die gedruckten und schrifftlichen Beschreibungen [haben] mir keine satisfaction gegeben". Francke selbst war also weder mit der aktuellen, praktizierten Waisenversorgung im Alten Reich zufrieden, noch mit dem, was er durch Berichte über die hochgelobten Einrichtungen in den Niederlanden erfahren konnte.[12]

Dieses Unbehagen war letztlich der Grund, seinen engen Mitarbeiter Neubauer dorthin zu entsenden. Denn Francke suchte Informationen aus erster Hand, denen er vertrauen konnte. Die Reise wurde inhaltlich detailliert geplant und sollte effektiv sowie für mehrere Zwecke genutzt werden. Für das konkrete Anliegen der Wissenssammlung über niederländische Fürsorgeeinrichtungen entstand ein umfänglicher und kleinste Details beachtender Fragenkatalog, an dem inhaltlich vorab eingehend gearbeitet worden ist. Dies zeigt die handschriftliche Vorlage aus Neubauers Hand mit vielen Streichungen und Ergänzungen, wobei offen bleibt, wer von den Akteuren hier federführend war. Das Fragenraster ist unterteilt in die Abschnitte „Von den Kindern", „Von den Pflegern", „Observationes Variae", „Von dem Gebäu", „Von allerhand nötigen Dingen", „Vom Endzweck", „Von den Kosten", „Von des Waysen=Vaters und Gesindes Verrichtungen" sowie „Von der Kinder Speisung, Kleydung, Reinigung, Aufferziehung und Arbeit". Bei Antritt der Reise hatten die Akteure in Halle also eine sehr genaue Vorstellung davon, auf was zu achten sei bei der Planung einer neuartigen, großdimensionierten Waisenanstalt. Gerahmt wurde dies von einer konzeptionellen Vorstellung, die darauf abzielte, nicht multifunktionale Anstalten, die Waisen zusammen mit Kranken, Alten, Bettlern und Straftätern beherbergen, sondern sich allein auf die Waisenjugend konzentrierende Einrichtungen zu errichten. Dies kommt im einleitenden Absatz zum Fragenkatalog zum Ausdruck, in

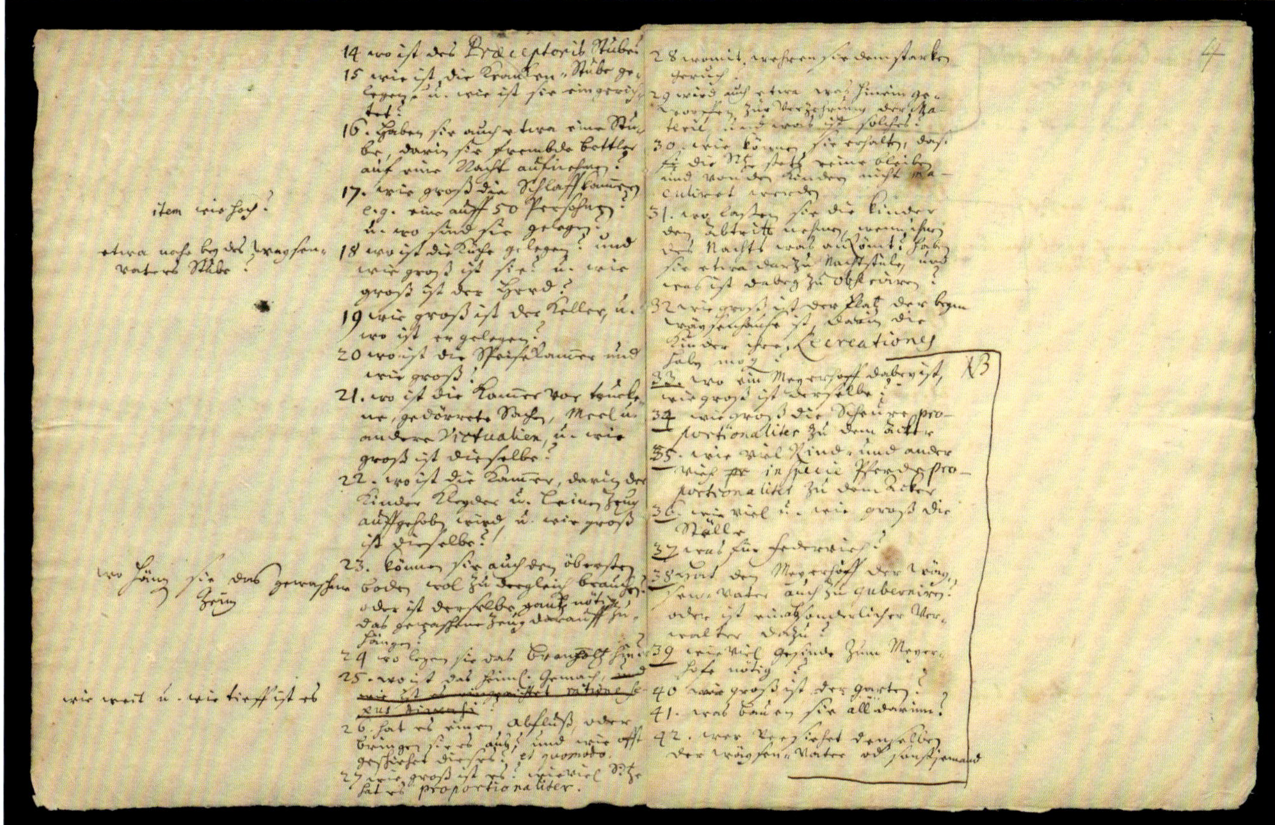

3.2 | Fragenkatalog Georg Heinrich Neubauers zum Studium der Fürsorgeeinrichtungen in den Niederlanden, Manuskript, 1697. Berlin, Staatsbibliothek zu Berlin – Preußischer Kulturbesitz, Handschriftenabteilung: Nachlass August Hermann Francke, 28/1 : 1.

dem zwischen Waisen- und Armenhäusern sowie Zucht-, Spinn-, Manufaktur- und Irrenhäusern unterschieden wird, die zu besehen seien.[13]

Außerdem war im Zuge der Reisevorbereitung ein Teil der Fragen in Niederländisch niedergeschrieben worden, was darauf hindeutet, möglichst effektiv und praxisnah agieren zu wollen. Dieses Vorgehen entspricht dem Ansatz der Pietisten in Halle, dass erst durch den Erwerb der jeweiligen Sprache ein wirklicher Zugang zu den Menschen in anderen Ländern möglich sei. Neubauer nutzte also das Reisevorhaben, um sich Niederländisch anzueignen[14] – ein weiterer Hinweis auf die umfängliche Bedeutsamkeit der Reise. Außerdem wurde die Reise im Francke-Netzwerk vorbereitet. Dabei spielte Heinrich Wilhelm Ludolf (1655–1712), der auch das Fremdsprachenlernen eminent förderte und propagierte, vor Ort eine zentrale Rolle, denn ihm wurde nämlich der Fragenkatalog (oder ein entsprechender Text) unter dem Titel *Was bei Erbauung unsres Waisen-Hauses zu wissen nötig sei* im März des Jahres offensichtlich vorab zugesandt.[15] Ludolf „dirigierte", wie Alexander Schunka schreibt, Neubauer auf seiner Reise sowie insbesondere in Hinsicht auf Kontaktpersonen und laufende Projekte bis ins Frühjahr 1698.[16] Im Juli 1697 erwartete er Neubauer in Den Haag.[17]

Zusätzlich wurde Neubauer mit einem weiteren Auftrag auf Reisen geschickt – nämlich Geld für die Anstalten in Glaucha zu sammeln. Auch dieser Zweck ist dem Fragenkatalog vorangestellt: neben dem „betrachten" der Waisenhäuser solle er eine „Steuer" einsammeln.[18] Und dies war zugleich der vornehmlich kommunizierte Zweck der Reise – nicht das Sammeln von Wissen über Waisenhäuser und Fürsorgeeinrichtungen (anders als später in den *Fußstapfen)*. Während also im internen Anstaltspapier beide Ziele in der Präambel genannt werden, spielte in den offiziellen Begleitschreiben, die Neubauer mit sich führte, die Sammlung von Spenden für das Unternehmen in Glaucha

3.14b | Ansicht des Mädchenhofes im Amsterdamer Bürger-Waisenhaus, Kupferstich, 1775.

sowie das Bewerben bzw. Vorstellen der Anstalten und ihrer Schulen die zentrale Rolle. Zum einen erhielt er dafür von der Theologischen Fakultät einen Empfehlungsbrief, datiert vom 1. Juni 1697, dem Tag vor der Abreise, der mit Billigung und Unterstützung der hallischen Theologen erlaubte, genau dies zu tun: „in Teutschland und Holland bey Christlichen Gemüthern um eine beliebige Beysteuer Ansuchung thun lassen". Hierin wurde die Redlichkeit des Unterfangens bestätigt und darauf hingewiesen, dass zur weiteren Kenntnis der Anstalten in Glaucha Neubauer von Francke eine „schrifftliche Nachricht" mitgegeben worden sei. Hierbei handelte es sich möglicherweise um die im Frühjahr 1697 entstandene *Historische Nachricht,* die im Laufe des Jahres auch gedruckt erschien.[19] Das Empfehlungs- und Autorisierungsschreiben der Fakultät ist im Archiv der Franckeschen Stiftungen erhalten – es ist mehrfach gefaltet und lässt so erahnen, wie Neubauer es während seiner Reise täglich bei sich getragen und regelmäßig genutzt hat. Zudem führte er zwei Spendenbücher (Kollektenbücher) mit sich – ein offizielles mit einer die Waisen- und Armenanstalten und Schulen in Glaucha vorstellenden Präambel Franckes (in der dieser ebenfalls auf eine gesonderte schriftliche und ausführliche „Nachricht" verweist), die ebenfalls diesen Zweck der Reise beschrieb und Neubauer autorisierte, Geld zu sammeln. In dieses Buch trugen sich die Spender ein – und damit schrieben sie sich zugleich als Sympathisanten und finanzielle Unterstützer sichtbar in die Geschichte der noch jungen Anstalten in Glaucha ein. Außerdem führte Neubauer noch ein zweites, privates Dokumentationsbuch mit sich, das er parallel ebenfalls mit den Spendeninformationen fütterte, das aber nicht mit dem „offiziellen" identisch ist, sondern in dem sich zusätzliche Spendeneinträge befinden: Neubauer hat in sein privates Buch auch Spenden eingetragen, die im offiziellen Buch nicht auftauchen.[20]

3.14a | Ansicht des Jungenhofes im Amsterdamer Bürger-Waisenhaus, Kupferstich, 1775.

## Auf Reisen

Neubauer brach am 2. Juni 1697 von Halle auf.[21] Der Reiseverlauf selbst ist besonders für den im Alten Reich verlaufenden Teil gut dokumentiert; sein Weg in den Niederlanden lässt sich, so weit derzeit zu sehen ist, nur zu Beginn verlässlich rekonstruieren. Der Reisende hat augenscheinlich kein Reisetagebuch geführt, sondern erst nach der Reise in Halle retrospektiv an einem Reisebericht gearbeitet. Dieser ist im Archiv der Stiftungen erhalten, jedoch nicht datiert. Der Aktentitel verweist sowohl auf die zentralen Intentionen der Reise sowie auf einen wichtigen Punkt: *Acta Hn Neubauers nach Holland zum Behuf der hiesigen Anstalten und des zu erbauenden Hauses gethane Reise [.] ist Fragmentum und nicht complet. de Anno 1697.*[22] Neubauer war also zum (finanziellen) Wohl der Stiftungen und in Vorbereitung des geplanten Waisenhausbaus unterwegs. Seine Darstellung ist ein Fragment geblieben. Bevor er seinen Bericht beginnt, begründet Neubauer die Wahl seiner Person als Wissen sammelnder Reisender: Francke habe dem „Aufseher Neubauer" aufgetragen, so schreibt er in der dritten Person, dass „gleichwie er im vorhergehenden Jahre bey dieser gemachten Anstalt einen Baumeister in Anlegung eines kleinen Gebäues, und einen Oeconomum in Anrichtung der ersten kleinen Haushaltung extempore" abgegeben habe, er nun „auch die Einrichtung des größern Gebäues entwerfen möchte". Neubauer war also bereits im Frühjahr 1697 – so zumindest die Darstellung nach der Reise – die zentrale Figur sowohl für die Verwaltung als auch die Bauprojekte. Aus diesem Grund solle er sich über die Beschaffenheit der Waisenhäuser in den Niederlanden exakt informieren, dass „er sich nicht unterstehen wollte, ein Waysenhaus zu projectiren, ehe und bevor er nicht etliche wohl eingerichtete Waysenhäuser angesehen hätte". Der Neubau und seine innere Organisation sollen also, so Neubauer im Nachhinein, nach gründlicher Überlegung,

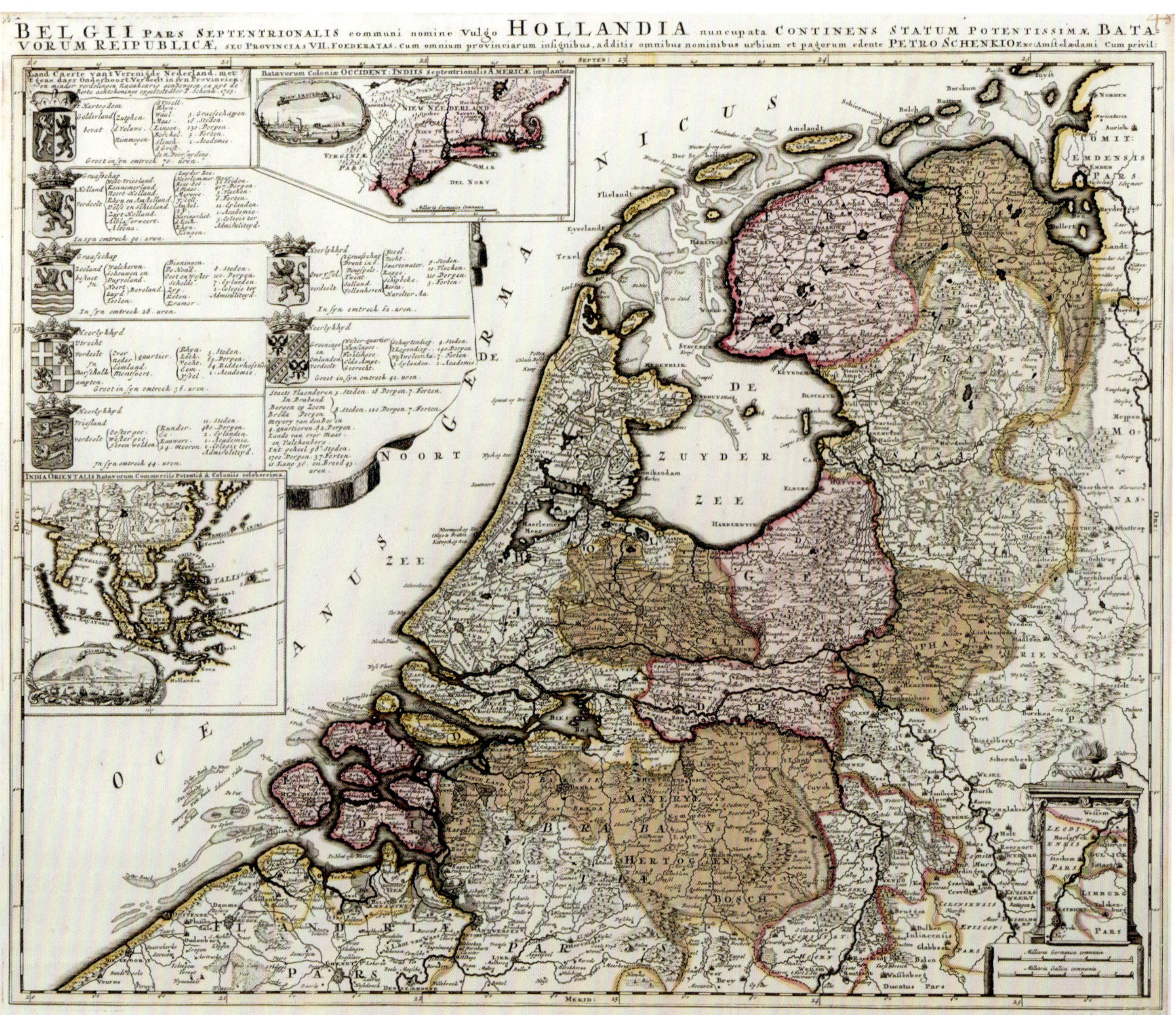


3.8 | Karte der Niederlande, kolorierter Kupferstich, Amsterdam, um 1700.

Vorbereitung und Anschauung der besten Häuser der Zeit entstehen. Er schreibt weiter, dass es darum gegangen sei, die richtige Dimension und Beschaffenheit der Stuben zu ermitteln, damit sie einerseits nicht zu klein geraten und die Kinder krank machen würden, und andererseits nicht zu groß eingerichtet seien, um unnötige Baukosten zu vermeiden. Diese Überlegungen hätten völlig „Eingang" in Franckes „Gemüthe" gefunden. Genauso jene, dass die Reise nicht nur wenig Geld kosten, sondern eher Finanzmittel für das Waisenhaus erbringen werde – wenn man ihn, Neubauer, mit einem Attest ausstatten würde, würde er „Geld mit bringen von der Reise". Denn von den angefangenen Anstalten in Glaucha sei in Deutschland „ein guter Ruf" erschollen und es gebe viele Donatoren, sodass auch er auf Reisen unterstützt werde und zwar in einem solchen Maß, dass er in der Lage sei, über das Benötigte hinaus Geld ans Waisenhaus zurückzusenden.

Mit diesem selbstbestimmten Auftrag, zwanzig Talern Startkapital, dem Attest der Theologischen Fakultät sowie den Spendenbüchern reiste Neubauer zunächst nach Magdeburg. Dort besah er ein Waisenhaus und war Gast bei dem Domherrn und Geheimen Rat Georg Rudolf von Schweinitz (1649–1707), der mit Francke korrespondierte und die pietistischen Aktivitäten unterstützte. Dieser spendete acht Taler „viatico“ (Reisegeld) und versah ihn mit einem Empfehlungsschreiben. Nach diesem Muster verläuft der weitere Bericht über seine Stationen: wen er wo besuchte bzw. von wem er empfangen wurde – zu Beginn der Reise sind dies in den Residenzen oft adlig-höfische Kreise sowie adlige Frauen –, wieviel von wem gespendet wurde (dazu zumeist detaillierte Angaben), von wem er Empfehlungen erhielt, welche Waisen- und Zuchthäuser er besichtigte (ohne aber auf diese in irgendeiner Weise näher einzugehen). Die folgenden Stationen waren Wolfenbüttel (ausführlich dargestellt), Braunschweig, Hannover, Celle, Lüneburg, Kloster Lüne und Hamburg. Dort erhielt er Anweisung aus Halle, nicht noch Lübeck zu besuchen, sondern ohne Verzögerung weiter nach Holland zu reisen. Allerdings war er unterdessen offensichtlich knapp bei Kasse, denn er hatte zuvor das gesammelte Geld, 230 Taler, von Lüneburg aus nach Halle gesandt (insgesamt waren es bis zu diesem Zeitpunkt der Reise 392 Taler) und in Hamburg selbst nur wenig Spenden erhalten. Gleichwohl fügte die göttliche Providenz, so Neubauer, dass ein nach Holland reisender Kaufmann ihn auf „Recommendation eines guten Freundes“ in seine Reisegesellschaft aufnahm. So ging es „über die Elbe“ weiter nach Harburg, und „von da auf Wagen nach Bremen, Oldenburg, und durch Ostfriesland bis Leer.“ Dort kam die Reisegesellschaft zum Halten, da der bestellte Schiffer sich wegen zu starken Windes weigerte, auf der Ems nach Emden zu segeln.

Doch zur Nacht hin beruhigte sich der Wind und man fuhr „bey contrairen Winde mit Laviren bis Emden“. Neubauer war zu diesem Zeitpunkt durch das kontinuierliche „Wagenrütteln“ bei Tag und Nacht ermüdet und deshalb

Ansicht von Hamburg, kolorierter Kupferstich, um 1770. Halle, Franckesche Stiftungen: AFSt/B Sc 0057.

3.11 | Haarlemer Binnenschiff zur Personenbeförderung, Kupferstich, um 1653. Amsterdam, Stadsarchief: Afbeeldingsbestand 010097002360.

„auf dem Boden des Schiffes gar sanfft" eingeschlafen. Auch von der „oftmaligen Wendung des Schiffes" – „wodurch zum öftern der Kopf niedrig und die Füße hoch zu liegen kommen" – wurde er nicht munter. Am folgenden Tag setze man dann in die Niederlande zum Festungshafen Delfzijl über. Dabei wehte der Wind noch stärker konträr als am Vortage. Oft hatte es den Anschein, schreibt Neubauer, dass der Wind das „Schifflein", das beständig von der einen zur anderen Seite schwanke, vollends zum „Überschwang" bringe. Dies war eine eindrückliche Erfahrung für ihn: „Unserem Reisenden [er selbst] war hiebey nicht anders zu Muthe, als daß das Schifflein über kurtz oder lang überschlagen und sie ins Wasser versencken würde, folglich die Stunde seines Abschiedes vorhanden sey, [er] wendete sich demnach in stiller Andacht zu dem Herrn seinem Heilande, der seine Sünden getragen". Neubauer sah sich in eine „süße Empfindung der Freundlichkeit des HErrn gesetzet", in „welcher er seinen Geist getrost würde aufgegeben haben". In diesem Zustand habe er ohne Furcht und Angst den „Wind stürmen" und die „Wellen krachen" lassen und erreichte wohlbehalten Delfzijl. Die Überfahrt auf rauer See deutete er als Prüfung seines Vertrauens in Gott und die wohlbehaltene Ankunft im sicheren Hafen als göttliche Wohltat. Dem entsprach dann auch ganz sein Verhalten: Während die anderen Reisenden sich ins Wirtshaus verabschiedeten, nahm er Platz auf der Schuyte, ein bedecktes Schiff mit Bänken mit dem man auf den Binnenwasserstraßen in den Niederlanden gemächlich weiterreiste,[23] und fand dort Vergnügen an der ihn umgebenden Stille. Nun ging die Reise „auf dem Graben im Lande" (auf Kanälen) ruhiger und langsamer weiter und Neubauer empfand das als Wohltat, die ihn zur Naturbeobachtung und dem Empfinden des Schönen veranlasste: man bekam „die schönen Wiesen und das weidende Vieh nebst Städten und Dörfern im vorbey fahren zu Gesichte". Neubauer verglich das kultivierte Land mit dem rohen, wütenden Meer und genoss „vergnüglich" die Fahrt in der Schuyte. Seine wenigen Worte evozieren etwas Friedliches, Idyllisches, Poetisches. Das schnelle Reisen mit dem Wagen von Stadt zu Stadt und die noch schnelleren stürmischen Seereisen waren seine Sache nicht – statt Beschleunigung entzückte ihn das entschleunigte Reisen auf den Kanälen, wodurch sich ihm die niederländische Landschaft gleichsam wie das Betrachten von Gemälden aus dem Goldenen Zeitalter darbot. Neubauer gibt hier eine überraschende, sensitive, das Ästhetische genießende Seite von sich preis.

Auf diese Weise reiste er weiter bis zur Zuydersee, „über welche die Schiffarth nach Amsterdam bey gutem Winde gleicherweise in acht Stunden, ohn alles Ungemach geendigt wurde“. Nachdem der Hamburger Kaufmann bereits für Neubauers Kosten aufgekommen war, da dessen „Vorrath zu Ende ging“, lieh dieser ihm zudem „etliche Gülden“. Davon finanzierte er den Träger seiner Sachen und das „Nachtlager in Amsterdam“ sowie die „Fracht“ bis Leiden. Dorthin hatte er sich am folgenden Abend mit der Nachtschuyte begeben, weil sein erstes Reiseziel Den Haag war, um dort Ludolf zu treffen, „an welchen er recommendiret war“. Bis er dort eintraf, litt Neubauer augenscheinlich einige Tage Hunger, da sein Geld knapp geworden war. Auf dem Weg von Leiden nach Den Haag wurden den Reisenden Speisen zum Kauf angeboten. Neubauer verspürte „sonderlichen appetit“, nachdem er „etliche Tage“ keine Speisen gekauft hatte – außer einem Brot sowie Birnen in Amsterdam. Er sah vom Kauf ab, da seine Mittel für die Bezahlung der Fahrt bis Den Haag nicht reichen würden. Dort angekommen, wollte ihm niemand Geld leihen, um ihn auszulösen. So überließ er dem Schiffer ein Unterpfand „von seinen Sachen“ und kontaktierte Friedrich Breckling (1629–1711), einen vom niederländischen Exil aus europa-

3.13 | Vogelschau von Den Haag, kolorierter Kupferstich, 1657.

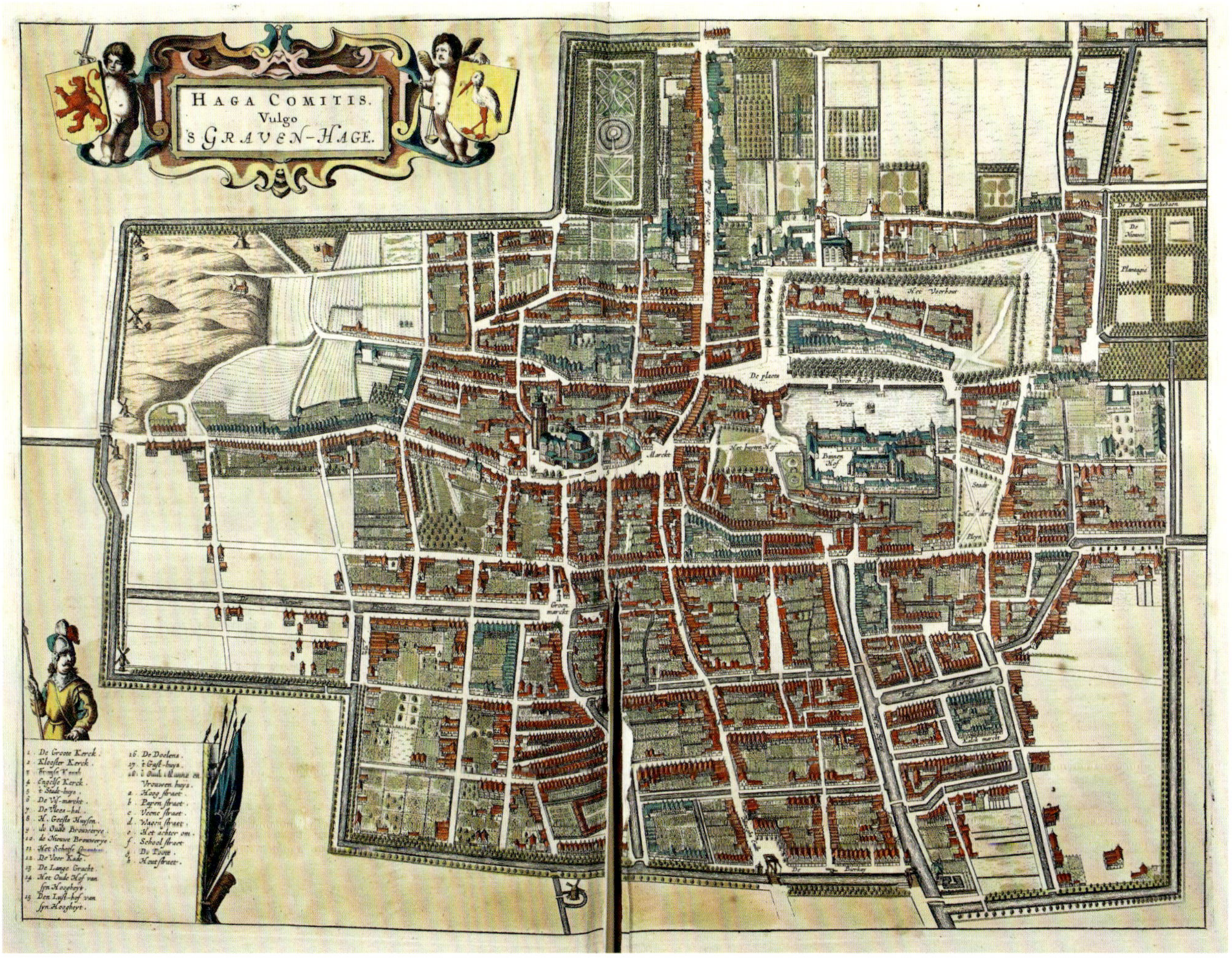

weit agierenden religiösen Dissidenten und Spiritualisten, der mit Francke in engem Briefwechsel stand und Unterstützer von dessen Projekten war.[24] Neubauer schilderte Breckling seine Umstände und dieser war sofort bereit zu helfen. Breckling „zog sein Beutel heraus und griff hinein bis auf den Grund".

Mit der Ankunft in Den Haag endet das Berichtsfragment. Von da an ist (bislang) sein Reiseverlauf nur bedingt zu rekonstruieren. Sicher ist, dass er auch Rotterdam und Delft besuchte, da er zusammen mit der Amsterdamer Einrichtung die dortigen Frauenhäuser beschrieb; dabei begann er den Abschnitt zu Delft mit den Worten „habe ich observiret".[25] Zudem lässt sich sicher sagen, dass er den Winter in Amsterdam verbracht hat.[26] Dort verfasste er am 24. Dezember nach eigener Aufzeichnung einen ausführlichen Bericht über die am Tag zuvor stattgefundene Besichtigung des reformierten Diakonie-Waisenhauses in Amsterdam („im Diaken-Wees-Huyse") von 1657, der aus insgesamt 73 Unterpunkten besteht.[27] In seiner Zeit in Amsterdam hatte sich Neubauer zuvor vermutlich auch um die niederländische Übersetzung und den Druck der *Historischen Nachricht* unter dem Titel *Korte Beschryving Van het onlags opgerechte Wees-Huys tot Halle [...]* gekümmert, die 1697 ebenda erschienen ist. Dieser Vorgang ist deshalb bemerkenswert, worauf Udo Sträter bereits hingewiesen hat, da hier erstmals der Begriff Waisenhaus für die Anstalten in Glaucha offensiv (und zum besseren Verständnis in den Niederlanden) verwandt wurde, zwei Jahre vor seiner Einführung in deutschen Drucken.[28] Es liegt deshalb

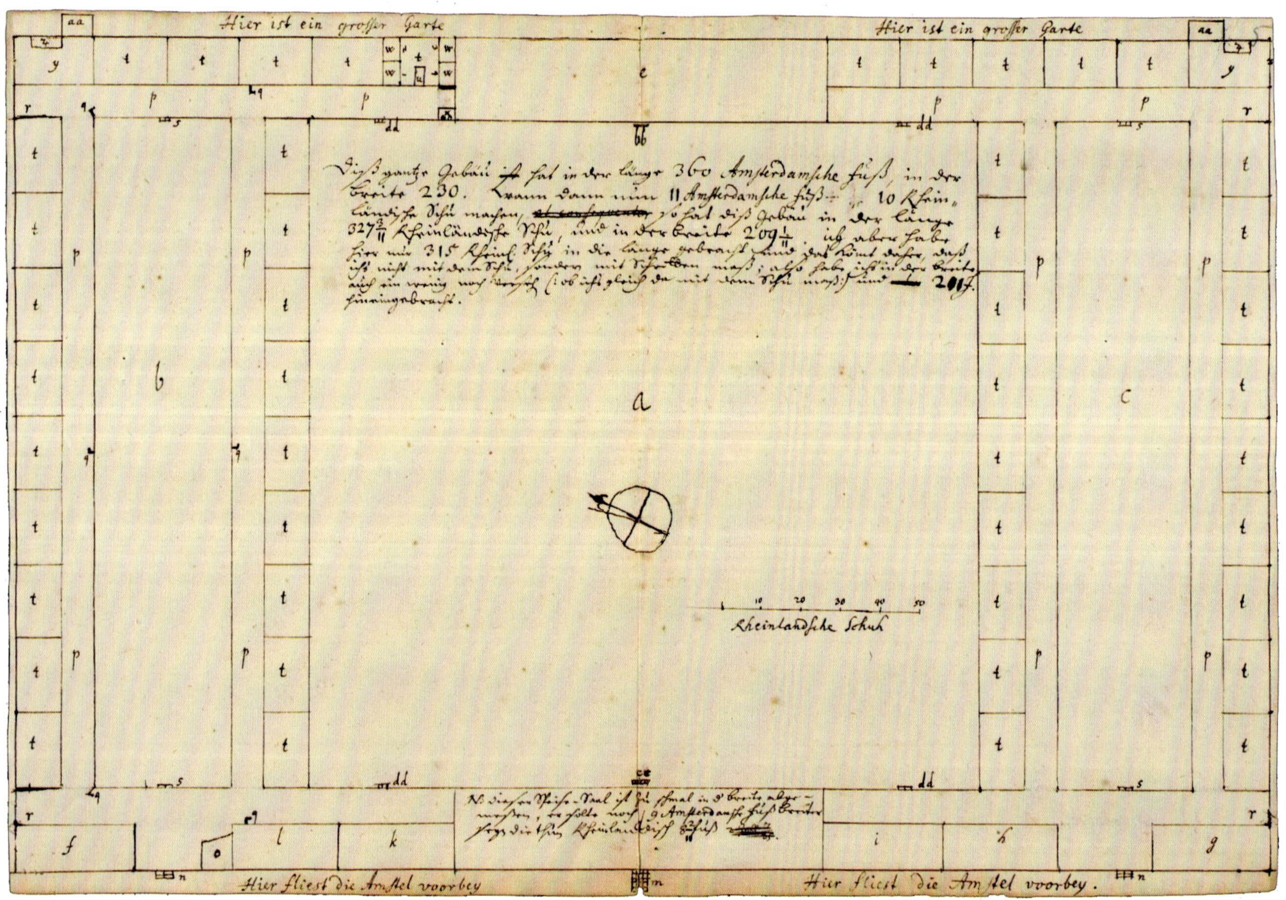


3.3 | Planzeichnung des Frauenhauses in Amsterdam, angefertigt von Neubauer, 1698. Berlin, Staatsbibliothek zu Berlin – Preußischer Kulturbesitz, Handschriftenabteilung: Nachlass August Hermann Francke, 28/1,2 : 3.

3.14t | Das alte Männer- und Frauen-Gasthaus in Amsterdam, Kupferstich, 1775.

auf der Hand, dass hier eine Schrift verlegt worden war, mit der man in den Städten der Niederlande, die ja federführend in der Organisation des Sozialwesens waren, auf die Projekte und Pläne in Glaucha im Kurfürstentum Brandenburg aufmerksam machen und um Spenden bitten wollte. Oder anders formuliert: Francke und Neubauer planten auf diesem Level mitzuspielen. Am 19. Juni 1698 traf Neubauer dann wieder in Halle ein, nachdem Francke ihn für den nun zu beginnenden Waisenhausbau aus Holland zurückbeordert hatte.[29] Die Grundsteinlegung erfolgte am 13. Juli.

### Nach der Reise

Die Auswirkungen der Reise lassen sich in verschiedenen Kontexten aufzeigen, was auch den mehrfachen Intentionen an ihrem Beginn entspricht. Zunächst ist festzuhalten, dass Neubauer auf der Reise in der Tat *Spenden* für das Waisenhaus gesammelt hat, nicht nur in Deutschland, sondern auch in den Niederlanden. Die Reise hat dem Waisenhaus also Geld eingebracht. Dies ist detailliert dokumentiert in den beiden Kollektenbüchern.[30] Neben den finanziellen Aspekten hat die Reise tatsächlich einen signifikanten Bestand an *Wissen* – Erfahrungswissen, Zahlenmaterial, Verwaltungskenntnisse, Baukonzeptionen, Institutionsordnungen, Beobachtungen u. a. – zu holländischen Frauen- und Waisenhäusern, vor allem in Amsterdam, erbracht. Es sind unterschiedliche Schriftstücke aus der Hand Neubauers erhalten, die das gesammelte Wissen entweder bezogen auf eine Institution summarisch darstellen oder aber thematisch zu bündeln versuchen. Zur Orientierung hier ein kurzer Überblick der unterschiedlich langen Aufzeichnungen: zum Diakonie-Waisenhaus in Amsterdam,[31] zu den Finanzgrundlagen der Armenfürsorge,[32] zu den Frauen- bzw. Armenhäusern in Amsterdam, Rotterdam und Delft,[33] der Grundriss und ausführliche Beschreibungen zum Frauenhaus in Amsterdam von 1681 mit einem Schwerpunkt auf dessen Verwaltung und Organisation sowie eine knappe Beschreibungen vom „Gasthause“ (einer Krankenanstalt).[34] Ob diese handschriftlichen Manuskripte alle Niederschriften umfassen, die Neubauer während und nach seiner Reise angefertigt hat, lässt sich nicht sagen. Denn beispielsweise ist zu fragen, warum das Frauenhaus in Amsterdam einen derartig zentralen Stellenwert einnahm und nicht etwa in ähnlicher Weise weitere funktional dezidiert für Waisen bestimmte Einrichtungen in Amsterdam? Hatte Neubauer dort keinen oder nur begrenzten Zugang oder fiel die Wahl auf das Frauenhaus, weil es für ihn einen besonders vorbildhaften Charakter aufwies? Warum fallen die Berichte zu Rotterdam und Delft so knapp aus?[35] Im Falle des Rotterdamer Armenhauses immerhin formulierte er eine Beobachtung, die später in den Anstalten in Glaucha realisiert wurde (im Bet- und Singesaal sowie im Innenhof zwischen den Gebäuden): Im Rotterdamer Armenhaus seien Frauen und Männer untergebracht – „aber in der Mitte des Hofes war eine Scheidewand, und hatte also jeder Sexus seinen eigenen Wandel-Platz und heimliche Gemach“.[36] Und warum gibt es trotz des zwölfmonatigen Aufenthaltes keine Notizen zu Einrichtungen in Den Haag und anderen niederländischen Städten?

Was künftig zu leisten ist, ist eine detaillierte Analyse der Berichte, die das von Neubauer nach Halle gebrachte Wissen in zwei Richtungen abgleicht: Zum einen sind seine detaillierten Informationen und Beobachtungen zum niederländischen Fürsorgewesen daraufhin zu prüfen, wie weit sie tatsächlich Eingang in die äußere Gestaltung und innere Organisation der Anstalten in Glaucha gefunden haben.[37] Es ist etwa auffällig, dass Neubauer den hygienischen Bedingungen (Luft, Licht, Wasser, Aborte, Krankenversorgung u. a.) große Aufmerksamkeit widmet, ebenso der Finanzierung, der Verwaltung sowie Organisation und auch Aspekten der Kontrolle bzw. Überwachung. Zudem findet sich ein Verweis darauf, dass es in Amsterdam eine „eigene Armen-Apotheke“ gab, in „welcher auff gewisse Stunden alle Tage ein oder 2 Medici sitzen, und denen häuffig kommenden Armen Recepte verschreiben, die denn auch sofort in der Apotheke umbsonst bereitet werden.“[38] Dies erinnert stark an die Armensprechstunde (nachgewiesen ab September 1701) an den Glauchaschen Anstalten.[39] Und auch hinsichtlich der architektonischen Gestaltung der Schulstadt, für die Neubauer bis 1725 entscheidend mitverantwortlich war, finden sich vielerlei Beobachtungen im Detail wie auch solche, die mit späteren Gestaltungsprinzipien korrelieren – so schreibt Neubauer zum Frauenhaus in Amsterdam: „Es ist überall sehr regulair gebauet.“[40]

Zum anderen ist das von Neubauer gesammelte Wissen mit jenem Bericht über die Amsterdamer Fürsorgeeinrichtungen zu vergleichen, den Francke über Overbeek bereits im Frühjahr 1696 eingeholt hatte. Dieser umfängliche handschriftliche Text – 46 Seiten, beidseitig beschrieben – ist überliefert. Im Anschluss an Neubauers Aufzeichnungen findet sich nämlich ein langer handschriftlicher, undatierter Bericht in niederländischer Sprache in einer anderen Handschrift, in dem knapp zwanzig Amsterdamer Fürsorgeeinrichtungen in kürzeren oder längeren Einträgen vorgestellt werden. Dabei fällt auf, dass das bei Neubauer im Mittelpunkt stehende Diakoniewaisenhaus und das Alt-Frauen-Haus hier zwar am Anfang stehen, jedoch nur eher knappe Beschreibungen erfahren. Diese Unterschiede und der dezidierte Fokus auf Amsterdam sowie die Tatsache, dass der Text im Februar 1699 noch in Neubauers Besitz war,[41] legen nahe, dass es sich hierbei um den Bericht aus der Provenienz Overbeeks handelt. Diese Vermutung wird zudem dadurch gestützt, dass Overbeek bis in den September des Jahres 1700 hinein immer wieder versucht hat, den Text von Francke zurückzuerhalten[42] – worauf Francke offensichtlich nicht einging, vielleicht auch deshalb, weil Overbeek zwar ausgiebig für das Beispiel der Glauchaschen Anstalten in Kleve geworben hatte („ruhmwehrtestes exempel“, so im Mai 1699), ohne aber offensichtlich damit jemanden so recht begeistern zu können.[43] Francke hatte den Bericht zuvor an von Schweinitz in Magdeburg weitergeleitet, der eine Übersetzung hat anfertigen lassen, die er wiederum 1697, vermutlich bei dessen Besuch am Beginn der Reise, Neubauer ausgehändigt hat.[44] Als Overbeek 1702 starb, hatte sich die Frage dann wohl erledigt und das Manuskript ist ins Archiv der Glauchaschen Anstalten eingegangen.[45] Das im Umfeld der Hollandreise deutlich werdende Vorgehen zur Informationsakkumulation und Wissensgenerierung unterstreicht die bereits in der Forschung beobachtete eklektische Vorgehensweise der Akteure in Glaucha. Die aus diesen Fragestellungen gewonnenen Ergebnisse sind schließlich in eine vergleichend angelegte Verwaltungs-, Wissens- und Baugeschichte der frühneuzeitlichen Fürsorgeeinrichtungen in Europa sowie in die typologisierende Reiseforschung einzuordnen (Gebildetenreisen, Zweckreisen).[46]

Im *Netzwerk der Pietisten* wurden von Halle aus bald nach der Reise Erfolgsmeldungen verbreitet, die eine Nachfrage nach Neubauers Einsichten generierten – das auf der Reise gesammelte Wissen wurde dort zum Thema. Bereits am 28. Juni 1698 bat Henriette Catharina von Gersdorf (1648–1726) von Dresden aus in Folge eines Briefes von Neubauer diesen um einen Extrakt seiner Beobachtungen in den Niederlanden.[47] Auch diesen Spuren ist weiter in den Korrespondenzen nachzugehen. Sicher ist jedenfalls, dass es ein Papier aus Neubauers Feder mit dem Titel *Fontes der Unterhaltung der Armen in Holland* gegeben hat, das sich nach seiner eigenen Auskunft Anfang 1699 (noch) in Berlin befand und er es (via Halle) gern nach Halberstadt, wo er sich befand, gesendet haben möchte. Denn für diesen Bericht existiere laut Neubauer eine große Nachfrage („sehr verlangt") und es gebe ihm „viel Arbeit, solches wieder zu excerpiren und zusammen zu suchen".[48] Unter den überlieferten Papieren Neubauers zur Reise findet sich kein Schriftstück, das explizit diesen Titel trägt, wohl aber, wie oben benannt, Aufzeichnungen zu Finanzquellen. Deshalb könnte es sich um ein Papier gehandelt haben, das Neubauer aufgrund seiner diesbezüglichen Einsichten in den Niederlanden aus seinen Notizen heraus, wie er schreibt, exzerpiert und zu einem eigenständigen Text geformt hat – ansonsten hätte er wohl von kopieren gesprochen –, der nun in den pietistischen Kreisen zirkulierte.[49] Zudem war er auch zu einem *Sprachkundigen für Niederländisch* geworden. Er hatte das Original des Berichts von Overbeek behalten und sollte im Februar 1699 die von von Schweinitz eingeholte deutsche Übersetzung korrigieren: „Die teutsche Übersetzung hat an etlichen Orten nicht den Sinn des Holländischen Originals." Dies gedenkt er zu korrigieren.[50] Insgesamt gesehen waren Francke und vor allem Neubauer nun nach der Reise selbst nachgefragte Akteure auf dem Markt für Wissen über Sozialfürsorgeeinrichtungen geworden, in den sie sich Anfang 1696 eingeklinkt hatten.

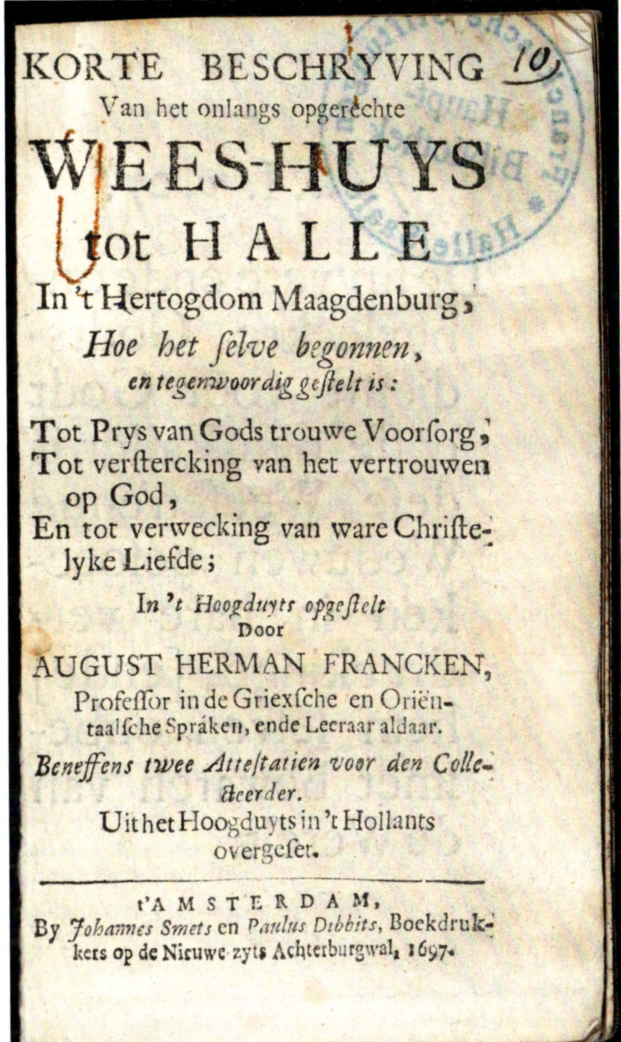
KORTE BESCHRYVING
Van het onlangs opgerechte
WEES-HUYS
tot HALLE
In 't Hertogdom Maagdenburg,
*Hoe het ſelve begonnen,*
*en tegenwoordig geſtelt is:*
Tot Prys van Gods trouwe Voorſorg,
Tot verſtercking van het vertrouwen op God,
En tot verwecking van ware Chriſtelyke Liefde;
*In 't Hoogduyts opgeſtelt*
Door
AUGUST HERMAN FRANCKEN,
Profeſſor in de Griexſche en Oriëntaalſche Spráken, ende Leeraar aldaar.
*Beneffens twee Atteſtatien voor den Collecteerder.*
Uit het Hoogduyts in 't Hollants overgeſet.
t'AMSTERDAM,
By *Johannes Smets* en *Paulus Dibbits*, Boeckdrukkers op de Nieuwe-zyts Achterburgwal, 1697.

3.15 | Titelblatt in: August Hermann Francke: Korte Beschryving Van het onlangs opgerechte Wees-Huys tot Halle […]. Amsterdam 1697.

Schließlich ist auf den *Imagegewinn* für die Anstalten in Glaucha hinzuweisen, den die Reise hervorgebracht hat und auch hervorbringen sollte. Schon während der Reise hatte Neubauer bei seinen vielen Besuchen im Zuge des Spendensammelns eingehend und mit Erfolg geworben.

Er hat sie zudem, so darf man wohl sicher annehmen, in persönlichen Gesprächen und durch die *Korte Beschryving* in den Niederlanden bekannt gemacht.

Die Reise wurde im Nachgang als Erfolg dargestellt – auch deshalb wird sie in den *Fußstapfen* erwähnt. Darüber hinaus war offensichtlich geplant, sie weitergehend publizistisch auszunutzen. Denn das von Neubauer verfasste Fragment (er ist auf dem ersten Blatt als Autor ausgewiesen), an dem er auch redaktionell gearbeitet hat, deutet auf die Intention hin, es für den Druck aufzubereiten: darin wird in der dritten Person von Neubauer gesprochen („er", „Neubauer") und dieser als „unser Reisende[r]" bezeichnet. Eine Stelle des undatierten Textes verweist klar darauf, dass dieser nach 1708 entstanden ist.[51] Der Bericht ist so angelegt, dass die Hauptintentionen der Reise eingearbeitet sind und zum Ausdruck kommen: Es werden Waisenhäuser genannt, die besucht worden sind, ohne allerdings dabei auf irgendein inhaltliches Detail einzugehen. Dagegen wird eingehend der Erfolg der Spendenkampagne beschrieben und damit zugleich der starke höfisch-adlige Rückhalt, den die Anstalten in Glaucha schon früh erfahren haben, zum Ausdruck gebracht. Und es wird auf die göttliche Providenz verwiesen, die den bescheidenen Reisenden und das gesamte Reiseunternehmen begleitet und geleitet habe.

Somit könnte das Fragment in die Zeit ab 1709 fallen, in der es eine auffällige Publikationsaktivität im Waisenhaus mit den *Fußstapfen* in mehreren Ausgaben gegeben hat, und eben mit diesen in einem Zusammenhang stehen.[52] Dies würde Sinn machen, denn in den *Fußstapfen* entwickelte Francke zu dieser Zeit seine Darstellung zur Reise ebenfalls weiter. Neubauer berichtete ja am Beginn seines Textfragmentes, dass er für die Projektierung des neuen, großen Waisenhauses vorgesehen war und sich dafür – in Hinsicht der „Anzahl, Höhe und anderen Umständen derer anzuordnenden Gemächer" – über die Beschaffenheit von Waisenhäusern informieren sollte.[53] Hier wird retrospektiv noch einmal die Legitimierung für das inzwischen gebaute Waisenhaus in Glaucha formuliert – man habe es demnach eingerichtet nach gründlicher Überlegung und Anschauung der besten Häuser der Zeit. Auch dies deutet auf die *Fußstapfen* und die dortigen Erläuterungen zum Bau.[54] In den Ausgaben von 1708 und 1709 jedenfalls bekam die Reise einen erweiterten Sinnhorizont zugeschrieben – auf diese Verschiebung hat Udo Sträter am Rande seiner Darstellung der Reise Franckes nach Holland 1705 hingewiesen.[55] Noch 1701 hatte Francke geschrieben „Dieweil aber in diesen Landen man noch nicht sonderlich gewohnet ist / Waysen=Häuser zubauen / bin ich schlüßig worden / mich nach andern dergleichen guten Anstalten umbzusehen". Ab 1708 war daraus die Suche nach einem Modell geworden, eine nötige Suche, da für das, was ihm vorschwebte, buchstäblich nichts vergleichbares existierte: „Dieweil aber in diesen Landen noch keine Waysen=Häuser waren/ von denen man ein Modell hätte nehmen können/ bin ich schlüßig worden/ mich nach andern dergleichen guten Anstalten umbzusehen".[56] Die Intention der Reise wurde von Francke in den Ausgaben 1708/09 zur Suche nach einem „Modell" stilisiert. Damit war indirekt und kaum übersehbar ausgedrückt, dass man von Beginn an vorgehabt habe, selbst ein Modell zu schaffen – ursprünglich, 1701 und in den Reiseinstruktionen von 1697, sind die Ziele niedriger gefasst, man wollte „Erfahrungen" sammeln – diese Intention wird noch 1799 in einer stiftungseigenen Publikation genannt.[57] Francke aber spannte einen großen Bogen, der, ausgehend von der Feststellung, dass kein Waisenhaus, kein Vorbild im Alten Reich in Dimension, Verfassung, Struktur und baulicher Gestaltung vorhanden war, das seinen Ideen entsprach, seinen eigenen Anstalten eine Modellintention nahelegte und damit zwangsläufig das schließlich realisierte Waisenhaus selbst in den Rang eines Modells hob: von der Suche nach einem Modell zu einer modellhaften Anstalt.

Zusammenfassend ist festzuhalten, dass die Reise Neubauers in die Niederlande mehrere Intentionen verfolgte: Wissen akkumulieren, Spenden sammeln, die neuen Anstalten in Glaucha vor Halle bewerben, die bestehenden Netzwerke pflegen und weiter ausbauen[58] sowie der Erwerb der niederländischen Sprache – die Ergebnisse der Reise sind genau für diese Handlungsfelder eingehend genutzt worden.

## Epilog

Zudem wurden auch ganz praktische Erfahrungen von Neubauers Reise verwertet. 1706 erschien in Halle in Verlegung des Waisenhauses die *Nützliche und nöthige Handleitung Zu Wohlanständigen Sitten/ Wie man sich In der Conversation, auf Reisen/ [...] klüglich verhalten sollte: Zum Gebrauch des PAEDAGOGII REGII*. Der Inhalt des Buches war, so die Vorrede, zunächst mündlich und auf handschriftlicher Basis im Pädagogium den Kindern des Adels und des wohlhabenden Bürgertums unterrichtet worden. Da dies allerdings für die „vergeßliche Jugend" nicht ausreichend war, habe man sich entschlossen, dieser und zugleich auch der allgemeinen Öffentlichkeit die Sittenlehre zum „Nachlesen" an die Hand zu geben.

Hier nun finden sich ganz praktische, für Hollandreisende überaus nützliche Hinweise: wenn man auf einer „Jagt=Schuyte" von Stadt zu Stadt reist, soll man darauf achten, jene zu nehmen, die bei Tageslicht am Ziel anlangt, da sonst die Logissuche im Dunkeln gefährlich werden könnte; vor „Glücks=Töpfenn" auf den Schuyten solle man sich hüten, denn man werde mit einer hohen Gewinnchance gelockt, um dann Sachen zu gewinnen, die man nicht braucht, und das Geld ist „unnütz fort"; wenn den Reisenden in den Schuyten der Schlaf übermannt, so soll man seinen Mantel um den Körper wickeln, damit ein „Spitzbube" nicht an den „Schiebsack" (Tasche an oder in

3.10 | Passagiere in einem Binnenschiff, Federzeichnung, 1760. Amsterdam, Stadsarchief: Afbeeldingsbestand 010097002360.

einem Kleidungsstück) gelangen kann; ist man mit den Schuyten auf dem Wasser unterwegs, halte man die Hände nicht über Bord, da sonst eine „eilig vorbeystreichen[de]" andere Schuyte sie einem quetschen könne; ebenso solle Obacht darauf geben werden, sich nicht den Kopf an einer Brücke zu stoßen (auch wenn einen die Schiffer in der Regel darauf hinweisen), wenn man nämlich auf der Bank stehe und „umher" blicke – man sieht Neubauer förmlich die Landschaft betrachten und genießen, um dann mit einer Brücke unvermittelt zu kollidieren –; und schließlich solle man in Holland mit dem Glockenschlag pünktlich bei der Schuyte sein, da diese dann nach ungefähr einer Minute des Läutens sofort ablege. Zwar könne man hinterherrennen, das Boot einholen und noch aufgenommen werden, allein sei man dann so verschwitzt, dass man sich auf dem Boot eine Erkältung zuziehe, die der Gesundheit einen „Stoß" gebe, „den sie ihr Lebtage nicht wieder verwinden" werde.[59] Diese Wissensbestände hatten eine nachhaltige Wirkung. So gab Gotthilf August Francke (1696–1769) Johann Martin Boltzius (1703–1765) und Israel Christian Gronau (1714–1745) ganz ähnlich lautende Anweisungen und Ratschläge für deren Reise durch die Niederlande nach Rotterdam auf dem Weg nach Georgia im November 1733 an die Hand.[60] Man sieht insgesamt: die Generalreform aller Stände hing auch ganz lebensnah vom Meistern der Anforderungen des Alltags ab.

[*] Ich danke Jürgen Gröschl (Halle) für seine Unterstützung bei der Vorbereitung dieses Essays.

[1] August Hermann Francke: Die Fußstapffen Des noch lebenden und waltenden liebreichen und getreuen Gottes, [...]. Durch den Ausführlichen Bericht Vom Wäysen-Hause, Armen-Schulen, und übrigen Armen-Verpflegung Zu Glaucha an Halle, Wie selbige fortgesetzet biß Ostern Anno 1701 [...]. Halle: Waisenhaus, 1701, 25f.

[2] Ernst Bartz: Die Wirtschaftsethik August Hermann Franckes. Mit e. Vorw. v. Walter Köhler. Harburg-Wilhelmsburg 1934, 68, 83–91; Was bey Erbauung unsres Waysen-Hauses zu wissen nöthig sey. Der Fragenkatalog Georg Heinrich Neubauers für die Hollandreise 1697. Vorw. v. Jürgen Gröschl. Halle 2003 (Kleine Texte der Franckeschen Stiftungen, 9).

[3] Obwohl in Glaucha schon ein weiteres, benachbartes Haus dazugekauft und beide miteinander verbunden worden waren, reichte der Platz nicht. Siehe die Beschreibung bei Francke, Die Fußstapffen, 1701 [s. Anm. 1], 21–23, sowie in: Die Stiftungen August Hermann Francke's in Halle. Festschrift zur zweiten Säcularfeier seines Geburtstages. Hg. v. d. Directorium der Franckeschen Stiftungen. Halle 1863, 72–74.

[4] Joke Spaans: Dutch Orphanages in the Golden Age. In: Kinder, Krätze, Karitas. Waisenhäuser in der Frühen Neuzeit. Hg. v. Claus Veltmann u. Jochen Birkenmeier. Halle 2009 (Kataloge der Franckeschen Stiftungen, 23), 67–75, Zitat 75.

[5] Zur Architektur der Stiftungen siehe: tief verwurzelt – hoch hinaus. Die Baukunst der Franckeschen Stiftungen als Sozial- und Bildungsarchitektur des protestantischen Barock / strong roots – inspiring vision. The Francke Foundations as Social and Educational Architecture in the Protestant Baroque. Hg. v. d. Franckeschen Stiftungen zu Halle. Halle 2015 (Kataloge der Franckeschen Stiftungen 33).

[6] Francke, Die Fußstapffen, 1701 [s. Anm. 1], 25.

[7] Vgl. dazu Thomas J. Müller-Bahlke: Die frühen Verwaltungsstrukturen der Franckeschen Stiftungen. In: „Man hatte von ihm gute Hoffnung ..." Das Waisenalbum der Franckeschen Stiftungen 1695–1749. Hg. v. Juliane Jacobi u. T. J. Müller-Bahlke. Tübingen 1998 (Hallesche Quellenpublikationen und Repertorien, 3), VII–XXII, hier XIf.

[8] Dazu Antje Schloms: Institutionelle Waisenfürsorge im Alten Reich 1648–1806. Statistische Analyse und Fallbeispiele. Stuttgart 2016 (Beiträge zur Wirtschafts- und Sozialgeschichte, 129), 138–152.

[9] Brief von Johann Overbeek an August Hermann Francke, Kleve, 23.02.1696, Halle, Archiv der Franckeschen Stiftungen (nachfolgend AFSt)/H C 153 : 1. Siehe außerdem eine Transkription des Briefes bei Theodor Wotschke: August Hermann Franckes rheinische Freunde in ihren Briefen. (Schluß). In: Monatshefte für Rheinische Kirchengeschichte 23, 1929, Heft 2 u.3, 55–90, Brief 68 (58–66), 65.

[10] Brief von Johann Overbeek an August Hermann Francke, Kleve, 23.02.1696, AFSt/H C 153 : 2; Wotschke, Franckes rheinische Freunde [s. Anm. 9], Brief 69 (66–68), 66. Siehe auch Bartz, Wirtschaftsethik [s. Anm. 2], 68, sowie Wolf Oschlies: Die Arbeits- und Berufspädagogik August Hermann Franckes (1663–1727). Schule und Leben im Menschenbild des Hauptvertreters des Halleschen Pietismus. Witten 1969 (Arbeiten zur Geschichte des Pietismus, 6), 18f. (Fußnote 3).

[11] Brief von Johann Overbeek an August Hermann Francke, Kleve, 23.02.1696, AFSt/H C 153 : 2; Wotschke, Franckes rheinische Freunde [s. Anm. 9], Brief 69 (66–68), 67.

[12] 1682 hatte Francke zudem das Hamburger Waisenhaus kennengelernt, das auf niederländische Vorbilder zurückgeht; Bartz, Wirtschaftsethik [s. Anm. 2], 68; Der Fragenkatalog Georg Heinrich Neubauers für die Hollandreise [s. Anm. 2], 2; Schloms, Institutionelle Waisenfürsorge [s. Anm. 8], 147f. Die Ordnung für das Hamburger Waisenhaus befand sich im Jahr 1699 ebenfalls im Besitz Franckes; Brief von Georg Heinrich Neubauer an Heinrich Julius Elers, Halberstadt, 22.02.1699, AFSt/H A 129c : 2.

[13] Berlin, Staatsbibliothek zu Berlin – Preußischer Kulturbesitz. Nachlass A. H. Francke (nachfolgend Stab/F) 28/1 : 1 und 28/1 : 2 (siehe außerdem Anm. 2). Zur Typologie und Entwicklung der Sozialfürsorgeeinrichtungen, Waisenhäuser und Arbeitsanstalten siehe Joke Spaans: Early Modern Orphanages between Civic Pride and Social Discipline. Francke's Use of Dutch Models. In: Waisenhäuser in der Frühen Neuzeit. Hg. v. Udo Sträter u. Joseph N. Neumann. Tübingen 2003 (Hallesche Forschungen, 10), 183–196; sowie Schloms, Institutionelle Waisenfürsorge [s. Anm. 8], passim.

[14] Zum Fremdsprachenerwerb in Halle im 18. Jahrhundert siehe jetzt die Beiträge in: Halle als Zentrum der Mehrsprachigkeit im langen 18. Jahrhundert. Hg. v. Mark Häberlein u. Holger Zaunstöck. Halle 2017 (Hallesche Forschungen, 47).

[15] Brief von Heinrich Wilhelm Ludolf an August Hermann Francke, Amsterdam, 14.03.1697, AFSt/H A 112, 11–14.

[16] Alexander Schunka: „An England ist uns viel gelegen." Heinrich Wilhelm Ludolf (1655–1712) als Wanderer zwischen den Welten. In: London und das Hallesche Waisenhaus. Eine Kommunikationsgeschichte im 18. Jahrhundert. Hg. v. Holger Zaunstöck u.a. Halle 2014 (Hallesche Forschungen, 39), 65–86, 83.

[17] Brief von Heinrich Wilhelm Ludolf an August Hermann Francke, Den Haag, 18.07.1697, AFSt/H A 112, 19–22.

[18] Stab/F: 28/1 : 1, 1 sowie Der Fragenkatalog Georg

Heinrich Neubauers für die Hollandreise [s. Anm. 2], 5.

[19] AFSt/W X/I/144, Bd. 1; zur *Historischen Nachricht* siehe Udo Sträter: Interessierter Beobachter oder Agent in eigener Sache? August Hermann Franckes Hollandreise 1705. In: Goldenes Zeitalter und Jahrhundert der Aufklärung. Kulturtransfer zwischen den Niederlanden und dem mitteldeutschen Raum im 17. und 18. Jahrhundert. Hg. v. Erdmut Jost u. Holger Zaunstöck i. Zusammarb. mit Wolfgang Savelsberg. Halle 2012, 62–77, 64.

[20] AFSt/W X/I/ 144, Bd. 1 (hier die erläuternde Präambel Franckes 1–7v) sowie AFSt/W X/I/144, Bd. 2.

[21] Annales Hallenses. 1691–1716, 13, AFSt/H A 161b.

[22] AFSt/W II/-/17. Die Akte ist unpaginiert – hier alle folgenden Zitate. Siehe auch: Gustav Kramer: August Hermann Francke. Ein Lebensbild. 2 Bde. Halle 1880 u. 1882, ND Hildesheim [u. a.] 2004, hier Bd. 1, 174.

[23] Art. „Treckschut, Treckschuyten". In: Großes vollständiges Universal-Lexicon aller Wissenschafften und Künste. Hg. v. Johann Heinrich Zedler. Bd. 45: Trap–Tz. Halle, Leipzig: Zedler, 1745, Sp. 334.

[24] Breckling selbst gibt in seiner Autobiographie einen Besuch im Jahr 1698 an; Friedrich Breckling: Autobiographie. Ein frühneuzeitliches Ego-Dokument im Spannungsfeld von Spiritualismus, radikalem Pietismus und Theosophie. Hg. u. bearb. v. Anselm Steiger. Tübingen 2005 (Frühe Neuzeit, 109), 81. Vielleicht handelt es sich um ein weiteres Treffen, eher am Ende der Reise, da Breckling Neubauer ein Handschriftenkonvolut mit nach Halle gab; dazu: Brigitte Klosterberg: Brecklingiana in den Beständen der Franckeschen Stiftungen. In: Friedrich Breckling (1629–1711). Prediger, „Wahrheitszeuge" und Vermittler des Pietismus im niederländischen Exil. Hg. v. B. Klosterberg u. Guido Naschert. Halle 2011 (Kleine Schriften der Franckeschen Stiftungen, 11), 35–40, hier 37f.

[25] Stab/F 28/1,2 : 1, 1–2v, hier 1v; sowie auch Sträter, Interessierter Beobachter [s. Anm. 19], 65.

[26] Briefe von Heinrich Wilhelm Ludolf an Georg Heinrich Neubauer vom Dezember 1697 bis Februar 1698, AFSt/H D 88, 133–152, sowie Brief von Heinrich Wilhelm Ludolf an August Hermann Francke, Augsburg, 20.04.1698, AFSt/H D 71, 7–8.

[27] Stab/F 28/1 : 3. Siehe dazu auch Schloms, Institutionelle Waisenfürsorge [s. Anm. 8], 216f.

[28] Sträter, Interessierter Beobachter [s. Anm. 19], 64f.

[29] Annales Hallenses. 1691–1716, 15, AFSt/H A 161b; Francke, Die Fußstapffen, 1701 [s. Anm. 1], 27.

[30] Die Auswertung dieser beiden Quellen wird nicht nur einen Überblick über den finanziellen Gewinn der Reise geben, sondern über die dort genannten Namen auch zu rekonstruieren helfen, welchen Personen er auf der Reise begegnete. Dies wiederum ist abzugleichen mit den Korrespondenzen von Francke und Neubauer, um zu sehen, wo man sich auf etablierten Strukturen bewegte und wo und mit wem das pietistisch-hallische Netzwerk auf der Reise erweitert worden ist. Außerdem wird diese Analyse weitere Indizien für den in Teilen noch zu rekonstruierenden Reiseverlauf Neubauers ergeben. Siehe dazu demnächst die Forschungsergebnisse zu Kollektenreisen im Pietismus von Alexander Schunka (voraussichtlich 2018).

[31] Stab/F 28/1 : 3.

[32] Stab/F 28/1 : 4 (vgl. dazu die Transkription bei Bartz, Wirtschaftsethik [s. Anm. 2], 91–95); sowie außerdem Stab/F 28/1 : 5 und 6.

[33] Stab/F 28/1,2 : 1.

[34] Stab/F 28/1,2 : 2, 3, 4, 5, 6 und 7.

[35] Zu den besuchten deutschen Waisenhäusern gibt es gar keine Aufzeichnungen!

[36] Stab/F 28/1,2 : 1, 2'.

[37] Siehe dazu Schloms, Institutionelle Waisenfürsorge [s. Anm. 8], 216–218, sowie Spaans, Early Modern Orphanages [s. Anm. 13], 194f.

[38] Stab/F 28/1,2 : 7, hier Unterpunkt/Paragraph 44.

[39] Siehe Jürgen Helm: Die Armensprechstunde in den Franckeschen Stiftungen. In: Stadt und Gesundheit. Soziale Fürsorge in Halle vom 18. bis zum 20. Jahrhundert. Hg. v. Karin Stukenbrock u. J. Helm. Halle 2009 (Forschungen zur hallischen Stadtgeschichte, 9), 28–40.

[40] Stab/F 28/1,2 : 4, hier in der „Beschreibung" nach „ff."

[41] Brief von Georg Heinrich Neubauer an Heinrich Julius Elers, Halberstadt, 22.02.1699, AFSt/H A 129c : 2.

[42] Brief von Johann Overbeek an August Hermann Francke, Kleve, 08.09.1700, AFSt/H C 153 : 11.

[43] Brief von Johann Overbeek an August Hermann Francke, Kleve, 21.05.1699, AFSt/H C 153 : 10; Wotschke, Franckes rheinische Freunde [s. Anm. 9], Brief 74 (73–75), 74.

[44] Brief von Georg Heinrich Neubauer an Heinrich Julius Elers, Halberstadt, 22.02.1699, AFSt/H A 129c : 2.

[45] Ein Abgleich der beiden Texte wird Aufschluss darüber bringen, warum bzw. ob tatsächlich Francke mit diesen Basisinformationen nicht zufrieden war und wo dann die Differenzen zu den Interessen und Beobachtungen Neubauers sowie deren Umsetzung in den aufzubauenden Glauchaschen Anstalten lagen.

[46] Vgl. Joke Spaans: Die Franckeschen Stiftungen im Kontext der Waisenhäuser und Sozialfürsorge im frühneuzeitlichen Europa / The Francke Foundations in the Historical Context of Orphanages and Forms of Poor Relief in Early Modern Europe. In: Die Baukunst [s. Anm. 5], 121–134 / 195–207; zur Reiseforschung siehe: Joachim Rees u. Winfried Siebers: Erfahrungsraum Europa. Reisen politischer Funktionsträger des Alten Reiches 1750–1800. Ein kommentiertes Verzeichnis handschriftlicher Quellen. Berlin 2005, 58f.; Michael Maurer: Die Reise nach England. Voraussetzungen, Formen und Wandlungen deutscher Englandfahrten in der Frühen Neuzeit. In: Deutsche Englandreisen / German Travels to England 1550–1900. Hg. v. Franck-Lothar Kroll u. Martin Munke. Berlin 2014 (Prinz-Albert-Studien / Prince Albert Studies, 30), 47–59, hier 47. In diesem Kontext sind vergleichend zudem weitere Selbstbeschreibungstexte von Fürsorgeeinrichtungen der Zeit heranzuziehen, aber auch Reisen, die dazu dienten, entsprechendes Wissen zu sammeln. Zu denken etwa ist hier an die Studienreise des pietistisch geprägten Leonhard Christoph Sturm (1669–1719), der 1719 durch das Reich und die Niederlande nach Paris gereist war und dabei auch Fürsorgeeinrichtungen besehen hat; vgl. Leonhard Christoph Sturm: [...] Durch Einen grossen Theil von Teutschland und den Niederlanden biß nach Pariß gemachete Architectonische Reise-Anmerckungen [...]. Augsburg: Wolff, Detleffsen, 1710.

[47] Brief von Henriette Catharina v. Gersdorff an August Hermann Francke, Dresden, 28.06.1698, AFSt/H C 18b, 24–25.

[48] Brief von Georg Heinrich Neubauer an Heinrich Julius Elers, Halberstadt, 22.02.1699, AFSt/H A 129c : 2.

[49] Zwei Blätter(„Extract") könnten diesem Text zuzuordnen sein; Stab/F 28/1 : 6.

[50] Brief von Georg Heinrich Neubauer an Heinrich Julius Elers, Halberstadt, 22.02.1699, AFSt/H A 129c : 2.

[51] AFSt/W II/-/17, o.P. („da dem Waysenhause anno 1708 ein ansehnliches Legatum aus ihrem [wohl die 1708 verstorbene Elisabeth Ehrengardt von Kißleben] Testamente zugefallen ist.").

[52] Siehe August Hermann Francke (1663–1727). Bibliographie seiner Schriften. Bearb. v. Paul Raabe u. Almut Pfeiffer. Tübingen 2001 (Hallesche Quellenpublikationen und Repertorien, 5), 521f., 531–533, 539–550.

[53] AFSt/W II/-/17, o.P. (erstes Blatt).

[54] Francke, Die Fußstapffen [s. Anm. 1], 1701, 102–107: „Von der vermeinten Kostbarkeit des neuen Waysen=Hauses."; sowie ders.: Segens=volle Fußstapfen des noch lebenden und waltenden liebreichen und getreuen Gottes / Zur Beschämung des Unglaubens und Stärckung des Glaubens entdecket durch eine wahrhafte und umständliche Nachricht von dem Wäysen=Hause und übrigen Anstalten zu Glaucha vor Halle: Welche im Jahr 1701. zum Druck befördert; ietzo aber zum dritten mal ediret / und bis auf gegenwärtiges Jahr fortgesetzet [...]. Halle: Waisenhaus, 1709, 154–160: „Antwort Auf die Beurtheilung des neuen Waysen=Hauses."

[55] Vgl. Sträter, Interessierter Beobachter [s. Anm. 19], 74f. (Endnote 4), sowie Oschlies, Arbeits- und Berufspädagogik [s. Anm. 10], 18 (Fußnote 3).

[56] August Hermann Francke: Die Fußstapfen Des noch lebenden und waltenden liebreichen und getreuen GOttes / Zur Beschämung des Unglaubens und Stärckung des Glaubens / entdecket durch eine Wahrhaffte und umständliche Nachricht von dem Wäysen=Hause und übrigen Anstalten zu Glaucha vor Halle: Welche bey gewisser Gelegenheit abgefasset / auch im Jahr 1701. zum Druck befördert / Jetzo aber Zum andernmal herausgegeben / und bis auf gegenwärtiges Jahr fortgesetzet. Halle: Waisenhaus, 1708, 23, sowie ders.: Segens=volle Fußstapfen [s. Anm. 54], 1709, 23.

[57] Johann Ludwig Schulze, Georg Christian Knapp u. August Hermann Niemeyer: Beschreibung des Hallischen Waisenhauses und der übrigen damit verbundenen Frankischen Stiftungen nebst der Geschichte ihres ersten Jahrhunderts. Zum besten der Vaterlosen. Halle: Waisenhaus, 1799, 41.

[58] Hier wird künftig insbesondere die Spurensuche seiner Aktivitäten im Winter/Frühjahr 1697/98 in Amsterdam interessant sein, vgl. dazu etwa die Briefe von H. W. Ludolf an G. H. Neubauer vom Dezember 1697 bis Februar 1698, AFSt/H D 88, 133–152.

[59] Hieronymus Freyer: Nützliche und nöthige Handleitung Zu Wohlanständigen Sitten [...]. Halle: Waisenhaus, 1706, 293, 297f., 307–309. Ich danke Thomas Grunewald für den Hinweis.

[60] Salzburg – Halle – Nordamerika. Ein zweisprachiges Find- und Lesebuch zum Georgia-Archiv der Franckeschen Stiftungen. Hg. v. Thomas J. Müller-Bahlke u. Jürgen Gröschl. Halle 1999 (Hallesche Quellenpublikationen und Repertorien, 4), 105f.

## Verzeichnis der Exponate

Um 1700 war die Republik der Vereinigten Niederlande nicht nur das reichste, sondern auch in Bezug auf das öffentliche Fürsorgewesen das fortschrittlichste Land und in dieser Hinsicht ein Vorbild in Europa. Deshalb führten viele Reisewege, z. B. von protestantischen Adligen auf Kavalierstour, nach Amsterdam, Delft, Rotterdam und Den Haag, um sich dieses mustergültige Sozialwesen mit eigenen Augen anzuschauen.

Auch August Hermann Francke (1663–1727) war diese Ausnahmestellung der Niederlande bekannt, so dass er vor dem Bau des Waisenhauses in Halle seinen engsten Mitarbeiter Georg Heinrich Neubauer (1666–1725) 1697/98 dorthin schickte. Dieser sollte Fürsorgeeinrichtungen in Hinsicht auf deren bauliche Einrichtung, innere Organisation, finanzielle Grundlagen und die hygienischen Bedingungen besichtigen – nicht nur Waisenhäuser, sondern auch Zucht-, Armen- und Krankenhäuser sowie Altenheime. Ihm wurde ein detaillierter Fragebogen mitgegeben, der beweist, wie akribisch seine Reise vorbereitet worden war. Außerdem erlernte Neubauer vor der Reise die niederländische Sprache, um sich mit dem Personal der Einrichtungen austauschen zu können. Neubauers Beobachtungen flossen dann in die Planung der von Francke errichteten Glauchaschen Anstalten ein.

**3.1** Heinrich Ludolf Benthem: Holländischer Kirch- und Schulen-Staat. Frankfurt/Main [u. a.]: Förster; Merseburg: Gottschick, 1698
Halle, Franckesche Stiftungen: BFSt: 96 H 7
► Der lutherische Pfarrer Benthem (1661–1723) stellt in diesem Werk das vorbildliche Kirchen- und Schulwesen der Niederlande einem deutschen Lesepublikum vor.

**3.2** Fragenkatalog Georg Heinrich Neubauers zum Studium der Fürsorgeeinrichtungen in den Niederlanden, Manuskript, 1697
Berlin, Staatsbibliothek zu Berlin – Preußischer Kulturbesitz, Handschriftenabteilung: Nachlass August Hermann Francke, 28/1 : 1
► Vor der Errichtung des Waisenhauses in Halle schickte Francke seinen engsten Mitarbeiter Neubauer 1697 in die Niederlande, um sich Fürsorgeeinrichtungen anzuschauen. Dessen Erkenntnisse sollten dann beim Aufbau der Fürsorgeeinrichtungen in Halle genutzt werden.
• *Abbildung auf Seite 91*

**3.3** Grundriss des Frauenhauses in Amsterdam, Zeichnung von Georg Heinrich Neubauer, 1697
20,5 × 32,5 cm

3.12

3.9

Berlin, Staatsbibliothek zu Berlin – Preußischer Kulturbesitz, Handschriftenabteilung: Nachlass August Hermann Francke, 28/1,2 : 3
► Diese Zeichnung beweist, wie intensiv sich Neubauer architektonische Details niederländischer Fürsorgeeinrichtungen auf seiner Reise eingeprägt hat.
• *Abbildung auf Seite 98*

**3.4** Claude Jordan: Curieuse und Historische Reisen durch Europa. Darinnen aller dieses Welt-Theil bewohnenden Völcker Uhrsprung, Religion, Sitten und Gebräuche nebst der Regiments-Art und ihrer Stärcke oder Krieges-Macht begriffen; sonderlich aber was gantz Franckreich, Spanien, Portugall, Italien, Engeland, Schott- und Irrland, Holland/ und die vereinigten Provintzen wie auch das Römisch-Teutsche Reich merckwürdiges in sich hält. [Leipzig:] Gleditsch; Weidmanns Erben, 1698
Halle, Franckesche Stiftungen: BFSt: 115 G 18
► Diese Beschreibung der europäischen Staaten behandelt auch die Niederlande. Gerade protestantische deutsche Bildungsreisende und Adlige auf ihrer Kavalierstour besuchten die Vereinigten Provinzen, da diese als vorbildliches Staatswesen in Bezug auf ihre Organisation und ihr Fursorgewesen galten.

**3.5** Arnold Möller: Schreib-Stübelein. Darin mancherley nützliche Teütsche, auch frembder Sprachen Schrifften mit deren Fundamenten, Güldenen Lehrn, Handels-Brieffen und Ehren Tituln [...] In welchem Teütsche, Latein; Italian: Hispan: Polnisch, Niederländisch, Frantzös: Dänisch und Schwedische [et]c. Schrifften [...]. [Lübeck], 1642
Halle, Franckesche Stiftungen: BFSt: 177 C 24
► Nicht nur für Kaufleute, die im europäischen Handel engagiert waren, sondern auch für Reisende war es wichtig, grundlegende Kenntnisse der europäischen Sprachen zu erwerben.

**3.6** Matthias Kramer: Das Königliche Nider-Hoch-Teutsch und Hoch-Nider-Teutsch Dictionarium, oder, beider Haupt-, und Grund-Sprachen Wörter-Buch [...]. Nürnberg: Kramer, [1719]
Halle, Martin-Luther-Universität Halle-Wittenberg, Universitäts- und Landesbibliothek Sachsen-Anhalt: Df 295, 4°
► Mit solchen Wörterbüchern lernte auch Georg Heinrich Neubauer vor seiner Reise Niederländisch.

**3.7** Lambert ten Kate: Aenleiding Tot de Kennisse van het Verhevene deel der nederduitsche sprake. Teil 1. Amsterdam: Wetstein, 1723
Halle, Martin-Luther-Universität Halle-Wittenberg, Universitäts- und Landesbibliothek Sachsen-Anhalt: Df 144, 4° (1)
► In der Frühen Neuzeit wurde die niederländische Sprache auch als Niederdeutsch bezeichnet, obwohl es mit dem Niederdeutschen nicht identisch war.

**3.8** Karte der Niederlande („Belgii Pars Septentrionalis communi nomine Vulgo Hollandia nuncupata. Continens Statum Potentissimae Batavorum Reipublicae Seu Provincias

VII. Foederatas. Cum omnium provinciarum insignibus, additis omnibus nominibus urbium et pagorum"), kolorierter Kupferstich von Pieter Schenck, Amsterdam, um 1700
58,5 × 47,5 cm
Halle, Franckesche Stiftungen: BFSt: 86 A 31 (45)
• *Abbildung auf Seite 94*

**3.9** Die Abreise eines Würdenträgers aus Middelburg, Öl auf Holz von Adriaen Pieterszoon van de Venne, 1615, Reproduktion
Amsterdam, Rijksmuseum: SK-A-1775
► Das Bild gibt einen exemplarischen Einblick in das niederländische Verkehrswesen: Häufig wurden Flüsse und die zahllosen Kanäle, die eigentlich der Entwässerung des Landes dienten, als Transportwege für Frachten und Passagiere genutzt. Dabei wurden die Schiffe in der Regel getreidelt, also vom Ufer aus von Pferden, manchmal auch von Menschen gezogen. Die ausgebauten Treidelpfade dienten auch als allgemeine Landverkehrswege.
• *Abbildung auf Seite 86f.*

**3.10** Passagiere in einem Binnenschiff auf den niederländischen Kanälen, Federzeichnung von Simon Fokke, 1760, Reproduktion
Amsterdam, Stadsarchief: Afbeeldingsbestand 010001000453
► Das sehr gut ausgebaute Wasserwegenetz wurde intensiv auch zum Transport von Personen genutzt. Auch Neubauer reiste mit solchen Binnenschiffen durch das Land.
• *Abbildung auf Seite 103*

**3.11** Haarlemer Binnenschiff zur Personenbeförderung, Kupferstich von Reinier Nooms, um 1653, Reproduktion
Amsterdam, Stadsarchief: Afbeeldingsbestand 010097002360
► Das Bild zeigt ein typisches Binnenschiff zur Personenbeförderung zwischen Amsterdam und Haarlem.
• *Abbildung auf Seite 96*

**3.12** Vogelschau von Amsterdam, kolorierter Kupferstich in: Johannes Janssonius: Urbium Totius Begii Seu Germaniae Inferioris Nobiliorum & Illustriorum Tabulae Antiquae & Novae accuratissime elaboratae. Teil 2. Amsterdam: Janssonius, 1657, Reproduktion
Halle, Franckesche Stiftungen: BFSt: 225 B 4
► Amsterdam war in der zweiten Hälfte des 17. Jahrhunderts wichtigster europäischer Handels- und Finanzplatz sowie die wohlhabendste Stadt Europas. Die Bevölkerung stieg damals rapide an (1662: 210.000 Einwohner). Die Stadt wurde durch neue Grachten erweitert und erhielt zahlreiche neue Kirchen und Sozialeinrichtungen.

**3.13** Vogelschau von Den Haag, kolorierter Kupferstich in: Johannes Janssonius: Urbium Totius Belgii Seu Germaniae Inferioris Nobiliorum & Illustriorum Tabulae Antiquae & Novae accuratissime elaboratae. Teil 2. Amsterdam: Janssonius, 1657, Reproduktion
Halle, Franckesche Stiftungen: BFSt: 225 B 4
► Nach 1648 war Den Haag Residenz der Statthalter der Republik der Sieben Vereinigten Provinzen und damit ein wichtiges politisches Zentrum der Niederlande.
• *Abbildung auf Seite 97*

**3.14 a–t)** Fürsorgeeinrichtungen in Amsterdam, Kupferstiche in: Pieter Fouquet: Afbeeldingen van de wyd-vermaarde koopstad Amsterdam, benevens de zelvs vornaamste gebouwen en gezigten, alle naar het leven Geteekend. Amsterdam: Fouquet, 1775, Faksimiles
37 × 49,5 cm
Halle, Franckesche Stiftungen: BFSt: 20.576
► Amsterdam war nicht nur die größte Stadt und das Wirtschaftszentrum der Niederlande, sondern auch die Stadt mit den meisten Fürsorgeeinrichtungen. Ob Neubauer sich alle angeschaut hat, wissen wir jedoch nicht.

**a)** Ansicht des Jungenhofes im Amsterdamer Bürger-Waisenhaus
► Als erstes nachweisbares Waisenhaus in den Niederlanden wurde um 1520 in Amsterdam das Bürger-Waisenhaus gegründet. Es war Waisen von Bürgern der Stadt ehelicher Geburt vorbehalten. 1580 zog es in das Lucienkloster um, ein ehemaliges Nonnenkloster, wo es 380 Jahre blieb.
• *Abbildung auf Seite 93*

**b)** Ansicht des Mädchenhofes im Amsterdamer Bürger-Waisenhaus
► In diese Einrichtung wurden Jungen und Mädchen aufgenommen, sie wurden jedoch wie überall streng voneinander getrennt. Wie in allen anderen Waisenhäusern war die Anzahl der Mädchen stets geringer als die der Jungen, da Waisenmädchen häufiger von Verwandten oder Freunden der Eltern erzogen wurden.
• *Abbildungen auf Seite 88 (Detail) und 92*

**c)** Ansicht des katholischen Mädchen-Waisenhauses in Amsterdam
► Im 16. und 17. Jahrhundert gründeten die verschiedenen in der Stadt vertretenen Religionsgemeinschaften Einrichtungen zur Aufnahme von Waisen ihrer Gemeindemit-

3.14|

glieder. Das erste konfessionelle Waisenhaus war das katholische Mädchen-Waisenhaus von 1570.

**d)** Ansicht des katholischen Jungen-Waisenhauses in Amsterdam
► Nach dem Mädchen-Waisenhaus eröffnete die katholische Gemeinde der Stadt 1664 auch eine Einrichtung zur Aufnahme verwaister Jungen.

**e)** Ansicht des Wallonischen Waisenhauses in Amsterdam
► Als „Wallonen" bezeichnet man Glaubensflüchtlinge aus den südlichen Niederlanden. Diese emigrierten nach der Unabhängigkeit der nördlichen Niederlande aus den weiterhin spanischen Niederlanden, dem heutigen Belgien, und bildeten eigene Reformierte Kirchengemeinden.

**f)** Ansicht des Diakonie-Waisenhauses in Amsterdam
► Die niederländische Reformierte Kirche gründete 1657 ein Waisenhaus. Es wurde von mehreren männlichen und weiblichen Diakonen geleitet, so dass es allgemein „Diakonie-Waisenhaus" genannt wurde.

**g)** Ansicht des Almoseniers-Waisenhauses
► 1666 gründete die Stadt Amsterdam eine Anstalt zur Aufnahme all jener Kinder, die nicht ins Bürger-Waisenhaus aufgenommen werden konnten, nämlich Waisen von Einwohnern, die kein Bürgerrecht besaßen, Findelkinder und unehelich Geborene. Geleitet wurde das Haus von sechs Almosenieren. 1807 lebten 2.524 Kinder hier.

**h)** Ansicht des Mennoniten-Waisenhauses in Amsterdam
► Auch die Mennoniten eröffneten 1675 ein eigenes Waisenhaus.

**i)** Ansicht des Lutherischen Waisenhauses in Amsterdam
► Die Lutherische Gemeinde gründete 1678 das letzte konfessionell gebundene Waisenhaus in Amsterdam in der Frühen Neuzeit. Erst im 19. Jahrhundert entstanden dann weitere Fürsorgeeinrichtungen für Waisen in der Stadt.

**j)** Ansicht des Männer-Zuchthauses in Amsterdam
► Das Zuchthaus, auch Rasphuis genannt, weil die Insassen hier zwangsweise Brasilhölzer raspeln mussten, die

dann zum Färben von Textilien verwendet wurden, war eine Korrektionsanstalt für Bettler und zumeist jugendliche Kleinkriminelle.

**k)** Ansicht des Frauen-Zuchthauses in Amsterdam
► Diese Einrichtung wurde 1597 gegründet, um arme Mädchen und Frauen aufzunehmen. Ursprünglich in einem ehemaligen Kloster untergebracht, wurde 1645 ein neues Gebäude errichtet.

**l)** Arbeitssaal des Frauen-Zuchthauses in Amsterdam
► In dieser Korrektionsanstalt mussten Mädchen und Frauen zwangsweise nähen und spinnen. Deshalb wurde es auch Spinnhaus genannt.

**m)** Ansicht des St. Joris-Hofes in Amsterdam
► Ursprünglich im Mittelalter als Leprosenhospital gegründet, versorgte das St. Joris-Gasthaus in der Frühen Neuzeit vor allem bedürftige Arme und Behinderte.

**n)** Ansicht des neuen katholischen Armen-Hauses in Amsterdam

**o)** Ansicht des „Oudezijds Huiszittenaalmoezeniers-Hauses" in Amsterdam
► Dieses Gebäude war ein Zentrum der Versorgung von Armen und Bedürftigen der Stadt, die nicht in zentralen Armeneinrichtungen untergebracht waren.

**p)** Ansicht des Corvers-Hofs in Amsterdam
► Diese Einrichtung war ein Heim für bedürftige alte Ehepaare.

**q)** Ansicht des neu gebauten Lutherischen Diakonie-Hauses in Amsterdam
► Die diakonischen Einrichtungen betreuten bedürftige Lutheraner in der Stadt. Für die Aufnahme Alter und Bedürftiger wurde dieses Gebäude 1771 errichtet.

**r)** Ansicht des „Brantzen-Rus-Hofs" in Amsterdam
► Diese Einrichtung für alte bedürftige lutherische Frauen wurde als private Stiftung gegründet.

**s)** Ansicht des sogenannten Ost-Indischen-Hauses und des „Krankzinnigen-Hauses" in Amsterdam

3.14i

3.14j

► Im Krankzinnigen-Haus waren geistig behinderte Menschen und psychisch Kranke untergebracht.

**t)** Ansicht des alten Männer- und Frauen-Gasthauses in Amsterdam
► Hier waren bedürftige und arme alte Männer und Frauen untergebracht. Wahrscheinlich hat Neubauer den Grundriss dieses Gebäudes gezeichnet (siehe Kat.-Nr. 3.3).
• *Abbildung auf Seite 99*

**3.15** August Hermann Francke: Korte Beschryving Van het onlangs opgerechte Wees-Huys tot Halle In't Hertogdom Maagdenburg, Hoe het selve begonnen, en tegenwoordig gestelt is. Tot Prys van Gods trouwe Voorsorg, Tot verstercking van het vertrouwen op God, En tot verwecking van ware Christelyke Liefde […] Beneffens twee Attestien voor den Collecteerder. Amsterdam: Smets; Dibbits, 1697
Halle, Franckesche Stiftungen: BFSt: 183 B 20
► Diese niederländische Übersetzung von Franckes Schrift *Historische Nachricht, Wie sich die Zuverpflegung der Armen und Erziehung der Jugend zu Glaucha an Halle gemachte Anstalten veranlasset* hat Neubauer während seiner Reise in Amsterdam drucken lassen, um für die Sozialeinrichtungen in Halle zu werben und Spenden zu sammeln.
• *Abbildung auf Seite 101*

**3.16** Friedrich Breckling (1629–1711), Kupferstich von Andreas Luppius, 1692
15,1 × 7,7 cm
Halle, Franckesche Stiftungen: BFSt: Porträtsammlung B 600
► Der aus Handewitt bei Flensburg stammende lutherische Pfarrer Breckling lebte aufgrund seiner radikalen theologischen Anschauungen seit 1660 in den Niederlanden im Exil. Hier gründete er eine frühpietistische Gemeinde und war Mittelpunkt eines Netzwerks radikaler Christen. Breckling korrespondierte mit Francke und Neubauer besuchte ihn auf seiner Reise durch die Niederlande.

**3.17** Hörstation: Georg Heinrich Neubauer beschreibt die Eindrücke von seiner Reise durch die Niederlande
Halle, Franckesche Stiftungen: AFSt/W II/-/17

Emplast. Anglican

# 4

# Medikamente zur Verbesserung der Welt

selig sind
die gottes
wort
hören
und das
selebe
halten.
Glaube.
Die Liebe.
Kommt her zu mir alle die ihr
mit müseligkeit beladen seyd ich
will euch erquiken rufet mich an
ich will euch erhören suchet so
werdet ihr finden bittet so
werdet ihr entfangen klopfet an so
wird euch aufgetan werden.

CLAUS VELTMANN

# „Arzeneyen in weit entlegenen Ländern zu vertreiben“

## Die Medikamenten-Expedition der Franckeschen Stiftungen*

Schon mit der Errichtung des Waisenhauses ließ sich August Hermann Francke 1698 vom Kurfürsten Friedrich III. (1657–1713) die Gründung einer Apotheke verbriefen.[1] Mit dieser wollte Francke zum einen die Versorgung der Menschen in seinen Anstalten mit Medikamenten verbessern, da diese bislang aus den Apotheken der Stadt Halle beschafft werden mussten, was aber nachts nicht möglich war. Zum anderen konnten so die Kosten für die Pharmazeutika erheblich gesenkt werden.[2]

Zunächst maß Francke dieser Apotheke nur eine lokale Bedeutung zu. Aber schon wenige Jahre später, nämlich 1704 schrieb er:

> „Vornemlich hat sich der Segen Gottes auch darinnen gezeiget, dass bey hiesigen Anstalten, durch Gottes wunderbare Fügung unterschiedene Artzneyen kund worden, durch welche in der medicin gleichfalls eine reale Verbeßerung […] geschehen, bey welchen der Vortheil nicht allein dieser ist, dass auch solche Kranckheiten, die sonst incurabel sind, können gehoben werden, […] sondern auch darinnen, dass die curen mit größerem Vortheil der Krancken, und weniger deren Beschwerung geschehen können.
>
> Und wenn gleich sonst ein Medicus gute Artzeneyen hat, so kann doch nicht mehrern damit recht gedienet werden, als die sich seines Rats selber bedienen können; so findet sich hingegen bey obbemeldten Artzneyen dieses, als was sonderliches, daß damit gantzen Städten und Ländern kann gedienet werden, indem selbige so beschaffen sind, daß man sie als einen Kern guter Artzeneyen in ein bequemes Kästchen zu einer Hauß=, Reise= und Feld=Apotheken bringen kann, deren sich die Menschen auch ohne Zuziehung eines Medici gegen alle gewöhnlichen Krankheiten gebrauchen können, wenn sie sich nur oberwehnten gedruckten Unterrichts dabey bedienen.
>
> Und die Erfahrung lehret es noch biß diese Stunde, daß es eine practicable Sache sey, und daß vielen dadurch eine Wohltat wiederfahre.“

Einige Seiten später fährt er fort:

> „Die Apoteke und dabey befindliche herrliche Arzneyen haben bishero zwar nicht wenig Eingang zu vielem guten gegeben; Wann aber ein Weg geöffnet werden könnte, eben dieselbige Arzeneyen in weit entlegenen Ländern, und zum theil auch in andern theilen der Welt zu vertreiben, so ist im geringsten nicht zu zweiffeln, daß nicht durch dieselbige allenthalben der allerbequemste Eingang in die Gemüther und gleichsam eine Thür, die Seelen Gott zu zuführen, erlanget werden könnte. […]
>
> Dazu aber erkennet man noch zur Zeit keinen bessern und gewißern Weg als die Handlung, mit welcher die Arzeney, welche, wenn sie gut, allenthalben angenehm ist, durch die ganze Welt gehen kann.“[3]

Innerhalb von sechs Jahren hatte sich die kleine Apotheke von lokaler Bedeutung zu einem „global player“[4] gewandelt, wenn man Francke Glauben schenken darf. Aber der Autor gibt noch viel mehr über seinen Medikamentenhandel preis:

– Die göttliche Fügung bewirke es, dass gerade Franckes Anstalten von wohlgesonnenen, wahrscheinlich dem Pie-

VORHERIGE DOPPELSEITE:

4.4 | Reiseapotheke, um 1740. Heidelberg, Deutsche Apotheken Museum-Stiftung: IV F 0002.

4.1 | Christus als Apotheker, Öl auf Leinwand, um 1700. Heidelberg, Deutsche Apotheken Museum-Stiftung: VII B 411.

4.14 | Christian Friedrich Richter (1676–1711), Kupferstich, um 1713.

tismus zugeneigten Personen Rezepturen von äußerst wirksamen Medikamenten übergeben wurden.[5]

– Die Medikamente verbessern die Welt „real“, weil sie „sonst incurabel[e]“ Krankheiten zu heilen vermögen, worüber „merckwürdige Exempel“ publiziert worden seien. Die Medikamente werden also nunmehr mit Druckschriften beworben, wie das *Elixir Polychrestum*, ein Mittel gegen Fleckfieber, beweist.[6]

– Es werden nicht nur Einzelmedikamente angeboten, sondern vor allem Medikamentensets, nämlich „Hauß=, Reise- und Feld-Apotheken“, deren Pharmazeutika gegen alle möglichen Krankheiten eingesetzt werden können.[7]

– Die Medikamentensets sollen medizinischen Laien zur Selbstmedikation bei Krankheiten dienen. Um dies zu gewährleisten, wurde schon 1702 eine erste auf die Medikamentensets abgestimmte Anleitung zur Selbstmedikation vom Verlag des Waisenhauses herausgegeben.[8]

Somit wurde vom Halleschen Waisenhaus ein aus Medikamentenset und Gebrauchsanleitung bestehendes System der Selbstmedikation angeboten, das gerade in Regionen, wo kein Arzt verfügbar war, medizinische Laien zur Behandlung von Krankheiten befähigen sollte. Dies sollte auch einen Absatz der Medikamente in „weit entlegenen Ländern“ und „in andern theilen der Welt“ sichern, was auch in den folgenden Jahrzehnten eintrat. Für das Verständnis Franckes war dieses System natürlich auch „eine thür, die Seelen Gott zuzuführen“.

Für die Herstellung der Medikamente für den überregionalen Vertrieb war schon im Jahr 1700 ein eigenes pharmazeutisches Laboratorium errichtet worden, wo der bis dahin als Arzt des Waisenhauses agierende Christian Friedrich Richter (1676–1711) die dem Waisenhaus geschenkten Rezepturen zu wirksamen Medikamenten weiterentwi-

Kurtzer und deutlicher
Unterricht
Von
Dem Leibe und natürlichen
Leben des Menschen :
Woraus ein jeglicher / auch Ungelehrter
erkennen kan /
Was die Gesundheit ist / und wie sie
zu erhalten : auch welches die menschlichen
Kranckheiten / deren Ursachen
und Kennzeichen sind /
Und wie sie
Von einem jeden zu verhüten / oder auch bey
Ermangelung eines Medici, ohne Gefahr und
mit gutem Success zu curiren :
Nebst einem
Selectu Medicamentorum,
Oder
XIII. Der sichersten und besten Artzneyen /
zu einer kleinen / auff alle gewöhnliche Kranck-
heiten eingerichteten
Hauß- Reise- und Feld-Apothecken /
Mit gnugsamen Bericht von deren Eigen-
schafften und rechtem Gebrauch ;
Abgefasset durch
Christian Friederich Richter /
Medic. Pract. beym Wäysenhause zu Halle.
HALLE / gedruckt im Wäysenhause / Anno 1705.

4.15 | Titelblatt in: Christian Friedrich Richter: Kurtzer und deutlicher Unterricht Von Dem Leibe und natürlichen Leben des Menschen […]. Halle, 1705.

ckeln sollte – damit war der Grundstein zur Medikamenten-Expedition gelegt, die zum weltweiten Vertrieb der Waisenhausmedikamente als eigene Institution aus der Apotheke des Waisenhauses herausgelöst wurde und in den folgenden Jahrzehnten zum lukrativsten Erwerbsunternehmen von Franckes Anstalten werden sollte.[9]

Ein früher und dauerhafter Verkaufserfolg wurde dabei die *Essentia Dulcis*, die gegen „allerley schwere Kranckheiten" eingenommen werden konnte und schon ab 1701 mit eigenen Broschüren beworben wurde.[10] Schon nach wenigen Jahren wurde sie auch im Ausland vertrieben, wovon ein 1706 vom Waisenhausverlag edierter Erfahrungsbericht eines Arztes aus Neusohl in Ungarn, heute Banská Bystrica in der Slowakei, zeugt.[11] Aber auch die Medikamentensets wurden schon früh beworben, z. B. beim Militär, das einen verheißungsvollen Absatzmarkt darstellte.[12]

Das auf die Dauer einflussreichste Werk zur Unterstützung des Absatzes der hallischen Apothekensets sollte Christian Friedrich Richters *Kurtzer und deutlicher Unterricht Von Dem Leibe und natürlichen Leben des Menschen: Woraus ein jeglicher/ auch Ungelehrter erkennen kann/ Was die Gesundheit ist/ und wie sie zu erhalten: auch welches die menschlichen Kranckheiten/ deren Ursachen und Kennzeichen sind/ Und wie sie Von einem jeden zu verhüten/ oder auch bei Ermangelung eines Medici, ohne Gefahr und mit gutem Success zu curiren: Nebst einem Selectu Medicamentorum, Oder XIII. Der sichersten und besten Artzneyen/ zu einer kleinen/ auff alle gewöhnlichen Kranckheiten eingerichteten Haus= Reise= und Feld=Apothecken/ Wie genugsamen Bericht von deren Eigenschafften und rechtem Gebrauch* werden.[13] Dieses Werk erschien bis 1791 in 18 Auflagen und wurde damit ein Klassiker der medizinischen Literatur des 18. Jahrhunderts. Sein Erfolg resultierte aus der systemischen Verbindung mit den Medikamentensets des Waisenhauses sowie dem selbstmedikatorischen Ansatz.

Anfangs scheinen die Medikamente vor allem in Berlin vertrieben worden zu sein. Erstaunlich ist, dass sich dort ein Netzwerk pietistisch gesonnener Frauen aus dem niederen Adel gebildet hatte, um unentgeltlich für die Medikamente aus Halle zu werben und diese in ihrem Bekanntenkreis zu vertreiben.[14] Selbst Lieferungen an preußisches Militär, und zwar an das Regiment des Generalmajors Dubislaw Gneomar von Natzmer (1654–1739), wurden von dessen Frau Charlotte Justine (1675–1763) organisiert.[15] Daneben verkaufte die Filiale der Buchhandlung des Waisenhauses in Berlin hallische Medikamente.[16] Aber auch andere Buchhändler, z. B. in Berlin und Leipzig, hatten diese im Angebot,[17] woraus man folgern kann, dass die auswärtigen Kontakte des Verlages bzw. der Buchhandlung des Waisenhauses auch zum Vertrieb der Medikamente genutzt wurden. Auf jeden Fall bestand im Deutschen Reich ein dichtes Netz von Verkaufsstellen und Kommissionären, u. a. in Annaberg, Barenstein, Berlin, Dresden, Glauchau, Görlitz, Guben, Hamburg, Kirchberg, Kölleda, Leipzig, Merseburg, Nürnberg, Pirna, Schneeberg, Sorau, Torgau,

4.13 | Standglas mit der Aufschrift ESS[ENTIA] DULC[IS] HALLENS[IS], Thüringen, 2. Hälfte 18. Jahrhundert. Erfurt, Thüringisches Museum für Volkskunde.

Weyda, Wiehe, Wittenberg und Zeitz, auch in Schlesien und selbst in Wien.[18]

Eine Studie über die Arzneimittelversorgung der Stadt Braunschweig und der ländlichen Gebiete des Herzogtums Braunschweig-Wolfenbüttel zeugt von der Popularität der hallischen Arzneien im damaligen Deutschen Reich.[19] Im Herzogtum war der Einkauf von Medikamenten in dem Sinne zentralisiert, dass eine herzogliche „Material-Handlung"[20] in Braunschweig existierte, die Arzneimittel ein- und an die privaten Apotheken des Herzogtums verkaufte. Diese „Material-Handlung" veräußerte Substanzen zur Herstellung von Arzneien an die Apotheke des Waisenhauses und bezog Arzneien aus der Medikamenten-Expedition, um sie an die Apotheken des Herzogtums weiterzuverkaufen. Obwohl man aus merkantilistischen Motiven der Einfuhr von Medikamenten ins Herzogtum kritisch gegenüberstand, wurden die hallischen Arzneien anscheinend in größeren Mengen importiert, weil sie sich – trotz ihres relativ hohen Preises, wie Gabriele Beisswanger betont – gut verkauften. Deshalb gab es auch Versuche der „Material-Handlung", selbst billigere Nachahmer-Produkte zu produzieren, die jedoch von der Kundschaft nicht angenommen wurden.

Allerdings hatte die „Material-Handlung" kein Monopol auf den Einkauf von Medikamenten im Herzogtum, sondern die Apotheken und auch Kaufleute konnten diese direkt in Halle bestellen. Jedoch mussten sie sich diesen Handel von der Obrigkeit genehmigen lassen, wobei ein aus Ärzten bestehendes „Collegium Medicum" eine Beurteilung abzugeben hatte. Ein Gutachten dieses Gremiums zeigt, dass die Ärzte den hallischen Medikamenten sehr kritisch gegenüberstanden und sie für „Scharlatanerie" hielten, aber diese Ablehnung hatte keine Auswirkungen auf die Beliebtheit der Arzneien bei den Kunden im Herzogtum.[21] Bezogen auf den Vertrieb der Arzneien der Medikamenten-Expedition wies der Handel im Deutschen Reich Strukturen auf, die sich auch im internationalen Handel nachweisen lassen: Neben dem „normalen", kommerziellen Handel wurden, wie das Berliner Beispiel zeigt, auch die pietistischen Netzwerke zur Verbreitung und Distribution der Waisenhausmedikamente genutzt.

In Europa wurden hallische Arzneien in alle protestantischen Regionen, zu denen die Glauchaschen Anstalten Kontakt hatten, exportiert: Hermann Gittner nennt Litauen, Ungarn und Siebenbürgen als Absatzmärkte.[22] Auch nach Kopenhagen wurden Medikamente versandt, was darauf hindeutet, dass diese auch auf dem dänischen Pharmaziemarkt etabliert waren.[23] Westeuropa, also die Niederlande und England, scheinen kein bedeutender Absatzmarkt für hallische Medikamente gewesen zu sein.[24] Wichtigster europäischer Markt für die Waisenhausarzneien war jedoch Russland, wo allein im Jahre 1709 Medikamente im Wert von 4.846,56 Rubel verkauft wurden.[25] Die Einfuhr erfolgte über Archangelsk am Weißen Meer, dem damals wichtigsten russischen Hafen für den Handel mit West- und Mitteleuropa. Der dortige lutherische Pfarrer Philipp Michaelis (1675–1719) sowie der anscheinend dem Pietismus nahestehende Kaufmann Caspar Adolph Rodde (1680–1731) organisierten die weitere Distribution ins Russische Reich hinein. Auch vor Ort in Moskau, St. Petersburg und anderswo scheint der Handel über deutsche Lutheraner erfolgt zu sein. Besonders engagiert waren der Pfarrer der lutherischen Gemeinde in Moskau, Ulrich Thomas Roloff († 1721), sowie in St. Petersburg der Leibarzt Zar Peters I. (1672–1725), Laurentius Blumentrost (1692–1755).

Der Medikamentenvertrieb nach Russland hatte für die Glauchaschen Anstalten eine so große Bedeutung, dass Francke den Provisor der Waisenhausapotheke Johann Christian Gründler zwischen 1710 und 1713 mehrmals dorthin sandte, um die Organisation zu verbessern. Jedenfalls erreichte es Francke, dass 1703 Zar Peter, wahrscheinlich über den Leibarzt Blumentrost, eine vom Waisenhaus produzierte Hausapotheke geschenkt wurde. Jedoch sollen die Gläser entleert und vor deren Einnahme durch den Zaren aus Angst vor einem Giftanschlag mit russischen Medikamenten befüllt worden sein – aber ab 1716 bezog der Zar dann regelmäßig die hallische *Essentia Dulcis*.[26]

Aber auch der von 1696 bis 1717 in Russland tätige pietistische Pfarrer und Abenteurer Justus Samuel Scharschmid (1664–1724) war in den Handel involviert: 1703 vertrat er den Pfarrer Michaelis in Archangelsk und tätigte Geschäfte, u. a. mit einem General Riegemann, dem er große

4.28 | Ansicht von Archangelsk, Kupferstich, Amsterdam, 1677. Göttingen, Niedersächsische Staats- und Universitätsbibliothek: HG-MAG: 8 ITIN I, 1878.

Posten Medikamente zur militärischen Verwendung verkaufte[27] – 1709 bestellte der russische Generalauditeur-Leutnant Johann Heinrich Brockhausen, ein Vetter Heinrich Wilhelm Ludolfs, Medikamente für seine Feldapotheke.[28]

Schon 1701 hatte Justus Samuel Scharschmid den Südosten Russlands bereist. Aus Astrachan am Kaspischen Meer schrieb er Francke, um ihn zur Gründung eines Handelspostens dort zu bewegen, da der Ort ein Zentrum des Handels mit Persien, Indien und China sei. Dort seien die wertvollen asiatischen Waren viel billiger zu haben als in „Holland oder England", wofür man ihnen im Gegenzug „Bücher, Arznei, allerlei Strumpf, Hüt und Stutzen" verkaufen könne.[29] Jedoch blieb dieser hallische Handelsposten ein Desiderat und insgesamt scheint die Bedeutung Russlands für den hallischen Medikamentenhandel nach dem Tod Peters I. rapide zurückgegangen zu sein.[30]

Erster außereuropäischer Absatzmarkt für die Waisenhausarzneien war Indien, wo ab 1706 hallische Missionare zunächst in der dänischen Handelsniederlassung Tranquebar, später zudem in anderen Orten an der Koromandelküste und schließlich auch in Kalkutta arbeiteten. Zwar stammen die ersten Quellenhinweise über die Versendung von Medikamenten dorthin erst aus den 1730er Jahren,[31] aber es ist zu vermuten, dass vom Beginn der Missionsaktivitäten an hallische Arzneien nach Indien versandt wurden. Der Transport nach Asien erfolgte entweder über Kopenhagen oder England, in späteren Jahren werden auch die Niederlande erwähnt, wobei unklar bleibt, ob die Medikamente von dort direkt nach Indien oder nach England transportiert wurden.[32] 1760 wird erwähnt, dass der Londoner Hofprediger Friedrich Michael Ziegenhagen (1694–1776) den Weitertransport nach Indien organisieren solle. 1762 wurden die Medikamentenkisten von Halle aus über Lübeck an den „Justizrath Finckenhagen" versendet. Johann Finckenhagen (1695–1778) war Mitglied des dänischen Missionskollegiums und anscheinend ein Vertrauter der Pietisten in Kopenhagen. Sein Beispiel zeigt im Verbund mit dem Ziegenhagens, dass die pietistischen Netzwerke zum Versand der Medikamente nach Indien genutzt wurden.

2.1.16 | Indische Ärzte, kolorierte Zeichnung, 19. Jahrhundert. Berlin, Stiftung Preußischer Kulturbesitz, Museum für Asiatische Kunst: I 5039 (1).

In Indien wurden die Arzneien von den Missionaren bzw. den Missionsärzten zur unentgeltlichen Behandlung von Kranken in den Missionsstationen verwendet, wobei die medizinischen Aktivitäten sich positiv auf den Erfolg der Mission auswirken sollten.[33] Auch auf ihren Reisen durch Indien führten die Missionare und das indische Missionspersonal Medikamente zur Behandlung der Bevölkerung mit sich. Aber damit war nur karitatives und kein kommerzielles Interesse verbunden und es gibt keine Anzeichen für Geschäfte mit Arzneimitteln in Indien, da wahrscheinlich kaufkräftige Konsumenten fehlten.[34] Jedoch belegen die im Archiv der Franckeschen Stiftungen überlieferten Rechnungen, die penibel den Wert der nach Indien gelieferten Arzneien auflisten, dass die Medikamenten-Expedition für ihre Lieferungen bezahlt wurde. Anscheinend erfolgte dies aus bestimmten Fonds der Glauchaschen Anstalten selbst oder aus gestifteten Finanzmitteln für die Mission in Indien, die von den Anstalten verwaltet wurden – jedenfalls war dieses Vorgehen bei Medikamentenlieferungen nach Nordamerika gängige Praxis (s. u.).

Obwohl die Missionare und Missionsärzte durchaus Interesse an der Medizin sowie den Heilpflanzen der einheimischen Bevölkerung hatten[35] und nach Halle darüber berichteten, hatte dies keine Auswirkungen auf die Produkte der Medikamenten-Expedition – und auch in Indien kamen ausschließlich in Halle hergestellte Arzneimittel zum Einsatz. Sabine Anagnostou sieht darin einen fundamentalen Unterschied zur Missionspharmazie der Jesuiten, die bestrebt waren, in ihren Missionsstationen teure europäische Medikamente durch einheimische zu substituieren.[36]

Die Medikamenten-Expedition in Halle erlebte 1739 mit der Übernahme ihrer Leitung durch David Samuel von Madai (1709–1780) einen weiteren Aufschwung.[37] Offensichtlich wird die damit verbundene Vertriebsexpansion an der von ihm verfassten Werbeschrift *Kurtze Nachricht von dem Nutzen und Gebrauch einiger bewährten Medicamenten, Welche zu Halle im Magdeburgischen in dem Wäisenhause dispensiret werden, Und womit vermöge langer Erfahrung Nicht nur geringe, sondern auch schwere Kranckheiten unter göttlichem Segen glücklich können curiret werden.*[38] Diese Werbeschrift erlebte in ihrer deutschen Ausgabe im 18. Jahrhundert mehrere Neuauflagen und wurde in mehrere Fremdsprachen übersetzt: Niederländisch schon 1741 in Amsterdam (2. Aufl. Amsterdam 1760), Französisch 1749, Altgriechisch (!) 1752 und 1772, Polnisch 1774, Englisch 1784.[39] Wie sehr sich die Produktion, aber auch Vertriebsumfang und -gewinn gesteigert hatten, zeigt in der zweiten Hälfte des 18. Jahrhundert der nordamerikanische Absatzmarkt, der zum mit Abstand wichtigsten wurde und der Medikamenten-Expedition ungeahnte Einnahmen bescheren sollte.

Der Arzneimittelhandel der Anstalten hatte in Nordamerika zwei Zielpunkte: die Kronkolonie Georgia, wo vertriebene Salzburger Protestanten 1734 die Siedlung Ebenezer gegründet hatten, die das ganze 18. Jahrhundert über von Pfarrern aus den Glauchaschen Anstalten betreut wurden, und Pennsylvania, wo hallische Pfarrer ab 1742 lutherische deutsche Auswanderer betreuten.[40] Zur medizinischen Versorgung der Einwohner Ebenezers war 1737 der Arzt Ernst Christian Thilo (1708–1764) dorthin entsandt worden, ab 1740 erhielt Ebenezer regelmäßige Lieferungen von Medikamenten aus Halle.[41] Diese Lieferungen erfolgten unentgeltlich und beliefen sich, zumindest in den Jahren von 1744 bis 1753, auf einen Wert von jährlich etwa 150 Rthl. Zudem bestellte der Arzt Thilo Medikamente und Grundstoffe dafür, da er anscheinend auch als Apotheker aktiv war und mit Medikamenten handelte – deshalb beschwerte er sich auch in Halle über die kostenlose Medikamentenabgabe an die Einwohner Ebenezers.[42] Ab etwa 1750 etablierte sich dann ein Handel mit hallischen Arzneien in Georgia und im benachbarten South Carolina, allerdings erreichte dieser nur ein Volumen von circa 100 Rthl jährlich. Die Abnehmer waren vor allem deutschstämmige, wohlhabendere Einwohner von Ebenezer und aus der Region.

Ganz andere Dimensionen hatte der Medikamentenhandel nach Pennsylvania, dem Renate Wilson eine umfangreiche Untersuchung gewidmet hat.[43] Sie kann detailliert das innovative System des hallischen Medikamentenhandels aufzeigen, dessen selbstmedikatorischer Ansatz auf die Situation in der Kolonie zugeschnitten war. Denn zum einen wurden dort die Anleitungen von Richter und Madai Verkaufserfolge, weil viele Menschen weit entfernt vom nächsten Arzt lebten, sich diesen vielleicht auch gar nicht leisten konnten oder sich traditionell selbst behandelten. Dabei leistete ihnen die Selbstmedikationsanleitung aus Halle wichtige Hilfe, wodurch dann auch der Absatz der Medikamente gesichert wurde. Zum anderen hebt Wilson die Tatsache hervor, dass die aus Halle kommenden Pfarrer medizinisch geschult waren und so die Mitglieder ihrer Gemeinden im ländlichen Raum behandeln konnten.[44] Zur Behandlung der Gemeinden erhielten sie die Medikamente unentgeltlich, so dass sie sie kostenlos weitergeben konnten. Bezahlt wurden diese aus Spendenfonds, die von den Glauchaschen Anstalten verwaltet wurden und aus denen sie den Hersteller, nämlich die Medikamenten-Expedition, bezahlten.[45] Aber diese Medikamente waren

4.19 | David Samuel von Madai (1709–1780), Kupferstich und Radierung, 1761. Leipzig, Universitätsbibliothek Leipzig, Porträtstichsammlung: 31/8.

auch bei den Mitgliedern anderer deutschsprachiger Gemeinden beliebt, die diese jedoch kaufen mussten.[46] So entstand ein kommerzieller Handel mit hallischen Arzneien, in dem die lutherischen Pfarrer, die ja medizinisch geschult waren, und ihre Familienmitglieder eine wichtige Rolle spielten. Es ist nicht nur für Heinrich Melchior Mühlenberg (1711–1787), sondern auch für seine Kollegen Brunnholtz, Schaum, Heinzelmann und Handschuh nachzuweisen, dass sie Arzneien zum kommerziellen Weiterverkauf in Halle bestellten. Handschuhs Witwe betrieb diesen Handel nach dem Tode ihres Mannes weiter.[47] Pastor Peter Brunnholtz bestellte zum Beispiel jährlich Medikamente, die einen durchschnittlichen Wert von etwa 300 Rthl hatten. Die Bezahlung dieser Geschäfte geschah vermittels der Glauchaschen Anstalten, die vor dem Versand die Kaufsumme an die Medikamenten-Expedition zahlten, um dann das Geld bei den Pfarrern einzufordern. Dies hatte aber zur Folge, dass mehrere Pfarrer nach ihrem Tod noch Schulden bei den Anstalten hatten, die dann mühsam von den Gemeinden aufgebracht werden mussten.[48] Beim Handel arbeiteten die Pfarrer oder deren Verwandte mit deutschstämmigen Kaufleuten zusammen, die dann auch selbst Medikamente in Halle zu ordern begannen. Ein Beispiel dafür ist Johann Heinrich Keppele (1716–1797), ein wohlhabender Kaufmann in Philadelphia sowie Mitbegründer und Präsident der German Society of Pennsylvania. Er war der Schwiegervater des Pfarrers der dortigen lutherischen Zionskirche Justus Heinrich Christian Helmuth (1745–1825) und gut mit Mühlenberg und dessen Frau Anna Maria (1727–1802) bekannt, die selbst Geschäfte mit Medikamenten aus Halle machte.[49] So bildeten sich in Nordamerika um die Pfarrer herum kommerzielle Netzwerke innerhalb der deutschen Gemeinden zum Handel mit hallischen Medikamenten und Büchern, die auch für die Reich-Gottes-Arbeit im Sinne der Hallenser genutzt wurden.

Gerade der Handel mit Nordamerika bescherte ab etwa 1750 der Medikamenten-Expedition ungeahnte Einnahmezuwächse, wie deren durchschnittliche jährliche Gesamtumsätze innerhalb von Dezennien ausweisen:[50]

Die Gros-Britannische Colonie-Laender in Nord-Amerika […], grenz- und flächenkolorierte Kupferstiche, Homann (Verleger), Nürnberg, um 1740. Halle, Martin-Luther-Universität Halle-Wittenberg, Universitäts- und Landesbibliothek Sachsen-Anhalt: Altkt B I 5[12]/8.

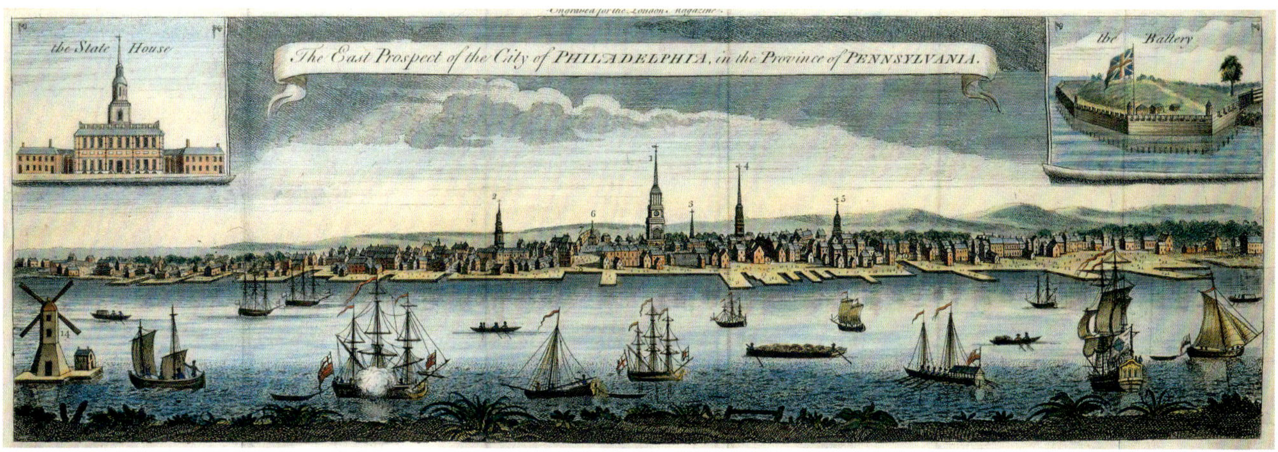


4.31 | Ansicht von Philadelphia, kolorierter Kupferstich von George Heap, 1761. Philadelphia, American Philosophical Society: Graphics No. M42-38-9.

| | | |
|---|---|---|
| 1710–1720 | 9.000 | Reichsthaler |
| 1721–1730 | 15.000 | Reichsthaler |
| 1731–1740 | 20.500 | Reichsthaler |
| 1741–1750 | 24.000 | Reichsthaler |
| 1751–1760 | 28.000 | Reichsthaler |
| 1761–1770 | 30.450 | Reichsthaler |
| 1771–1780 | 19.000 | Reichsthaler |
| 1781–1790 | 13.000 | Reichsthaler |

1764 konnte die Medikamenten-Expedition Einnahmen von 34.000 Rthl verbuchen. Als nach Gotthilf August Franckes (1696–1769) Tod die Umsätze in Europa zurückgingen, konnten diese zunächst durch den nordamerikanischen Handel ausgeglichen werden. Trotzdem gingen die Einnahmen bis auf 7.000 Rthl im Jahr 1799 zurück.[51]

Die Medikamenten-Expedition verdankte ihr Entstehen der Ansicht August Hermann Franckes, dass der weltweite Versand der in den pharmazeutischen Laboren des Waisenhauses entwickelten neuen Medikamente zu einer Besserung der Welt beitrage und eine Hinwendung der Menschen zu den pietistischen Zielen fördere. Zudem sollten die Armen, nicht nur in Halle, sondern auch an den nationalen und internationalen Wirkungsstätten der hallischen Pietisten, durch die kostenlose Abgabe der Arzneien unterstützt werden – wohl mit dem Kalkül, dass durch die Gesundung ihrer Körper auch eine Hinwendung der Seele zu Gott erfolgen würde. Aber der Erfolg der Medikamente beruhte auch darauf, dass viele Abnehmer dem guten Image der pietistischen Mutterinstitution sowie der behaupteten herausragenden Qualität der Pharmazeutika vertrauten.[52] Zum Vertrieb der Arzneien wurden die pietistischen Netzwerke aktiviert, aber auch ein Großteil der Abnehmer hat diesen Netzwerken angehört. Darüber hinaus wurde der Absatz der Medikamente des Waisenhauses mit dem der vom Waisenhaus verlegten Bücher insofern verknüpft, dass in Deutschland Buchhandlungen auch hallische Medikamente und eben auch die dazugehörigen Werbeschriften vertrieben: Da vom Schwesterunternehmen, dem Verlag des Waisenhauses, von den Leitern der Expedition verfasste Schriften zur Selbstmedikation verlegt und auch in andere Sprachen übersetzt wurden, die auf das Arzneimittelangebot der Expedition abgestimmt waren und zusätzlich für die Produkte warben, erfolgte eine Verknüpfung von medizinischem Ratgeber und Medikament.[53] Dieser systemische Ansatz sicherte nicht nur den Vertrieb dieser Bücher, sondern auch den Verkaufserfolg der Arzneien gerade in Regionen, wo die Menschen aufgrund der Abwesenheit von Ärzten auf eine Selbstmedikation bei Krankheit angewiesen waren, z. B. im kolonialen Nordamerika.

Obwohl die kostenlose Abgabe von Arzneien an Bedürftige ein grundsätzliches Anliegen der hallischen Pietisten war, war die Medikamenten-Expedition von Anfang an ein dezidiert kommerziell ausgerichtetes Unternehmen. Somit wurden auch die karitativen Abgaben von Medikamenten der Expedition vom Mutterhaus erstattet. Außerdem nutzten die Glauchaschen Anstalten die Versendung von Medikamenten zur Substitution von Geldtransfers – gerade in wirtschaftlich wenig entwickelte Regionen wie dem kolonialen Nordamerika.[54] Das Angebot der Medikamentenexpedition war standardisiert, denn neben einer Palette von etwa 30 Einzelmedikamenten wurden „Apotheken" mit einer festgelegten Auswahl von Arzneien, z. B. für das Militär, und Standardkisten in verschiedenen Versionen angeboten.[55] All diese Faktoren[56] – Werbung, systemischer Ansatz, Standardisierung, das Agieren auf internationalen Märkten – beweisen, dass die Medikamenten-Expedition ein höchst innovatives Pharma-Großunternehmen des 18. Jahrhunderts war. Aber als Tochterunternehmen einer pietistischen Institution blieb es zugleich eingebunden in die von August Hermann Francke propagierte universale Reich-Gottes-Arbeit. Diese Ambivalenz entspricht genau der von Max Weber bezüglich des Calvinismus aufgestellten These, dass dort „ein virtuoser kapitalistischer Geschäftssinn mit den intensivsten Formen einer das ganze Leben durchdringenden und regelnden Frömmigkeit in denselben Personen und Menschengruppen zusammentrifft."[57]

* Ich danke meinem Kollegen Jürgen Gröschl für zahlreiche Hinweise auf Quellen und Literatur.

1 Chur=Fürstlich Brandenburgisch. PRIVILEGIUM Über Das Waysen=Hauss zu Glaucha an Halle. Halle 1698. Faksimiledruck: Halle 1998 (Kleine Texte der Franckeschen Stiftungen, 5), § 10.

2 Vgl. Carl Dryander: Die Erhaltungsquellen der Franckeschen Stiftungen: I.: Die Apotheke; II.: Die Medikamenten=Expedition. In: Die Stiftungen August Hermann Franckes zu Halle. Festschrift zur zweiten Säkularfeier seines Geburtstages. Hg. v. d. Directorium der Franckeschen Stiftungen. Halle 1863, 229–239, hier 229.

3 August Hermann Franckes Schrift über eine Reform des Erziehungs- und Bildungswesens als Ausgangspunkt einer geistlichen und sozialen Neuordnung der evangelischen Kirche des 18. Jahrhunderts: Der grosse Aufsatz. Hg. v. Otto Podczeck. Berlin (Ost) 1962 (Abhandlungen der Sächsischen Akademie der Wissenschaften zu Leipzig, Philologisch-Historische Klasse/ Sächsische Akademie der Wissenschaften zu Leipzig / Philologisch-Historische Klasse, 53,3), 126, 137.

4 Antje und Mathias Ernst sprechen von einem „weltweiten Pharmakonzern", vgl. Druckerschwärze und Goldtinktur. Zum 300jährigen Jubiläum der Apotheke und Buchhandlung des Waisenhauses zu Halle. Bd. 1: Medizin und Pharmazie in den Franckeschen Stiftungen. Halle 1998, 11.

5 Dryander, Erhaltungsquellen [s. Anm. 2], 234; Hans-Joachim Poeckern: Die Hallischen Waisenhaus-Arzeneyen. Bd. 3: Kommentar, Glossar und Transkription. Zürich 1985 (Bibliotheca historico-naturalis antiqua), 12–15.

6 Bericht vom Elixir Polychresto, wie durch dasselbe [...] Kranckheiten [...] glücklich können curiret werden und was bey dem Gebrauch derselben in acht zu nehmen sey. Halle: Waisenhaus, [ca. 1703].

7 Zu den standardisierten Sets, die in Kisten versandt wurden, auch Renate Wilson: The Traffic in Halle Orphanage Medications. Medicinals, Philanthropy, and Colonial Mission. In: Eighteenth-century Traffic in Medicines and medical Ideas. Hg. v. John S. Haller [u. a.]. Springfield, Il, 1997 (Caduceus, 13.1), 6–22, hier 10.

8 Selectus Medicamentorum Zu einer compendieusen Hauß- Reise- Und Feld-Apothecke/ Aus eilff Stücken derer erlesensten Medicamentorum Arcanorum und Specificorum zusammen getragen/ Und auff alle Kranckheiten und Fälle eingerichtet/ Nebst Gegenwärtigen ausführlichen deutlichen Bericht von derselben rechten Gebrauch/ In welchem zugleich Eine kurtze Beschreibung des menschlichen Leibes/ wie auch derer Kranckheiten gegeben wird/ Um so viel besser daraus zu zeigen/ wie man dieselben erkennen und unterscheiden/ auch was für Medicamenta man dabey gebrauchen solle/ und in welcher Ordnung. Ingleichen wie bey Krancken Ungeübte sich zu verhalten/ wenn sie nicht wissen/ was dem Patienten fehlet/ auch Was in denen Kranchheiten für ein Diaet zu führen/ und wie die wieder erlangte Gesundheit zu conservieren sei. publiciret Aus der Apothecke des Waisen-Hauses Zu Glaucha an Halle. Halle: Waisenhaus, 1702.

9 Vgl. Poeckern, Waisenhaus-Arzeneyen [s. Anm. 5], 11–39, dort auch zur Entwicklung der *Essentia Dulcis*; Heinz Welsch: Die Franckeschen Stiftungen als wirtschaftliches Großunternehmen. In: August Hermann Francke: Das humanistische Erbe des großen Erziehers. Halle 1963, 28–44, hier 38f.

10 Bericht Von der Artzney, Essentia Dulcis genannt, Durch welche Unter dem Seegen Gottes allerley schwere Kranckheiten [...] curiret werden. Halle: Krebs, 1701; Ausführlicher Bericht Von der Artzney/ Essentia Dulcis genannt/ Durch welche unter Dem Seegen Gottes/ allerley schwere Kranckheiten/ Gicht/ Epilepsie, Stein/ allerley Gebrechen an Augen/ auch wenn sich Felle angesetzet/ Mangel am Gehör/ Contractur, u[nd] d[er] gl[eichen] bißher curiret worden. 3., verbesserte Aufl. Halle: Waisenhaus, 1703; Christian Friedrich Richter: Ausführlicher Bericht von der Essentia Dulci. Darinnen Von ihrer Zubereitung und Unterscheid von andern gemeinen Gold-Tincturen gehandelt, und gezeiget wird, Worinnen ihre Virtutes specificae, oder eigentliche und gewissen Würckungen bestehen: Wobey auch zugleich Gewisse Gründe und Reguln angewiesen werden, nach welchen sich selbiger so wol Medici, als auch Ungelehrte, bey allerhand schweren Kranckheiten, als Contractur, Epilepsie, Gicht, Podagra, Stein-Schmertzen, schwere Geburten, Blut-Stürtzungen, [et]c. Nicht weniger auch bey allerhand anderen, und in diesem Bericht nicht benennten vorfallenden Kranckheiten, Mit Nutzen und methodice gebrauchen können. Halle: Waisenhaus, 1708; zur Darstellung der Medikamente in den medizinischen und Werbeschriften des Waisenhauses Jürgen Helm: Die Medikamente des Waisenhauses. Ein Beispiel für die Etablierung und Verbreitung therapeutischer Praktiken. In: Medical Theory and Therapeutic Practice in the Eighteenth Century. A Transatlantic Perspective. Hg. v. Jürgen Helm u. Renate Wilson. Stuttgart 2008, 113–133, hier 116–121.

11 Carl Otto Mollers, Med. Doct. und Practici zu Neusohl in Ungarn, Observationes sonderbahrer durch die Essentiam Dulcem daselbst Geschehener Curen/ Nebst einigen Diese Artzney betreffenden Nöthigen Erinnerungen ausgefertiget von Christian Friedrich Richter. Halle, 1706.

12 Christian Friedrich Richter: Bericht von einer kleinen Feld- und Reise-Apotheck/ mit Fleiß auff Militair-Personen gerichtet, in der Waisen Apothecka zu Glauche an Halle. O. O. [ca. 1700].

13 Halle: Waisenhaus, 1705; eventuell bezieht sich Franckes Hinweis auf den „gedruckten Unterricht" im *Großen Aufsatz* nicht auf den *Selectus Medicamentorum* [s. Anm. 8], sondern auf dieses Werk, dann wäre aber Franckes Programmschrift auf 1705 zu datieren; spätestens ab der dritten Auflage 1710 lautete der Titel *Die höchst-nöthige Erkenntniß des Menschen, sonderlich nach dem Leibe und natürlichem Leben, Oder ein deutlicher Unterricht von der Gesundheit und deren Erhaltung: auch von den Ursachen, Kennzeichen und Nahmen der Kranckheiten, und bewährten Mitteln gegen dieselben, Damit ein jeder, auch Ungelehrter, bey Ermangelung eines Medici, sonderlich durch XI. sichere hierzu hinlänglich erfundene, und zu einer bequemen Haus= Reise= und Feld=Apothecken seligirten Medicamenta und Gebrauch dieses Tractats,vermöge bisheriger reichen Erfahrung, die gewöhnlichen, auch schweren Kranckheiten, sicher, und mit gutem Success curiren könne.* Dazu Wilson, Traffic [s. Anm. 7], 8–10.

14 Elisabeth Quast: Schwägerinnen. Adlige Frauen in der Frühphase der Halleschen Medikamentenexpedition. In: Medical Theory [s. Anm. 10], 281–307, hier 281–288.

15 Das Militär war anscheinend langfristig ein wichtiger Abnehmer für Waisenhausmedikamente; so sollte die Medikamenten-Expedition 1737 dem Preußischen König Friedrich Wilhelm I. ein Angebot zur Versorgung von 10.000 Soldaten über sieben Monate hinweg mit Medikamenten machen; vgl. Hermann Gittner: 250 Jahre Waisenhaus-Apotheke und Medikamenten-Expedition der Franckeschen Stiftungen zu Halle an der Saale. Halle 1948, 16.

[16] Quast, Schwägerinnen [s. Anm. 14], 301.
[17] Werner Piechocki: Die Waisenhausapotheke, die Medikamentenexpedition und ihre Aussenhandelsbeziehungen. In: August Hermann Francke [s. Anm. 9], 60–65, 63.
[18] Piechocki, Die Waisenhausapotheke [s. Anm. 17], 64, die Kommissionäre behielten 10 % des Verkaufspreises als Provision für sich; zum Vertrieb in Preußen: Helm, Medikamente [s. Anm. 10], 113f.
[19] Gabriele Beisswanger: Arzneimittelversorgung im 18. Jahrhundert. Die Stadt Braunschweig und die ländlichen Distrikte im Herzogtum Braunschweig-Wolfenbüttel. Braunschweig 1996 (Braunschweiger Veröffentlichungen zur Geschichte der Pharmazie und Naturwissenschaften, 36), 153–158.
[20] Der Begriff „Material" wurde im 18. Jahrhundert für Arzneimittel sowie Substanzen zu deren Herstellung verwendet.
[21] Beisswanger, Arzneimittelversorgung [s. Anm. 19], 154f.
[22] Gittner, 250 Jahre [s. Anm. 15], 64, dazu auch Wilson, Traffic [s. Anm. 7], 15.
[23] Vgl. zwei Briefe von Christian Friedrich Richter an Carl Hildebrand von Canstein, Halle, 17. Februar 1705 und 8. Januar 1709, zitiert nach: Fromme Unternehmer. Briefe der Ärzte Christian Friedrich und Christian Sigismund Richter an Carl Hildebrand v. Canstein. Hg. v. Jürgen Helm u. Elisabeth Quast. Halle 2010 (Hallesche Quellenpublikationen und Repertorien, 11), Nr. 94, 113f., Nr. 149, 155; Brief von Georg Wilhelm von Söhlenthal an Gotthilf August Francke, Kopenhagen, 9. November 1728, Berlin, Staatsbibliothek Berlin – Preußischer Kulturbesitz. Nachlass A. H. Francke: 4c/20 : 26.
[24] Auf Lieferungen in die Niederlande gibt es nur einen Hinweis über die Sendung von 100 Gläsern *Essentia Dulcis* (Brief von Christian Friedrich Richter an Carl Hildebrand von Canstein, Halle, 3. März 1705, zitiert nach: Fromme Unternehmer [s. Anm. 23], 95, 114f.; 1741 erscheint eine Werbebroschüre über die hallischen Medikamente in niederländischer Sprache (vgl. Kat.-Nr. 4.21); das Desinteresse in England lässt sich aus dem Briefwechsel des pietistischen Hofpredigers in London Friedrich Michael Ziegenhagen (1694–1776) schließen: nur er selbst scheint häufig die *Essentia Dulcis* eingenommen zu haben, ansonsten thematisiert er nur den Export hallischer Medikamente in die nordamerikanischen Kolonien; vgl. Christina Jetter-Straib: Halle, England und das Reich Gottes weltweit – Friedrich Michael Ziegenhagen (1694–1776). Hallescher Pietist und Londoner Hofprediger. Halle 2013 (Hallesche Forschungen, 34), 157, 293, 313, 321, 416.
[25] Mit Verweis auf die *Muskovitischen Handelsrechnungen* im Wirtschaftsarchiv der Franckeschen Stiftungen Eduard Winter: Halle als Ausgangspunkt der deutschen Russlandkunde im 18. Jahrhundert. Berlin (Ost) 1953 (Veröffentlichungen des Instituts für Slawistik, 2), 47f., dort auch das Folgende.
[26] Winter, Halle [s. Anm.25], 59 mit Verweis auf einen Brief von Johannes Pfeffinger, von Winter fälschlicherweise Pfeffermann genannt, an August Hermann Francke, Moskau, 04.12.1703, Halle, Archiv der Franckeschen Stiftungen (nachfolgend AFSt)/H C 1910 : 1; und einen Tagebucheintrag August Hermann Franckes vom 01.12.1716, AFSt/H A 169 : 17a–m
[27] Günter Rosenfeld: August Hermann Franckes erster Sendbote in Rußland – Justus Samuel Scharschmidt. In: Europa in der Frühen Neuzeit. FS für Günter Mühlpfordt. Bd. 3: Aufbruch zur Moderne. Hg. v. Erich Donnert. Weimar [u. a.], 1997, 1–25, hier 16, gemeint ist wohl Carl David Riegemann.
[28] Im Austausch mit der Lieferung von russischen Kräutern (Brief von Johann Heinrich Brockhausen an August Hermann Francke, Dresden, 26.07.1709, AFSt/H C 255 : 2); dies können Hinweise darauf sein, dass die russische Armee ein wichtiger Abnehmer für hallische Medikamente war, zumal einige hohe Offiziere, die deutsche Lutheraner waren, enge Kontakte nach Halle hatten, z. B. Adam Weyde (1667–1720) oder Burkhard Christoph von Münnich (1683–1767), s. Winter, Halle [s. Anm. 25], 87, 93.
[29] Brief von Justus Samuel Scharschmidt an August Hermann Francke, Astrachan, 02.08.1701, AFSt/H C 296 : 43; s. auch Rosenfeld, Sendbote [s. Anm. 27], 6f.
[30] Renate Wilson stellt fest, dass der Russlandhandel seinen Höhepunkt zwischen 1709 und 1715 hatte; dies.: Pious traders in medicine. A German pharmaceutical network in eighteenth-century North America. University Park, Pa, 2000, 78.
[31] 1730: Empfangsbestätigung für die Übersendung einer Kiste mit 48 verschiedenen Medikamenten im Wert von 99 Reichstalern (Rthl) 20 Groschen (gl); zusätzlich erhielt der Missionsarzt Caspar Gottlieb Schlegelmilch 43 verschiedene Medikamente im Wert von 23 Rthl 13 gl. Da Schlegelmilch erst im selben Jahr in Indien eingetroffen ist, scheint er die Medikamentenkisten auf seiner Reise nach Indien mitgeführt zu haben, vgl. AFSt/M 1 K 2 : 3; auch für die folgenden Jahre sind Listen für nach Tranquebar und Madras gelieferte Medikamente überliefert, deren Wert jedoch weit niedriger war als die 1730 gelieferten, vgl. 1731: AFSt/M 1 K 2 : 12a (Tranquebar) und 12b (Madras), 1732: AFSt/M 1 K 2 : 19a, 1733: AFSt/M 1 K 2 : 21 (Tranquebar) und 22 (Madras), 1734: AFSt/M 1 K 2 : 23 (Tranquebar) und 24 (Madras).
[32] Kopenhagen: 1760 schreibt Gotthilf August Francke, dass er wegen des Siebenjährigen Krieges die Bücher und Medikamente nicht wie sonst über Kopenhagen schicken konnte, sondern sie über London nach Indien versenden will (Brief an die Missionare in Indien, Halle, 22.11.1760 (AFSt/M 1 B 49 : 40)), 1762 (AFSt/M 3 G 41), 1791 (AFSt/M 1 C 32b : 28); England: 1732 (AFSt/M 1 K 2 : 19a), 1734 (AFSt/M 2 J 3 : 7).
[33] Vgl. Sabine Anagnostou: Missionspharmazie. Konzepte, Praxis, Organisation und wissenschaftliche Ausstrahlung. Stuttgart 2011 (Sudhoffs Archiv, Beiheft 60), 368, 370; Heike Liebau: Die indischen Mitarbeiter der Tranquebarmission (1706–1845). Katecheten, Schulmeister, Übersetzer. Tübingen 2008 (Hallesche Forschungen, 26), 78, auch zum Folgenden.
[34] Vielleicht belegt eine Medikamentenrechnung von 1762 (AFSt/M 3 G 41), dass der Missionsarzt Samuel Benjamin Knoll (1705–1767) auf eigene Rechnung mit Medikamenten in Indien gehandelt hat, denn er „satisfacirt" eine Lieferung im Wert von 101 Rthl 18 gl.
[35] Vgl. Anagnostou, Missionspharmazie [s. Anm. 33], 369, 372, 378; Josef N. Neumann: Medizinische Forschungen. In: Geliebtes Europa // Ostindische Welt. 300 Jahre interkultureller Dialog im Spiegel der Dänisch-Halleschen Mission. Hg. v. Heike Liebau. Halle 2006 (Kataloge der Franckeschen Stiftungen, 16), 180–193, 182.
[36] Anagnostou, Missionspharmazie [s. Anm. 33], 376.
[37] Vgl. Wilson, Traffic [s. Anm. 7], 13; Wolfram Kaiser u. Werner Piechocki: Die pharmazeutische Industrie von Halle in der zweiten Hälfte des 18. Jahrhunderts. In: Münchener Medizinische Wochenschrift, 110, 1968, 420–430, hier 425.
[38] Das Jahr der deutschen Erstauflage ist unklar, eine 4. Auflage erschien 1746, die 7. 1779, alle Auflagen wurden vom Verlag des Waisenhauses herausgegeben.
[39] Alle Übersetzungen außer den niederländischen, die in Amsterdam verlegt worden sind, wurden vom Verlag des Waisenhauses herausgegeben.
[40] Vgl. Jürgen Gröschl: Ebenezer in Georgia. Die Darstellung der Salzburger Emigrantengemeinde und der Kolonie Georgia in Drucken, Tagebüchern und Briefen der hallischen Pietisten. In: Freiheit, Fortschritt und Verheißung. Blickwechsel zwischen Europa und Nordamerika seit der frühen Neuzeit. Hg. v. Claus Veltmann [u. a.]. Halle 2011 (Kataloge der Franckeschen Stiftungen, 27), 71–83; Thomas Müller-Bahlke: Heinrich Melchior Mühlenberg und die Anfänge des deutsch-lutherischen Kirchenwesens in Pennsylvania. In: Ebd., 85–103.
[41] Renate Wilson: Die Halleschen Waisenhausmedikamente und die „Höchst-nöthige Erkenntnis" im Kolonialstaat Georgien, 1733–1765. In: Schriftenreihe für Technik, Naturwissenschaften und Medizin, 28.1, 1991, 109–128, 111, 114, zum Folgenden 117.
[42] Wilson, Die Halleschen Waisenhausmedikamente [s. Anm. 41], 117f., zum Folgenden 118. Thilo wurde auch teilweise nicht mit Geld, sondern mit Medikamenten aus Halle entlohnt, die er verkaufen konnte; vgl. Renate Wilson, Pious traders [s. Anm. 30], 112f.
[43] Wilson, Pious traders [s. Anm. 30].
[44] Wilson, Pious traders [s. Anm. 30], IX, X, 6f., 43, 101, 110–126, auch bei vielen Anglikanischen Pfarrern war es üblich, dass sie als Mediziner gearbeitet haben.
[45] Wilson, Pious traders [s. Anm. 30], 36, 140–143.
[46] Wilson, Pious traders [s. Anm. 30], 110.
[47] Wilson, Pious traders [s. Anm. 30], 138, 166–168; gemeint sind Johann Peter Brunnholtz (1717–1757), Johann Helfrich Schaum (1721–1778), Johann Dietrich Matthias Heinzelmann (1724–1756), Johann Friedrich Handschuh (1714–1764).
[48] Wilson, Pious traders [s. Anm. 30], 139–141.
[49] Wilson, Pious traders [s. Anm. 30], 118, 134, 139, 143–146, 172f.; zu Keppele: Art. „John Henry Keppele". In: Immigrant Entrepreneurship. 2017. URL: http://www.immigrantentrepreneurship.org/entry.php?rec=7 (letzter Zugriff: 29.11.2017).
[50] Nach Piechocki, Waisenhausapotheke [s. Anm. 17], 34.
[51] Wilson, Pious traders [s. Anm. 30], 141–143; Wilson, Traffic [s. Anm. 7], 15f.
[52] Wilson, Traffic [s. Anm. 7], 6, 9.
[53] Renate Wilson betont, dass auch den einzelnen Medikamenten, die verschickt wurden, Gebrauchsanweisungen beigefügt waren; vgl. Wilson, Pious traders [s. Anm. 30], 71.
[54] Wilson, Pious traders [s. Anm. 30], 96, 211.
[55] Es gab z. B. eine Kiste mit Medikamenten im Wert von 10 und eine im Wert von 20 Rthl; vgl. Wilson, Pious traders [s. Anm. 30], 83, 162.
[56] So auch Helm, Medikamente [s. Anm. 10], 114.
[57] Max Weber: Die protestantische Ethik und der Geist des Kapitalismus. In: M. Weber: Die protestantische Ethik I. Eine Aufsatzsammlung. Hg. v. Johannes Winckelmann. 6. Aufl. Gütersloh 1981, 27–277, hier 36.

## Verzeichnis der Exponate

In einem programmatischen Aufsatz rief August Hermann Francke (1663–1727) 1704 zur Gründung eines weltweiten Medikamentenversands in den Glauchaschen Anstalten auf. Denn durch die dort hergestellten Medikamente könne – neben ihrer pharmazeutischen Wirkung – „allenthalben der allerbequemste Eingang in die Gemüther und gleichsam eine Thür, die Seelen Gott zu zuführen, erlanget werden". Dementsprechend begann die Medikamenten-Expedition des Waisenhauses, Arzneimittel nicht nur ins damalige Deutsche Reich, sondern auch in andere Regionen des protestantischen Europa und darüber hinaus zu exportieren. Dafür wurden die weitverzweigten pietistischen Netzwerke im In- und Ausland aktiviert.

Zentral für den europäischen Absatzmarkt der hallischen Pharmazeutika wurde Russland. Auch nach Indien wurden die Medikamente zu den dort wirkenden Missionaren der Dänisch-Halleschen Mission versandt. Nach 1750 verlagerte sich das wichtigste Absatzgebiet nach Nordamerika, wo hallische Pfarrer deutsche Auswanderer in Georgia und Pennsylvania betreuten. Sie trugen entscheidend zum kommerziellen Erfolg der Medikamenten-Expedition bei.

Parallel zu diesen wirtschaftlichen Unternehmungen gab es in allen Absatzgebieten die unentgeltliche Medikamentenverteilung auf Kosten der Glauchaschen Anstalten, um auch bedürftige mittellose Kranke mit Medikamenten versorgen zu können – dies war für Francke ein Bestandteil seiner pietistischen Reich-Gottes-Arbeit.

Zusätzlich zu den Medikamenten publizierte der Verlag des Waisenhauses Anleitungen zur Selbstbehandlung von Krankheiten, die auf das Arzneimittelangebot der Expedition abgestimmt waren und diese bewarben. Damit wurde ein erfolgreiches System der Selbstmedikation geschaffen, das Laien die eigenständige Behandlung ihrer Krankheiten ermöglichte.

**4.1** Christus als Apotheker, Öl auf Leinwand [von Gregor II. Lederwasch], um 1700, Reproduktion
Heidelberg, Deutsche Apotheken Museum-Stiftung: VII B 411
► Dieses Bildmotiv war in der Frühen Neuzeit sehr beliebt. Es verweist auf die biblischen Heilungen von Menschen durch Christus und symbolisiert seine Unterstützung bei Krankheit und Siechtum gerade von Armen und Mittellosen. Darauf verweist auch die Schrift unten:
„Kommt her zu mir, alle, die ihr mühselig und beladen seid; ich will euch erquicken [Mt 11,28]. Rufet mich an, ich will euch erhören [nach Jer 33,3]. Bittet, so wird euch gegeben; suchet, so werdet ihr finden; klopfet an, so wird euch aufgetan werden [Lk 11,9]".
• *Abbildung auf Seite 114*

ERENISSIMI BURGUNDIÆ DUCIS, Authore H.JAILLOT, Parisiis 1694
MAPPE MONDE
ou Description
DU GLOBE
Terrestre & Aquatique
PRESENTÉE A MONSEIGNEUR
LE DUC DE BOURGOGNE
Par son tres Humble et tres
Obëissant Serviteur
H: JAILLOT
A PARIS M.D.C.XCIV.
Russland
Ungarn/
Slowakei
Südost-
indien
Kapstadt
MER DE NORT
OCEAN MERIDIONAL ou ETHIOPIEN
OCEAN INDIEN
AFRIQUE
TERRE AUSTRALE INCONNUE et MAGELLANIQUE
NOUVELLE HOLLANDE
MER DE GUINEE

4.3

**4.2** Hörstation: August Hermann Francke (1663–1727) beschreibt in seiner Programmschrift, dem sogenannten „Großen Aufsatz", 1704 die Segnungen des weltweiten Medikamentenhandels.
Halle, Franckesche Stiftungen: AFSt/H A 144 : 164–242

**4.3** Weltkarte („Nova orbis Tabula"), kolorierter Kupferstich von Alexis Hubert Jaillot, Paris, 1694, Reproduktion
Halle, Franckesche Stiftungen: BFSt: 86 A 32 [5]
► Dargestellt sind die Vertriebsschwerpunkte der Medikamenten-Expedition des Waisenhauses.

**4.4** Reiseapotheke mit Glasflaschen und Pulverbriefchen, um 1740
Höhe 16 cm, Breite 18 cm, Tiefe 14,2 cm
Heidelberg, Deutsche Apotheken Museum-Stiftung: IV F 0002
► Auch die Medikamenten-Expedition des Waisenhauses vertrieb Reiseapotheken und standardisierte Kisten mit den gängigsten Medikamenten.
• *Abbildung auf Seite 112f.*

**4.5 a–x**
24 moderne Arzneimittel-Gläser mit Beschriftungen der Medikamente, die in den Standardkisten der Medikamenten-Expedition verkauft wurden:

**a)** Essentia Dulcis
► Bei der Essentia Dulcis handelte es sich um eine Goldtinktur. Feinstverteilte Goldpartikel in Spiritus Vini (Weingeist, Alkohol) verliehen ihr eine rötliche Farbe. Ein solches Trinkgold wurde häufig als Universalheilmittel angesehen. Ihr wurde eine besondere Heilkraft zugeschrieben und sie sollte eine stärkende Wirkung auf den gesamten Körper entfalten und ihre Indikationen waren überaus vielfältig. Dazu gehörten beispielsweise Herz- und Nervenerkrankungen, Epilepsie, Schmerzen, Gicht, innere und äußere Entzündungen sowie Augen- und Ohrenerkrankungen.

**b)** Essentia Amara
► Dieser Extrakt aus verschiedenen Kräutern wie Rainfarn, Angelika und Enzian sollte bei Appetitlosigkeit, Magenkrämpfen und Sodbrennen helfen. Ihre Wirkung entfaltete die „Bittere Essenz" aufgrund der enthaltenen Bitterstoffe, die auch heute noch bei Magen-Darm-Beschwerden zum Einsatzkommen.

**c)** Elixir Polychrestum
► Das Elixir (alkoholischer Auszug) enthielt einen sogenannten Panchymagogum-Extrakt (ein alle Körperflüssigkeiten abführender Extrakt) aus Aloe, Schwarzer Nieswurz, Champignons und weiteren arzneilichen Rohstoffen sowie Mixtura Simplex (Gemisch verschiedener flüssiger Chemikalien). Es wurde vor allem gegen verschiedene Arten von Fieber eingesetzt, aber auch bei Gicht und Schwindel.

**d)** Pilulae Polychrestae
► Die Polychrest-Pillen des Halleschen Waisenhauses enthielten Auszüge aus Aloe, Myrrhe, Löffelkraut, Tausendgüldenkraut und weiteren Arzneipflanzen. Sie wurden beispielsweise bei Menstruationsbeschwerden verwendet und sollten während und nach der Geburt sowie gegen Hämorrhoiden helfen.

**e)** Pulvis Niger
► Bei der Herstellung der Goldtinktur Essentia Dulcis entstanden als Nebenprodukte noch andere Arzneimittel wie das „Schwarze Pulver"/„Schwarze Lebenspulver". Es fand als Stärkungsmittel bei großer Schwäche, Fieber und Ausschlägen Anwendung.

**f)** Magisterium Diaphoreticum
► Hierbei handelte es sich in der Anfangszeit um ein antimonhaltiges Pulver, welches später neben Quecksilber auch Silber- und Eisenverbindungen statt des schon in geringen Dosen giftigen Antimons enthielt. Es wurde zur Behandlung von Ausschlägen, Kopf- und Zahnschmerzen, Syphilis und Fieber eingesetzt.

**g)** Pulvis Solaris
► Als Grundlage für dieses „Sonnen-Pulver" verwendete man das Arzneimittel Magisterium Diaphoreticum. Hinzu kamen weitere Eisen- und Kupferverbindungen sowie Austernschalenpulver. Das Pulver sollte z. B. gegen Pocken, Masern und Atemwegsleiden helfen.

**h)** Essentia Antihypochondriaca
► Die Essenz, die aus Jalapenharz (Jalapa = Trichterwinde), einem Extrakt aus der Schwarzen Nieswurz und Aloe in mehreren Lösungsmitteln bestand, wurde beispielsweise verabreicht gegen depressive Verstimmungen, Magen-Darm-Beschwerden wie Verstopfung, aber auch gegen Schwindel, Kopfschmerzen und Fieber.

**i)** Tinctura Corallina
► Mit Zitronensaft und Branntwein versetztes Ammoniumcarbonat ergab die „Korallen-Tinktur", die gegen verschiedene Arten von Schmerzen, Rheuma, Gicht und Erbrechen helfen sollte.

**j)** Balsamus Vitae
► Dieser „Lebensbalsam" enthielt mehrere ätherische Öle, Bernsteinöl, Moschus und Perubalsam. Er wurde sowohl innerlich bei Koliken und Ohnmacht als auch äußerlich bei Gliederschwäche und Frostbeulen angewendet.

**k)** Tinctura Salina
► Die Tinctura Salina – auch „Hallische Salz-Tinctur" – hatte aufgrund ihrer Extrakte aus Pommeranzen und Enzian sowie dem enthaltenen Kaliumcarbonat eine lindernde Wirkung bei Sodbrennen und half bei Appetitlosigkeit und Völlegefühl.

**l)** Pulvis Laxans
► Dieses Abführpulver, das auch als Wurmmittel und bei Ausschlägen Anwendung fand, war eine Zubereitung aus Kalomel (Quecksilber(I)-chlorid), Scammonium (eingetrockneter Milchsaft der Pflanze Convolvulus Scammonia) und Austernschalenpulver.

**m)** Pilulae Purgantes
► Bei den „Reinigungs-Pillen" handelte es sich um stark wirksame Abführpillen auf der Basis zahlreicher Arzneidrogen wie z. B. Aloe, Myrrhe und Löffelkraut. Enthalten war außerdem ein sogenannter Panchymagogum-Extrakt (abführender Extrakt) aus mehreren Pflanzen und Pilzen.

**n)** Pilulae contra Obstructiones
► Die abführende Wirkung dieser Pillen half bei Verstopfungen und Blähungen. Sie enthielten Aloe und einen Panchymagogum-Extrakt (abführender Extrakt) aus verschiedenen Arzneipflanzen wie der Koloquinte (Bitterkürbis, Teufelsapfel) und Pilzen.

**o)** Pulvis Bezoardicus
► Das Bezoarpulver bestand aus zwei Kaliumsalzen, Cinnabaris Facticia (im Labor künstlich erzeugter Zinnober) und Austernschalenpulver. Es sollte durch seine schweiß-, urin- und stuhlableitende Wirkung den Körper von Unreinheiten befreien und dadurch Fieber senken. Als beruhigendes Mittel wurde es auch Cholerikern empfohlen.

**p)** Balsamus Cephalico-Nervinus
► Hierbei handelte es sich um einen Balsam, der belebend auf die Nerven einwirken sollte. Er enthielt ätherische Öle aus verschiedenen Pflanzen wie Lavendel, Majoran und Thymian sowie Kampfer, Perubalsam und Rindertalg. Man wendete ihn äußerlich an bei Schmerzzuständen und Lähmungen verschiedener Körperregionen, beispielsweise bei Kopfschmerzen oder Gesichtslähmungen.

**q)** Spiritus Nervinus
► Der Nervenspiritus hatte die gleiche Zusammensetzung wie der Balsamus Cephalico-Nervinus, jedoch setzte man hier als Arzneigrundlage ein alkoholisches Lösungsmittel statt eines Balsams ein. Er sollte bei Schwäche und Unbeweglichkeit der Glieder, aber auch bei Schwellungen und Rachitis helfen.

**r)** Pulvis Temperans Albus
► Das weiße Temperierpulver, welches sich aus mehreren Mineralien wie Magnesiumcarbonat zusammensetzte, sollte bei heftiger Erregung Beruhigung bringen und auch nach dem Genuss starker Getränke hilfreich sein.

**s)** Pulvis Antispasmodicus Ruber
► Diese auch „rotes Temperierpulver" genannte Substanz enthielt neben anderen Inhaltsstoffen Weinstein und sollte Magen-Darm-Beschwerden sowie Gliederschmerzen lindern und einen beruhigenden Effekt haben.

**t)** Pulvis Pectoralis
► Die Rezeptur des Pulvers entsprach der des Pulvis Polychrestus, das „Brustpulver" war jedoch nur halb so konzentriert. Es sollte gegen verschiedene Atemwegserkrankungen, unter anderem Keuchhusten, helfen.

**u)** Pulvis contra Acredinem
► Das „Pulver wider die Schärfe" wurde beispielsweise angewendet bei Sodbrennen, aber auch bei Ausschlägen. Johannisbeersaft wurde hierfür mit Austern- sowie Austernschalenpulver versetzt.

**v)** Tinctura Anticachectica
► Ein Auszug aus Kurkumawurzelstöcken und Krokussen ergab diese Tinktur, die bei kachectischen Krankheiten (Auszehrung) wie Skrofeln (eine Drüsenerkrankung), Entkräftung und Rachitis zum Einsatz kam.

**w)** Elixir Viscerale
► Diese flüssige Zubereitung mit Inhaltsstoffen aus dem Rhabarber, Enzian und anderen Arzneidrogen sollte bei Verdauungsbeschwerden helfen.

**x)** Pulvis Mundificans
► Das „reinigende Pulver" wurde bei verschiedenen Hauterkrankungen und Geschwüren eingesetzt. Es handelte sich um eine Zubereitung aus Quecksilber- und Antimonverbindungen sowie Austernschalen.

**4.6** Christian Friedrich Richter: Bericht von einer kleinen Feld- und Reise-Apotheck; mit Fleiß auff Militair-Personen gerichtet. in der Waisen Apothecka zu Glauche an Halle. Um 1700
Halle, Franckesche Stiftungen: AFSt/W IX/II/15:32
► Zahlreiche Werbeschriften, wie diese vom Arzt und Leiter der Medikamenten-Expedition Christian Friedrich Richter (1676–1711) verfasste, sollten den Absatz der Produkte fördern.

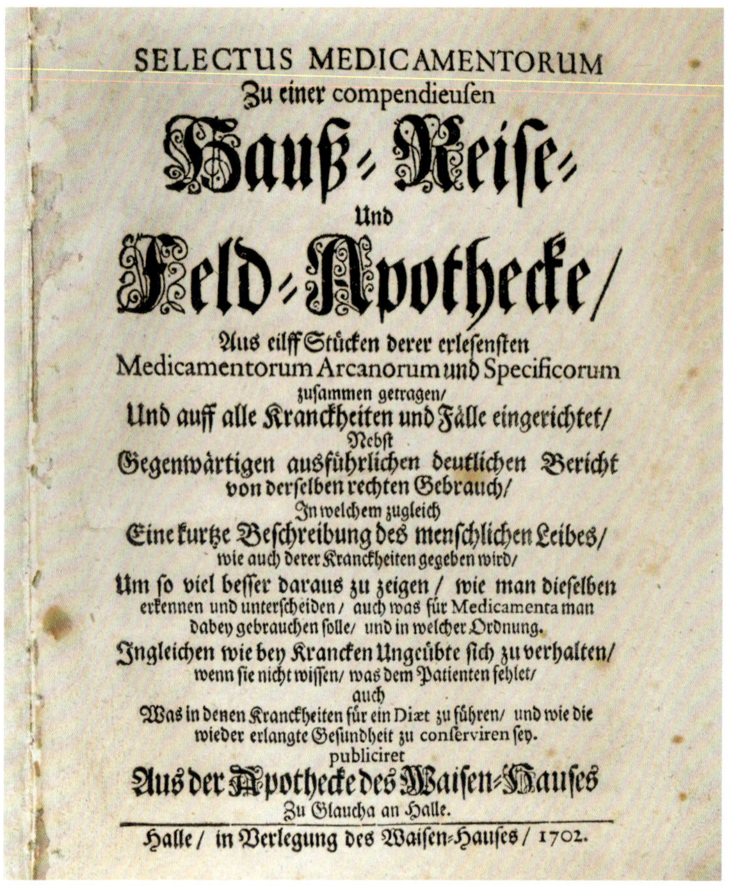
SELECTUS MEDICAMENTORUM
Zu einer compendieusen
Hauß- Reise-
Und
Feld-Apothecke/
Aus eilff Stücken derer erlesensten
Medicamentorum Arcanorum und Specificorum
zusammen getragen/
Und auff alle Kranckheiten und Fälle eingerichtet/
Nebst
Gegenwärtigen ausführlichen deutlichen Bericht
von derselben rechten Gebrauch/
In welchem zugleich
Eine kurtze Beschreibung des menschlichen Leibes/
wie auch derer Kranckheiten gegeben wird/
Um so viel besser daraus zu zeigen / wie man dieselben
erkennen und unterscheiden / auch was für Medicamenta man
dabey gebrauchen solle/ und in welcher Ordnung.
Ingleichen wie bey Krancken Ungeübte sich zu verhalten/
wenn sie nicht wissen/ was dem Patienten fehlet/
auch
Was in denen Kranckheiten für ein Diæt zu führen/ und wie die
wieder erlangte Gesundheit zu conserviren sey.
publiciret
Aus der Apothecke des Waisen-Hauses
Zu Glaucha an Halle.
Halle / in Verlegung des Waisen-Hauses / 1702.

4.7

**4.7** [Anonym:] Selectus Medicamentorum Zu einer compendieusen Hauß- Reise- Und Feld-Apothecke. Aus eilff Stücken derer erlesensten Medicamentorum Arcanorum und Specificorum zusammen getragen Und auff alle Kranckheiten und Fälle eingerichtet. Nebst Gegenwärtigen ausführlichen deutlichen Bericht von derselben rechten Gebrauch, In welchem zugleich Eine kurtze Beschreibung des menschlichen Leibes wie auch derer Kranckheiten gegeben wird. Um so viel besser daraus zu zeigen, wie man dieselben erkennen und unterscheiden, auch was für Medicamenta man dabey gebrauchen solle und in welcher Ordnung. Ingleichen wie bey Krancken Ungeübte sich zu verhalten, wenn sie nicht wissen, was dem Patienten fehlet, auch Was in denen Kranchheiten für ein Diaet zu führen und wie die wieder erlangte Gesundheit zu conservieren sei. Halle: Waisenhaus, 1702
Halle, Franckesche Stiftungen: BFSt: 72 E 14
► Die Schriften bewarben nicht nur die Arzneien, sondern waren auch eine Anleitung zur Selbstmedikation mit diesen. Gerade in den Missionsgebieten in Indien und in den ländlichen Gebieten der nordamerikanischen Kolonien, wo keine Ärzte verfügbar waren, konnten sich medizinische Laien anhand der Bücher darüber informieren, welches Medikament in welcher Dosis bei welchen Krankheitssymptomen einzunehmen war.

**4.8** [Anonym:] Bericht Von der Artzney, Essentia Dulcis genannt, Durch welche Unter dem Seegen Gottes allerley schwere Kranckheiten [...] curiret werden. Halle: Krebs, 1701
Halle, Franckesche Stiftungen: BFSt: 182 K 191

**4.9** [Anonym:] Ausführlicher Bericht Von der Artzney, Essentia Dulcis genannt, Durch welche unter Dem Seegen Gottes allerley schwere Kranckheiten, Gicht, Epilepsie, Stein, allerley Gebrechen an Augen, auch wenn sich Felle angesetzet, Mangel am Gehör, Contractur, u[nd] d[er] gl[eichen] bißher curiret worden. 3., verbesserte Aufl. Halle: Waisenhaus, 1703
Halle, Franckesche Stiftungen: BFSt: S/FS.1:145 [3]

**4.10** Christian Sigismund Richter, Christian Friedrich Richter: Fernerer Bericht von der Gesegneten Würckung der Essentiae Dulcis, in welchem Zugleich von einigen andern Medicamenten Erwehnung geschiehet. Halle: Waisenhaus, 1703
Halle, Franckesche Stiftungen: BFSt: S/FS.4:010 [2]
► Christian Sigismund Richter (1672–1739) war wie sein jüngerer Bruder Christian Friedrich Arzt am Waisenhaus Franckes und wurde dessen Nachfolger als Leiter der Medikamenten-Expedition.

**4.11** Christian Friedrich Richter: Ausführlicher Bericht von der Essentia Dulci. Darinnen Von ihrer Zubereitung und Unterscheid von andern gemeinen Gold-Tincturen gehandelt,

und gezeiget wird, Worinnen ihre Virtutes specificae, oder eigentliche und gewissen Würckungen bestehen: Wobey auch zugleich Gewisse Gründe und Reguln angewiesen werden, nach welchen sich selbiger so wol Medici, als auch Ungelehrte, bey allerhand schweren Kranckheiten, als Contractur, Epilepsie, Gicht, Podagra, Stein-Schmertzen, schwere Geburten, Blut-Stürtzungen, [et]c. Nicht weniger auch bey allerhand anderen, und in diesem Bericht nicht benennten vorfallenden Kranckheiten, Mit Nutzen und methodice gebrauchen können. Halle: Waisenhaus, 1708
Halle, Franckesche Stiftungen: BFSt: 72 E 4

**4.12** Christian Friedrich Richter: Carl Otto Mollers, Med. Doct. und Practici zu Neusohl in Ungarn, Observationes sonderbahrer durch die Essentiam Dulcem daselbst Geschehener Curen. Nebst einigen Diese Artzney betreffenden Nöthigen Erinnerungen. Halle, 1706
Halle, Franckesche Stiftungen: BFSt: 63 D 21 [6]
► Auch Berichte über die mit den Arzneien des Waisenhauses gemachten (guten) Erfahrungen wurden publiziert. Die Tatsache, dass hier die Erfahrungsberichte eines Arztes in Neusohl, damals Ungarn, heute Banská Bystrica in der Slowakei, publiziert wurden, zeugen davon, dass hallische Medikamente bis nach Südosteuropa vertrieben wurden.

**4.13** Standglas mit der Aufschrift ESS[ENTIA] DULC[IS] HALLENS[IS], Thüringen, 2. Hälfte 18. Jahrhundert
Grundfläche 13 × 18 cm, Höhe ca. 30 cm
Erfurt, Thüringisches Museum für Volkskunde: 00005589b
► Die Essentia Dulcis war trotz ihres hohen Preises die berühmteste und meistverkaufte Arznei der Medikamenten-Expedition. Deshalb kamen häufig illegale Nachahmerprodukte auf den Markt wie dieses aus Thüringen stammende Medikament.
• *Abbildung auf Seite 117*

**4.14** Christian Friedrich Richter (1676–1711), Kupferstich, um 1713, Reproduktion
Halle, Franckesche Stiftungen: BFSt: Porträtsammlung B 4317
► Richter studierte Medizin und Theologie. Der Schüler und Freund August Hermann Franckes war Arzt an den Glauchaschen Anstalten und Leiter der Medikamenten-Expedition. Daneben dichtete er Kirchenlieder.
• *Abbildung auf Seite 116*

**4.15** Christian Friedrich Richter: Kurtzer und deutlicher Unterricht Von Dem Leibe und natürlichen Leben des Menschen: Woraus ein jeglicher, auch Ungelehrter erkennen kann, Was die Gesundheit ist und wie sie zu erhalten: auch welches die menschlichen Kranckheiten, deren Ursachen und Kennzeichen sind Und wie sie Von einem jeden zu verhüten oder auch bei Ermangelung eines Medici, ohne Gefahr und mit gutem Success zu curiren: Nebst einem Selectu Medicamentorum, Oder XIII. Der sichersten und besten Artzneyen, zu einer kleinen, auff alle gewöhnlichen Kranckheiten eingerichteten Haus= Reise= und Feld=Apothecken, Wie genugsamen Bericht von deren Eigenschafften und rechtem Gebrauch werden. Halle: Waisenhaus, 1705
Halle, Franckesche Stiftungen: BFSt: S/FS.2:850
► Diese Anleitung zur Selbstmedikation war die populärste medizinische Veröffentlichung des Verlags des Waisenhauses, die wie die Medikamente international vertrieben wurde. Das Buch und die Medikamente bezogen sich aufeinander und konnten auch zusammen erworben werden. Damit verbreiteten die Glauchaschen Anstalten ein System der Selbstmedikation. Aber genauso ist das Werk eine grundlegende Darstellung der vom Pietismus beeinflussten medizinischen Anschauungen des Verfassers.
• *Abbildung auf Seite 116*

**4.16** Christian Friedrich Richter: Die höchst-nöthige Erkenntniß des Menschen, sonderlich nach dem Leibe und natür-

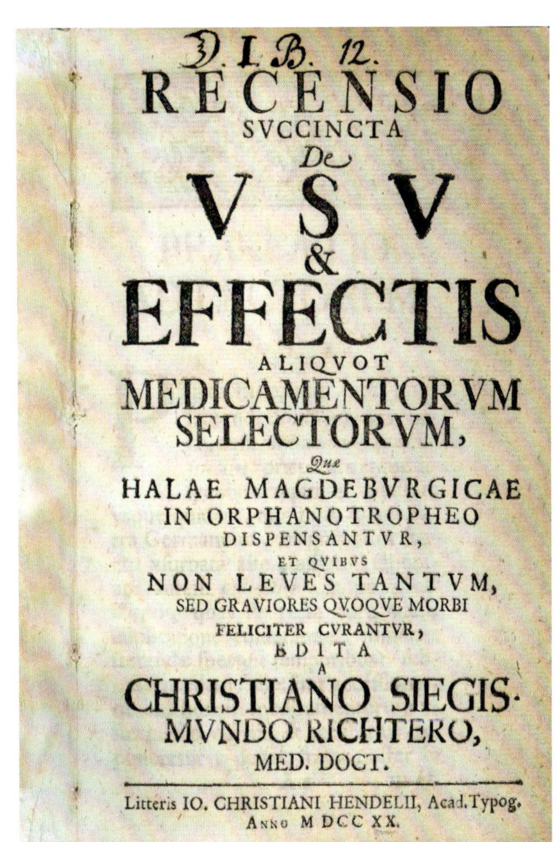
D. I. B. 12.
RECENSIO SVCCINCTA De VSV & EFFECTIS ALIQVOT MEDICAMENTORVM SELECTORVM, Quae HALAE MAGDEBVRGICAE IN ORPHANOTROPHEO DISPENSANTVR, ET QVIBVS NON LEVES TANTVM, SED GRAVIORES QVOQVE MORBI FELICITER CVRANTVR, EDITA A CHRISTIANO SIEGISMVNDO RICHTERO, MED. DOCT.
Litteris IO. CHRISTIANI HENDELII, Acad. Typog. ANNO M DCC XX.

4.17

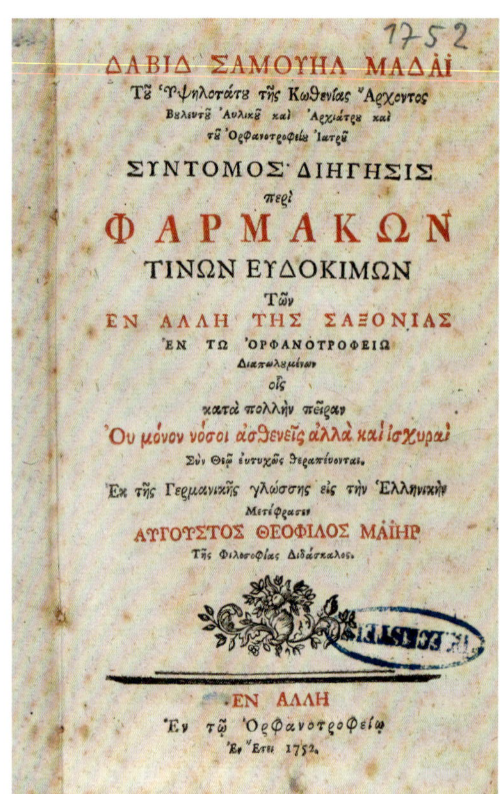
1752

ΔΑΒΙΔ ΣΑΜΟΥΗΛ ΜΑΔΑΪ

Τοῦ Ὑψηλοτάτου τῆς Κωθενίας Ἄρχοντος
Βουλευτοῦ Αὐλικοῦ καὶ Ἀρχιάτρου καὶ
τοῦ Ὀρφανοτροφείου Ἰατροῦ

ΣΥΝΤΟΜΟΣ ΔΙΗΓΗΣΙΣ
περὶ
ΦΑΡΜΑΚΩΝ
ΤΙΝΩΝ ΕΥΔΟΚΙΜΩΝ
Τῶν
ΕΝ ΑΛΛΗ ΤΗΣ ΣΑΞΟΝΙΑΣ
ἘΝ ΤΩ ὈΡΦΑΝΟΤΡΟΦΕΙΩ
Διαπωλουμένων
οἷς
κατὰ πολλὴν πεῖραν
Ου μόνον νόσοι ἀσθενεῖς ἀλλὰ καὶ ἰσχυραὶ
Σὺν Θεῷ εὐτυχῶς θεραπεύονται.

Ἐκ τῆς Γερμανικῆς γλώσσης εἰς τὴν Ἑλληνικὴν
Μετέφρασεν
ΑΥΓΟΥΣΤΟΣ ΘΕΟΦΙΛΟΣ ΜΑΪΗΡ
Τῆς Φιλοσοφίας Διδάσκαλος.

ΕΝ ΑΛΛΗ
Ἐν τῷ Ὀρφανοτροφείῳ
Ἐν Ἔτει 1752.

4.23

lichem Leben, Oder ein deutlicher Unterricht von der Gesundheit und deren Erhaltung: auch von den Ursachen, Kennzeichen und Nahmen der Kranckheiten, und bewährten Mitteln gegen dieselben, Damit ein jeder, auch Ungelehrter, bey Ermangelung eines Medici, sonderlich durch XI. sichere hierzu hinlänglich erfundene, und zu einer bequemen Haus= Reise= und Feld=Apothecken seligirten Medicamenta und Gebrauch dieses Tractats,vermöge bisheriger reichen Erfahrung, die gewöhnlichen, auch schweren Kranckheiten, sicher, und mit gutem Success curiren könne. 3. Aufl. [eigentl. 2. Aufl.]. Leipzig: Gleditzsch, 1710
Halle, Franckesche Stiftungen: BFSt: S/FS.2:851
► Richters *Kurtzer und deutlicher Unterricht* (Kat.-Nr. 4.15) erfuhr, hier unter einem geänderten Titel, zahlreiche Neuauflagen im 18. Jahrhundert. Dies zeugt vom Erfolg der hallischen Medikamente, die sich nicht nur international, sondern auch im deutschsprachigen Raum gut verkauften.

**4.17** Christian Sigismund Richter: Recensio Succincta De Usu & Effectis Aliquot Medicamentorum Selectorum, Quae Halae Magdeburgicae In Orphanotropheo Dispensantur, Et Quibus Non Leves Tantum, Sed Graviores Quoque Morbi Feliciter Curantur. Halle: Hendel, 1720
Halle, Franckesche Stiftungen: BFSt: S/A:1400
► Auch auf Latein wurden die Waisenhaus-Medikamente international beworben.

**4.18** Christian Sigismund Richter: Succincta Recensio De Medicamentis Aliquot Selectis, Quae Halae Magdeburgicae In Orphanotropheo Dispensantur, Et Quorum Legitimo Usu Non Leves Tantum, Sed Graviores Quoque Morbi, Teste Longa Experientia, Feliciter Depelluntur. 3. Aufl. Hg. von David Samuel von Madai. Halle: Waisenhaus, 1772
Halle, Franckesche Stiftungen: BFSt: S/FS.4:020
► Auch die lateinischen Werbeschriften wurden im 18. Jahrhundert mehrfach aufgelegt.

**4.19** David Samuel von Madai (1709–1780), Kupferstich und Radierung, 1761, Reproduktion
Leipzig, Universitätsbibliothek Leipzig, Porträtstichsammlung: 31/8
► Madai stammte aus Schemnitz in Ungarn, heute Banská Štiavnica in der Slowakei, und studierte Medizin in Halle. Er war zunächst als Arzt im Waisenhaus tätig und wurde 1739 Leiter der Medikamenten-Expedition. Unter seiner Leitung expandierte diese beträchtlich.
● *Abbildung auf Seite 121*

**4.20** David Samuel von Madai: Kurtze Nachricht von dem Nutzen und Gebrauch einiger bewährten Medicamenten, Welche zu Halle im Magdeburgischen in dem Wäisenhause dispensiret werden, Und womit […] Nicht nur geringe, sondern auch schwere Kranckheiten […] können curiret werden. 3. Aufl. Halle: Medicamenten-Expedition im Waisenhause [, 1754]
Halle, Franckesche Stiftungen: BFSt: S/VERL:2814
► In der Tradition Christian Friedrich Richters verfasste auch Madai eine Werbeschrift bzw. eine Anleitung zur Behandlung von Krankheiten mit den Arzneien der Medikamenten-Expedition, die mehrere Auflagen erfuhr.

**4.21** David Samuel von Madai: Kort bericht van de nuttigheid en't gebruik van eenige beproefde geneesmiddelen; dewelke te Halle […] in het Weeshuis worden uitgegeven. Amsterdam: Bernard, 1741
Halle, Franckesche Stiftungen: BFSt: S/FS.4:032
► Auch ins Niederländische wurde Madais *Kurtze Nachricht* übersetzt. Dies ist ein Hinweis darauf, dass hallische Medikamente auch in den Niederlanden vertrieben wurden.

**4.22** David Samuel von Madai: Courte Instruction sur L'Usage Et Les Effets de Certains Remedes éprouvés qui se vendent à Halle dans la Maison des Orphelins et par lesquels on peut avec l'Aide & la Bénédiction du Ciel guérir toutes

Sortes Maladies, légéres ou dangereuses. Halle: Waisenhaus, 1749
Halle, Franckesche Stiftungen: BFSt: S/FS.4:026
► Madais *Kurtze Nachricht* wurde auch in französischer Übersetzung vom Verlag des Waisenhauses herausgegeben.

**4.23** David Samuel von Madai: Tou Gphelotatou Tes Kōtheyias Archoytos [...] Syntomos Dihēgēsis peri Pharmakōn Tinōn Eudokimōn Tōn En Hallē Tēs Saxonias En Tō Orphanotropheiō Diapōlumenōn hois kata pollēn peiran U monon nosoi astheneis alla kai ischurai Syn Theō eutuchōs therapeuontai. Halle: Waisenhaus, 1752
Halle, Franckesche Stiftungen: BFSt: S/FS.4:036
► Diese vom Verlag des Waisenhauses verlegte altgriechische Ausgabe von Madais Schrift sollte anscheinend den Vertrieb der Medikamente auf dem Balkan und im Orient, wo Orientalische Christen lebten, stimulieren.

**4.24** David Samuel von Madai: Krotka Nauka o Zazywaniu Skutkach Pewnych Lekarstw Doświadczonych w Halli Magdeburskiey w Sierocym Domie [...] Na Polskie Przelozona. Halle: Waisenhaus, 1774
Halle, Franckesche Stiftungen: BFSt: S/FS.4:030
► Auch eine polnische Übersetzung von Madais Schrift publizierte der Verlag des Waisenhauses.

**4.25** David Samuel von Madai: A Short Account Of The Effects And Use Of Some Approved Medicines. Which Are Dispensed In The Orphanhouse At Halle In The Dutchy Of Magdeburg; And By Which Not Only Slight, But Also Hard And Difficult Diseases By The Blessing Of God May Be Successfully Cured. Halle: Waisenhaus [, 1784]
Halle, Franckesche Stiftungen: BFSt: S/FS.4:028
► Sogar eine englische Ausgabe von Madais Schrift gab der Verlag des Waisenhauses heraus. Mit dieser sollte nicht nur der englische Markt, sondern vor allem auch der Markt in den nordamerikanischen Kolonien, wo hallische Medikamente sehr erfolgreich waren, bedient werden.

**4.26** Apothekenglas für T[INCTU]R[A] GENTIAN[AE] COMP[OSITA], 18. Jahrhundert
Höhe 21 cm, Ø 10 cm
Halle, Franckesche Stiftungen
► Das Glas aus der Apotheke des Waisenhauses enthielt „Zusammengesetzte Enziantinktur".

**4.27 a+b)**

**a)** In Papier und Stoff eingeschlagene Medikamentensendung aus der Medikamenten-Expedition der Glauchaschen Anstalten, 18. Jahrhundert
Höhe 2,4 cm, Breite 4,5 cm, Länge 7 cm
Halle, Franckesche Stiftungen: AFSt/D 0333

**b)** In Papier und Stoff eingeschlagene sowie versiegelte Medikamentensendung aus der Medikamenten-Expedition der Glauchaschen Anstalten, 18. Jahrhundert
Höhe 2 cm, Breite 3 cm, Länge 5,5 cm
Halle, Franckesche Stiftungen: AFSt/D 0334
► Die Beschriftung verweist darauf, dass die Sendung Pulvis Temperans Albus enthalten sollte. Viele Medikamentensendungen wurden versiegelt, damit der Käufer sicher sein konnte, ein Medikament des Waisenhauses und kein Nachahmerprodukt zu kaufen.

**4.28** Ansicht von Archangelsk, Kupferstich von Romein de Hooghe in: [Balthasar Coyet:] Historisch Verhael, Of Beschryving Van de Voyagie, Gedaen onder de Suite van den Heere Koenrad van Klenk, Extraordinaris Ambassadeur Van haer Ho. Mog. de Heeren Staeten Generael, En sijn Hoogheyt den Heere Prince von Orange Aan Zijne Zaarsche Majesteyt van Moscovien; nevens een pertinente Beschrijvinge van het selve Rijk, Inwoonderen, Zeeden, Manieren, Rechten, Godsdiensten, en veele anmerckelijcke

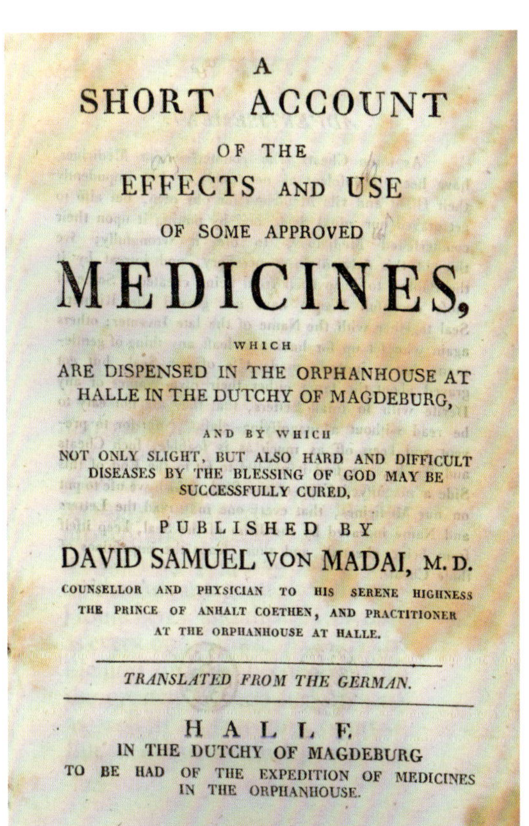
A SHORT ACCOUNT OF THE EFFECTS AND USE OF SOME APPROVED MEDICINES, WHICH ARE DISPENSED IN THE ORPHANHOUSE AT HALLE IN THE DUTCHY OF MAGDEBURG, AND BY WHICH NOT ONLY SLIGHT, BUT ALSO HARD AND DIFFICULT DISEASES BY THE BLESSING OF GOD MAY BE SUCCESSFULLY CURED, PUBLISHED BY DAVID SAMUEL VON MADAI, M. D. COUNSELLOR AND PHYSICIAN TO HIS SERENE HIGHNESS THE PRINCE OF ANHALT COETHEN, AND PRACTITIONER AT THE ORPHANHOUSE AT HALLE.

TRANSLATED FROM THE GERMAN.

HALLE IN THE DUTCHY OF MAGDEBURG TO BE HAD OF THE EXPEDITION OF MEDICINES IN THE ORPHANHOUSE.

4.25

4.26

voorvallen in dese Reys ontmoet. Amsterdam: ten Hoorn, 1677, Reproduktion
Göttingen, Niedersächsische Staats- und Universitätsbibliothek: HG-MAG: 8 ITIN I, 1878
► In der ersten Hälfte des 18. Jahrhunderts war Russland der wichtigste europäische Markt für Arzneien aus der Medikamenten-Expedition. Ein Großteil der Einfuhren erfolgte über Archangelsk am Weißen Meer, wo Agenten des Waisenhauses die Distribution und den Transport durch Russland organisierten.
• *Abbildung auf Seite 119*

**4.29** Fort St. George in Madras, kolorierte Radierung von Jan Van Ryne, 1754, Reproduktion
Berlin, akg-images: AKG3832467
► Madras war das wichtigste Zentrum der englischen

Herrschaft im Südosten Indiens. Hier waren Missionare aus den Glauchaschen Anstalten tätig und häufig erfolgte die Einfuhr von Arzneien der Medikamenten-Expedition über Madras.

**4.30** Modell eines niederländischen Ostindienfahrers, Anfang 18. Jahrhundert
Höhe 50 cm, Breite 20 cm, Länge 90 cm
Privatbesitz, Udo Schmidt
► Nicht nur die nach Indien reisenden Missionare, sondern auch die dorthin exportierten Medikamente reisten mit solchen Schiffen. Ostindienfahrer waren große, bewaffnete Handelsschiffe, die Angriffe von Piraten, wirtschaftlichen Konkurrenten oder feindlichen Mächten abwehren konnten. Dieses Modell ist ein sogenanntes Werftmodell, die Takelage fehlt.

**4.31** Ansicht von Philadelphia, kolorierter Kupferstich von George Heap, 1761, Reproduktion
Philadelphia, American Philosophical Society: Graphics No. M42-38-9
► In der zweiten Hälfte des 18. Jahrhunderts wurden die britischen Kolonien wichtigster Absatzmarkt für hallische Arzneien. Von hallischen Pastoren betreute deutschstämmige Lutheraner in Georgia und vor allem in Pennsylvania wurden teilweise unentgeltlich mit diesen versorgt. Aber zunehmend wurden die Medikamente dort auch in großen Mengen gehandelt.
• *Abbildung auf Seite 123*

**4.32** Wechsel von Jacob Klein und Johann Friedrich König an Gottlieb Anastasius Freylinghausen, Manuskript, Tranquebar, 28.07.1783
Halle, Franckesche Stiftungen: AFSt/H C 841 : 163
► Ein Problem im internationalen Handel der Frühen Neuzeit waren die Geldtransfers. Um diese zu vermeiden, wurden solche Wechselbriefe ausgestellt. Die in Indien weilenden Missionare Klein (1721–1790) und König (1741–1795) haben anscheinend für dort erhaltenes Geld oder erhaltene Ware diesen Wechsel ausgestellt. Der Überbringer konnte diesen dann in Halle bei Freylinghausen (1719–1785), dem Direktor der Glauchaschen Anstalten, einlösen.

4.29

# 5

# Vertreibung und Flucht um des Glaubens willen

BRIGITTE KLOSTERBERG

# „Der Segen dieser seiner Reisen wird noch in der Ewigkeit offenbar werden."

## Heinrich Mildes Reisen zur Unterstützung böhmischer Protestanten

Heinrich Milde (1676–1739) war ein enger Mitarbeiter August Hermann Franckes. Er bezog 1715 ein Zimmer in dessen Pfarrhaus und blieb von da an bis zu seinem Tod für das Hallesche Waisenhaus tätig. Dmitrij I. Tschižewskij, sein Doktorand Alfred Mietzschke und Eduard Winter haben die Bedeutung Mildes für die Betreuung böhmischer Exulanten und den tschechischen Buchdruck in Halle beschrieben,[1] dabei aber einen Aspekt nur am Rande behandelt: Mildes Reisetätigkeit. Dabei hat bereits Mildes erster Biograph Johann Adam Steinmetz (1689–1742) Mildes Reisen als Movens und Ausdruck seines Engagements für die verfolgten böhmischen Protestanten herausgehoben. In dem Lebenslauf Mildes, 1742 im Druck erschienen, beschreibt Steinmetz, dass dieser 1706 erstmals Böhmen bereist habe, ein Jahr später Informator in Wohlbach, das wenige Kilometer von der böhmischen Grenze entfernt lag, bei dem Pfarrer Christian Friedrich Crusius (1670–1743) geworden sei und von da aus immer wieder Reisen nach Böhmen unternommen habe. Die immense Wirkung dieser Reisen auf Milde fasst Steinmetz wie folgt zusammen:

> „Dis gab ihm Veranlassung, aus recht dringender Liebe den Zustand der Kirche Christi in Böhmen, und zugleich die Böhmische Sprache zu lernen, allerley Böhmische Bücher, die von der Wahrheit des Evangelii handeln, zusammen zu kauffen, und hier und da von des seligen Johann Hussens Nachkommen verschiedene anzutreffen. […] Eben dis machte ihn zu einem fast steten Pilgrim, der in den Tagen seiner Pilgrimschafft gar viel gereiset ist: indem nicht leicht ein Jahr seit seinem Böhmischen Auffenthalt vorkömmt, (die letzten Lebens-Jahre ausgenommen) da er nicht eine und andere Reise und mehrentheils zu Fusse gethan hätte. Der Segen dieser seiner Reisen wird noch in der Ewigkeit offenbar werden."[2]

Heute erinnern die Bücher und Handschriften aus dem Besitz Mildes, die er testamentarisch dem Waisenhaus vermachte, an sein Interesse an der Geschichte der Böhmischen Brüder und der verfolgten böhmischen Lutheraner. In seiner Bibliothek befinden sich allein 65 Drucke in tschechischer Sprache, die zum Teil von exilierten Lutheranern stammten, sowie thematisch einschlägige Schriften auf Deutsch und Latein.[3] Da er die Gewohnheit hatte, Notizen und Beobachtungen, teils aus seinem persönlichen Leben, teils aus Politik, Geschichte und der aktuellen Situation des Waisenhauses in seiner ausladenden Handschrift in die Bücher zu schreiben oder diese als *Album amicorum* zu nutzen, erfahren wir nicht nur etwas über sein Denken und Handeln bzw. seine personellen Netzwerke, sondern auch, wie Mietzschke gezeigt hat, über seinen Lebensweg und seine Reisen oder anders ausgedrückt sein Itinerar.[4] In Kombination mit seiner Korrespondenz bzw. der Korrespondenz Franckes sowie der Lebensbeschreibung von Steinmetz entsteht so ein zwar fragmentarisches, aber durchaus stimmiges Bild seiner Tätigkeit für das Hallesche Waisenhaus im Kontext der böhmischen Emigration. Dabei ist zu beachten, dass die Überlieferung im Archiv der Franckeschen Stiftungen und in Mildes Bibliothek primär Auskunft über die Organisation der Betreuung protestan-

VORHERIGE DOPPELSEITE:
5.3 | Auswanderung böhmischer Flüchtlinge mit Georg Israel nach Polen im Jahr 1548, Öl auf Holz, 19. Jahrhundert. Herrnhut, Unitätsarchiv: GS 011. (Detail)

5.23 | 1688 bauten die in Ves Panĕ angesiedelten Böhmen eine Schrotholzkirche in böhmischer Tradition. Evangelischer Pfarrbereich Barby, Foto: Burghardt Westphal.

tischer Minderheiten in Böhmen und Oberungarn und der böhmischen Exilgemeinden in Ves Panĕ (Wespen), Großhennersdorf und Berlin liefert, aber kaum Einblick in das persönliche Schicksal der Böhmen, ihre Unterdrückung, Verfolgung oder Flucht gewährt – ganz im Gegensatz zu der reichen Überlieferung von Lebensläufen böhmischer Exulanten im Archiv der Brüderunität in Herrnhut, in denen die Betroffenen selbst die Flucht als zentralen Wendepunkt ihrer Biographie thematisieren.[5] Für Milde jedenfalls, so sein Biograph Steinmetz, führen dessen frühe Reisen nach Böhmen zu einem lebenslangen Projekt, „[…] diesem verlassenen Volck auf alle nur ersinnliche Weise zu Hülfe zu kommen."[6] Mildes Reisen fügen sich also nahtlos in die Reich-Gottes-Arbeit des Halleschen Waisenhauses ein, stellen aber zugleich exemplarisch vor, welche Anlässe, Bedingungen, Beobachtungen und Begegnungen die Reisen eines fast mittellosen Theologen im frühen 18. Jahrhundert bestimmen konnten.

### Reiseanlässe

Der Anlass für seine erste Reise nach Böhmen, die Milde nach seinem Theologiestudium in Halle 1706 unternahm, hatte ganz persönliche Gründe: Auf Grund seiner schwachen Konstitution und Gesundheit reiste er zu einem Kuraufenthalt nach Karlsbad (Karlovy Vary). Dieser ersten Kur sollten in den nächsten Jahren weitere Kuren, unter anderem in Teplitz (Teplice), folgen, die er von Wohlbach aus unternahm. Die Nähe von Wohlbach zur böhmischen Grenze begünstigte also seine Reisen in das Innere Böhmens, die mit der Zeit einen anderen Charakter annahmen, denn Milde nahm Kontakt mit Deutschen in Böhmen auf, erwarb Bücher für seine Bibliothek und verschaffte sich einen Eindruck von der Situation der böhmischen Lutheraner. Diese Reisen stellte Milde ein, als er nicht mehr für Pfarrer Crusius in Wohlbach arbeitete.

Nachdem Milde wieder in Halle war und seine Tätigkeit für das Hallesche Waisenhaus aufgenommen hatte, wurden die Anlässe für seine Reisen von außen an ihn herangetragen.

5.1 | Karte von Böhmen, Mähren, Schlesien und der Lausitz, kolorierter Kupferstich, Amsterdam, 17. Jahrhundert.

OHEME.OU SONT LE ROYAUME DE BOHEME LE DUCHÉ DE SILESIE.LES
USACE SUBDIVISÉS EN LEURS PRINCIPALES PARTIES. *Dressé sur les Memoires les plus Nouveaux Par le Sr. SANSON Geographe ordinaire du Roy*

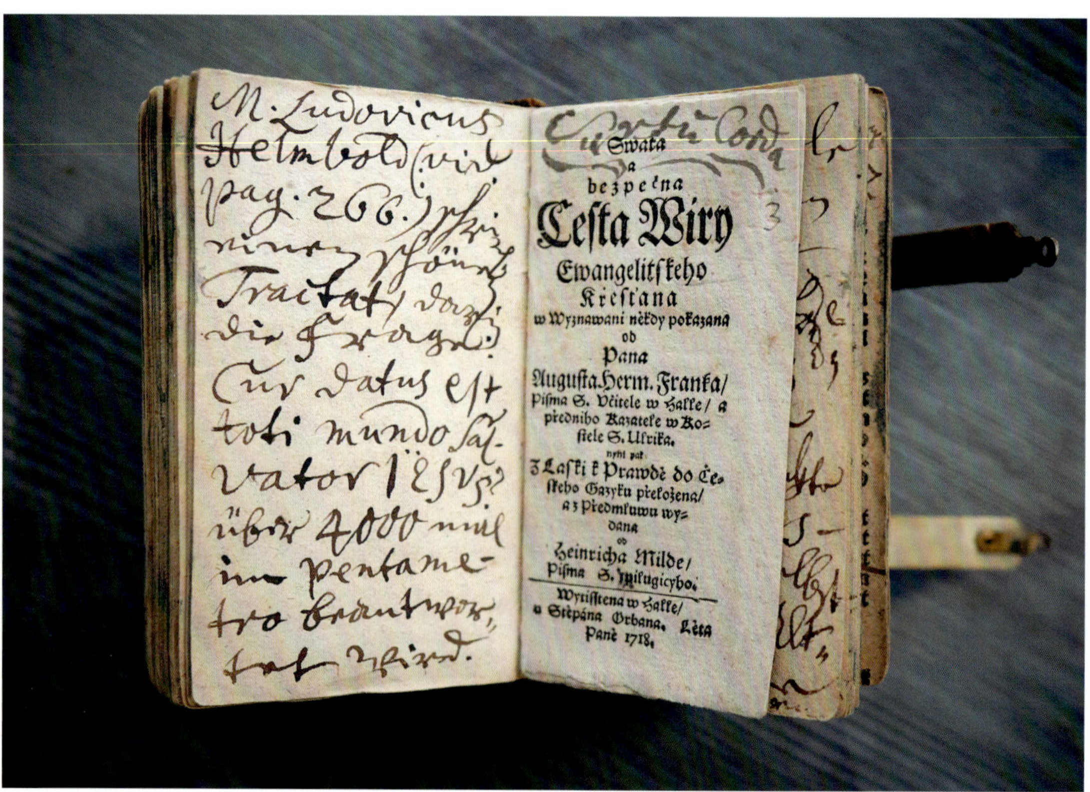


5.26 | August Hermann Francke: Swata a bezpečna Cesta Wiry Ewangelitskeho Křest'ana (Der heilige und sichere Glaubensweg eines evangelischen Christen). Ins Tschechische übersetzt und mit Bemerkungen versehen von Heinrich Milde. Halle: Orban, 1718.

So nahm Ernst Bogislaus Ventzcke (1681–1758), Pfarrer in Barby und zuständig für die böhmische Exulantengemeinde in Ves Panĕ, 1720 Kontakt mit Milde auf, lud ihn ein und schickte ihm sogar Geld für die Reise. Ventzcke korrespondierte schon länger mit Francke und hatte wohl in Erfahrung gebracht, dass Milde Tschechisch sprach. Er bat Milde, ihm Tschechisch-Unterricht zu erteilen, um die Gemeindemitglieder verstehen zu können:

> „Denn es macht mir oft große Bekümmerniß, daß gar nicht um den innerlichen Seelen Zustand dieser Leute weiß; [...] Und dieß ist eben die Ursach, warum ich m[einen] h[ochzuehrenden] H[errn] (nachdem ich gehöret habe, daß Sie Böhmisch verstehen) gern einmahl mögte bey mir haben, um durch Sie mich des Zustandes dieser Seelen zu erkundigen. [...] Die Reisekosten will ich Ihnen gern bezahlen.“[7]

Drei Jahre später richtete Henriette Catharina von Gersdorf (1648–1726) ein Bittgesuch an Francke, einen Prediger, der Tschechisch sprach, für die böhmische Exulantengemeinde in Großhennersdorf zu entsenden. Auch hier sprang Milde auf Grund seiner Sprachkompetenz ein und besuchte 1724 die Exulanten, vor denen er zum Pfingstfest in ihrer Heimatsprache predigte. Doch Francke entschloss sich, nicht Milde, sondern den Schlesier Jan Liberda (1700–1742), der vorher in Teschen (Cieszyn) tätig war, als Prediger dauerhaft in die Lausitz zu vermitteln. Nichtsdestotrotz behielt Milde Kontakt zu der Gemeinde und besuchte 1726, 1728 und 1735 Großhennersdorf. Als die Gemeinde nach Rixdorf in Berlin übersiedelte, reiste er noch im hohen Alter dorthin, um an dem Eröffnungsgottesdienst der neu errichten Bethlehemskirche 1737 teilzunehmen.[8]

## Reisebedingungen

Heinrich Milde reiste in jungen Jahren – was keineswegs unüblich war – meistens zu Fuß. Sein Biograph Steinmetz zitiert Milde selbst nach einer Notiz auf dessen Universitätspass:

> „Als ich A. 1706. zum erstenmal ins Carlsbad reisete, zog ich in Halle ein Paar neue Schuh an, und ging zu Fusse durch Sachsen nach Böhmen. Bin auch damit

einsmals aus dem Vogtlande nach Schönberg in der Altmark 40. Meilen weit fast immer zu Fuß gereiset und auch wieder zurück dorthin. Und da ich zum siebentenmal aus dem Carlsbade kam, und nach Halle zog, bin ich damit A. 1713 noch des Abends zu Tische gewesen, auch sie hernach einem armen Knaben gegeben, welchem sie sehr lieb waren, weil sie noch gut gewesen."[9]

Milde reiste niemals ohne den Psalter und einen beglaubigten Pass, nur einmal – so Steinmetz – sei er ohne Pass von Wohlbach nach Teplitz gereist, worüber er wiederum auf einem Pass Folgendes notiert habe: „Mein Paßbrief war stets der Spruch: Tastet meinen Gesalbten nicht an. Ein wiedergeborner Christ ist ein Gesalbter. Psal 105,15."[10] Milde benutzte den Pass also hier in einem doppelten Sinn, als Reisedokument und als Dokument seiner Lebensreise als frommer Christ. Das Datum der Ausstellung seines Passes erinnerte ihn an anderer Stelle an das Schicksal von Jan Hus: „Mein Paß wurde zu Lützen vom Rath unterschrieben. D. 5. Jul. 1711. […] D. 6. Jul. 1415 wurde Joh. Huss verbrant."[11]

Wenn Milde im Auftrag des Waisenhauses auf Reisen ging, stellte ihm Francke ein Empfehlungsschreiben aus. So notierte dieser in seinem Tagebuch am 27. April 1724: „H. Milde ist ab- u. in die Lausitz gereiset, dem ein recommendations-Schreiben mitgegeben."[12] Ohne Autorisierung Franckes wurde Milde also nicht tätig.

Die Reiserouten Mildes sind zum Teil bekannt. Seine erste Reise nach Böhmen 1706 führte ihn beispielsweise über Halle, Leipzig, Borna, Annaberg, Wiesenthal nach Joachimsthal (Jáchymov) und von dort weiter nach Karlsbad.[13] Nach seinem Besuch in Teplitz wenige Jahre später reiste er weiter zur Elbe nach Außig (Ústí nad Labem) und über Bodenbach, Tetschen (Děčin), Böhmisch Kamnitz (Česká Kamenice), Rumburg (Rumburk), Zittau, Dresden nach Wohlbach.[14] Halle und Wohlbach sind also die Ausgangs- und Endpunkte seiner Reisen, auf denen er Personen besuchte, die ihm wahrscheinlich vermittelt wurden. Als er von Karlsbad über Elbogen (Loket), Falkenau (Sokolov), Königsberg (Kynšperk nad Ohří) nach Eger (Cheb) reiste, besuchte er beispielsweise einen Buchdrucker namens Herper,[15] der wie er aus dem Magdeburgischen stammte, und

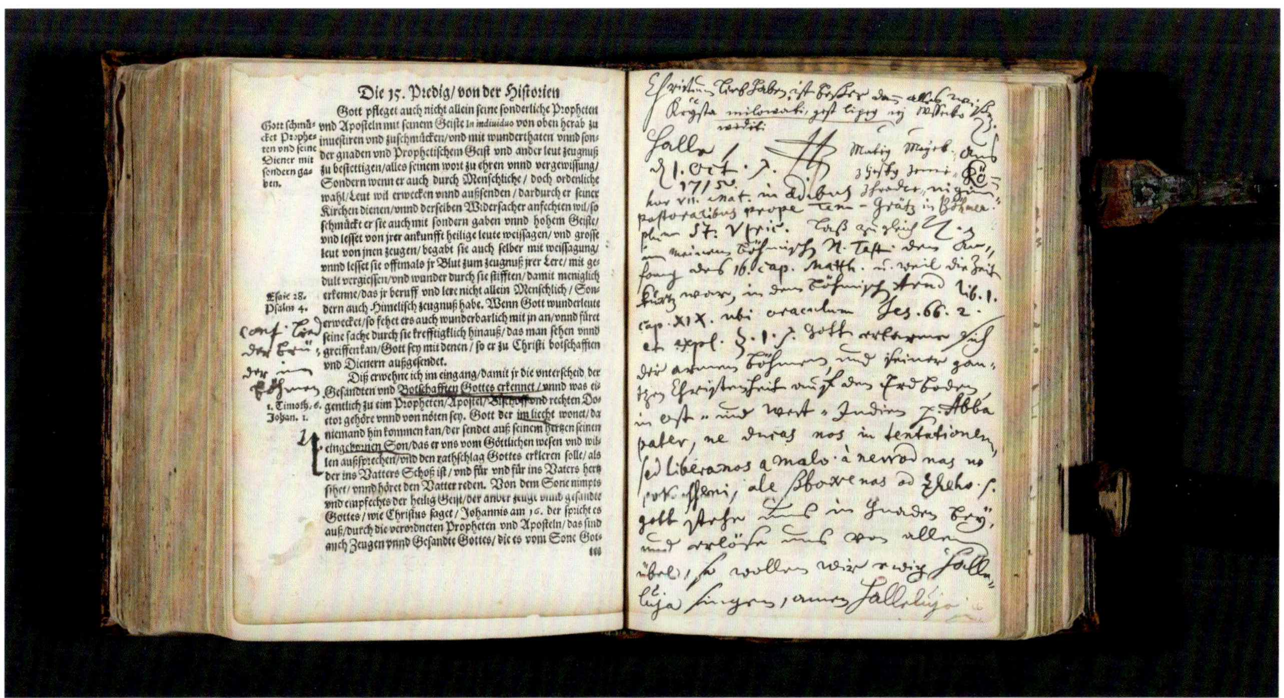


5.20 | Sammelband aus dem Besitz von Heinrich Milde mit Stammbucheintrag von Matěj Maček, 1715.

5.22 | Die böhmische Exulanten-Kolonie Rixdorf, Kupferstich, 1755. Herrnhut, Unitätsarchiv der Evangelischen Brüder-Unität: Bd_37_a_12.

kehrte von dort in das Vogtland zurück. Auffallend ist, dass ein direkter Kontakt Mildes mit den Lutheranern in Böhmen in den Quellen nicht überliefert ist.

Während er durch Böhmen wohl allein reiste, unternahm er später auch Reisen in Begleitung, unter anderem mit dem Böhmen Matěj Maček. Davon zeugt ein Eintrag unter dem Datum des 2. April in sein Exemplar des *Calendariums Historicum* von Abraham Saur aus dem Jahr 1594, einer zeittypischen Chronik, in der unter den Tagesdaten wichtige historische Ereignisse abgedruckt sind, die mit handschriftlichen Eintragungen Mildes wie in einem Tagebuch fortgeschrieben wurden:

„Als der Herr Prof. anno 1720. mit dem Herrn D. Herrnschmid nach Berlin gereiset war, besuchte ich in zwischen mit dem Herrn Past. Ventzcken die liebe Böhmen in d Grafschaft Barby p. und anno 1721. wie Er nach Leipzig, Jene u. Dresden war, spatzierte ich mit Matth. Matscheck, Bohemo, über Merseburg, Weissenfels, Naumburg, Querfurt, Eissleben, Seeburg und Bensted wieder nach Halle."[16]

Ebenso ist belegt, dass Milde eine Konzession erbat, um mit dem Böhmen Wenzelslaus Letochleb 1737 nach Berlin zu reisen.[17]

Wo Milde auf seinen Reisen Unterkunft fand, ist kaum bekannt. Häufig dürfte es ein Wirtshaus gewesen sein, wie auf seiner ersten Reise nach Böhmen: „Zu Joachims-Thale aß ich das erste Abendbrod in Böhmen, da ich im schwarzen Adler logirte, als ich anno 1706 ins Carls-Bad ging […]!"[18] Eine genauere Beschreibung seiner Reisen dürfte Mildes Reise-Journalen zu entnehmen gewesen sein, die aber leider nicht überliefert sind.[19]

### Reisebeobachtungen

Da Mildes Reise-Journale nicht mehr vorhanden sind, stellt sich die Frage, ob dort womöglich ausführliche Beobachtungen über Land und Leute zu finden gewesen wären. Auffallend dürftig fallen nämlich in dieser Hinsicht Mildes Notizen in seinen Büchern aus. Er beklagte zwar immer wieder das Schicksal der Böhmen, konkrete Beschreibungen ihrer Lebensumstände finden sich aber selten. Bei seiner ersten Reise in katholisches Gebiet fielen ihm die Kruzifixe auf, später beobachtete er eine katholische Prozession.[20] Doch erst im Rückblick beschrieb er die bedrohliche Situation der protestantischen Böhmen, nämlich in der Vorrede zu seinem Opus Magnum *Armamentarium Davidicum*, das zwar als Manuskript vollständig überliefert ist, aber nie gedruckt wurde.

> „Wenn ich an die elenden Leute in der Römischen Kirche gedencke, welche in blindem Eifer so viele Böhmische und andere Bibeln verbrannt haben, so möchten mir die Haare zu Berge stehen. Als ich vor 20 Jahren zu Fraureuth in Böhmen war, erzehlte mir des Wirts Sohn, es habe vor einigen Tagen ein Handwercksbursche seine Bibel in selbigem Wirts-Hause liegen lassen, und nach etlichen Tagen kömmt der Pater herein, und wie er dieselbige gewahr wird, spricht er, das sey ein Ketzerisch Buch, spaziret die Stube auf und nieder und reißet inzwischen ein Blatt nach dem andern aus der Bibel, daß dieselben in der Stube herumfliegen.“[21]

Buchbesitz, das dürfte den bibliophilen Heinrich Milde sehr beeindruckt haben, stellte einen wesentlichen Grund für die Verfolgung der Krypto-Protestanten in Böhmen dar.[22] Denn die protestantischen Schriften standen auf dem *Index librorum prohibitorum* der katholischen Kirche, so dass den Besitzern die Inhaftierung, den Büchern selbst die Vernichtung drohte. Diese grundlegende Erfahrung beeinflusste später die umsichtige Verteilung der von Milde in Halle zum Druck beförderten Bücher in tschechischer Sprache.

### Begegnungen mit böhmischen Exulanten

Die persönliche Begegnung Mildes mit böhmischen Exulanten erfolgte weniger auf Reisen, sondern an seinem Lebens- und Wohnort in Halle. Dort lernte er den bereits genannten Matěj Maček kennen, einen – so Steinmetz – „damals unter die Waysenkinder recipirten gebornen Böhmen“,[23] der aus Neustadt bei Königgrätz (Hradec Králové) stammte, mit seiner Familie nach Niederschlesien ausgewandert war und in Halle studierte.[24] Milde ging mit ihm eine enge Arbeitsgemeinschaft ein und gewann ihn für die Übersetzung pietistischer Traktatliteratur ins Tschechische, wodurch Halle zum wichtigsten Druckort tschechischer Bücher wurde. Offensichtlich sprach sich Mildes Interesse für die Böhmen in Halle herum und auch vorübergehend in Halle anwesende Böhmen wurden mit Milde bekannt gemacht. Beispielsweise notierte Milde 1717 in sein Exemplar des *Calendarium Historicum*:

> „d. 7. Jul. 1717. Ging ich mit Herrn Walramo Luttern so bißhero in Böhmen bey einen Catholischen Graffen Hoff-Prediger gewesen, und jetzt die Evangelische Lauterckeit in der Wahrheit erkennet, nach dem Waysen-Hause in der SingStunde, woselbst d Herr Pastor Freylingh. die Worte Christi Joh. 17.4. erklärete [...] [Dieser] reisete des folgenden Tages nach Jena.“[25]

Eine direkte Kontaktaufnahme zu den Exulanten in Ves Panĕ und Großhennersdorf ist nur ansatzweise aus den Quellen zu erkennen. Die Begegnung lief über Kontaktpersonen, wie den Pastor Ventzcke aus Barby, die zu den Anhängern des Halleschen Waisenhauses zählten und in dessen personelles Netzwerk einbezogen waren. Milde bereitete seine Reise nach Ves Panĕ vor und bat Ventzcke im Vorfeld, etwas über die Siedlung und das Schicksal der Gemeinde mitzuteilen. Ventzcke schrieb ihm im März 1720: Nach dem Westfälischen Frieden habe Ferdinand III. (1608–1657) die Ausübung der Religion, wie sie 1624 gewesen sei, wieder angeordnet. Darauf seien diese Böhmen, die aus einem Ort 18 Meilen von Prag entfernt stammten, aus ihrem Vaterland geflohen, erst nach Schlesien, dann nach Halle gezogen und hätten dann den Platz im Barbyschen erhalten, „da sie sich denn Anfangs elendiglich in Hütten beholffen“. Einige seien wieder in ihre Heimat zurückgegangen und vom protestantischen Glauben abgefallen.

Diejenigen, die in ihrer neuen Gemeinde Ves Panĕ blieben, sorgten dafür, dass eine Kirche erbaut wurde, „worzu die Böhmen das Holtz und die Kosten im Lande zusam-

5.16 | Diese Bibel stammt aus dem Besitz einer böhmischen Protestantenfamilie, die sich in Halle niedergelassen hatte: Bibli Czeská. [Prag: Melantrich], [1556]/1557. Halle, Evangelische Marktkirchengemeinde, Marienbibliothek: Hof 76 Fol.

mengebeten" hätten. Nach Ventzcke lebten die Leute dort in großer Armut und die Jugend hätte keine Chance, eine Schule vor Ort zu besuchen. Zwei ältere Gemeindemitglieder könnten überhaupt kein Deutsch, während ein gewisser Samuel Ruthe, ein Fleischer von fast 60 Jahren, Tschechisch und Deutsch spreche.[26] Diesen Samuel Ruthe lernte Milde auf eine so persönliche Weise kennen, dass Ruthe beim Abschied bitterlich geweint haben soll und ihm drei wertvolle Bücher in tschechischer Sprache aus seinem Familienbesitz übereignete: ein Exemplar der 1537 in Prag gedruckten Luther-Bibel aus der Offizin von Paul Severin, das illustrierte, 1596 in Prag gedruckte *Herbarium* des Pietro Andrea Mattioli und eine Schrift des Thomas von Kempen in einer Ausgabe aus dem Jahr 1598.[27] Milde machte sich das Schicksal der Familie Ruthe zu eigen und schrieb auf das Vorsatzblatt der Bibel, wie diese über Generationen in der Familie weitergegeben und auf der Flucht ins Exil gerettet worden ist:

> „Diese edle Bibel, wofür Gott im Himmel ewig gelobet sey, habe ich von H. Samuel Ruthen, einem Bürger in Barby gekauffet, und wurde mir von da mit der Post nach Halle geschicket. Er hat sie selbst mit aus Böhmen gebracht. Sein H. Vater Matthias Ruthe hat dieselbe von seinem Seel. Schwieger-Vater H. Andrea Rosen, einem Prediger auf einem Dorffe 3 Meilen von Prage, da sie noch zu Lutheri Zeiten gedruckt ist, ererbet; als dieser der Religion wegen aus dem Königlichen Böhmen gewiesen, ist er nach Zittau geflüchtet, alda er auch sein Leben geendiget."[28]

In der Bibel materialisiert sich selbst angesichts der widrigen Umstände der Verfolgung und Flucht der unerschütterliche Glaube der Exulanten, die Bücher im Geheimen aufbewahrt und im familiären Kreis genutzt haben.[29] Milde erwarb diese Bücher, um sie dauerhaft zunächst in seiner eigenen Büchersammlung und nach seinem Tod in der Bibliothek des Waisenhauses zu sichern und als Dokumente des Glaubens der böhmischen Lutheraner der Nachwelt zu überliefern. Insofern ist seine Bibliothek nicht einfach eine Bibliothek eines frommen Theologen, sondern ein Glaubenszeugnis.

So wie von Ventzke wurde Milde auch von Jan Liberda über die Gemeindesituation brieflich informiert. Liberda schilderte ihm, dass die Exulantengemeinde in Großhennersdorf auf dreißig Familien angewachsen sei, ständigen Zulauf erhalte und die Familien in beengten Verhältnissen – bis zu 27 Personen „in einem Hause und Stube" – untergebracht seien.[30] Liberda war aber nicht nur Informant Mildes, sondern bat Milde um konkrete Unterstützung: Er wünschte sich eine Wiederauflage des Drucks des böhmischen Neuen Testaments, das Milde dann auch 1730 herausbrachte.[31] Liberda erkannte damit die Stärken Mildes in der Unterstützung der böhmischen Lutheraner: ihre Versorgung mit einer tschechischen Bibel und frommen Traktaten in ihrer Muttersprache.

**Reisende Bücher**

Mildes frühe Reisen nach Böhmen führten nach dem eingangs aufgeführten Zitat von Steinmetz dazu, dass er die tschechische Sprache erlernte, Kontakt zu Böhmen pflegte und Bücher in tschechischer Sprache sammelte. Das Büchersammeln spielte eine zentrale Rolle für Milde. Seine Bibliothek gab den Büchern zur Geschichte der Böhmen, in tschechischer Sprache oder aus dem Besitz böhmischer Exulanten gleichsam ein Zuhause, eine sichere Aufbewahrung vor der Zerstörung durch die Inquisition. Sie mussten nicht mehr versteckt, verschwiegen oder gerettet werden: Ihre Reise war im übertragenen Sinn zu einem guten Ende gekommen.

Auf das Reisen der Bücher in übertragenem Sinn zielte dagegen die Produktion tschechischer Bücher in Halle, allen voran der böhmischen Bibel von 1722. Milde ist es zu verdanken, dass zwischen 1718 und 1736 protestantische Erbauungsliteratur auf Tschechisch in hohen Auflagen gedruckt und verbreitet wurde. Über die Anzahl der Exemplare widersprechen sich die Quellen: Von 24.000, 39.000 oder sogar 49.000 Exemplaren bis 1723 ist die Rede;[32] Mildes Biograph Steinmetz führt bis 1736 54.500 Exemplare auf,[33] darunter August Hermann Franckes *Der heilige und sichere Glaubensweg eines evangelischen Christen,* der in mehreren Auflagen auf Tschechisch herausgekommen ist.[34] Diese immense Drucktätigkeit in Halle unterlief das Verbot protestantischer, böhmischer Bücher in Böhmen. Dabei be-

5.15 | Diese Bibel kaufte Heinrich Milde von Samuel Ruthe: Biblij Czeska. W starem miestie Prazskem Wytisstiena. [Prag: Severin], 1537.

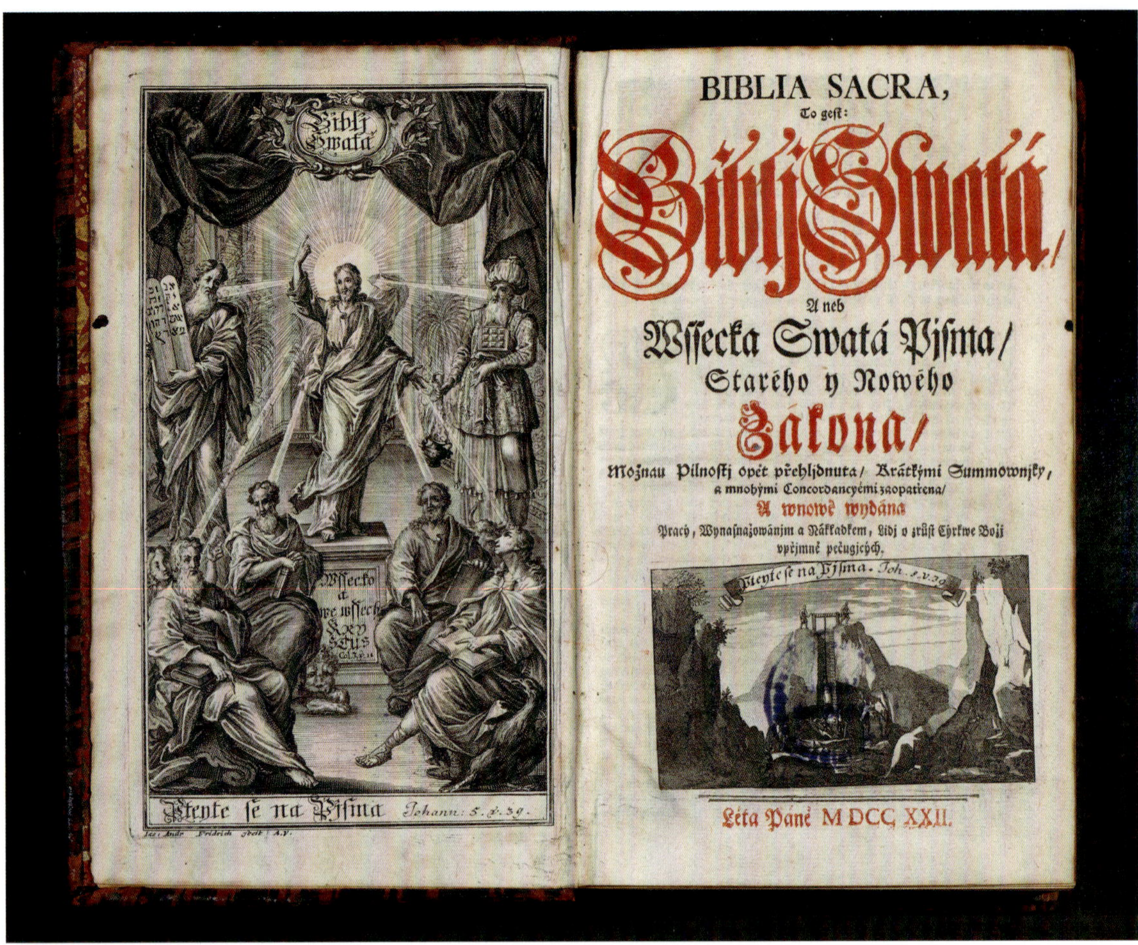


5.25 | Biblia Sacra, To gest: Biblj Swatá […]. [Halle: Cansteinsche Bibelanstalt,] 1722.

stritt Milde alle Buchbinder- und Versandkosten „in theils sehr entfernte, theils gefährliche Oerter“ über eine eigens geführte Druckerkasse.[35] Nicht der Gewinn war sein Ziel, sondern die Verbreitung des Evangeliums in der Muttersprache, wobei ihm durchaus bewusst war, dass die Bücher an der Grenze konfisziert und vernichtet werden konnten: „gedencke aber dabey an den Böhmischen Arnd, so 1715. hier gedruckt wurde, davon die Catholischen Leute einen gantzen Wagen voll zerhackt“.[36] Deshalb suchte Milde Mittel und Wege, die Bücher nach Böhmen zu schmuggeln. So sollen beispielsweise Fuhrleute aus Böhmen, die nach Halle kamen, mit der Ladung Salz auch eine Ladung verbotener tschechischer Bücher nach Böhmen transportiert haben.[37] Darüber hinaus verteilte Milde die Traktate an Studenten in Halle aus Böhmen, Ungarn und Schlesien, an Personen aus diesen Gegenden, die Halle bereisten, an die Exilgemeinden in der Lausitz sowie in Barby und übergab bzw. versandte Traktate in größeren Margen an ehemalige Zöglinge oder Studenten aus Halle, die in ihre Heimat zurückgingen und ihrerseits die Traktate weiter verteilten.[38] So wurden die Schriften, denen in Böhmen die Vernichtung drohte, weltweit über das Kommunikationsnetz Halles verbreitet und in alle Welt versandt. Dazu noch einmal Milde:

> „Inzwischen bin ich froh und preise GOtt, daß die meisten dieser erbaulichen Schriften vorher, als eine ziemlich zahlreiche Armee wider das Reich der Finsterniß ins Feld gestellet ist. Die ausgesandten Kernschriften sind nicht nur in Ost= und West=Indien und in Teutschland hin und wieder gekommen, sondern haben auch in Engelland, Ungarn, Siebenbürgen, Schweden, Rußland und Liefland, Preussen etc. ihren Zweck der Erbauung erreichet: wofür dem HErrn Lob und Ehre gesagt sey.“[39]

[1] Dmitrij Ivanovič Tschižewskij: Der Kreis A. H. Franckes in Halle und seine slavistischen Studien. In: Zeitschrift für slavische Philologie 16, 1939, 16–68, 153–157; Alfred Mietzschke: Heinrich Milde. Ein Beitrag zur Geschichte der slavistischen Studien in Halle. Leipzig 1941; Eduard Winter: Die Pflege der west- und südslavischen Sprachen in Halle im 18. Jahrhundert. Beiträge zur Geschichte des bürgerlichen Nationwerdens der west- und südslavischen Völker. Berlin 1954; ders.: Die tschechische und slowakische Emigration in Deutschland im 17. und 18. Jahrhundert. Beiträge zur Geschichte der hussitischen Tradition. Berlin 1955.

[2] Johann Adam Steinmetz: Kurtzgefaßter Lebenslauf des ersten Editoris dieser Schrift, Hn. Heinrich Milde. In: D. Martini Lutheri Erklärung Der Letzten Reden Christi [...] zur allgemeinen Erbauung herausgegeben von Heinrich Milden, Schlagenthina-Magdeb. Nebst einer Vorrede Herrn Johann Adam Steinmetz [...]. Halle: Gebauer, 1742, 21–42, hier 23f.

[3] Brigitte Klosterberg: Die Bücherschenkung des Slavisten Heinrich Milde (1676–1739) an die Bibliothek des Halleschen Waisenhauses. In: D. I. Tschiževskij. Impulse eines Philologen und Philosophen für eine komparative Geistesgeschichte. Hg. v. Angela Richter u. B. Klosterberg. Münster 2009, 31–41; Mietzschke, Milde [s. Anm. 1], 87–95, listet Drucke auf Tschechisch in Mildes Bibliothek auf. Durch ein Katalogisierungsprojekt am Studienzentrum August Hermann Francke konnten weitere Drucke aus dem Besitz Mildes, unter anderem auch in tschechischer Sprache, identifiziert werden. Nach den Drucken mit der Provenienz „Milde, Heinrich" kann im OPAC der Bibliothek der Franckeschen Stiftungen recherchiert werden. URL: https://lhhal.gbv.de/DB=5/LNG=DU/ (letzter Zugriff: 13.12.2017).

[4] Vgl. Milde, Mietzschke [s. Anm. 1], 13–22, 51–67, 75–78.

[5] Pia Schmid: „[...] daß es des Heilands Wille ist, daß wir weg gehen sollen." Migration mährischer Glaubensflüchtlinge in Lebensläufen der *Herrnhuter Brüdergemeine* des 18. Jahrhunderts. In: Migration und Familie. Historische und aktuelle Analysen. Hg. v. Meike Sophia Baader [u. a.]. Wiesbaden 2018, 39–59; Edita Sterik: Mährische Exulanten in der erneuerten Brüderunität im 18. Jahrhundert. Herrnhut 2012 (Unitas Fratrum. Beihefte, 20).

[6] Steinmetz, Lebenslauf [s. Anm. 2], 29.

[7] Brief v. B. E. Ventzcke an H. Milde, Barby, 27.03.1720, Halle, Archiv der Franckeschen Stiftungen (nachfolgend AFSt): AFSt/H D 73, 638–639, abgedruckt in: Mietzschke, Milde [s. Anm. 1], 54f., u. Winter, Die Pflege [s. Anm. 1], 222f.

[8] Mietzschke, Milde [s. An. 1], 57–63, 76–78; Winter, Die tschechische und slowakische Emigration [s. Anm. 1], 93–95, 101ff. Vgl. auch zu Liberda in Großhennersdorf und der Situation in Berlin Matthias Noller: Glaubensausübung und Kirchenzugehörigkeit protestantischer Emigranten in der Aufnahmegesellschaft. Die Berliner Böhmen und ihr Religionsstreit 1747. In: Migration und kirchliche Praxis. Das religiöse Leben frühneuzeitlicher Glaubensflüchtlinge in alltagsgeschichtlicher Perspektive. Hg. v. Joachim Bahlcke u. Rainer Bendel. Köln [u. a.] 2008, 95–111, hier 97, 100–102. Zur Bedeutung der Familie von Gersdorf auf der Grundherrschaft Großhennersdorf vgl. auch Thomas Müller-Bahlke: Konfessionelle Identitäten und innerkonfessionelle Abgrenzungen. Der Hallesche Pietismus im Umgang mit Migrationsprozessen im Luthertum. In: Wissensspeicher der Reformation. Die Marienbibliothek und die Bibliothek des Waisenhauses in Halle. Hg. v. Doreen Zerbe. Halle 2016 (Kataloge der Franckeschen Stiftungen, 34), 37–53, hier 41, 43.

[9] Steinmetz, Lebenslauf [s. Anm. 2], 24 Anm.*.

[10] Steinmetz, Lebenslauf [s. Anm. 2], 28 Anm.*.

[11] Heinrich Milde: Notiz. In: Joachim Lange: Wohl-verdientes Ehren-Gedächtniß des theuren Mannes Gottes/ D. Martini Lutheri, und der Evangelischen Reformation [...]. Halle: Renger, 1717, 46.

[12] August Hermann Francke: Tagebuch, Eintrag vom 27.04.1724, AFSt/H A 178 : 1, 30 (URL: https://digital.francke-halle.de/mod2/content/pageview/41983 [letzter Zugriff: 01.12.2017]).

[13] Mietzschke, Milde [s. Anm. 1], 15.

[14] Mietzschke, Milde [s. Anm. 1], 21.

[15] Mietzschke, Milde [s. Anm. 1], 16.

[16] Heinrich Milde: Notiz. In: Abraham Saur: Calendarium Historicum, Das ist: Ein besondere tägliche Hauß und Kirchen Chronica [...]. Frankfurt/Main: Basse, 1594, Halle, Bibliothek der Franckeschen Stiftungen (nachfolgend BFSt): 113 A 12, 202 (URL: https://digital.francke-halle.de/fsaad/content/pageview/268391 [letzter Zugriff: 01.12.2017]). Die Transkription der Notizen Mildes besorgte Erika Pabst (URL: https://digital.francke-halle.de/fsaad/domainresource/resource349766 [letzter Zugriff: 01.12.2017]); vgl. auch den Artikel in: Das Jahresmagazin der Franckeschen Stiftungen 1, 2017, 28f.

[17] „d. 15. Juni 1737. bat ich für Litochleb, Bohemo, die Concession aus, daß mein Gefehrte auf der Reise nach Schlagenthien und Berlin seyn möchte. Gott wolle uns durch den Schutz Seiner heiligen Engel begleiten zum Lobe Seines heiligen Namens, amen, Halleluja!" (Milde, Notiz [s. Anm. 16], 341). Es handelt sich um Wenzelslaus Letochleb (1717–1778).

[18] Heinrich Milde: Notiz. In: Acta aller handlungen, so sich zwischen dem Allerdurchleuchtigisten, Groszmechtigisten [...] Herrn Ferdinanden, Römischen, Hungerischen, und Behamischen &c Künig &c. unnd etlichen personen aus dem Herrn, Ritter, unnd Burger Standt, der Cron Behaim, des vergangen 1547 jars verloffen. Prag: Netholitzky, 1548, 339, BFSt: 107 D 3.

[19] Steinmetz, Lebenslauf [s. Anm. 2], 25 Anm.*.

[20] Mietzschke, Milde [s. Anm. 1], 15, 21.

[21] Zitiert nach Mietzschke, Milde [s. Anm. 1], 16f. Heinrich Milde: Armamentarium Davidicum oder Harnisch-Kammer der Kinder Gottes, Halle, um 1729, AFSt/H A 75; ders.: Vorrede zu Armamentarium Davidicum, Halle, o. J., AFSt/H J 80.

[22] Vgl. Schmid, Migration mährischer Glaubensflüchtlinge [s. Anm. 5]; Ondřej Macek: Geheimprotestanten in Böhmen und Mähren als Stiefkinder des Pietismus? In: „Aus Gottes Wort und eigener Erfahrung gezeiget". Erfahrung – Glauben, Erkennen und Handeln im Pietismus. Beiträge zum III. Internationalen Kongress für Pietismusforschung 2009. Hg. v. Christian Soboth u. Udo Sträter. Bd. 2. Halle 2012 (Hallesche Forschungen, 33/2), 809–822, hier 816–818.

[23] Steinmetz, Lebenslauf [s. Anm. 2], 30.

[24] Mietzschke, Milde [s. Anm. 1], 36.

[25] Milde, Notiz [s. Anm. 16], 389.

[26] Brief v. B. E. Ventzcke an H. Milde, Barby, 29.03.1720, AFSt/H D 73, 636–637; referiert bei Mietzschke, Milde [s. Anm. 1], 56.

[27] Brigitte Klosterberg u. Mechthild Hofmann: *das einzige zeitliche Vermögen.* Bücher als Speicher der Erinnerung in Flucht und Exil. In: Wissensspeicher der Reformation [s. Anm. 8], 172–181, hier 176 u. 179. Vgl. Pietro Andrea Mattioli: Herbář aneb bylinář [...] nynj zase přehlédnutý, a mnohými pěknými nowými Figùrami, též y užitečnými Lékařstwjmi s obzwlásstnj pilnostj rozhognĕný a sprawený [...]. Prag 1596, BFSt: 167 A 1; Thomas von Kempen: O následowánj Pána Krysta knjžka práwě zlatá a spasytedlná [...]. [W Starém Městě Pražském: Walda, 1598], BFSt: 47 H 7.

[28] Heinrich Milde: Notiz. In: Biblij Cžeska. W starem miestie Prazskem Wytisstiena. [Prag]: [Paul Severin], 1537, Vorsatzblatt, BFSt: 6 A 10.

[29] Vgl. zur Bedeutung der Bücher für den Geheimprotestantismus in Böhmen und Mähren Macek, Geheimprotestanten [s. Anm. 22], 816–818.

[30] Mietzschke, Milde [s. Anm. 1], 76.

[31] Mietzschke, Milde [s. Anm. 1], 77. Vorlage war die Bibelausgabe von 1722.

[32] Winter, Die tschechische und slowakische Emigration [s. Anm. 1], 93; vgl. Steinmetz, Lebenslauf [s. Anm. 2], 30f., der von 39.000 Traktaten ausgeht. Zu dem Druck tschechischer Bücher in Halle, besonders der Böhmischen Bibel von 1722, vgl. Tschiževskij, Der Kreis A. H. Franckes [s. Anm. 1], 46–50; Mietzschke, Milde [s. Anm. 1], 37–51, 78–81; Winter, Die Pflege [s. Anm. 1], 87–131; Winter, Die tschechische und slowakische Emigration [s. Anm. 1], 240–242.

[33] Steinmetz, Lebenslauf [s. Anm. 2], 33 Anm.*. Abgedruckt ist dort das „Verzeichniß der Böhmischen, Polnischen und Rußischen Tractätlein, die Herr Heinrich Milde seit Anno 1718 bis 1736 hat drucken lassen".

[34] August Hermann Francke: Swata a bezpečna Cesta Wiry Ewangelitskeho Křest'ana [...]. Ins Tschechische übersetzt von Heinrich Milde. Halle: Orban, 1718, BFSt: 61 I 24 [3].

[35] Steinmetz, Lebenslauf [s. Anm. 2], 35.

[36] Steinmetz, Lebenslauf [s. Anm. 2], 32. Bereits vor Mildes Drucktätigkeit in Halle erschienen 1715 Johann Arndts *Vier Bücher vom wahren Christentum* auf Tschechisch in Halle.

[37] Mietzschke, Milde [s. Anm. 1], 43. Weitere Vertriebsmöglichkeiten nennt Winter, Die tschechische und slowakische Emigration [s. Anm. 1], 248f.

[38] Mietzschke, Milde [s. Anm. 1], 42f.

[39] Heinrich Milde zitiert nach Steinmetz, Lebenslauf [s. Anm. 2], 32f.

## Verzeichnis der Exponate

Die Anhänger des Reformators Jan Hus (1369–1415) schlossen sich im Königreich Böhmen zu geistlichen Gemeinschaften zusammen, die ab dem späten 15. Jahrhundert als Brüdergemeine bezeichnet wurden. Im Verlauf des 16. Jahrhunderts näherte sich diese den Lutheranern und Reformierten an. Ab etwa 1550 kam es zu Verfolgungen der Böhmischen Brüder im katholischen, zu den Habsburgischen Ländern gehörigen Königreich und als deren Folge zu ersten Auswanderungswellen, vor allem nach Polen. Im Dreißigjährigen Krieg verursachten neuerliche Verfolgungen durch die katholische Obrigkeit eine Massenflucht von böhmischen Protestanten nach Polen und Ungarn – darunter befand sich auch der Bischof der Böhmischen Brüder Johann Amos Comenius (1592–1670), der heute als einer der bedeutendsten Pädagogen und Didaktiker der Frühen Neuzeit gilt.

Diese Verfolgungen hielten bis zur vollständigen Vertreibung der Protestanten im 18. Jahrhundert an, als die letzten von ihnen, die nicht zum Übertritt zum katholischen Bekenntnis bereit waren, ihre Heimat verließen. Viele ließen sich in protestantischen Territorien des Deutschen Reiches nieder und wurden dabei von deutschen Lutheranern unterstützt. Im Auftrag August Hermann Franckes betreute dessen enger Mitarbeiter, der Slawist Heinrich Milde (1676–1739), böhmische Auswanderer. Einige siedelten sich ab 1722 in Herrnhut an und gründeten unter der Ägide von Nikolaus Ludwig Graf von Zinzendorf (1700–1760) die Herrnhuter Brüdergemeine.

**5.1** Karte von Böhmen, Schlesien, Mähren und der Lausitz („Le Royaume De Boheme, Duché De Silesie, Les Marquisat De Moravie Et De Lusace"), kolorierter Kupferstich von Nicolas Sanson, Pieter Schenck, Amsterdam, um 1700
57 × 48 cm
Halle, Franckesche Stiftungen: BFSt: 86 A 33 (140)
► In mehreren Emigrationswellen zwischen 1620 und 1781 wanderten böhmische und mährische Glaubensflüchtlinge vor allem Richtung Sachsen, Schlesien, Großpolen und Oberungarn sowie in die Niederlande und nach England aus.
• *Abbildung auf Seite 140f.*

**5.2** Jan Hus, Öl auf Leinwand, 17. Jahrhundert
110 × 84 cm
Halle, Franckesche Stiftungen: AFSt/B G 0097
► Der böhmische Theologe, Prediger und Reformator Jan Hus (um 1370–1415) setzte sich bereits um 1400 für eine

5.2

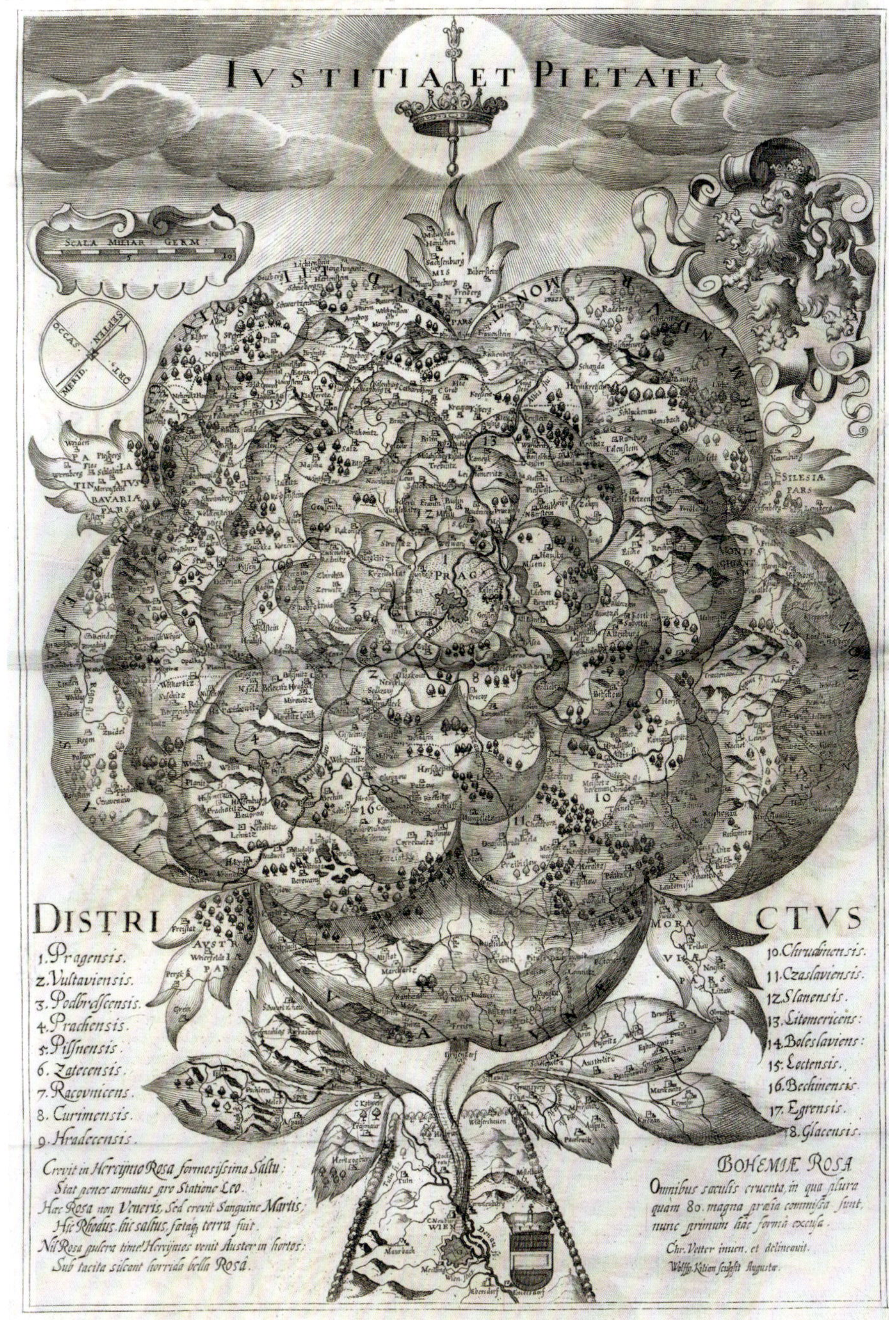


Als Rose gestaltete Karte Böhmens, Kupferstich in 5.5

Erneuerung der christlichen Kirche ein. Dafür wurde er auf Betreiben der Kirche auf dem Konstanzer Konzil als Ketzer verbrannt. Die Böhmischen Brüder führen ihre Kirche auf Hus zurück.

**5.3** Auswanderung böhmischer Flüchtlinge mit Georg Israel nach Polen im Jahr 1548, Öl auf Holz von Martin Achtnich, Kopie nach einem Gemälde von Hermann Plitt, 19. Jahrhundert, Reproduktion

Herrnhut, Unitätsarchiv der Evangelischen Brüder-Unität: GS 011

► Im Zuge der reformatorischen Auseinandersetzungen nahm auch der Verfolgungsdruck auf die Protestanten in Böhmen zu. Deshalb führte der Turnauer (Turnov, Tschechien) Prediger Georg Israel (um 1505–1588) in einer ersten Auswanderungswelle 1548 zahlreiche Mitglieder der Böhmischen Brüderkirche über das Riesengebirge nach Großpolen. Die dort gelegene Stadt Lissa (Leszno) wurde so für

lange Zeit zu einem Zentrum der Böhmischen Brüder.
• *Abbildung auf Seite 136f.*

**5.4** Georg Holyck: Blutige Thränen Des Höchst bedrängten und geängsten Böhmer-Landes. Das ist Eine kurtze und warhaffte, aber betrübte und traurige Erzehlung der vier erbärmlichen Plagen, mit welchen Das [...] herrliche und berühmbte Königreich Böhmen nun von vielen Jahren her jämmerlich gedrückt worden. Wittenberg: Meyer, 1673
Halle, Franckesche Stiftungen: BFSt: 107 H 8
► Dieses in Wittenberg gedruckte Buch bezeugt, dass die Verfolgung und Emigration der Böhmischen Brüder im protestantischen Deutschland wahrgenommen wurde. Holyck (um 1635–um 1700) stammte aus einer lutherischen böhmischen Familie, wurde zwangsweise katholisch erzogen und emigrierte als Protestant nach Sachsen. Er organisierte die Ansiedlung Böhmischer Brüder in Ves Paně (Wespen).

**5.5** Bohuslav Balbín: Epitome Historica Rerum Bohemicarum. Qvam Ob Venerationem Christianæ Antiqvitatis, Et Primæ In Bohemia Collegialis Ecclesiæ Honorem, Boleslaviensem Historiam Placuit Appellare. In ea, Pleraque in Historijs nostris incerta, controversa, obscura. Prag: Karl-Ferdinands-Universität; Hampel, 1677
Halle, Franckesche Stiftungen: BFSt: 100 C 11
► Auch auf katholischer Seite gab es Darstellungen der böhmischen Geschichte, die die Rekatholisierung des Landes rechtfertigten. Der Autor Balbín (1621–1688) war Jesuit und arbeitete als Missionar in den von Protestanten bewohnten Regionen Böhmens.

**5.6** Kreuz aus Holz, 17. Jahrhundert
16 × 9,7 cm, Ø 1 cm
Herrnhut, Unitätsarchiv der Evangelischen Brüder-Unität: M. 30
► Dieses Kreuz soll aufgrund der Legende von protestantischen böhmischen und mährischen Exulanten im Gefängnis geschnitzt worden sein. Offensichtlich ist es jedoch gedrechselt.

**5.7 a+b)**

**a)** Christian David fällt 1722 den ersten Baum zum Bau von Herrnhut, Kupferstich, Herrnhut u. Dresden: Brüderhaus; Morasch und Skerl, 1822
40 × 51,5 cm
Herrnhut, Unitätsarchiv der Evangelischen Brüder-Unität: GS.225
► David (1692–1755) stammte aus Senftleben (Ženklava, Tschechien) und war zunächst bekennender Katholik. Durch Kontakt mit Böhmischen Brüdern konvertierte er und organisierte die Flucht von Protestanten. Sein Kontakt zu Graf Nikolaus Ludwig von Zinzendorf (1700–1760) ermöglichte die Ansiedlung Böhmischer Brüder auf dessen Gut und damit die Gründung von Herrnhut.

**b)** Christian Davids Rasiermesser in einem Holzkästchen, 2. Viertel 18. Jahrhundert
23 × 2,5 cm (Messer, ausgeklappt); 15,5 × 3,5 cm × 2,1 cm (Holzkästchen)
Herrnhut, Unitätsarchiv der Evangelischen Brüder-Unität: M. 18
► David war maßgeblich am Aufbau der Herrnhuter Brüdergemeine beteiligt, die sich in der Tradition der Böhmi-

5.7a

schen oder, wie sie auch genannt wurden, Mährischen Brüder sah. 1733 ging er als Missionar nach Grönland, später bereiste er im Auftrag der Brüdergemeine das Baltikum, die Niederlande und Pennsylvania in Nordamerika.

**5.8** Böhmisches Gesangbuch aus dem Besitz von Anna Nitschmann. 1622
Herrnhut, Unitätsarchiv der Evangelischen Brüder-Unität: AB.II.R.3.16.f
► Nitschmann (1715–1760) stammte aus Kunevald (Kunin, Tschechien) und flüchtete 1725 nach Herrnhut. Dort war sie maßgeblich am Aufbau der Brüdergemeine beteiligt und ging 1740 als Missionarin nach Pennsylvania. 1757 ehelichte sie Graf Nikolaus Ludwig von Zinzendorf. Sie verfasste mehr als 30 Lieder für das Gesangbuch der Brüdergemeine.

**5.9** Hörstation:
Hörstation: Jan Nantwik und Martin Čejka berichten in ihrem Lebenslauf von ihrer Flucht aus Böhmen 1711
Edita Sterik: Die Böhmischen Exulanten in Berlin. Herrnhut 2016 (Beiheft der Unitas Fratrum, 26), 408, 546

**5.10** Johann Amos Comenius (1592–1670), Gipsbüste
Höhe 80 cm
Herrnhut, Unitätsarchiv der Evangelischen Brüder-Unität: M. 425
► Der aus dem Südosten Mährens stammende Comenius (tschechisch: Jan Komenský) studierte als Mitglied der Böhmischen Brüdergemeine in Herborn und Heidelberg Theologie. Zurückgekehrt nach Mähren wurde er Schulrektor und 1616 Pfarrer. Aufgrund der intensiven Verfolgung der Böhmischen Brüder nach 1620 ging Comenius wie viele seiner Glaubensgenossen ins Exil nach Lissa (Leszno) in Polen. Dort wurde er Rektor des Gymnasiums und bereiste in den folgenden Jahrzehnten Europa. 1648 wurde er zum Bischof der Böhmischen Brüder ernannt. 1656 verließ er Lissa wegen kriegerischer Auseinandersetzungen und lebte bis zu seinem Tod in den Niederlanden.
Comenius gilt mit seinen Hauptwerken *Pampaedia* (Allerziehung) und *Didactica Magna* (Große Didaktik) als der Begründer der modernen Pädagogik und Didaktik. Darüber hinaus verfasste er Schulbücher sowie zahlreiche theologische, politische sowie philosophische Schriften, aber auch literarische Werke. Sein Menschenbild sowie seine pädagogischen und didaktischen Anschauungen haben August Hermann Francke stark geprägt.

**5.11** Johann Amos Comenius: Die Uralte Christliche Catholische Religion. Amsterdam 1661

5.6

Herrnhut, Unitätsarchiv der Evangelischen Brüder-Unität: AB.II.R.2.12
► Diesen Katechismus hat Comenius für die Mitglieder der Brüder-Unität in Zauchtental (Suchdol) geschrieben. Aus Zauchtental kamen 60 Jahre später die ersten böhmischen Flüchtlinge nach Herrnhut.

**5.12** Johann Amos Comenius: Historia Persecutionum Ecclesiae Bohemicae, Iam inde a primordiis conversionis suae ad Christianismum, hoc est, Anno 894. ad Annum usque 1632. Ferdinando secundo Austriaco regnante. In Qua Inaudita hactenus Arcana Politica, consilia, artes, & iudicia horrenda exhibentur. [Hanau: Aubry,] 1648
Halle, Franckesche Stiftungen: BFSt: 102 G 19 [1]
► Auch eine Geschichte der Verfolgung der Böhmischen Brüder hat Comenius auf Latein verfasst.

**5.13** Johann Amos Comenius: Orbis Sensualium Pictus. Hoc est: Omnium fundamentalium in mundo rerum, & in vita actionum, Pictura & Nomenclatura = Die sichtbare Welt. Das ist: Aller vornehmsten Welt-Dinge und Lebens-Verrichtungen, Vorbildung und Benamung: Aufs neue aufge-

legt und an vielen Orten verbessert. Nürnberg: Endter [, 1698]
Halle, Franckesche Stiftungen: BFSt: 212 E 13
► Dieses illustrierte Jugend- und Schulbuch, das bis zum 19. Jahrhundert immer wieder aufgelegt wurde, gab Comenius 1653 erstmals in lateinischer Sprache in Druck. 1658 erschien die erste Auflage in lateinischer und deutscher Sprache. Es gilt als das erste multimediale Unterrichtswerk und hat die Schulbuchproduktion in Europa enorm beeinflusst.

**5.14** Polnisch Lissa (Leszno) in Großpolen, Federzeichnung von Friedrich Bernhard Werner, 1734, Reproduktion
Poznań (Polen), Muzeum Narodowe w Poznaniu: Gr 3305
► Aufgrund des Verfolgungsdrucks wanderten nach 1620 viele Böhmische Brüder nach Polen aus. Ein Großteil von ihnen ließ sich in Lissa nieder und die Stadt wurde das geistige und geistliche Zentrum der Brüdergemeine. Im Zuge von kriegerischen Auseinandersetzungen wurde die Stadt 1656 und 1707 nahezu vollständig zerstört. Deshalb verließen auch viele Böhmische Brüder die Stadt und suchten ein neues Exil, z. B. in den Niederlanden.

5.10

**5.15** Biblij Czeska. W starem miestie Prazskem Wytisstiena. [Prag: Severin], 1537
Halle, Franckesche Stiftungen: BFSt: 6 A 10
► Heinrich Milde war für die Kontakte des Halleschen Waisenhauses nach Ost- und Ostmitteleuropa zuständig. Seine Bemühungen um Böhmen, die aufgrund ihres protestantischen Glaubens die Heimat verlassen mussten, führten ihn 1720 in die kleine Exulantenkolonie Ves Paně (Wespen), heute Stadtteil von Barby. Er unterrichtete den dortigen Pfarrer in der tschechischen Sprache, so dass dieser den böhmischen Exulanten aus der Bibel vorlesen und sich verständigen konnte. Als Dank für seine Bemühungen überließ ihm ein Mitglied dieser Gemeinde einige tschechische Bücher. Dazu gehörte diese Bibel, die über Generationen in Familienbesitz war und einst seinem Schwiegervater, „einem Prediger auf einem Dorffe 3 Meilen von Prage" gehört hatte.
• *Abbildung auf Seite 147*

**5.16** Bibli Czeská. [Prag: Melantrich], [1556]/1557
Halle, Evangelische Marktkirchengemeinde, Marienbibliothek: Hof 76 Fol
► Der letzte Nachkomme einer böhmischen Exulanten-Familie, die sich in Halle niedergelassen hatte, schenkte diese böhmische Bibel 1761 der Marienbibliothek. Es handelt sich um die zweite Auflage der tschechischen Bibel, die in der Werkstatt des berühmten Prager Buchdruckers Georg Melantrich (ca. 1511–1580) gefertigt wurde. Zur Illustration benutzte Melantrich die Druckstöcke der Cranach-Werkstatt in Wittenberg. Die Holzschnitte wurden in kunstvoll aquarellierte Zierrahmen eingefügt. So entstand ein typographisches Meisterwerk – in Tschechien liebevoll ‚Melantriska' genannt.
• *Abbildung auf Seite 146*

**5.17** Quadrilingue Dictionarium: videlicet, Bohemo-Germanico & Latino-Græcum; unà cum Phrasibus, seu Linguæ Latinæ Elegantijs, ex probatissimis Authoribus collectis [...]. Prag: Karl-Ferdinands-Universität, 1683
Halle, Franckesche Stiftungen: BFSt: 162 G 26
► Dieses tschechisch-deutsch-lateinisch-griechische Wörterbuch stammt aus dem Besitz von Heinrich Milde. Dieser war ein enger Mitarbeiter Franckes und beherrschte mehrere slawische Sprachen. Er war deshalb für alle slawischen Angelegenheiten der Glauchaschen Anstalten zuständig, darunter auch die Betreuung der Böhmischen Brüder.

**5.18** Zacharias Theobald: Hussiten Krieg [...]. Theil 1: Das Leben, Die Lehr, der Todt M. Johannis Hussi[i], auch wie derselbe von den Böhmen, besonders Johann Zischka, ist gerochen unnd seine Lehr hernacher in dem Königreich erhalten worden. 3. Aufl. Nürnberg: Halbmeyer, 1624
Halle, Franckesche Stiftungen: BFSt: 77 C 5
► Auch dieses Buch stammt aus dem Besitz von Milde und zeugt davon, wie intensiv sich Milde mit der Geschichte der böhmischen Länder und der Theologie der Böhmischen Brüder auseinandersetzte.

**5.19** Andreas von Habernfeld: Bellum Bohemicum Ab Anno MDCXVII. Leiden, 1646
Halle, Franckesche Stiftungen: BFSt: 122 H 22
► Dieses Buch über die kriegerischen Auseinandersetzungen in Böhmen ab 1617 gehörte ebenfalls Milde.

**5.20** Martin Luther: Vom Kriege widder die Türcken. Wittenberg: Weiß, 1529, aus dem Besitz von Heinrich Milde mit handschriftlichen Einträgen Mildes und mehr als hundert Stammbucheinträgen
Halle, Franckesche Stiftungen: BFSt: 54 C 10
► Aufgeschlagen ist Blatt 179v mit einem Eintrag von Matěj Maček (Matius Mayek), 1715. Mit Maček hatte Milde Böhmen bereist. Später in Halle arbeitete Milde mit ihm eng

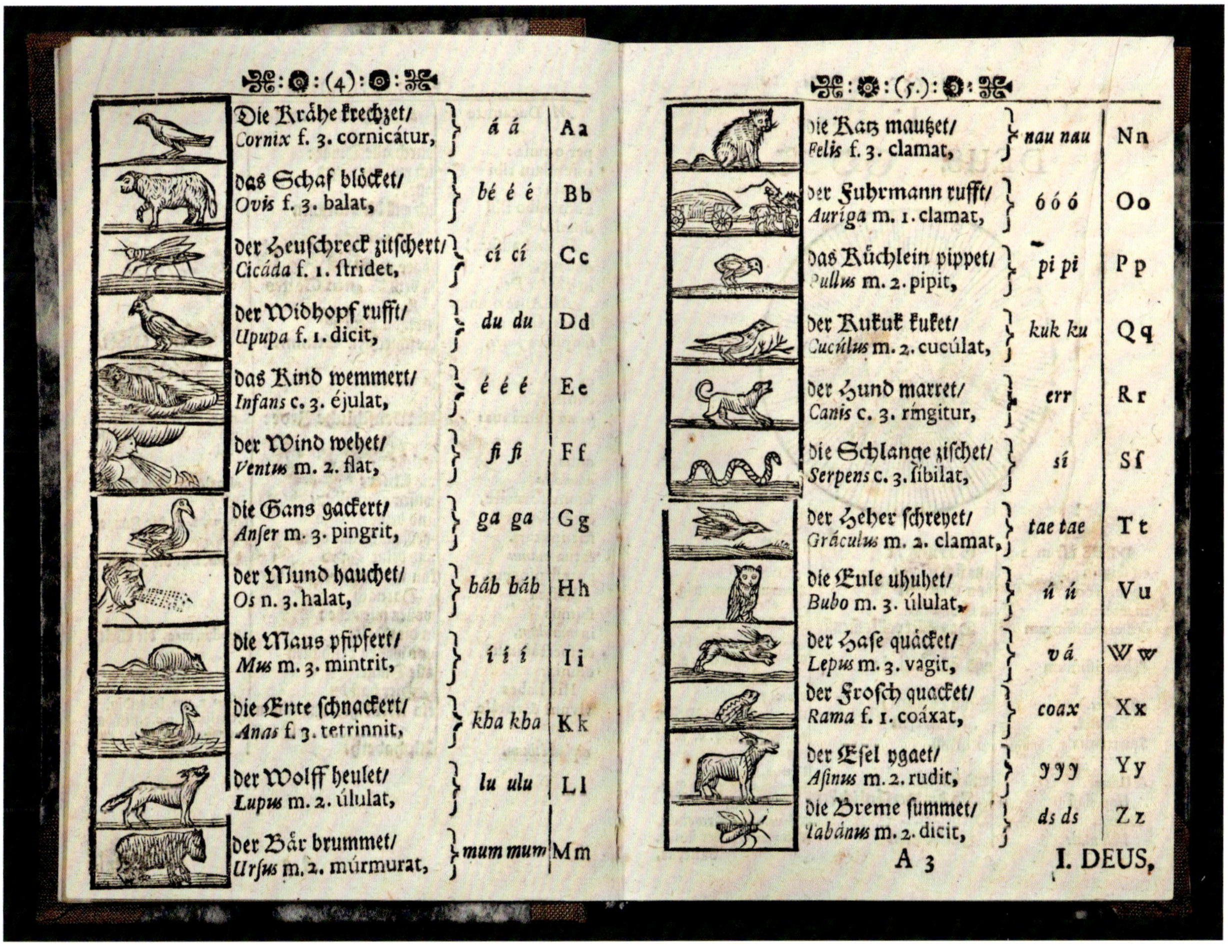
(4)

| | | |
|---|---|---|
| Die Krähe kreckzet/ Cornix f. 3. cornicátur, | á á | Aa |
| das Schaf blöcket/ Ovis f. 3. balat, | bé é é | Bb |
| der Heuschreck zitschert/ Cicáda f. 1. stridet, | cí cí | Cc |
| der Widhopf rufft/ Upupa f. 1. dicit, | du du | Dd |
| das Kind wemmert/ Infans c. 3. éjulat, | é é é | Ee |
| der Wind wehet/ Ventus m. 2. flat, | fi fi | Ff |
| die Gans gackert/ Anser m. 3. pingrit, | ga ga | Gg |
| der Mund hauchet/ Os n. 3. halat, | háh háh | Hh |
| die Maus pfipfert/ Mus m. 3. mintrit, | í í í | Ii |
| die Ente schnackert/ Anas f. 3. tetrinnit, | kha kha | Kk |
| der Wolff heulet/ Lupus m. 2. úlulat, | lu ulu | Ll |
| der Bär brummet/ Ursus m. 2. múrmurat, | mum mum | Mm |

(5)

| | | |
|---|---|---|
| die Katz mautzet/ Felis f. 3. clamat, | nau nau | Nn |
| der Fuhrmann rufft/ Auriga m. 1. clamat, | ó ó ó | Oo |
| das Küchlein pippet/ Pullus m. 2. pipit, | pi pi | Pp |
| der Kukuk kuket/ Cucúlus m. 2. cucúlat, | kuk ku | Qq |
| der Hund marret/ Canis c. 3. ringitur, | err | Rr |
| die Schlange zischet/ Serpens c. 3. sibilat, | sí | Sſ |
| der Heher schreyet/ Gráculus m. 2. clamat, | tae tae | Tt |
| die Eule uhuhet/ Bubo m. 3. úlulat, | ú ú | Vu |
| der Hase quäcket/ Lepus m. 3. vagit, | vá | Ww |
| der Frosch quacket/ Rana f. 1. coáxat, | coax | Xx |
| der Esel ygaet/ Asinus m. 2. rudit, | y y y | Yy |
| die Breme summet/ Tabánus m. 2. dicit, | ds ds | Zz |

A 3 I. DEUS,

5.13

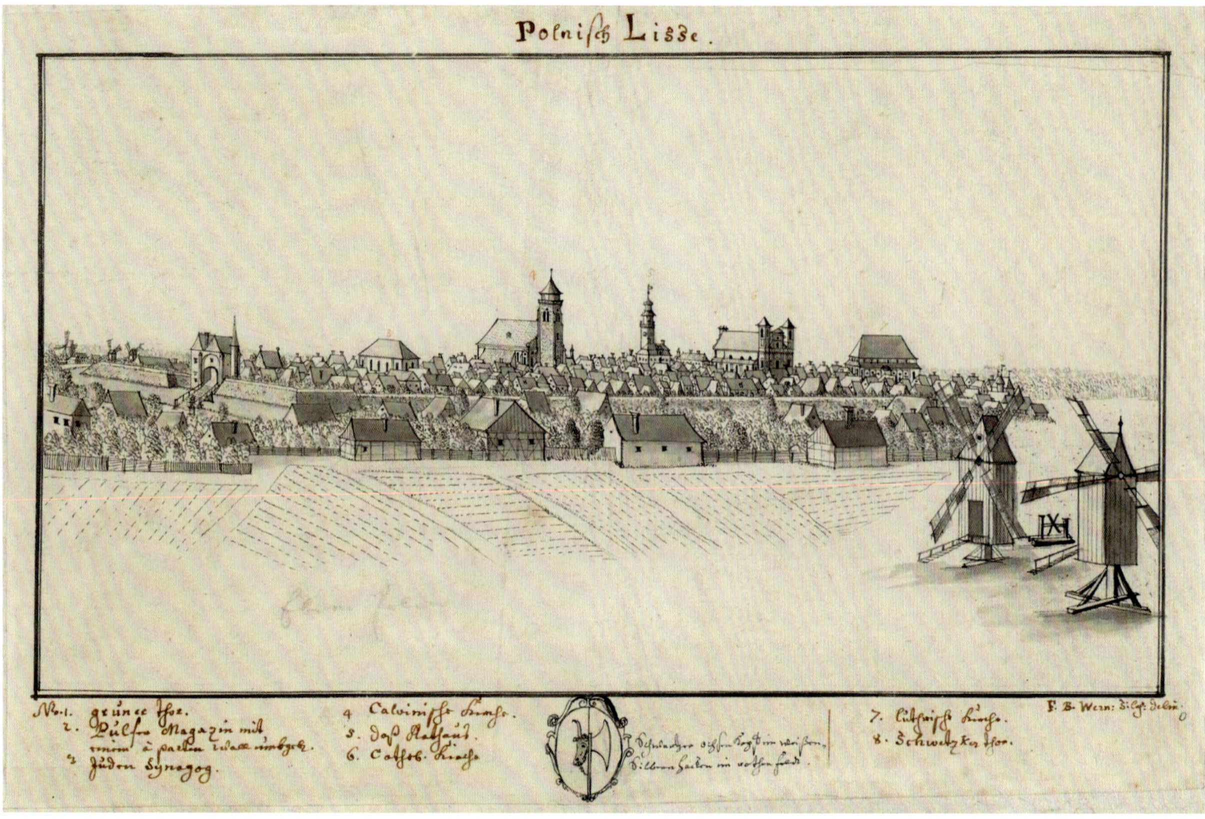


5.14

zusammen und gewann ihn für die Übersetzung pietistischer Traktatliteratur ins Tschechische. Unter dem Eintrag notierte Milde unter anderem: „Gott erbarme sich der armen Böhmen, und seiner gantzen Christenheit auf dem Erdboden in Ost- und West-Indien…".

• *Abbildung auf Seite 143*

**5.21** Herrnhut, Kupferstich, Probedruck, um 1760
33 × 33 cm
Herrnhut, Unitätsarchiv der Evangelischen Brüder-Unität: NB.X.1.1.13.2.28

► Hier bildete sich unter der Ägide von Graf Nikolaus Ludwig von Zinzendorf eine Exilgemeinde der Böhmischen Brüder, aus der dann die Herrnhuter Brüdergemeine hervorging.

**5.22** Rixdorf [Böhmisch-Rixdorf], Kupferstich, 1755
29,5 × 20 cm
Herrnhut, Unitätsarchiv der Evangelischen Brüder-Unität: Bd_37_a_12

► Ab 1737 siedelten sich 350 Böhmische Brüder auf Einladung des Preußischen Königs Friedrich Wilhelm I. (1688–1740) auf dem Gebiet von Rixdorf an. Rixdorf gehört heute zum Berliner Stadtteil Neukölln. Das gesamte Gebäudeensemble des früheren Böhmisch-Rixdorf steht als Böhmisches Dorf heute unter Denkmalschutz und gilt als Kulturdenkmal.

• *Abbildung auf Seite 144*

**5.23** Die 1688 erbaute Schrotholzkirche in Wespen, heute Stadtteil von Barby, Fotografie 2018
Barby, Evangelischer Pfarrbereich Barby, Foto: Burghardt Westphal

► 1688 bauten die in Ves Paně (Wespen), heute ein Stadtteil von Barby, angesiedelten Böhmischen Brüder eine Schrotholzkirche in der kirchenbaulichen Tradition ihrer Heimat.

• *Abbildung auf Seite 138*

**5.24** Johann Amos Comenius: Historia Fratrum Bohemorum […]. Halle: Waisenhaus, 1702
Halle, Franckesche Stiftungen: BFSt: 75 E 3 [3]

► August Hermann Francke war es gelungen, in den Besitz von ca. 1.400 Blättern der Handschriften des Comenius zu gelangen, welche nach und nach herausgegeben werden sollten. Die *Geschichte der Böhmischen Brüder* sollte den ersten

Teil von insgesamt sieben geplanten Veröffentlichungen darstellen. Es erschien jedoch letztlich nur dieser erste Teil.

**5.25** Biblia Sacra, To gest: Biblj Swatá, A neb Wssecka Swatá Pisma; Starého y Nowého Zakona; Možnau Pilnostj opèt přehljdnuta Krátkými Summownjky, a mnohými Concordancyémi zaopatřena. [Halle: Cansteinsche Bibelanstalt,] 1722
Halle, Franckesche Stiftungen: BFSt: 13 D 7
► 1722 wurde am Waisenhaus eine tschechischsprachige Bibel gedruckt, die in der Slowakei und heimlich auch in Böhmen verbreitet werden sollte. Nachdem die erste Auflage sehr schnell vergriffen war, erschienen noch zwei weitere Ausgaben 1745 und 1766.
• *Abbildung auf Seite 148*

**5.26** August Hermann Francke: Swata a bezpečna Cesta Wiry Ewangelitskeho Křest'ana. Ins Tschechische übersetzt und mit Bemerkungen versehen von Heinrich Milde. Halle: Orban, 1718
Halle, Franckesche Stiftungen: BFSt: 61 I 24 [3]
► Ab 1718 wurden 39.000 böhmische Traktate in Halle gedruckt und verteilt. Dazu zählte Mildes tschechische Übersetzung von August Hermann Franckes *Der heilige und sichere Glaubensweg eines evangelischen Christen*. Im Vorwort dieser Schrift betonte Milde seine besondere Verbundenheit mit den lutherischen Böhmen.
• *Abbildung auf Seite 142*

**5.27** Cithara Sanctorum […] aneb Žalmy a Pjsně Duchownj […]. Leipzig: Walther, 1737
Halle, Franckesche Stiftungen: BFSt: 51 G 8
► Dieses tschechische Gesangbuch wurde von den Glauchaschen Anstalten herausgegeben. Georg Sarganek (1702–1743), ein gebürtiger Schlesier, der in Halle Theologie studiert hatte und an den Schulen der Glauchaschen Anstalten tätig war, betreute den Druck. Durch den Austausch zwischen Halleschem Waisenhaus und böhmischen Exulanten konnten mehrere hundert Lieder für das Buch gesammelt werden. Als Druckort wurde Leipzig gewählt, da Schriften aus dieser Stadt im habsburgischen Herrschaftsbereich, zu dem Böhmen gehörte, unverdächtiger waren als jene aus Halle und dort leichter verteilt werden konnten.

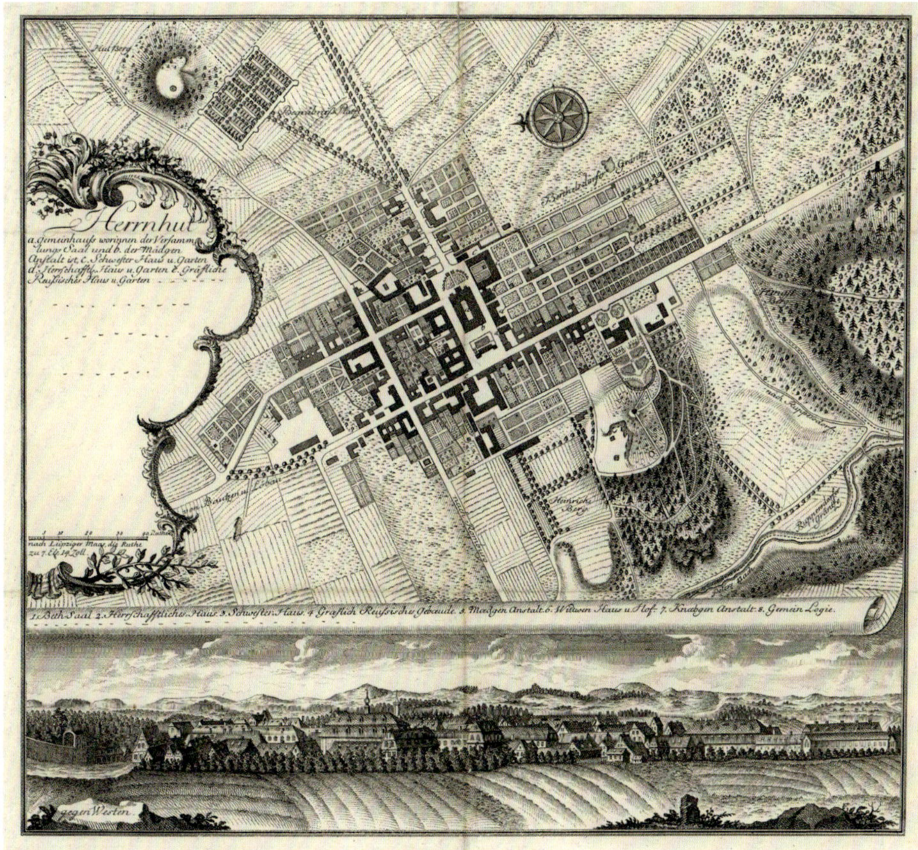

5.21

6

# Ein Pilger im Orient

1699

ANNE SCHRÖDER-KAHNT

# „beym Ümgange mit allerhand nationen und religionen ein und ander Vergnügen bescheret"

## Heinrich Wilhelm Ludolfs Reise in den Orient

Heinrich Wilhelm Ludolf (1655–1712) stammte aus einer Erfurter Patrizierfamilie und war der Neffe des bekannten Orientalisten Hiob Ludolf (1624–1704). Früh wurde er von seinem Onkel in einigen orientalischen Sprachen unterrichtet und erhielt die Möglichkeit, erste Reisen zu unternehmen. 1686 trat er in den Dienst Georgs von Dänemark (1653–1708), des Prinzgemahls der englischen Königin Anne (1665–1714) in London. Seine Tätigkeit als dessen Sekretär musste er jedoch 1691, wohl aus gesundheitlichen Gründen, aufgeben.[1] Die Aufgabe seiner beruflichen Tätigkeiten ermöglichte es ihm, zahlreiche Reisen zu unternehmen, die ihn in die Niederlande, nach Russland und schließlich bis in das Osmanische Reich und in das Heilige Land führten.[2]

Von 1698 bis 1700 reiste Heinrich Wilhelm Ludolf von Halle über Konstantinopel bis nach Jerusalem und dann weiter über Kairo und Alexandria zurück nach Livorno. Er selbst bezeichnete diese Reise mehrfach als Pilgerreise und stellte sie in den Dienst Gottes: „However he is almighty for whose service I wish to perform this pilgrimage."[3] Für einen lutherischen Christen erscheint eine solche Pilgerfahrt – zumindest auf den ersten Blick – als sehr ungewöhnlich, denn Martin Luther (1483–1546) hatte das Pilgern und Wallfahrten abgelehnt.[4] Vielmehr war Luther der Ansicht, dass der „wahre Glaube" nicht an einen Ort oder eine Person gebunden sei. Dennoch zeigt sich bei genauerer Untersuchung, dass häufig protestantische Pilgerfahrten ins Heilige Land unternommen wurden.[5]

VORHERIGE DOPPELSEITE:
6.28 | Chor der Grabeskirche in Jerusalem, Radierung, 1698. Amsterdam, Rijksmuseum: RP-P-1896-A-19368-1211. (Detail)

6.1 | Heinrich Wilhelm Ludolf, Öl auf Leinwand, um 1700.

### Pilger- und Orientreisen in der Frühen Neuzeit

Schon seit dem zweiten Jahrhundert nach Christi wurden religiös motivierte Reisen ins Heilige Land unternommen, da viele biblische Erzählungen sich auf konkrete Orte beziehen und man diese sehen wollte. Bis zum Mittelalter hatte sich daraus das Pilgerwesen soweit ausgebildet, dass sich bereits feste Routen mit dem Schiff von Venedig bis Jaffa und weiter über Land bis Jerusalem etabliert hatten.[6] Welche zentrale Bedeutung Jerusalem für das europäische Christentum hatte, zeigt sich etwa an spätmittelalterlichen Weltkarten, wie zum Beispiel die berühmte Ebstorfer Karte[7], auf denen die Stadt stets im Zentrum steht, um das sich die bekannte Welt gruppiert. Karten des Heiligen Landes und Jerusalems wurden zudem immer häufiger zur Illustration von Bibeldrucken verwendet, insbesondere die Reformatoren nutzten diese gerne für ihre neu übersetzten Bibeln, um so das Textverständnis zusätzlich zu erhöhen. Die Beliebtheit dieser Karten führte im 17. und 18. Jahrhundert schließlich zu Serien, die in großer Stückzahl immer wieder kopiert oder variiert wurden.[8] Trotz Luthers Einwänden hatte sich die Motivation für eine Reise an die heiligen Stätten der Bibel seit der Reformation auch für Protestanten nicht verändert: Pilger suchten nach „sichtbare[n], materielle[n] Spuren des frühen Christentums".[9] Zudem interessierten sie sich vor Ort für die Ostkirchen, da protestantische Theologen in ihnen die Überreste einer christlichen Urkirche sahen, die nicht den Einflüssen der römisch-katholischen Kirche ausgesetzt waren.[10] So kann man für die Frühe Neuzeit durchaus von einer Verschmelzung von Pilger- und Orientreise sprechen. Auch Alexander Schunka konstatiert in einem Aufsatz, dass für Protestanten der „Weg zum wahren Glauben und zum

Ebstorfer Weltkarte. Die Welt als Scheibe mit Jerusalem im Mittelpunkt, kolorierte Pergamentblätter, um 1283. Berlin, akg-images: AKG 1574270.

konfessionellen Frieden über das Morgenland" führe,[11] – eine Aussage, die die Bedeutung dieser Reisen unterstreicht.

Um in den Orient reisen zu können, schlossen sich Pilger im 16. und 17. Jahrhundert zumeist einer der vielen habsburgischen Gesandtschaften an, welche regelmäßig an die Hohe Pforte reisten, um Tributzahlungen an den Sultan für die Einhaltung der Waffenruhe in Ungarn zu leisten.[12] Möglich wurde dies, sofern man nicht Mitglied der Gesandtschaft war, durch Geldzahlungen. In Konstantinopel angekommen, bemühten sich die Pilger dann um eine Weiterfahrt per Schiff nach Ägypten, um von dort weiter auf dem Landweg nach Jerusalem zu reisen.[13] So verband sich mit einer Pilgerfahrt oft auch eine Orientreise in den osmanisch-arabischen Raum und nach Ägypten.

Neben den religiösen Motiven einer Pilgerfahrt spielte auch die Steigerung des Sozialprestiges zu Hause durch eine solche Reise für den Pilger eine wichtige Rolle. So boten Erinnerungsstücke, die aus dem Heiligen Land mitgebracht wurden, die Möglichkeit, den „Pilgerstatus öffentlich

6.27 | Modell des Heiligen Grabes, 18. Jahrhundert.

zu machen".[14] Außerdem wurden kleine Modelle der heiligen Stätten oder besondere Kleidungsstücke wie ein Pilgermantel und Rosenkränze als Souvenirs aus Jerusalem mitgebracht.[15] Einige Pilger ließen sich vor Ort auch eine typische Pilgertätowierung stechen oder nahmen an Zeremonien in der Grabeskirche teil.[16] Die höchste Auszeichnung erhielt ein Pilger durch den Ritterschlag am Heiligen Grab in Form des Jerusalemkreuzes.[17] Dieses Kreuz stand in der Tradition der mittelalterlichen Kreuzritter, die ein Kreuz als Erkennungszeichen auf ihre Kleidung nähten. Mit der verstärkten Präsenz der Franziskaner im Heiligen Land ab dem 14. Jahrhundert fand eine Veränderung der Kreuzgestaltung statt. Den freien Feldern des griechischen Kreuzes wurden vier kleine Kreuze eingeschrieben, die zusammen mit dem eigentlichen Kreuz die fünf Wundmale Christi symbolisieren sollten. Als der Papst 1384 den Orden zur Versorgung der Pilger im Heiligen Land verpflichtete, wurde dieses Kreuz das Erkennungszeichen der Jerusalempilger, „die den Rang eines Ritters vom heiligen Grab anstrebten".[18] Derartige Auszeichnungen wurden später in Porträts, Wappen und Grabmälern festgehalten und überlieferten so auch der Nachwelt dieses bedeutende Lebensereignis und somit auch das durch die Pilgerfahrt gestiegene Sozialprestige.[19]

### Heinrich Wilhelm Ludolfs Reise in den Orient

Die Reisen Heinrich Wilhelm Ludolfs sind im Kontext seiner Idee der Universalkirche zu verstehen, die eine Zusammenführung aller christlichen Kirchen zum Ziel hatte.[20] Sie dienten demnach „neben allgemeinen diplomatischen Aufgaben zur Kontaktaufnahme mit Vertretern der orientalischen Kirchen, die er aufforderte, sich vereint mit den anderen christlichen Kirchen zu erneuern", immer dieser Idee – und auch Ludolfs Pilgerreise muss unter diesem Aspekt betrachtet werden.[21] Auf die Idee einer Reise in den Orient hatte ihn der Archimandrit Chrysanthos (1663–1731) in Moskau 1692 gebracht, welcher Ludolf während seiner Orientreise mit Kontakten unterstützte und selbst später, nach Ludolfs Reise in den Orient, Patriarch in Jerusalem wurde.[22] Seine Orientreise begann in den Niederlanden. Zunächst reiste Ludolf 1697 von dort nach Halle, wo er im Herbst eintraf. Diesem ersten Besuch bei August

6. 32 | Matrize zur Vorbereitung einer Pilgertätowierung mit Jerusalemkreuz und Bethlehemer Kronen. Privatbesitz, Mordechay Lewy.

L'Italia con le sue Poste e Strade Principali (Karte von Italien), kolorierter Kupferstich, Pieter Schenck (Verleger), Amsterdam, 1701. Halle, Franckesche Stiftungen: BFSt: 86 A 31 (88).

Hermann Francke sollten weitere folgen. Bis März 1698 blieb er dort und reiste dann über Leipzig, Weißenfels, Erfurt und Augsburg bis nach Venedig, wo er im Mai eintraf. Während Ludolf in Mitteldeutschland nur langsam vorangekommen war, weil er immer wieder Freunde und Bekannte besuchte, war seine Alpenüberquerung recht zügig erfolgt.[23] Nachdem er in Venedig Franckes Bruder Heinrich Friedrich Francke (1661–1728) getroffen hatte, reiste er weiter nach Livorno. Dort hielt er sich im August und September 1698 auf, um dann eine Weiterreise in den Orient per Schiff anzutreten.[24] Durch diese Route umging Ludolf Venedig und die Fahrt mit einem venezianischen Schiff. Denn diese liefen unterwegs alle venezianischen Territorien an, sodass Ludolf befürchtete, seine Reise würde unnötig verlängert werden.[25] Zunächst reiste er per Schiff von Livorno nach Smyrna, dem heutigen Izmir. Dort kam Ludolf im Haus der englischen Kaufmannsfamilie Turner unter, deren Sohn John Turner aus Holland bis nach Livorno mit ihm gereist war.[26] Den zweimonatigen Aufenthalt nutzte Ludolf zum Erlernen der türkischen und neugriechischen Sprache.[27] Am 11. März erreichte er dann Konstantinopel und verbrachte in der Stadt den Sommer des Jahres 1699. Aus Konstantinopel berichtete Ludolf

Francke sehr ausführlich von seiner Reise, worum dieser gebeten hatte.[28] Ihn beeindruckte dort nicht nur ein ritueller Tanz von islamischen Derwischen, sondern er erlebte auch ein Erdbeben.[29] Sein Ersuchen um einen Geleitbrief, der ihm in den osmanischen Gebieten Schutz geben sollte, war erst kurz vor der Abreise nach Jerusalem Erfolg beschieden. So berichtete er schon im Mai von seinen Bemühungen darum, doch erst am 15. September konnte er seinem Onkel Hiob Ludolf schreiben, „daß ich fry bereit gewesen nach Jerusalem zu reisen, da denn Mylord Paget mir einen Türckischen Paß verschaffet, an eben denselben tage, als des Herrn Ketters brief mir zu handen kommen, worinnen er mich errinnert, daß ich einen aus bitten sollte".[30]

Am 16. September bestieg er schließlich mit einigen armenischen und griechischen Pilgern ein Schiff in Richtung Jerusalem. Nach einem dreitägigen Aufenthalt in einem armenischen Kloster in Rodesto[31] fuhr das „Englisch Schiff"[32], mit dem Ludolf reiste, weiter über die Dardanellen, Chios, vorbei an Zypern nach Jaffa, wo es am 5. Oktober eintraf.[33] Offenbar verfasste er schon während der Überfahrt einen Bericht über diese Schiffsreise, den er Anfang Oktober an Francke abschickte.[34] Darin berichtete Ludolf unter anderem von den Preisen, die die Pilger für die Überfahrt bezahlen mussten. Von Jaffa aus ging es auf dem Landweg nach Rama, dem heutigen Ramla. Dabei mussten die Pilger die Begleitung durch arabische Dolmetscher gegen Bezahlung in Anspruch nehmen, die – wenn man Ludolf glauben darf – die Pilger jedoch finanziell übervorteilten. Er selbst bestach mit „eine[m] Ducaten" einen Araber, ihn bis nach Rama zu begleiten und brauchte deshalb die Begleitung nicht in Anspruch zu nehmen. Die Pilgergesellschaft sollte sich dort drei Tage aufhalten, um auf weitere Pferde und Esel zu warten, die sie und ihr Gepäck nach Jerusalem transportieren würden. Abermals versuchte Ludolf sich durch individuelle Absprachen einen schnelleren und günstigeren Weg nach Jerusalem zu verschaffen. Er bat einen „türkischen vornehmen Herrn", der seine „Liebste" in Jaffa abgeholt hatte, ihn nach Jerusalem mitzunehmen. Nach dessen Zusage verließ Ludolf seine Pilger-Begleitung in Jaffa und erreichte Jerusalem schließlich am 9. Oktober 1699. Offenbar waren diese Tage der Reise aber nicht gefahrlos verlaufen, denn Ludolf berichtete später in seinen *Meditationes*:

> „In the beginning I was overjoyed that I should have so much assistance and comfort of my company. But I heard soon after the companion. |: L Interprete de Padri di Terra Santa:| could not go with me. For my comfort he recommended me to the Turkish Aga, and I took horse pretty well cheered up, but I was not yet out of the gates, before I was stopped by the Customers Servant. after they had let me pass, at the Drugerman, contenting them, presently being out of the gates, the arabs begun to exact upon me, and the Turks my Patrons seemed uselesse to me. though after words they helped me at night out of the arabs hands, and refres-

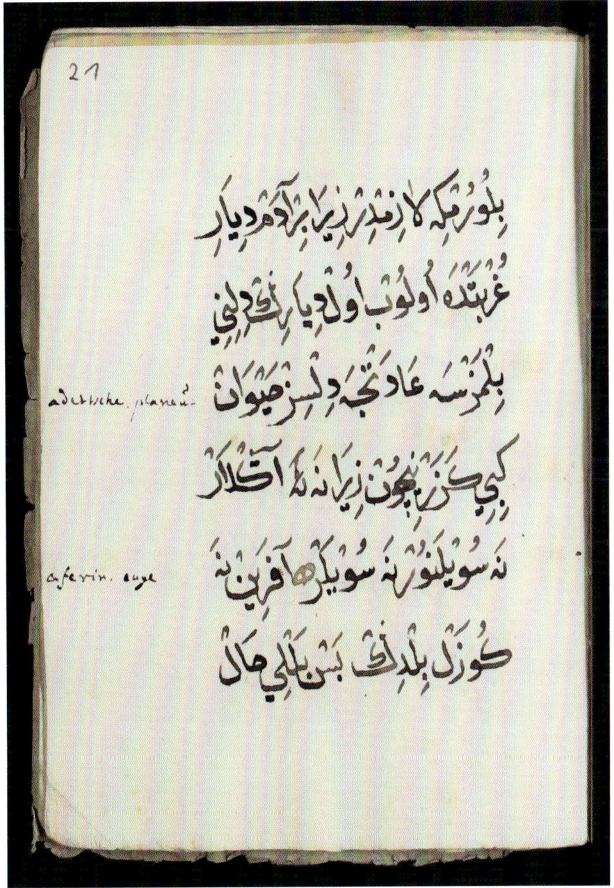

21

بلورمكه لازمدر زيرا بر آدم ديار

غربتده اولوب اولديارڭ دلني

بلمزسه عادتجه دلسز حيوان

كبي كزر بيحون زيرا نه نه آڭلار

نه سويلنور نه سويلر آفرين نه

كوزل بلدڭ بن بلمى حال

6.5 | Seite in: Türkğe tekellümät [Türkische Gespräche]. [Smyrna] 1698.

hed me with a dish of Coffe at Sr. Jeremy when I was very much tyred."[35]

Offenbar war Ludolf demnach in die Hände von Arabern gefallen und von seiner türkischen Begleitung in der Nacht wieder befreit worden.[36]

Für Pilger galten während ihres Aufenthalts in Jerusalem besondere Rechte und Pflichten. So wurde Ludolf etwa am Tor der Stadt auf Waffen „examiniert", da ein bewaffneter Pilger Jerusalem nicht betreten durfte.[37] In der Regel kamen die europäischen Pilger in Klöstern des Franziskanerordens unter, in denen auch Ludolf während seines Aufenthaltes in Jerusalem verweilte.[38] Die Grabeskirche war für jeden Pilger zentrale Pilgerstätte. Dieses führte unter anderem dazu, dass festgesetzte Preise für den Eintritt in die Kirche erhoben wurden, nämlich 15 Taler pro Pilger. Ludolf waren die Menschenmengen während der regulären Öffnungszeiten unangenehm,[39] weswegen er am 16. Oktober die Kirche des Heiligen Grabes besuchte und dort für zwei Nächte bei einem Pater blieb. Im Gegensatz zu seinen ausführlichen Berichten aus Konstantinopel und seiner Reise nach Jerusalem sind nur wenige Briefe aus Jerusalem erhalten. Daher haben sich keine näheren Erläuterungen einer Zeremonie[40] in der Grabeskirche erhalten, denen er möglicherweise beigewohnt hat.[41] Nach der Rückkehr von seiner Orientreise berichtete Ludolf von einer möglichen Unterschlagung seiner Briefe bereits vor Ort in Jerusalem – ein möglicher Grund für die schlechte Überlieferungslage von Ludolfs Jerusalemaufenthalt. Er schrieb, „so habe ich auch einen starken argwohn, daß mein zu Jerusalem abgefertigtes paquet schreiben, von den Patribus Terra Sancti unterschlagen worden, daraus sie dennoch wenig werden gefischet haben".[42] Möglich ist aber auch, dass er – anders als später Stephan Schultz (1714–1776) – nicht an derartigen Zeremonien teilgenommen hat und deshalb nicht davon berichten konnte. Hingegen besuchte er den „Lapis arctionis", den Salbstein, auf dem Christus gesalbt worden war, Golgata und das Richthaus, in das Christus gebracht worden war, und damit die üblichen christlichen Pilgerstätten in und um Jerusalem.[43]

6.3 | Heinrich Wilhelm Ludolfs Reiseroute.

Halle
Venedig
Livorno
Konstantinopel
Smyrna/
Izmir
Jerusalem
Kairo
MER DE MOSCOVIE
RUSSIE BLANCHE
MOSCOVIE
MER NOIRE ou MAIOVRE
MER BALTIQVE
POLOGNE
ALEMAGNE
ITALIE
TVRQVIE en EVROPE
TVRQVIE en ASIE
ARCHIPEL
MER DE LEVANT
Mediterranee
MER DE TRIPOLI
ARABIE

6. 11 | Die Stadt Ramma (heutiges Ramla), Kupferstich, Nürnberg, 1689.

Über Ludolfs Weiterreise nach Kairo und dann über Alexandria per Schiff zurück nach Livorno ist ebenfalls wenig bekannt. Im Dezember schrieb er bereits aus Kairo an seinen Onkel Hiob Ludolf und bat ihn, Francke eine Kopie seiner Beschreibung der gerade absolvierten Reise von Jerusalem nach Kairo zukommen zu lassen, die im Archiv der Franckeschen Stiftungen aber nicht erhalten ist. Dieser Reiseabschnitt schien in Ludolfs Augen für seinen Onkel von stärkerem Interesse zu sein als für Francke, da er von diesem Reiseabschnitt zunächst nach Halle nichts berichtete und später lediglich eine Kopie seiner Beschreibung bei seinem Onkel für Francke erbat.[44] Am 15. April erreichte Ludolf schließlich mit dem Schiff Livorno, wo er sich fünfzehn Tage in Quarantäne in einem Lazarett aufhalten musste, wohl um etwaige ansteckende Krankheiten ausschließen zu können. Damit endete seine Reise in den Orient in dem Hafen, wo sie begonnen hatte.

**Das Porträt Ludolfs in der Kunst- und Naturalienkammer**

Wenige Zeugnisse sind heute von dieser Pilgerfahrt Ludolfs erhalten. Nur ein in Öl gefertigtes Porträt von unbekannter Hand und Datierung, das sich in der Kunst- und Naturalienkammer der Franckeschen Stiftungen befindet, verweist auf Heinrich Wilhelm Ludolfs Reise (Kat.-Nr. 6.1). Das Bild zeigt ihn mit einer Pilgertätowierung auf dem rechten Unterarm. Diese umfasst eine Kreuzigung Christi über einem Totenschädel, darunter das Heilige Grab mit der Auferstehung Christi. Auf das Handgelenk, unter den beiden Darstellungen, ist die Zahl 1699 tätowiert, das Jahr seiner Pilgerfahrt nach Jerusalem. Für den Porträtierten scheint diese Tätowierung eine besondere Bedeutung gehabt zu haben, denn sein Hemd ist hochgekrempelt und der Unterarm so freigelegt und zum Betrachter gedreht, als würde er diesem die Zeichen auf seiner Haut vorzeigen. Hierin zeigt sich Ludolfs unverkennbarer Wunsch, seine Pilgerschaft nach Jerusalem darzustellen, das eigene Sozialprestige zu steigern und für die Nachwelt im Gedächtnis zu behalten.[45] Derartige Tätowierungen sind aus der Frühen Neuzeit bekannt, auch wenn nur wenige konkrete Einzelfälle identifizierbar sind. [46] So sind nur zwei Europäer aus dem 17. Jahrhundert eindeutig identifizierbar, die eine solche Tätowierung trugen: Rathge Stubbe und Heinrich Wilhelm Ludolf.[47] Pilgertätowierungen wurden zunächst nur in Bethlehem von Einheimischen angefertigt, die im Auftrag der Franziskaner als Dolmetscher und Herumführer für die Pilger arbeiteten und Dragomanen genannt wurden. Diese betrieben das Tätowieren als Nebenverdienst.[48] Mithilfe von Matrizen wurde das Motiv für die Tätowierung auf den Körper – meist wurde auf den Arm tätowiert – aufgebracht, um eine einheitliche Bildsymbolik zu erzielen. Derartige Tätowierungen müssen also für Pilgerreisende üblich gewesen sein. Die Motive lehnten sich dabei an den christlichen Bilderkanon an. Im 17. Jahrhundert sind erstmals auch Tätowierungen aus Jerusalem nachweisbar. Während die Bethlehemer Tätowierungen grundsätzlich drei Kronen als Zeichen der drei Könige sowie den Stern von Bethlehem

6.12 | Grundriss der Stadt Jerusalem, Kupferstich, Halle, 1718.

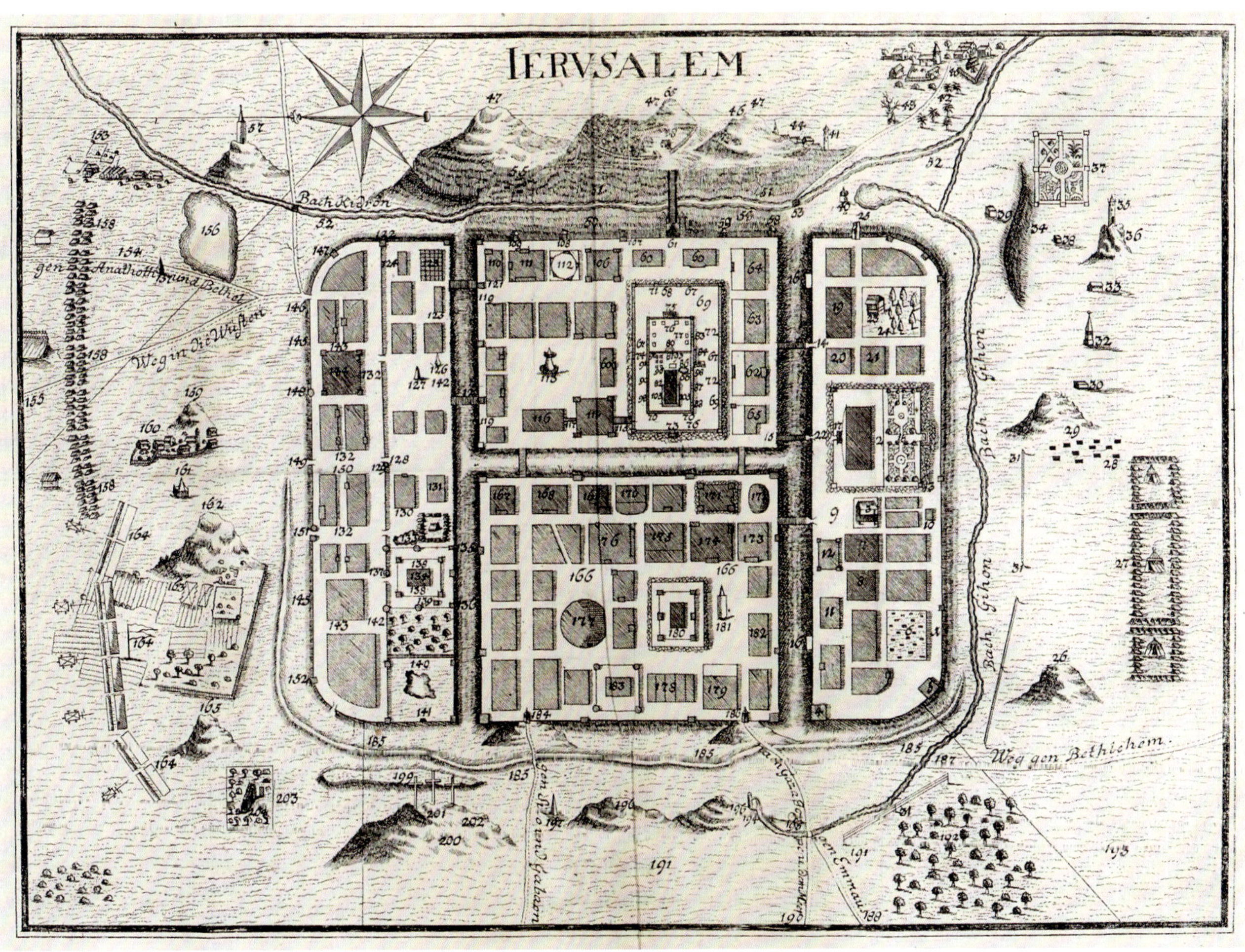

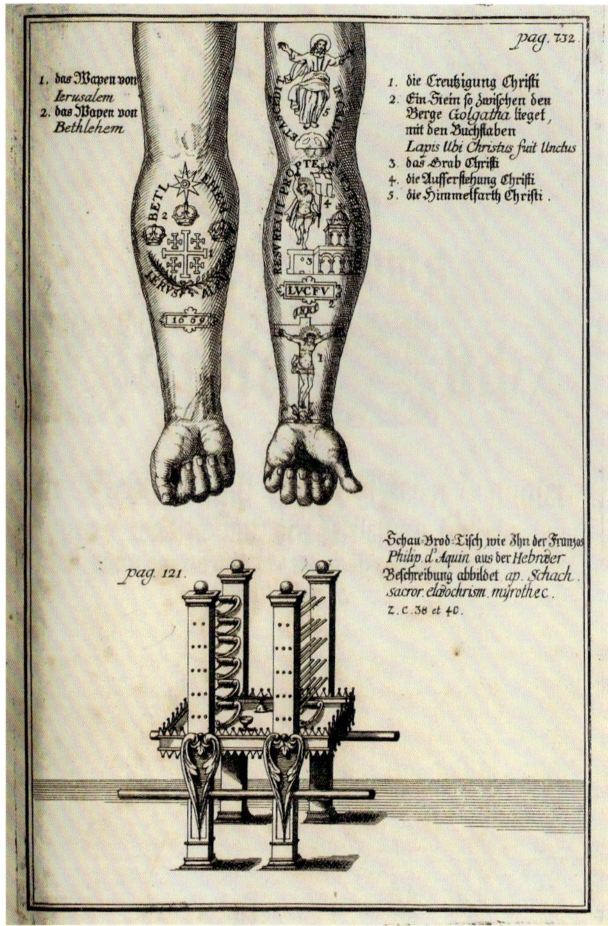


6.31 | Pilgertätowierung von Rathge Stubbe, Kupferstich, Hamburg, 1701.

neben den typischen Motiven aufwiesen, fehlten diese Zeichen in Jerusalemer Pilgertätowierungen.[49] Dies lässt den Schluss zu, dass Ludolf seine Tätowierung wahrscheinlich in Jerusalem und nicht in Bethlehem erhielt. Neben der Pilgertätowierung hat Ludolf offenbar auch andere „Pilgersouvenirs" aus dem Heiligen Land mitgebracht, denn auf dem Porträt hält er einen eingefassten Bezoar[50] in der Hand.

#### Fazit

Nicht nur die Tätowierung weist darauf hin, dass diese Pilgerreise für Ludolf ein besonderes Erlebnis war. Aus Livorno schreibt er an Francke: „my long designed voyage for Jerusalem".[51] Auch einige Jahre später reflektierte er diese Reise als ein zentrales Moment seines Lebens. An einen Freund schrieb er 1702, er „habe […] eine reise nach Constantinopel, Jerusalem und Ägypten gethan, darauf mich Gott wunderlich geschützet und gestärcket, und beym Ümgange mit allerhand nationen und religionen ein und ander Vergnügen bescherert, wiewohl aller Orten der Zustand der äußerlichen Christlichen Kirchen sehr betrübt".[52] Hierin zeigt sich Ludolfs Verständnis des eigentlichen Zwecks seiner Reisen insgesamt, der darin liegt, dass er als „Werkzeug Gottes" tätig wird, indem er mit Vertretern der Ostkirchen während seiner Orientreise in Kontakt tritt. Damit folgte er ganz Franckes Idee der Reich-Gottes-Arbeit, die das eigene Wirken providenziell legitimiert sah.

Die Reise Heinrich Wilhelm Ludolfs nach Jerusalem kann als typische Pilgerreise der Zeit verstanden werden. Er reiste auf üblichen Routen ins Heilige Land, besuchte die zentralen Pilgerstätten vor Ort und brachte typische Pilgersouvenirs von der Reise mit. Und doch greift der Begriff der reinen Pilgerreise für Ludolfs Reise zu kurz, denn er bemühte sich um individuelle Lösungen, wie im Falle der Reise zwischen Jaffa und Jerusalem, und handelte damit für Pilger untypisch. Letzteres zeigt sich auch in einem retrospektiven Brief, den er Francke über die verloren gegangenen Briefe aus Jerusalem schickt. Darin schrieb Ludolf, wie oben dargestellt, von dem Argwohn der Franziskanermönche, bei denen er logierte, gegenüber seinen Gesprächen mit Christen aus den Ostkirchen.[53] Offenbar war dies nicht üblich.

Die besondere Bedeutung von Ludolfs Pilgerreise wird zudem im Kontext des Halleschen Pietismus deutlich. In einem Brief vom 13. Juli 1699 bat August Hermann Francke Ludolf um Empfehlungen und Hinweise für künftige Orientreisende. Ludolf solle Ratschläge geben, „wie es soll mit den Reise kosten gehalten werden, wie die Reise am besten anzutreten und fortzusetzen, und was sonst zum zweck dienlich ist, gründlich und ausführl. zu melden, sonderlich aber gute addressum und recommendationes an die vornehmsten örter zuschicken"[54]. Auf Franckes Brief antwortete Ludolf am 30. August ausführlich. Für künftige Orientreisende trug er nicht nur Empfehlungen zusammen, sondern berichtete über die derzeitige Verbreitung des Christentums in den osmanischen Gebieten. Insbesondere der Umgang mit der griechisch-orthodoxen Kirche be-

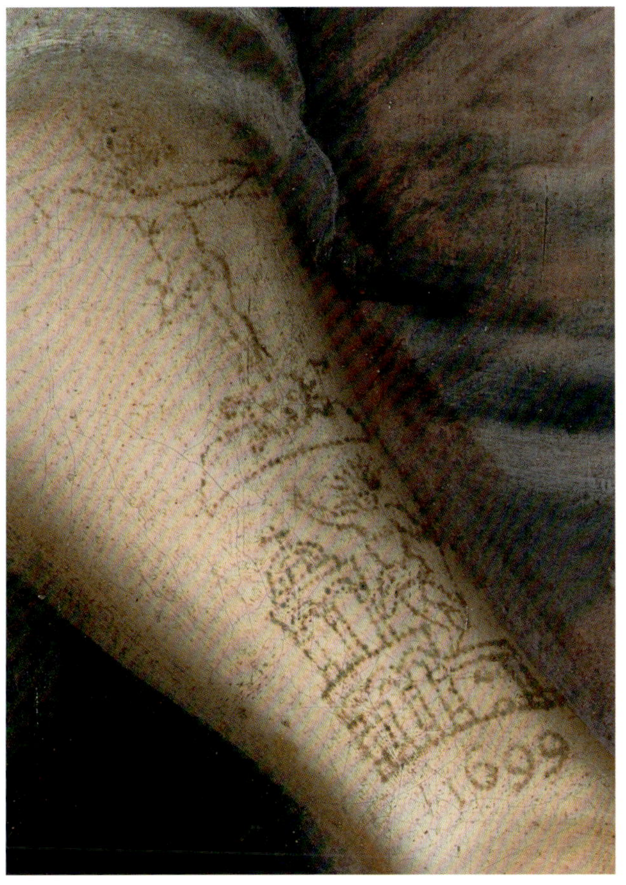


6. 30 | Pilgertätowierung von Heinrich Wilhelm Ludolf, Detail des Porträts.

6.1 | Eingefasster Bezoar auf dem Porträt Heinrich Wilhelm Ludolfs.

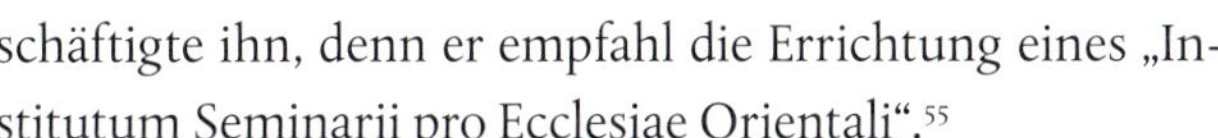

schäftigte ihn, denn er empfahl die Errichtung eines „Institutum Seminarii pro Ecclesiae Orientali".[55]

Mit seinen ausführlichen Briefen während seiner Orientreise suchte Ludolf Francke und dessen Reich-Gottes-Arbeit zu unterstützen. Indem er darin Orte und wichtige Namen nannte, Hilfestellungen und Ratschläge für die notwendigen Sprachkenntnisse und richtigen Reiserouten gab, schuf er eine Basis, die lange Zeit für weitere Akteure des Halleschen Pietismus als wertvolle Grundlage für ihre Reisen diente. So sollten beispielsweise die eigentlichen Motivationen einer Orientreise möglichst geheim halten und Sprachstudien als Grund dafür angegeben werden.[56] Im Archiv der Franckeschen Stiftungen ist zusätzlich zu seiner Reisebeschreibung in seinen Briefen eine kurze Anleitung Ludolfs für Jerusalemreisen überliefert. Darin erklärte er den Weg von Livorno nach Aleppo und dann über Alexandria bis nach Jerusalem als den sichersten Weg, während er den Weg zu Lande, den er selbst nahm, für „etwas unsicherer, wegen der araber" hielt.[57] Dieser Ratschlag beruhte offenbar auf seinen eigenen Erfahrungen.

Schon während seiner Reise in den Orient bereitete er gemeinsam mit Francke die Reise zweier Medizinstudenten aus Halle dorthin vor. Dabei handelte es sich um Anhard Adelung († 1745) und Christoph Salchow (†1704), die 1701 dann tatsächlich nach Konstantinopel reisten.[58] Ludolfs Briefe und Ratschläge dienten in den Glauchaschen Anstalten somit als fester Bestandteil bei den Vorbereitungen für Orientreisende. Noch fünfzig Jahre nach dessen Reise wurden seine Ratschläge für Stephan Schultz' Reise in den Orient im Jahre 1756 zu Rate gezogen.

6.17 | Rastende Pilger bei einer Ruine, Paris, 1642. Amsterdam, Rijksmuseum: RP-P-OB-34.391.

[1] Es ist unklar, was die Gründe für die Aufgabe seiner Sekretärstätigkeiten waren. Ludolf selbst schrieb retrospektiv, dass er frei sein wollte, worauf auch Schunka verweist. Siehe dazu: Alexander Schunka: „An England ist uns viel gelegen". Heinrich Wilhelm Ludolf (1655–1712) als Wanderer zwischen den Welten. In: London und das Hallesche Waisenhaus. Eine Kommunikationsgeschichte im 18. Jahrhundert. Hg. v. Holger Zaunstöck [u. a.]. Halle 2014 (Hallesche Forschungen, 39), 65–86, hier 68.

[2] Joachim Tetzner: H. W. Ludolf und Russland. Berlin 1955, 14-16.

[3] Brief von Heinrich Wilhelm Ludolf an [August Hermann Francke], Livorno, 18.08.1698. Halle, Archiv der Frnackeschen Stiftungen (nachfolgend AFSt): AFSt/H D 71 b 9.

[4] Christoph Nebgen: Konfessionelle Differenzerfahrungen. Reiseberichte vom Rhein (1648–1815). München 2014, 102–107.

[5] Vgl. dazu: Alexander Schunka: Die Konfessionalisierung der Osmanen. Protestantische Berichte über den Orient im ausgehenden 16. Jahrhundert. In: Orientbegegnungen deutscher Protestanten in der Frühen Neuzeit. Hg. v. Alexander Schunka u. Markus Friedrich. Frankfurt/Main 2012 (Zeitsprünge. Forschungen zur Frühen Neuzeit, 16, 1/2), 8–46.

[6] Reisen nach Jerusalem. Das Heilige Land in Karten und Ansichten aus fünf Jahrhunderten. Sammlung Loewenhardt. Bestandkatalog. Jüdisches Museum (Abteilung des Berlin Museum). Hg. v. Annemone Bekemeier. Wiesbaden 1993, 14.

[7] Die Ebstorfer Weltkarte ist eine mittelalterliche Karte auf Pergamentblättern, die 1943 verbrannt ist. Die Karte ist geostet sowie mit zahlreichen Bildern und Texten gestaltet.

[8] Reisen nach Jerusalem [s. Anm. 6], 16.

[9] Alexander Schunka: Orientinteressen und protestantische Einheit in der Frühen Neuzeit. In: ehrâyîn. Die Welt der Osmanen, die Osmanen in der Welt. Wahrnehmungen, Begegnungen und Abgrenzungen. Hg. v. Yavuz Köse u. Mitarb. v. Tobias Völker. Wiesbaden 2012, 319–336, hier 323.

[10] Dabei spielt auch der Zustand der Ostkirchen eine wichtige Rolle, denn durch die osmanisch-türkische Fremdherrschaft befanden sich diese Kirchen in einer „materiellen Schwäche und als Folge davon [gab es] ein geringes Bildungsniveau" des Klerus. Siehe dazu: Joachim Tetzner: Heinrich Wilhelm Ludolf, der Kenner des petrinischen Russlands und des Vorderen Orients. Diss. phil. [masch]. Berlin 1953, 161. Dazu außerdem Schunka, Orientinteressen [s. Anm. 9], 323.

[11] Schunka, Orientinteressen [s. Anm. 9], 336; Schunka verweist in einem Aufsatz auf die engen Verknüpfungen von Orientwissenschaftlern und protestantischen Irenikern. Siehe dazu: Schunka, Konfessionalisierung der Osmanen [s. Anm. 5].

[12] Schunka, Konfessionalisierung der Osmanen [s. Anm. 5], 12.

[13] Schunka, Konfessionalisierung der Osmanen [s. Anm. 5], 14. Zypern wurde 1573 von den Osmanen erobert, was den östlichen Mittelmeerraum im 16. Jahrhundert für Schiffe mit Christen an Bord gefährlich machte. Man reiste deshalb nicht auf direktem Weg mit dem Schiff nach Jaffa.

[14] Jutta Zandel-Seidel: Pilgerfahrt und Prestige. Reisen nach Jerusalem und Santiago de Compostela: In: Renaissance, Barock, Aufklärung. Kunst und Kultur vom 16. bis zum 18. Jahrhundert. Hg. v. Daniel Hess u. Dagmar Hirschfelder. Nürnberg 2010 (Die Schausammlungen des Germanischen Nationalmuseum, 3), 167–177, hier 167.
[15] Zander-Seidel, Pilgerfahrt und Prestige [s. Anm. 14], 167.
[16] Eine typische Pilgertätowierung (von Rathge Stubbe) wird beschrieben bei Johann Lundius: Die alten jüdischen Heiligthümer, Gottes-dienste und Gewohnheiten, für Augen gestellet, in einer ausführlichen Beschreibung des gantzen Levitischen Priesterthums, und fünff unterschiedenen Büchern. Hamburg 1701, 263. Eine Zeremonie beschreibt Stephan Schultz auf seiner Orientreise. Siehe dazu den Beitrag von Daniel Haas in diesem Katalog.
[17] Zander-Seidel, Pilgerfahrt und Prestige [s. Anm. 14], 167.
[18] Mordechay Lewy [von Esther Kontarsky aus dem Hebräischen übersetzt]: Jerusalem unter der Haut. In: Zeitschrift für Religions- und Geistesgeschichte 55, 2003, Nr. 1, 1–39, hier 5f. Die fünf Wundmale Christi spielen für den Franziskanerorden insbesondere aufgrund der Übernahme der Stigmata durch den heiligen Franziskus, ihren Ordensgründer, eine wichtige Rolle.
[19] Zander-Seidel, Pilgerfahrt und Prestige [s. Anm. 14], 167-170. Die Pilgertätowierung wird jedoch nicht erwähnt.
[20] Schunka, „An England ist uns viel gelegen" [s. Anm. 1], 82.
[21] Von Halle nach Jerusalem. Halle – Ein Zentrum der Palästinakunde im 18. und 19. Jahrhundert. Hg. v. Hendrik Budde u. Mordechay Lewy. Halle 1994.
[22] Tetzner, Kenner des petrinischen Russland [s. Anm. 10], 146. Er sieht darin das Indiz dafür, dass Ludolfs Pilgerreise keine Privatsache war, sondern einem geheimen Auftrag folgte. Darauf könnte auch Ludolfs langer Aufenthalt in Konstantinopel hindeuten.
[23] Am 20. April schreibt er noch von Augsburg aus an Francke (Brief von H. W. Ludolf an A. H. Francke, Augsburg, 20.04.1698, AFSt/H D 71 b 7f.), sein nächster Brief vom 11. Mai kommt schon aus Venedig (Brief von H. W. Ludolf an A. H. Francke, Venedig, 11.05.1698, AFSt/H A 112 b 269f.).
[24] Brief von H. W. Ludolf an A. H. Francke, Venedig, 11.05.1698, AFSt/H A 112 b 269f., hier b 270).
[25] „[T]hat I went for Venice, from thence to Livorno, and if God granted health/ might pursue my long designed voyage for Jerusalem." (Brief von H. W. Ludolf an [A. H. Francke], Livorno, 18.08.1698, AFSt/H D 71 b 9r).
[26] Vgl. Brief von H. W. Ludolf an A. H. Francke, Den Haag, 18.07.1697, AFSt/H A 112 b 19–22 sowie Brief von H. W. Ludolf an A. H. Francke, Livorno, 10.09.1698, AFSt/H D 71 b 9v.
[27] Brief von H. W. Ludolf an A. H. Francke, Smyrna, 14.11.1698, AFSt/H D 71 b 10. Ludolf wurde in Smyrna krank und blieb bis nach dem 22. Februar 1699 in Smyrna.
[28] Ludolf schrieb: „kommet aber mehrentheils nechst göttlichem schutze auf die geschicklickeit des subjecti an, und was mann ihnen für kundschafft alhier in Orient priparium kann" Er bezieht sich außerdem auf Notizen, „was ich in das buch zu halle notiret", von welchem Buch er hierbei sprach, ist unklar. (Brief von H. W. Ludolf an A. H. Francke, Konstantinopel, 01.05.1699, AFSt/H D 71 b 16–17). In folgendem Brief bat Francke Ludolf um entsprechende Ratschläge: Brief von A. H. Francke an H. W. Ludolf, [Glaucha], 13.07.1699, AFSt/H D 113 b 153–156.
[29] Brief von H. W. Ludolf an A. H. Francke, Konstantinopel, 19.05.1699, AFSt/H D 71 b 18f., hier b 19.
[30] Brief von H. W. Ludolf an H. Ludolf, Konstantinopel, 15.09.1699, AFSt/H D 81 b 836–839. Den Schutzbrief meinte man lange Zeit im Archiv der Franckeschen Stiftungen aufzubewahren, tatsächlich ist durch die Übersetzung durch Herrn Prof. Dr. Hans Georg Majer ein äußerst seltenes osmanisch-türkisches Schriftstück zu Tage getreten, dass allerdings kein Schutzbrief oder „Türckischer Paß" Ludolfs ist. Für die freundliche Unterstützung und Übersetzung der vier Briefe danke ich sehr herzlich Herrn Prof. Majer.
[31] Die Stadt ist nicht eindeutig identifizierbar.
[32] Brief von H. W. Ludolf an A. H. Francke, Konstantinopel, 17.12.1699. AFSt/H D 71 b 24. Ludolf reiste offenbar mit einem englischen Schiff nach Konstantinopel. Die Rückreise absolvierte er jedoch von Kairo nach Livorno mit einem französischen Schiff. Beide Fahrten wurden durch einen kurzen Aufenthalt in Messina unterbrochen, da man aus Angst vor Piraterie immer an der Küste entlang segelte.
[33] Brief von H. W. Ludolf an H. Ludolf, Konstantinopel, 15.09.1699, AFSt/H D 81 b 836–839. Ludolf schrieb auch, dass ein Dolmetscher aus Jerusalem ebenfalls mit diesem Schiff reiste, mit dem er „grose freundschaft" schloss.
[34] Brief von H. W. Ludolf an A. H. Francke, o.O., 03.10.1699, AFSt/H D 71 b 25.
[35] Meditationes von Heinrich Wilhelm Ludolf, AFSt/H A 112a, b 36.
[36] Ludolf reiste offenbar auch im Gegensatz zu den üblichen Pilgerwegen in der Frühen Neuzeit von Konstantinopel zunächst über Jaffa nach Jerusalem und dann erst nach Ägypten. Retrospektiv riet er nachfolgenden Reisenden in den Orient allerdings davon ab, seine Reiseroute zu wählen. Siehe dazu: Heinrich Wilhelm Ludolf: Peregrinatio (Ratschläge für Auslandreisen), o.O., o.D., AFSt/H B 71a b 84–91, hier b 91.
[37] Brief von H. W. Ludolf an A. H. Francke, Jerusalem 19./29.10.1699.
[38] Lewy, unter der Haut [s. Anm. 18], 5.
[39] „[D]as Volk läuft so zu, die sogenannten Sanotaria zu besuchen und sie auf den Knien zu küssen, dass man sehr gestöret wird." (Brief von H. W. Ludolf an A. H. Francke, Jerusalem, 19./29.10.1699, AFSt/H D 71 b 27).
[40] Wobei die Zeremonie für den Ritterschlag von Katholiken durchgeführt wurde. Wenn er aber bei einem Vertreter der Ostkirchen war, dann hat er keinen Ritterschlag erhalten. Das würde auch erklären, warum er auf der uns bekannten Porträtdarstellung Ludolfs in der Kunst- und Naturalienkammer der Franckeschen Stiftungen kein Jerusalemkreuz als Tätowierung oder sonst irgendwo an der Kleidung hat.
[41] Während Stephan Schultz später davon berichtet. Siehe dazu den Aufsatz von Daniel Haas in diesem Katalog.
[42] Ludolf berichtete außerdem, dass seine Gespräche mit Christen aus den Ostkirchen mit einem gewissen Argwohn von den Franziskanern gesehen wurden, bei denen er logierte. „[D]aß mein umbgang mit Leuten aus der/ orientalischen kirche mit schalen augen angesehen" (Brief von H. W. Ludolf an A. H. Francke, Amsterdam, 02.09.1700, AFSt/H D 71 b 45–48). Mit Patribus Terra Sancti ist wahrscheinlich das katholische Oberhaupt in der Grabeskirche gemeint.
[43] Brief von H. W. Ludolf an A. H. Francke, Jerusalem, 19.10.1699, AFSt/H D 71 b 26f.
[44] Es ist unklar, ob die Kopie jemals in Halle angekommen ist.
[45] Die Umstände, wie, wann und warum dieses Porträt entstanden ist, sind leider weiterhin ungeklärt. Ich halte es aber für sehr unwahrscheinlich, dass es posthum entstanden ist, weil ein solches Porträt so einzigartig und besonders in seiner Darstellung ist, dass es unweigerlich auf den expliziten Wunsch des Porträtierten entstanden sein muss.
[46] Lewy, Jerusalem unter der Haut [s. Anm. 18], 11. Lediglich zehn Quellen kann Lewy aus dem 16. und 17. Jahrhundert nachweisen, die explizit über Pilgertätowierungen berichten.
[47] Vgl. dazu: Lewy, Jerusalem unter der Haut [s. Anm. 18]. Über Rathge Stubbes Tätowierungen siehe Lundius, Die alten jüdischen Heiligthümer [s. Anm. 16], 263.
[48] Lewy, Jerusalem unter der Haut [s. Anm. 18], 12.
[49] Lewy, Jerusalem unter der Haut [s. Anm. 18], 35.
[50] Ein Bezoar ist ein verhärteter Brocken von unverdaulichen Materialien im Magen von Ziegen oder Rindern. Schon im Altertum wurde dem Bezoar heilende Kräfte zugesprochen. Es gibt verschiedene Vermutungen, dass dieser Bezoar in Ludolfs Hand mit Jordanwasser gefüllt sei, einen Nachweis dafür konnte ich jedoch nicht finden. Siehe dazu: Von Halle nach Jerusalem [s. Anm. 21], 75.
[51] Brief von H. W. Ludolf an A. H. Francke, Livorno, AFSt/H D 71 b 9r.
[52] Brief von H. W. Ludolf an Adam Adamowitsch zu Weyde, [London], 11.08.1702, AFSt/H D 23 b 109v–110v.
[53] Die Franziskanermönche stellten sogar einen Dolmetscher dafür ab, Ludolf zu begleiten unter dem Vorwand Ludolf „ehre anzuthun". Tatsächlich meinte Ludolf aber eher Spionagegründe darin zu erkennen, vgl. Brief von H. W. Ludolf an A. H. Francke, Amsterdam, 02.09.1700, AFSt/H D 71 b 45–48.
[54] Brief von A. H. Francke an H. W. Ludolf, [Glaucha], 13.07.1699, AFSt/H D 113 b 153–156.
[55] Brief von H. W. Ludolf an A. H. Francke, Konstantinopel, 30.08.1699, AFSt/H D 71 b 20r–21v.
[56] In einem Promemoria fasste Ludolf seine Ratschläge zusammen. Siehe dazu Promemoria von H. W. Ludolf an A. H. Francke, [Amsterdam], [09.1700], AFSt/H D 71 b 55–57. Außerdem sind zahlreiche Briefe von Ludolf erhalten, in denen er Ratschläge und Hinweise für Orientreisende zusammentrug. Zum Beispiel AFSt/H D 71 b 56, b 58, b 61.
[57] Heinrich Wilhelm Ludolf: Peregrinatio (Ratschläge für Auslandreisen), o.O., o.D., AFSt/H B 71a b 84–91, hier b 91.
[58] Tetzner zeigt in seiner Dissertation, wie genau Ludolf schon bei der Reisevorbereitung half, auch aufgrund der größeren Erfahrung Ludolfs seit der Russlandreise von Scharschmid, vgl. Tetzner, Kenner des petrinischen Russlands [s. Anm. 10], 176ff.

## Verzeichnis der Exponate

Das Heilige Land war schon früh Reiseziel vieler christlicher Pilger aus Europa, die die heiligen Stätten der Bibel und vor allem Jerusalem besuchen wollten. Mit der Reformation und Luthers Ablehnung der Pilger- und Wallfahrt brach die Zahl der Jerusalemreisenden jedoch nicht ab. Auch Protestanten besuchten die heiligen Stätten und suchten bei den Orientalischen Christen Spuren eines ursprünglichen Christentums. Heinrich Wilhelm Ludolf, ein einflussreicher Diplomat und enger Vertrauter August Hermann Franckes, bereiste von 1698 bis 1700 das Heilige Land und besuchte die Grabeskirche sowie die Stätten des Wirkens und Leidens Christi in Jerusalem.

Das Porträt Ludolfs zeigt seine Pilgertätowierung auf dem rechten Unterarm, die heute eindrucksvoll Zeugnis von der besonderen Bedeutung dieser Pilgerreise für ihn gibt. Ausführlich berichtete Ludolf auch von seinen vorangegangenen Sprachstudien des Türkischen und Neugriechischen sowie von seinen Erlebnissen vor Ort. Ludolf war der erste aus dem Kreis der hallischen Pietisten, der in den Orient reiste. Mit seinen Berichten und den von ihm zusammengestellten Ratschlägen wurden künftige pietistische Reisende auf die Reise dorthin und die Verhältnisse im Heiligen Land vorbereitet.

**6.1** Heinrich Wilhelm Ludolf (1655–1712), Öl auf Leinwand, um 1700
113,5 × 84,5 cm
Halle, Franckesche Stiftungen: AFSt/B G 0098
► Heinrich Wilhelm Ludolf bereiste von 1698 bis 1700 das Heilige Land und Kleinasien, lernte Osmanisch-Türkisch und besuchte Konstantinopel, Jerusalem und Kairo. Mit seinen zahlreichen Berichten und Ratschlägen zeigte er August Hermann Francke die Möglichkeiten für die Verbreitung des Pietismus im Orient auf und unterstützte damit nachfolgende Reisende.
• *Abbildungen auf Seite 160 und 171 (Detail)*

**6.2** Ein osmanisch-türkischer Brief mit Übersetzung. 1692–1694
Halle, Franckesche Stiftungen: AFSt/H D 85 b 634
Kommentar und Übersetzung von Hans Georg Majer, München
► Dieser Brief eines osmanischen Würdenträgers ist einer von insgesamt vier Briefen, die Ludolf vermutlich von seiner Reise durch den Orient mitbrachte. Die traditionell strukturierten Briefe sind Entwürfe oder Kopien ohne Nennung von Absender und Empfänger. Durch den Inhalt

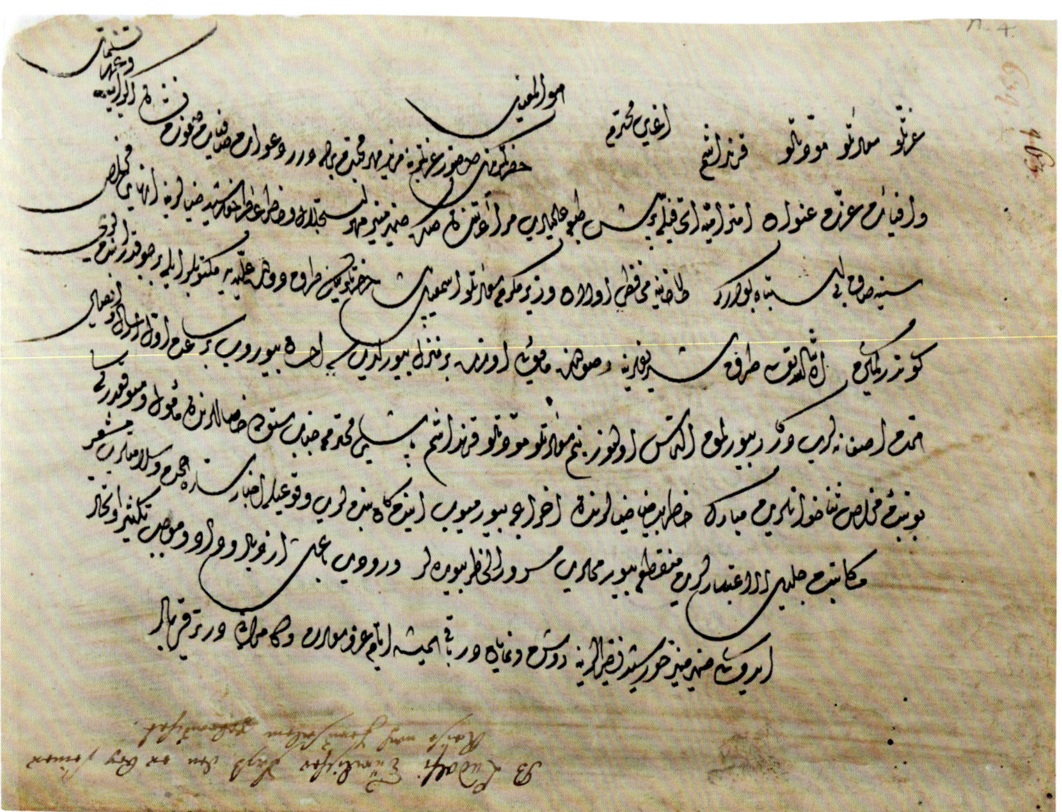

6.2

6.4

des Briefes ist eine ungefähre Datierung zwischen 1692 und 1694 möglich, zusammen mit den verwendeten Titeln lässt sie auch Rückschlüsse auf den Empfänger zu. Es handelt sich um einen Janitscharen-Ağa und Wesir, und zwar entweder um Çelebi Ismail Pascha (reg. 1692–1693) oder Murad Pascha (reg. 1694–1695).

„Er, der Helfer!

Der hohen Gegenwart Euer Excellenz, dem geschätzten Ağa, meinem hochgeehrten, erhabenen, wohlwollenden Bruder, werden mit voller Zuneigung [und] Freundschaft die Perlen aufrichtiger, bester Wünsche und Ehrerweisungen dargebracht, und es wird [Eurer Exzellenz] das Versprechen vollständiger Ergebenheit unterbreitet.

Nach der achtungsvoll gestellten Frage bezüglich Eures Wohlbefindens ist die getreue, hohe, zweifelsfrei aufrichtige Mitteilung an den erleuchteten, sonnengleichen Geist und das Sonnenlicht Eures werten Befindens folgende:

Da von seiner Exzellenz, dem hohen und glücklichen Wesir Ismail Pascha, dem derzeitigen Festungskommandanten von Hanya (Chania, Kreta) sein Kammerdiener (çokadar) mit Briefen an den Hohen Staat gesandt wurde und dieser – so Gott der Allmächtige will – bei Euch anlangt, wird gebeten, dass unter Einsatz des wesirlichen Wohlwollens wie erwartet ein Reisedokument (menzil buyuruldu) gewährt wird und er [der Kammerdiener] unverzüglich [von dort] abgeschickt und abgesandt wird.

Mein verehrungswürdiger Pascha, mein glücklicher und wohlwollender Bruder. Von den Tugenden Euer Excellenz wird erhofft und erwartet, dass Ihr diesen aufrichtigen Diener, den Lobsprechenden, nicht aus Eurem gesegneten, lichtvollen Gedenken auszustoßen geruht.

Ihr werdet [uns] erfreuen, wenn Ihr bei Erscheinen ankommender Diener Eure hochgeschätzte, erfreuliche Nachrichten über ihre Gesundheit und Unversehrtheit anzeigende Korrespondenz nicht abzubrechen geruht; dass ihr Eintreffen Ursache für die Vertiefung der Freundschaft und Grund für die Verstärkung der Eintracht ist, ist für Euren sonnengleich strahlenden Geist hell leuchtend sichtbar.

Im Übrigen mögen Eure Tage weiterhin stets Ruhm, Glück und Wohlbefinden sein.“

**6.3** Heinrich Wilhelm Ludolfs Reiseroute auf der Karte L'Europe von Pierre Duval. Paris, 1676, Reproduktion
Halle, Franckesche Stiftungen: BFSt: 204 A 15 (5)
► Nach seinem Aufenthalt in Halle reiste Ludolf über die Alpen zunächst nach Venedig. Im Frühjahr 1699 nahm er ein Schiff von Livorno nach Smyrna, dem heutigen Izmir, und später nach Konstantinopel, dem heutigen Istanbul. Ein Pilgerschiff brachte ihn im Herbst nach Jaffa, von wo er über Rama, heute Ramla, schließlich nach Jerusalem reiste. Seine Rückreise unternahm er über Alexandria und Kairo, wo er ein Schiff nach Livorno bestieg.
• *Abbildung auf Seite 166f.*

**6.4** Ansicht von Smyrna, Kupferstich in: Olfert Dapper: Umbständliche und eigentliche Beschreibung von Asia [...]. Nürnberg: Froberg, 1681, Reproduktion
Halle, Franckesche Stiftungen: BFSt: 115 B 6
► In Smyrna hielt sich Ludolf einige Monate auf, um Osmanisch-Türkisch zu lernen. Er lebte während seines Aufenthaltes bei der Kaufmannsfamilie Turner, deren Sohn später in Halle zur Schule geschickt wurde.

**6.5** Türkische Gespräche (Türkğe tekellümāt). Osmanisches Reich [Smyrna], 1698
Halle, Franckesche Stiftungen: AFSt/H Q 56
► Das kleine Büchlein enthält einen kleinen türkischen Text, mit dem Ludolf in Smyrna Osmanisch-Türkisch lernte. Die Sprache wurde zu Beginn des 18. Jahrhunderts noch mit arabischen Buchstaben geschrieben. Kleine Randnotizen zeugen von Ludolfs Aneignung der Sprache.
• *Abbildung auf Seite 165*

**6.6** Hörstation: Ausschnitt aus dem Büchlein *Türkische Gespräche* mit Übersetzung von Manfred Fleischhammer
Halle, Franckesche Stiftungen: AFSt/H Q 56

**6.7** Johannes Tribbechow: Brevia Linguae Rōmaikēs Sive Graecae Vulgaris Elementa. Jena: Bielcke, 1705
Halle, Franckesche Stiftungen: BFSt: 96 E 24 [1]
► Neben dem Osmanisch-Türkischen lernte Ludolf während seiner Reise in den Orient auch Neugriechisch, denn neben armenischen gab es auch viele griechische Pilger in Jerusalem, die Ludolf an den heiligen Stätten antraf. Außerdem schlug er August Hermann Francke vor, mit den Griechisch-orthodoxen Christen in Dialog zu treten.

**6.8** Karte von Konstantinopel („Nouvelle Carte de la Mer Noire et du Canal de Constantinople"), kolorierter Kupferstich von Nicolas Visscher, Pieter Schenck (Verleger), Amsterdam, 18. Jahrhundert
59 × 49 cm
Halle, Franckesche Stiftungen: BFSt: 86 A 35 (79)
► Ludolf verbrachte den Sommer 1699 in Konstantinopel. Über seine Tätigkeiten geben seine Briefe wenig Aufschluss, schrieb er doch nur sehr vage von diplomatischen Aufgaben, die er zu erledigen habe. Allerdings berichtete er von seinen Erlebnissen. So konnte er einem Tanz von Derwischen beiwohnen und erlebte ein Erdbeben während seines Aufenthaltes.

**6.9** Jean-Baptiste Holdermann: Grammaire Turque. Ou Methode Courte & Facile pour Apprendre La Langue Turque: Avec un Recueil des Noms, des Verbes, & des Manieres de parler les plus necessaires a sçavoir. avec plusieurs Dialogues familiers. Konstantinopel: [Münteferrika], 1730
Halle, Franckesche Stiftungen: BFSt: 155 D 6
► Diese Grammatik vermittelte dem Leser das Osmanisch-Türkisch, das ab dem 16. Jahrhundert im Osmanischen Reich gesprochen und geschrieben wurde. Ein grundlegender Einschnitt für die Sprache kam mit der Gründung der Türkischen Republik 1923, die das bisher genutzte arabische Alphabet durch das lateinische Alphabet ersetzte.

**6.10** Ansicht von Jaffa, Kupferstich in: Olfert Dapper: Umbständliche und eigentliche Beschreibung von Asia [...]. Nürnberg: Froberg, 1681, Reproduktion
Halle, Franckesche Stiftungen: BFSt: 102 B 9
► Ludolf reiste mit armenischen und griechischen Pilgern etwa einen Monat mit dem Schiff von Konstantinopel nach Jaffa, wo er im Oktober 1699 ankam. Die übliche Route von Jaffa über Rama (Ramla) bis Jerusalem wurde von Arabern begleitet, die die Pilger und ihr Gepäck gegen Geld mit Eseln beförderten.

**6.11** Ansicht von Ramma (Ramla), Kupferstich in: Olfert Dapper: Umbständliche und eigentliche Beschreibung von Asia [...]. Nürnberg: Froberg, 1681, Reproduktion
Halle, Franckesche Stiftungen: BFSt: 102 B 9
► Ludolf hatte sich schon in Jaffa eine Sonderbehandlung mit Geld erkauft, um einer Übervorteilung durch die arabischen Begleiter zu entgehen. So wurde er ungehindert nach Jaffa begleitet. In Rama schloss er sich einem „türkischen Herrn" an, der auf dem Weg nach Jerusalem war.
• *Abbildung auf Seite 168*

**6.12** Grundriss der Stadt Jerusalem, Kupferstich in: Christoph Semler: Die Stadt Jerusalem Mit allen ihren Mauren, Thoren, Thürmen, Tempel [...]. Halle: Waisenhaus, 1718, Reproduktion
Halle, Franckesche Stiftungen: BFSt: S/VERL:2316

6.10

► Am 9. Oktober 1699 erreichte Ludolf schließlich Jerusalem. Wie es für Pilger in der Frühen Neuzeit üblich war, kam er in einem Franziskanerkloster unter und besuchte die zentralen biblischen Stätten in der Stadt. Zwei Nächte blieb er bei einem Pater in der Grabeskirche, dem Zielort jedes Pilgers. Die Karte zeigt alle Orte in und um Jerusalem, die für einen Pilger von Bedeutung waren.

• *Abbildung auf Seite 169*

**6.13** Karte des Heiligen Landes („Iudaea sive Terra Sancta quae Israelitarum in Suas duodecim tribus destincta secretis ab invicem Regnis Iuda, et Israel […]"), kolorierter Kupferstich, Theodor Danckerts (Verleger), Amsterdam, vor 1727
56,5 × 49 cm
Halle, Franckesche Stiftungen: BFSt: 88 A 3 (70)

► Das Heilige Land war schon seit dem zweiten Jahrhundert nach Christus Ziel zahlreicher religiös motivierter Reisen, weil die Bibel von konkreten Orten berichtete, die man besuchen wollte. Bis zum Mittelalter hatte sich daraus das Pilgerwesen mit festen Routen von Venedig bis Jaffa und dann weiter über den Landweg nach Jerusalem etabliert.

**6.14** Zwei Pilger auf steilem Weg nach Jerusalem („Willemynken valt van rots en Duytken volgt goede weg naar Jeruzalem"), Radierung von Boëtius Adamszoon Bolswert, Antwerpen, um 1610, Reproduktion
Amsterdam, Rijksmuseum: RP-P-BI-2210

**6.15** Pilger erblicken Jerusalem („Vijf pelgrims, uitkijkend naar een stad op een hoge berg“), Radierung von Jan Luyken, Jan Rieuwertsz (Verleger), Amsterdam, 1683, Reproduktion
Amsterdam, Rijksmuseum: RP-P-OB-44.187
• *Abbildung auf Seite 7 (Detail)*

**6.16** Pilger sehen Jerusalem auf einer Anhöhe („Pelgrims klimmen naar een hooggelegen stad waarachter de zon schijnt“), Radierung Jan Luyken, Jan Rieuwertsz (Verleger), Amsterdam, 1683, Reproduktion
Amsterdam, Rijksmuseum: RP-P-1896-A-19368-402
► Jerusalem war der Ort, an dem die heiligen Stätten der Bibel zu finden waren. Pilger suchten hier nach sichtbaren Spuren des frühen Christentums. Insbesondere Protestanten sahen in den Ostkirchen, die vor Ort besonders präsent waren, die Überreste einer christlichen Urkirche.

**6.17** Rastende Pilger bei einer Ruine („Rustende pelgrims bij een ruïne“), Radierung von Stefano della Bella, Israël Henriet (Verleger), Paris, 1642, Reproduktion
Amsterdam, Rijksmuseum: RP-P-OB-34.391
• *Abbildung auf Seite 172*

**6.18** Pilgerszene, Radierung von Marco Ricci (Zeichner) und Marco Pelli (Stecher), Venedig, 1716–1760, Reproduktion
Braunschweig, Herzog Anton Ulrich Museum. Kunstmuseum des Landes Niedersachsen: MPelli AB 3.7
► Die beiden Reisenden sind in typischer Kleidung darge-

6.13

stellt. So schützte der breitkrempige Hut vor Sonne und Regen, während der schräg über der Schulter zu tragende Mantelsack zum Transport der eigenen Habseligkeiten verwendet wurde. Der Schulterüberwurf ist ein frühneuzeitlicher Pilgermantel. Der Reisende nutzte den Stab für zusätzlichen Halt auf schwierigen Wegen oder zur Verteidigung gegen wilde Tiere.

**6.19** Christoph Semler: Die Stadt Jerusalem Mit allen ihren Mauren, Thoren, Thürmen, Tempel, Pallästen, Schlössern, auch übrigen publiquen und privat-Gebäuden, samt denen Thälern, Bergen und umliegenden Bergen, In einem Modell und materiellen Fürstellung aufgerichtet. Halle: Waisenhaus, 1718
Halle, Franckesche Stiftungen: BFSt: S/VERL:2316
► Das Buch listet alle Nummern auf, die auf dem Grundriss von Jerusalem (Kat.-Nr. 6.12) verzeichnet sind, und beschreibt diese kurz. So konnte sich der Leser die Orte aus den biblischen Erzählungen vergegenwärtigen. Das hier dargestellte Modell wurde von Christoph Semler (1669–1740) für die Kunst- und Naturalienkammer der Glauchaschen Anstalten gebaut.

**6.20** The Tempel in Jerusalem, Tempera und Tusche auf Pergament in: Nicholas de Lyra: Postilla litteralis in vetus et novum testamentum […]. Rom: Sweynheum und Pannartz, 1472, Reproduktion
Berlin, akg-images: AKG5045732

**6.21** Ansicht des Salomonischen Tempels nach Ezechiel, Kupferstich in: Juan Bautista Villalpando: In Ezechielem Explanationes et apparatus urbis, ac templi Hierosolymitani. Bd. 2. Rom, 1605, Reproduktion
Dresden, Sächsische Landesbibliothek – Staats- und Universitätsbibliothek/Deutsche Fotothek: 1.C.7.2, 2
► Der Tempel galt bereits seit dem Spätmittelalter als von Gott entworfen. Seine Architektur wird in Ezechiel (Altes Testament) beschrieben und es wurde vielfach von Künstlern und Architekten versucht, diesen nachzukonstruieren. Johann Baptista Villalpando (1552–1608) war spanischer Jesuit und rekonstruierte zu Beginn des 17. Jahrhunderts einen der am meisten rezipierten Entwürfe des Tempels.

**6.22** Darstellung des Salomonischen Tempels, Kupferstich in: Christoph Semler: Der Tempel Salomonis Nach allen seinen Vorhöfen, Mauren, Thoren, Hallen, heiligen Gefässen […]. Halle: Waisenhaus, 1718, Reproduktion
Halle, Franckesche Stiftungen: BFSt: S/ VERL: 2315
► Dieses Modell des Tempels wurde von Semler zur Aufstellung in der Kunst- und Naturalienkammer der Glauchaschen Anstalten gebaut. Es ist wie die anderen drei von Semler gebauten Modelle (Stiftshütte mit Bundeslade, das Heilige Land, das biblische Jerusalem) verschollen.

6.16

**6.23** Christoph Semler: Der Tempel Salomonis, Nach allen seinen Vorhöfen, Mauren, Thoren, Hallen, heiligen Gefässen/ […]. Halle: Waisenhaus, 1718
Halle, Franckesche Stiftungen: BFSt: S/ VERL: 2315
► Das Büchlein beschreibt die Geschichte und den Aufbau des Salomonischen Tempels. So wird von der gottlichen Weisung gesprochen, die dem König David eingegeben wurde, dass sein Sohn Salomon diesen Tempel nach göttlichem Entwurf bauen sollte. So wurden die Maße des Tempels immer wieder in Kirchenbauten aufgegriffen, weil man sie für göttlich inspiriert hielt.

**6.24** Scenographie des eigentlichen Tempels selbst, wie solcher sich auf der Nord-Seiten praesentiret, Kupferstich in: Christoph Semler: Der Tempel Salomonis [...]. Halle: Waisenhaus, 1718, Reproduktion
Halle, Franckesche Stiftungen: BFSt: S/VERL:2315

**6.25** Profil des Tempels nach der Linie des Grundrisses A. B. auff den Prospekt gegen Morgen, Kupferstich in: Leonhard Christoph Sturm: Die unentbährliche Regel Der Symmetrie Oder: Des Ebenmaasses [...]. Augsburg: Wolff und Detleffssen, 1720, Reproduktion
Halle, Franckesche Stiftungen: BFSt: S/A:242 [2]

**6.26** Gestalt des Hohepriesters des Salomonischen Tempels vom Landschaftsmodell „Tempel Salomonis", Holz und Stoff, 1718
Höhe 35 cm
Halle, Franckesche Stiftungen: KNK R.-Nr. 713
► Die Kunst- und Naturalienkammer beherbergte einst ein Landschaftsmodell des Salomonischen Tempels, das heute verschollen ist. Lediglich diese Gestalt des Hohepriesters ist davon noch erhalten. Der Hohepriester hatte im Tempel als einzige Person Zutritt zur Bundeslade.

**6.27** Modell des Heiligen Grabes, Holz, Elfenbein und Perlmutt, 18. Jahrhundert
Höhe 9 cm, Breite 4 cm, Tiefe 12 cm
Halle, Franckesche Stiftungen: KNK R.-Nr. 388
► Die Grabeskirche gehört zu den größten christlichen Heiligtümern und wurde von jedem Pilger in Jerusalem besucht. Laut biblischer Überlieferung enthält sie das Grab Christi, das auch dieses Modell darstellt. Derartige Souvenirs wurden von Pilgern aus Jerusalem mitgebracht und bezeugten ihre Pilgerschaft.
• *Abbildung auf Seite 163 oben*

**6.28** Chor der Grabeskirche in Jerusalem („Koor van de Heilig-Grafkerk te Jeruzalem"), Radierung von Jan Luyken, 1698, Reproduktion
Amsterdam, Rijksmuseum: RP-P-1896-A-19368-1211

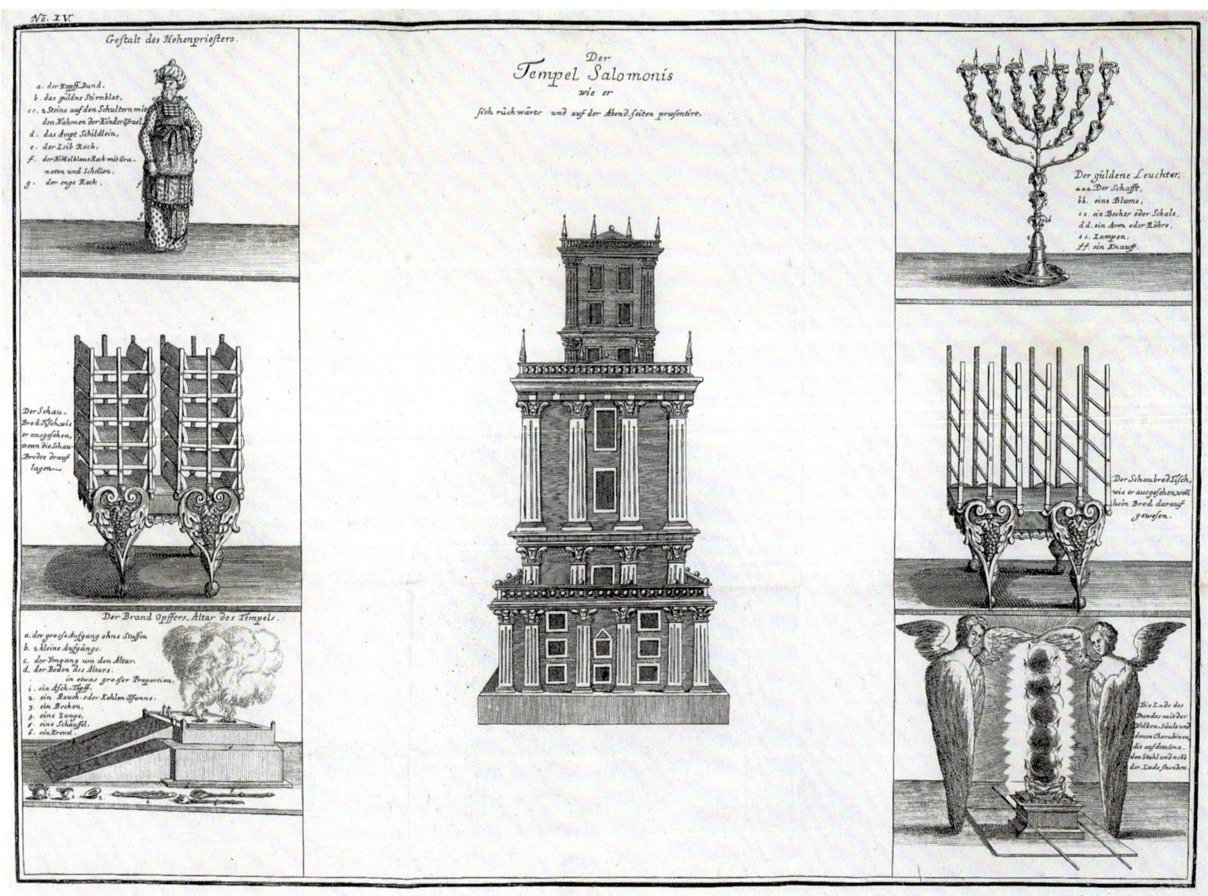

6.22



6.26 ►

6.28

► Dem Heiligen Grab in der Rotunde der Grabeskirche ist eine Basilika vorgesetzt, die bereits im 4. Jahrhundert von Kaiser Konstantin (272–337) beauftragt worden war. Die Kirche, wie auch deren hier dargestellter Chor, stammt jedoch aus dem 11. Jahrhundert. Sie ist, nachdem sie auf Befehl des Kalifen al-Hākim (985–1021) zerstört worden war, nach der Eroberung Jerusalems durch die Kreuzfahrer wieder aufgebaut worden.

• *Abbildung auf Seite 158f.*

**6.29** Bezoar, Lapides Bezoardici
Höhe 1,5 cm, Breite 2,5 cm, Länge 3,5 cm
Halle, Franckesche Stiftungen: KNK R.-Nr. 554

► Aus dem Heiligen Land, insbesondere aus Jerusalem, Souvenirs mitzubringen, war auch in der Frühen Neuzeit beliebt, um den Daheimgebliebenen nicht nur mit Erzählungen, sondern auch mit Gegenständen von der eigenen Pilgerreise erzählen zu können. Bezoarsteinen, also verhärteten Brocken aus unverdaulichen Materialien im Magen von Ziegen oder Rindern, wurden heilende Kräfte zugesprochen, die insbesondere in Verbindung mit dem besonderen Herkunftsort, dem Heiligen Land, zu wunderbringenden Souvenirs stilisiert wurden. Einen eingefassten Bezoar hält auch Ludolf auf seinem Porträt in der Hand.

**6.30** Pilgertätowierung von Heinrich Wilhelm Ludolf, Detail des Porträts, Öl auf Leinwand, um 1700, Reproduktion
Halle, Franckesche Stiftungen: AFSt/B G 0098

► Ludolfs Tätowierung auf seinem rechten Unterarm zeigt eine Kreuzigung Christi über einem Totenschädel. Darunter ist das Heilige Grab mit der Auferstehung Christi abgebildet. Das Jahr 1699 zeigt das Jahr seiner Pilgerreise nach Jerusalem.

• *Abbildung auf Seite 171*

**6.31** Pilgertätowierung von Rathge Stubbe, Kupferstich in: Johann Lundius: Die alten jüdischen Heiligthümer, Gottesdienste und Gewohnheiten, für Augen gestellet, in einer ausführlichen Beschreibung des gantzen Levitischen Priesterthums, und fünff unterschiedenen Büchern. Hamburg: Liebernickel; Spiering, 1701, Reproduktion
Halle, Franckesche Stiftungen: BFSt: 23 B 9
► Nur wenige Pilgertätowierungen sind heute noch aus der Frühen Neuzeit bekannt. Neben Heinrich Wilhelm Ludolf konnte nur ein weiterer Pilger aus dem 17. Jahrhundert identifiziert werden, der eine solche Tätowierung getragen haben muss: Rathge Stubbe.
• *Abbildung auf Seite 170*

**6.32** Matrize zur Vorbereitung einer Pilgertätowierung mit Jerusalemkreuz und Bethlehemer Kronen, Fotografie, 20. Jahrhundert, Reproduktion
Privatbesitz, Mordechay Lewy
► Dass diese Tätowierungen verbreiteter waren, als die Überlieferung glauben macht, zeigen sogenannte Matrizen-Vorlagen für derartige Tätowierungen, die auf den Arm aufgedrückt wurden und so das Motiv darauf übertrugen. Die hier zu sehende Matrize kombiniert zwei der bekanntesten Motive.
• *Abbildung auf Seite 163 unten*

**6.33** Henry Maundrell: Gantz Neue Reise-Beschreibung nach dem Gelobten Lande: Darinnen Die jetzige Beschaffenheit und der aller-neueste Zustand Des Heiligen Landes […]. Hamburg, 1706
Halle, Franckesche Stiftungen: BFSt: 107 L 7
► Der Engländer Henry Maundrell (1665–1701) war zwei Jahre vor Ludolf nach Jerusalem gereist und hatte dort sogar die Osterfeierlichkeiten in der Grabeskirche miterlebt. Seine Reisebeschreibung wurde in Europa sehr populär und nicht nur ins Deutsche, sondern auch ins Französische und Niederländische übersetzt.

**6.34** Johann Lundius: Die alten jüdischen Heiligthümer, Gottes-dienste und Gewohnheiten, für Augen gestellet, in einer ausführlichen Beschreibung des gantzen Levitischen Priesterthums, und fünff unterschiedenen Büchern. Hamburg: Liebernickel; Spiering, 1701
Halle, Franckesche Stiftungen: BFSt: 23 B 9

**6.35** Otto Friedrich von der Groeben: Orientalische Reise-Beschreibung Des Brandenburgischen Adelichen Pilgers Otto Friedrich von der Gröben; Nebst der Brandenburgischen Schifffahrt nach Guinea, und der Verrichtung zu Morea. Marienwerder: Reiniger, 1694
Halle, Martin-Luther-Universität Halle-Wittenberg, Universitäts- und Landesbibliothek Sachsen-Anhalt: OB 674
► Otto Friedrich von der Groeben (1657–1728) reiste schon in jungen Jahren in das Osmanische Reich, ins Heilige Land, nach Ägypten und Afrika. Ausführlich berichtete er in seiner in späteren Jahren verfassten Reisebeschreibung von seinen Erlebnissen im Heiligen Land, etwa auch von Pilgertätowierungen, wie sie Ludolf besessen hat.

**6.36** George Sandys: Sandys Voyagien, Behelfende Een Historie van de Oorspronckelijke ende tegenwoordige Standt des Turcksen Rijcks: hare Wetten, regeeringe, Politie, Krijghs-

6.29

macht, Hoven van Justitie, ende Koop-handel. Als mede, Van Ægyptien; d' Antiquiteyt, verborgene Characteren, Ordinantien, Costuymen, Discipline, ende Religie der Ægyptenaren. Neffens Een beschrijvinge van het H. Landt [...]. Utrecht: Roeck, 1654
Halle, Franckesche Stiftungen: BFSt: 106 I 25
► George Sandys (1578–1644) reiste schon zu Beginn des 17. Jahrhunderts von England ins Heilige Land. Seine Berichte darüber wurden auch in anderen Sprachen verlegt und im 17. Jahrhundert als Standardlektüre für die Reise in den Orient herangezogen.

**6.37** William Lithgow: Willem Lithgouws Negen-thien Jaarige Lant-Reyse, Uyt Schotlant, na de vermaerde deelen des Werelts Europa, Asia, ende Africa. Voltrocken In drie dier-gekochte Voyagien [...]. Amsterdam: Goedesbergh, 1669
Halle, Franckesche Stiftungen: BFSt: 119 D 12
► Der Engländer William Lithgow (1582–ca. 1645) bereiste nur ein Jahr nach Sandys Jerusalem, nämlich 1612. Von ihm wird später berichtet, dass er einem Dragomanen, die üblicherweise als Reiseführer für Pilger arbeiteten, Italienisch beibrachte. Diese Sprache diente der Kommunikation mit den Pilgern und deren Beherrschung war deshalb für die Dragomanen unbedingt erforderlich.

**6.38** Franz Ferdinand von Troilo: Frantz Ferdinand von Troilo, Rittern des Heiligen Grabes, Orientalische Reise-Beschreibung: Wie dieselbe aus Teutschland über Venedig, durch das Königreich Cypern, nach dem gelobten Lande [...] vollbracht [...]. Dresden: Hübner, 1734
Halle, Franckesche Stiftungen: BFSt: 132 E 12
► Über Franz Ferdinand von Troilo (ca. 1635–ca. 1700) ist außer dieser Reisebeschreibung nur wenig bekannt. Neben seinen Tätigkeiten in den Diensten des sächsischen Kurfürsten Johann Georg II. (1613–1680) reiste von Troilo wohl drei Mal nach Jerusalem und empfing dort auch die Ritterwürde des Heiligen Grabes.

**6.39** Ansicht von Kairo („Cairus“), Kupferstich in: Olfert Dapper: Naukeurige Beschrijvinge Der Afrikaensche Gewesten Van Egypten, Barbaryen, Libyen, Biledulgerid, Negroslant, Guinea, Ethiopien, Abyssinie [...]. Amsterdam: van Meurs in Meurs, 1681, Reproduktion
Halle, Franckesche Stiftungen: BFSt: 108 C 5
► Wie die meisten Jerusalemreisenden verband auch Hein-

6.37

6.39

rich Wilhelm Ludolf seine Pilgerfahrt mit einer Reise durch den Orient. Zunächst nutzte er den Landweg nach Kairo. Dort bestieg er ein Schiff, das ihn über Rosette nach Alexandria brachte. Die Stadt verließ er im März 1700 in Richtung Livorno.

**6.40** Anton Wilhelm Böhme: Reliquiæ Ludolfianæ. The Pious Remains Of Mr. Hen. Will. Ludolf. London: Downing, 1712
Halle, Franckesche Stiftungen: BFSt: 43 H 24
► Anton Wilhelm Böhme (1673–1722), der Hofprediger in London und Vertrauter Ludolfs war, stellte nach dessen Tod 1712 dieses Büchlein mit einigen hinterlassenen Aufzeichnungen Ludolfs zusammen.

**6.41** Heinrich Wilhelm Ludolf: Henrici Guilielmi Ludolfi Consilium de universae ecclesiae salute procuranda. Leipzig: Walther, 1731
Halle, Franckesche Stiftungen: BFSt: 130 G 14 [14]
► Ludolf selbst veröffentlichte zu Lebzeiten keine Texte. Lediglich das von Böhme herausgegebene Büchlein (Kat.-Nr. 6.40) und dieser Text sind von ihm erhalten. Diese Schrift thematisiert seine Vorstellung einer Universalkirche unter lutherischem Vorzeichen, eine Idee, für die er sich sein Leben lang stark gemacht hatte.

**6.42** Modell der Grabeskirche, Olivenholz und Perlmuttintarsien, 18. Jahrhundert
Höhe 24 cm, Breite 37,2 cm, Länge 46,3 cm
München, Bayerisches Nationalmuseum, Leihgabe aus der Orban-Sammlung der Ludwig-Maximilians-Universität München: L Modell 9
► Das Modell der Grabeskirche in Jerusalem ist wie das Modell des Heiligen Grabes aus Olivenholz gearbeitet und mit aufwendigen Perlmuttintarsien verziert. Vor dem Eingang ist das Jerusalemkreuz aus Perlmutt dargestellt und verweist auf die Hoheit des Franziskanerordens über die Grabeskirche. Derartige Modelle wurden vielfach als Souvenir von einer Pilgerreise mitgebracht.

# 7 Reise ins Ich

Hallelujah
1. Naktens Gudi Offrandare warer elende och sörjer och qwaler; Jac 4.
2. Den som tror på honom som den ogudachtige giör rättferdig. ep. Rom 4. 5.
3. Christi blod skall rena wart samwete af de döda Gierningar till at Ebr 9.
4. Var tid är nu kommen hwaraf är sondergången och wij äro lose Psa: 124. 7.
5. Werlden är mig korsfäst och jag werldene Gallaterna 6. 14.
6. Den Porten är trong och den wägen smal som drager till lifwet. Matt 7.
7. Låt oss gå till Jesum och bära hans smälek. Ebreerna 13. 13.
8. De som Christo tillhöra korsfästa sitt kött, samt med lustar och: ep. Gal 5. 24
9. Igenom myken bedröfwelse måste wij ingå i Guds rike. Apostg 14. 22.
10. Den som född är efter köttet förföljer honom som född är efter anden. Gal 4
11. Alle de der gudeliga wilja lefwa måste lida förföljelse. 2 Tim: 3
12. Salige aren I om I för Christi namns skull blifwen försmädde, 1 Pet. 4.
13. De som wänta efter Herran de få en ny kraft Esaie 40. 31
14. Denna tidsens wedermöda, är icke lik emot den härlighet; ep. Rom 8
15. Den wägen är bred, som drager till fördömmelse. Matt 7. 13.
16. De ogudachtige gå wähl en slät wäg hwilken ände helfwetet. Syr: 21.
17. Deras matk skal icke dö och deras eld icke utslockna, och skola Jes: 66
18. Röken går up af Ewighet till Ewighet. Up b. 19.

MARKUS MATTHIAS

# „Bring mich mit Freuden an den Ort"

## Reisen als Metapher im Pietismus

August Hermann Francke (1663–1727) war kein poetischer, eher ein technisch-rationaler, zielorientierter Mensch. Entsprechend ist auch sein Verhältnis zum Reisen technisch bestimmt. „Reisen" ist in Franckes Sprachgebrauch zunächst der Terminus für die persönliche Überwindung größerer Distanzen zu Fuß, zu Pferde oder in der Kutsche. Reisen ist für ihn kein eigenes Erlebnis, sondern eine Notwendigkeit, wenn man an einem anderen Ort einem Geschäft nachgehen muss. Da dies bis heute mit allerhand Gefahren verbunden ist, wird Francke seine Reisen sicher immer mit Gebeten begleitet haben, wie wir sie aus vielen Gebetbüchern (für Reisende), etwa auch von Gottfried Arnold (1666–1714) kennen. Und so mag Francke vor dem Reisen gebetet haben:

„IN deinen nahm'n / auff dein geheiß /
O JEsu / ich von hier nun reiß
HErr / dein beruff / mein ambt und stand
erfordert dies reis'm land.
2. Was ich in JEsus nahm'n anheb /
wohin ich denck / wornach ich streb:
das alles muß gerahten wol /
von GOttes segen werden voll.
3. Du richst / HErr JEsu / meinen fuß /
daß nichts von dir mich wenden muß:
Du führst mich aus und wieder ein /
durch dich muß alles heylsam seyn.
4. Befiehl den engeln / daß sie mich
auf allen wegen sicherlich
begleiten / und mit ihrer wach
abwenden alles ungemach.
5. Treib mein vorhaben glücklich fort /
bring mich mit freuden an den ort /
da ich zu reisen hingedenck:
der Menschen hertzen zu mir lenck.
6. Gib / HErr / daß ich die treffe an /
auf die ich sicher trauen kann:

VORHERIGE DOPPELSEITE:
Der Tod entlässt die als Vogel dargestellte Seele. (Detail)

Der breite und der schmale Weg, Öl auf Leinwand, Umeå (S), um 1745. Stockholm, Stiftelsen Skansen: SKANM.0022276.

Gottfried Arnold, Kupferstich von J[ohann] C[hristoph] Dehné (Stecher) nach Schwartz (Maler), um 1700. Halle, Franckesche Stiftungen: BFSt: Porträtsammlung C 61.

und mich zu solchen leuten | führ
die fromm sind und gefallen dir.
7. Für strassen=räuber mich bewahr /
für wassers=nöthen und gefahr:
für wilden thieren / fall und brand /
für allem leyd / für sünd und schand.
8. In deine händ ergeb ich dir
leib /seel und was gehöret mir /
an allen orten nah und weit /
bewahr es / HErr / zu jederzeit.
9. Behüt auch unterdeß in gnad
die meinen für gefahr un schad /
(weib kind / gesind / hauß / hoff / für schad)
und was ich mehr verlassen hab /
von dem wend alles unglück ab.
10. Und wann ich dann nach wunsch vollbracht /
was zu vollbringen ich gedacht /
so führe du mich selbst zu hauß /
wie du mich hast geführet aus.
11. Und laß mich finden unversehrt /
was du aus gnaden mir beschert /
für solchen schutz / für solch geleit /
danck ich dir dann in ewigkeit."[1]

Schon dieses (eher zu sprechende denn zu singende) Lied lässt sich mühelos auch metaphorisch auf die Lebensreise deuten, wie es dann explizit in anderen sogenannten Reiseliedern geschieht, beispielsweise bei *O Gott / im nahmen JESU Christ / reiß ich nun meine strassen*[2] oder *Barmhertz'ger Gott und Vater / du theurer menschen=rather*[3].

Dabei können insbesondere die in der Vorausschau auf die bevorstehende Reise imaginierten Gefahren zu einem Sinnbild des Lebens werden. Diese Gefahren gehen vor allem von Menschen aus, für die der Reisende zu einer leichten Beute werden kann, sei es körperlich mit roher Gewalt durch Fallen und Überfälle, sei es sozial im Handelswesen, da man des fremden Handelspartners später nicht mehr habhaft werden kann, sei es schließlich seelisch in der fremden menschlichen Gesellschaft, in der ehrliche Freundschaft und schmeichelnde Falschheit schwer zu unterscheiden sind. So lässt Arnold in einem Gebet den Reisenden zugleich für sein ganzes Leben bitten, dass sein „leib und gut" von

„mancher nachstellung" und „die seele" von den „vielen stricken" verschont bleibe. Er muss sich selbst in Acht nehmen: „Das hertz ist betrieglich / und läst sich leicht durch lust zum gewinn dahin reissen" und „manche menschen schmei-

1.1.25 | In Wassergefahr, 1718. Berlin, akg images: AKG 1950157.

cheln mir um vortheils willen". So weitet sich der Blick von dem konkreten Reisevorhaben auf die Lebensreise:

„Wo soll ich auf diesem meinem elenden pilgrams=weg hinfliehen, als zu deiner erbarmung! O Jesu, sey du mir weg, wahrheit und leben, wo ich gehe und stehe. Siehe mich an als ein verirrt und in der wüsten dieser

Johann Conrad Dannhauer, Kupferstich von Martin Bernigeroth, um 1700. Halle, Franckesche Stiftungen: BFSt: Porträtsammlung B 1084.

> welt herum wallendes schaaf, daß ich deiner gebote nicht vergesse. Gehe du mit deinem heil. angesicht vor mir her, wie vor Jacob, und leite mich bey deiner rechten hand, stets an dir zu bleiben. Laß mir die heere deiner heil. engel begegnen, und mich durch sie auf weg und steg bewahren. Ists möglich, so gib mir frieden mit allen menschen, und regiere mich in meinem umgang mässiglich und unschädlich. Gütige vor mir alle, die mir schaden wollen, und halte alle böse feindliche kräfte von mir ab, daß mir weder leib noch gut, vielweniger mein gewissen verletzet werde. Aber laß auch mein hertz und sinn an | dir hangen, und unter aller gesellschaft nicht von dir weichen, daß ich weder mit unnützen reden noch andern zeitvertreib mich versündige. Vielweniger lasse mir zu, iemanden zu übervortheilen im handel, weil du über das alles ein rächer bist. [...] Bringe mich in frieden an ort und stelle".[4]

Dieses mit biblischer Sprache gesättigte Gebet sieht mit der traditionellen biblischen Bilderwelt im Leben den Ort der Fremde, der Pilgerschaft, des Jammertals, des Elends (Auslands), durch das man reisen muss, um endlich in der Heimat, im himmlischen Vaterland, im himmlischen Jerusalem anzukommen. Und natürlich kennen und gebrauchen auch die Pietisten, kennt und gebraucht auch August Hermann Francke, die Metapher vom Menschen als *viator christianus*, als christlichem Wanderer oder Reisenden, der durch diese Welt voller Gefahren seinem eigentlichen Vaterland auf der „Himmelsstrasse" entgegenreist.[5] In der Aufnahme dieser Metapherwelt konnte (vorpietistisch) dann Theologie als Reiseratgeber oder als Wegweiser metaphorisiert werden, so z. B. Johann Conrad Dannhauers (1603–1666) *Hodosophia Christiana* (Christliche Wegweisheit) oder Reinhold von Derschaus (1600–1667) *Hodosophia viatoris christiani* (Wegweisheit des christlichen Wanderers).[6]

Im Pietismus wird die Reise-Metapher meist zugespitzt auf die Alternative zwischen dem schmalen, entsagungsreichen und dem breiten, bequemen Weg oder der engen und der breiten Pforte (Mt 7,13–14; vgl. 19,24):

> „Diese Erfahrung [der Hilfe Gottes, d. Vf.] hat der [wiedergeborene, d. Vf.] Mensch auff den schmalen Wege des Himmels / so bald er durch die enge Pforte der Wiedergeburth hindurch gedrungen / und auff den schmalen Steg [des Friedens, d. Vf.] gesetzet ist."[7]

Die Wiedergeborenen, denen „der Heil. Geist das Zeugnis gibt, dass sie Gottes Kinder sind"[8], müssen auch die Widerwärtigkeiten aus Gottes Hand annehmen und so den „Wegen" Gottes folgen, der „zugreifft wo es am wehesten tut"[9]:

> „O wie viel Berge und Thäler / Wälder und Wüsten sind noch durchzuwandern in dem menschlichen Leben / wenn man durch die enge Pforte eingegangen / und nun auf den schmalen Wege zum Himmlischen Zion begriffen ist? Wie manche Gefahr stehet uns da noch bevor / welche uns um unsere Seeligkeit bringen kan / so wir unser nicht wohl wahrnehmen?"[10]

Franckes „unpoetisches" Verhältnis zum Reisen wird auch daran deutlich, dass sein eigentliches Reisen, nämlich nach

Holland (1705) und ins Reich (1717/18), schlicht der Notwendigkeit geschuldet war, sich körperlich den beruflichen und persönlichen Anforderungen in Halle zu entziehen:

> „Weil Er aber doch, unter den überhäuften Geschäfften, nach und nach so entkräftet wurde, daß die Medici seines Lebens wegen sehr besorgt waren, und Ihn ermahneten, sich durch eine Reise der Arbeit eine Zeitlang zu entziehen; folgete Er endlich solchem wohlgemeynten Rath, und reisete anno 1705. nach Holland: da Er denn auch so wol daselbst, als an vielen Orten Deutschlandes, durch welche Er, auf seiner Hin= und Her=Reise, passirte, den köstlichen Saamen der Göttlichen Wahrheit, auszustreuen, gute Gelegenheit bekommen“[11]

Wie das Reisen natürlich auch dem eigentlichen Geschäfte, nämlich der Ausbreitung des Reiches Gottes, und konkreten Zwecken[12] dienlich war, so wird es letztlich legitimiert durch die Wiederherstellung der Arbeitskraft:

Philipp Jakob Spener, Kupferstich von Philipp Kilian (Stecher) nach Daniel Thülens (Maler), um 1680. Halle, Franckesche Stiftungen: BFSt: Porträtsammlung C 1842.

> „[D]och fand Er sich bey Ablegung desselben [Prorektorats, d. Vf.] so entkräfftet, daß er keinen Umgang nehmen konte, abermals, [...] durch eine Reise eine Erholung der Kräffte zu suchen. [...]; und brachte Ihn GOtt abermahls [...] wiederum glücklich zurücke; nachdem Er Ihm seine vorigen Kräffte wieder geschencket, die Er denn aufs neue, wie vorher, in sorgfältiger Verwaltung seiner wichtigen Aemter, zur Ehre GOttes angewendet“[13].

Dagegen spielt für Francke das Reisen als Vorgang des Sich-Geistig-Bildens – jenseits der Informationsbeschaffung[14] – thematisch keine Rolle, wie das etwa für Philipp Jakob Spener (1635–1705) der Fall ist. Für den Gelehrten (auch den gelehrten Theologen) konnte das Reisen dazu dienen, sich seine eigene geistige Welt auszubauen, sei es durch die Bekanntschaft mit interessanten Gelehrten in fremden Ländern, sei es – und das wohl viel entscheidender – um andere Sprachen (Englisch, Französisch, Italienisch und Holländisch) zu lernen und so teilhaben zu können an der europäischen Welt des Geistes.[15] Gerade mit Blick auf die volkssprachlichen Frömmigkeitskulturen und die ihnen innewohnende Möglichkeit einer gegenseitigen Befruchtung sind solche Ausflüge in die europäische Geisteswelt für die Pietisten wichtig. So hält Spener das Reisen und die dabei zu erwerbenden Sprachen allein dafür „ziemlicher kosten werth“, wenn man dadurch in den Stand versetzt würde, „der fremden bücher zu lesen / in denen manchmahlen schöne sachen sind“.[16]

> „Wie ich dann das wenige, so ich in frantzösischer und italienischer sprach (ob mirs wohl so gut nicht werden wollen, daß ich weit ausser teutschland hinaus oder in

Die Reisen
Der
Gottlosigkeit,
Welche
In einer artigen und angenehmen Al-
legorie oder verblümten Rede
Vormals im Jahr 1684.
Benjamin Keach,
Der Autor der Reisen der
wahren Gottseligkeit/
In Englischer Sprache beschrieben,
nun aber
Aus derselben ins Hoch-Deutsche
übersetzet
und
Zu hertzlicher Warnung
Vor aller Sünde und Gottlosigkeit
heraus gegeben hat
Christoph. Matthæus Seidel/
Adj. Past. Præp. & Inspector
in Berlin.
HALLE, gedruckt im Wäysenhause. 1721.

Frontispiz, Titelblatt in: Benjamin Keach, Die Reisen der Gottlosigkeit. Halle: Waisenhaus, 1721. Halle, Franckesche Stiftungen: BFSt: S/VERL:971.

> demselben weit herum kommen hätte können, sondern nur allein gleichsam aus der porte von franckreich wieder zurück gehen müssen) begriffen habe, nicht um ein ziemliches geld missen wolte; noch mehr mich aber freuen würde, wo auch des englischen nur etlicher massen kundig wäre, dazu mirs aber an gelegenheit gemangelt."[17]

Wie manche gedruckte Reiseberichte wahrhaftig „Curieuses" aus fremden Ländern zu berichten wussten, so eignete sich diese literarische Form oder das Motiv des Bereisens fremder Länder zur Vermittlung phantastischer, utopischer und moralischer Botschaften, wie sie vor allem aus England bekannt sind, beispielsweise Daniel Defoes (1660–1731) *Robinson Crusoe* (1719) und dessen Adaptionen in den sog. Robinsonaden oder Jonathan Swifts (1667–1745) *Gullivers Reisen* (1726). Der allem Fiktiven unholde Pietismus hat diese Tradition nicht aufgenommen. Einzig eine trockene allegorische Beschreibung der Ausbreitung der Gottlosigkeit als einer Reise durch verschiedene als Länder bezeichnete Menschengruppen aus der Feder des englischen, baptistischen Predigers Benjamin Keach (1640–1704) hat es – zu Lebzeiten August Hermann Franckes – in das Sortiment des Halleschen Waisenhausverlages geschafft: *Die Reisen Der Gottlosigkeit, Welche Jn einer artigen und angenehmen Allegorie oder verblümten Rede Vormals im Jahr 1684 […] Jn Englischer Sprache beschrieben, nun aber Aus derselben ins Hoch-Deutsche übersetzet und Zu Hertzlicher Warnung Vor aller Sünde und Gottlosigkeit heraus gegeben […]* (Halle: Waisenhaus, 1721). Drei Jahre zuvor hatte der pietistisch gesinnte Christoph Matthäus Seidel (1668–1723) eine erste Schrift desselben Autors über die Ausbreitung der Gottseligkeit noch an seinem Wirkungsort Berlin erscheinen lassen: *Die Reisen Der wahren Gottseeligkeit auf Erden / Vom Anfange der Welt her bis auf den heutigen Tag / Jn einer anmuthigen Allegorie oder verblümten Rede Vormahls im Jahr 1683. Durch B. KEACH, Jn Englischer Sprache beschrieben* (Berlin: Waisenhaus, 1718).

In der in Halle verlegten Schrift liest man – weitgehend nach dem Modell der früher erschienenen Schrift über die Reisen der Gottseligkeit – über „das Geschlecht / die Abkunft / das Alterthum [Alter, d. Vf.] und den Ursprung der Sünde" (I. Cap., 7), ferner „was massen der Fürst der Finsterniß / Apollyon / nachdem er den Entschluß gefasset / den Tyrannen / die Sünde und Gottlosigkeit, als seinen größten Agenten und Gehülfen / auszusenden / daß er in alle Theile der Welt reisen solle / solchem erstlich die Vollmacht aufge= | tragen ihn hernach vor seinen Feinden gewarnet und ihm drittens Anweisungen mitgetheilet habe / wie er dieselbe unter sich bringen und erlegen möchte" (II. Cap., 24f.). Der Begriff des Reisens ist hier also noch mit der älteren Bedeutung des Kriegführens konnotiert. Nachdem das 3. Kapitel über die Helfershelfer und das „seltsame Geschleppe" der Gottlosigkeit auf ihrer Reise und über ihre vergangenen Begegnungen, angefangen bei derjenigen mit Kain (Gen 4,3–16), berichtet hat (III. Cap., 65), kommt die Sünde oder Gottlosigkeit dann in unterschiedliche Länder, die sie mehr oder weniger zugrunde richten kann, nämlich in die Länder der „Kindheit oder Unmündigkeit" (IV. Cap.), der „Jugend" (V. Cap.), der „Wollüstigkeit" (VI. Cap.), des „Handel[s] und Wandel[s] [...] worinnen vormals die berühmte Stadt Sittsamkeit oder Redlichkeit gelegen ist" (VII. Cap.), dann nach „Babylon" (Papsttum) (VIII. Cap.), um schließlich „wider die Stadt Religion / welche sonst Zion oder die Stadt Gottes heisset / mit einem grossen Heer allerley Volcks" auszuziehen (IX. Cap., 301). Die Allegorie endet mit einer „kurtze[n] Beschreibung des Berges Zion / der Stadt Gottes / welche von den Kräfften der Finsterniß belägert ist / und eine Entdeckung der Ursachen / warum sie sich noch hält." (X. Cap., 349).[18] Das Beispiel der Werke von Keach zeigt, wie sich zunächst im Puritanismus und dann über die Adaption auch im Pietismus die Metapher des Reisens ganz abgesehen von der Metapher der christlichen Wanderschaft als literarisches Gestaltungsmittel zur Vermittlung religiös-moralischer Lehren verwenden ließ.

Neben dem Leben kann auch das Sterben selbst als Reise verstanden und metaphorisiert werden. Die Todesstunde selbst kann dabei als schwierige und gefährliche Reise gedeutet werden, so in Arnolds Sterbe-Lied *Herr Jesu Christ / mein's lebens Licht*:

„HErr JEsu Christ / mein's lebens Licht /
mein höchster Trost / mein' Zuversicht!
auf erden bin ich nur ein gast /
und drückt mich sehr der sünden last.
2. Ich hab vor mir ein schwere reiß /
zu dir ins himmlische paradeiß /
da ist mein rechtes vaterland /
daran du dein Blut hast gewandt.
3. Zur reis' ist mir mein hertze matt /
der leib gar wenig kräffte hat;
allein mein' seele schreyt in mir!
hol' mich heim / nimm mich zu dir. |
[...]
10. Dein creutz laß seyn mein'n wanderstab /
mein ruh und rast dein heilges grab /
die reinen grabetücher dein
laß meine sterbe=kleider seyn!
11. Laß mich durch deine nägel=mal
erblicken die genaden=wahl /
durch deine aufgespaltne seit
mein arme seele heimgeleit.
12. Auf deinen abschied / HErr! ich trau /
drauf meine letzte heimfart bau:
thu mir die himmels=thür weit auf /
wenn ich beschließ meins lebens lauff."[19]

Obwohl die christliche Reisemetaphorik im (Halleschen) Pietismus präsent ist und sich auch Spuren der neuen, von England ausgehenden literarischen Formen und Motive finden lassen, scheint die Metapher des Reisens die eigentliche religiöse Haltung des Pietismus nicht wiedergegeben zu haben. Diese ist eher im genauen Gegensatz zum Reisen zu suchen, nämlich im Rückzug in die Innerlichkeit. Dieser Rückzug findet seinen genuinen Ausdruck in Franckes Rückzug während seiner Bekehrung in Lüneburg: Seine Schilderung dieses Erlebnisses steht im diametralen Gegensatz zu den Kennzeichen des Reisens. Hier finden sich als gestaltende Elemente der Rückzug ins „Kämmerlein", der mit dem Niederlegen „auff meine knie" erfolgte Stillstand der Bewegung und die durch die verdichtete Schilderung evozierte Verlangsamung der Zeit. Dahinter steht die puritanische Tradition eines Joseph Hall (1574–1656), der in einem von Ludwig Bayly (1575–1631) in dessen *Praxis Pietatis* (Lüneburg 1670) übernommenen Traktat über „die fürtreffliche Übung gottseliger und andächtiger Meditation" empfohlen hatte, sich zum Zwecke der Meditation in ein „Cabinet" zurückzuziehen. Es sei gut, sich einen festen und ruhigen Ort zu wählen, da „sich Gott der HErr am liebsten an dem Ort finden lasse / da wir ihn gemeiniglich zu suchen und anzubeten pflegen".[20] Nicht der im Reisen oder Wandern über Höhen und Tiefen führende Weg, sondern die einmalige Entscheidung für einen Weg wird die eigentliche Metapher im Pietismus.

Der Tod entlässt die als Vogel dargestellte Seele eines Verstorbenen aus dem Käfig des Lebens, Medaillon, ursprünglich in der Innenseite des Epitaphs der Johanna Henriette Francke geb. Rachals auf dem Stadtgottesacker Halle, 1743. Halle, Franckesche Stiftungen.

[1] Gottfried Arnold: Vollständiges Geistreiches Gesangbuch Zum Paradisischen Lust=Garten / Nach Ordnung der Jahrs=Zeit eingerichtet. Leipzig, Stendal: Campe, 1709, Nr. 184, 276f.

[2] Arnold, Vollständiges Geistreiches Gesangbuch [s. Anm. 1], Nr. 185, 277–279.

[3] Arnold, Vollständiges Geistreiches Gesangbuch [s. Anm. 1], Nr. 189, 280f.

[4] Gottfried Arnold: Paradisischer Lust=Garten, Erfüllet mit Andächtigen Gebeten [...] Als Morgens, Abends, auf Reisen [...]. Vermehrte Auflage. Leipzig: Walther, 1728, 43f.

[5] Nur einer von vielen Nachweisen: Auszug aus einem Brief von Heinrich Wilhelm Ludolf [an Hiob Ludolf], Rom, 11.06.1700: „[...] was zur Erfüllung unserer Schuldigkeit und Vollführung unseres glaubens, vonnöthen ist, damit wir versichert seyn der selbigen Reise nach dem Himml. Vater-Land, in welchem er versprochen Wohnung zu geben den jenigen, die ihn hertzlich lieben und folgen, auch ihre Hertzen mit Gott und der Welt nicht theilen, sondern es ihm allein ergeben; [...]." (Halle, Archiv der Franckeschen Stiftungen (nachfolgend AFSt): AFSt/H D 71 b 40).

[6] Johann Konrad Dannhauer: Hodosophia Christiana, seu Theologia positiva in certam, plenam & cohaerentem methodum redacta. Straßburg: Spoor, 1649, mit seinem Frontispiz des christlichen Wanderers; Reinhold von Derschau: Hodosophia viatoris christiani, das ist: Die christliche Wanderschafft deß christlichen Wandersmanns. Auff dem Wege deß Lebens. Frankfurt/Main: Wust, 1675.

[7] August Hermann Francke: Die wahre Glaubens=Gründung / Kräfftigung / Stärckung und Volbereitung Jn einer Predigt aus dem Evangelio am XXI. Sontag nach dem Feste der H. Dreyeinigkeit Johann. IV. v. 47.54. ANNO 1691. Frankfurt/Main: Brodhagen, 1691, Bl. C2ᵛ, zitiert nach dem Exemplar Halle, Bibliothek der Franckeschen Stiftungen: 62 F 9 [27].

[8] Francke, Die wahre Glaubens=Gründung [s. Anm. 7], Bl. Eʳ.

[9] Francke, Die wahre Glaubens=Gründung [s. Anm. 7], Bl. B2ʳ.

[10] Francke, Die wahre Glaubens=Gründung [s. Anm. 7], Bl. E2ʳ.

[11] Lebensläufe August Hermann Franckes. Autobiographie und Biographie. Hg. v. Markus Matthias. Leipzig ²2016 (Edition Pietismustexte, 9), 97.

[12] War man einmal unterwegs, so nutzte man die Reise selbstverständlich auch zur Werbung für die eigenen Anliegen sowie zur Vertiefung und dem Ausbau des pietistischen Netzwerks; siehe zur Hollandreise Udo Sträter: Interessierter Beobachter oder Agent in eigener Sache? August Hermann Franckes Hollandreise 1705. In: Goldenes Zeitalter und Jahrhundert der Aufklärung. Kulturtransfer zwischen den Niederlanden und dem mitteldeutschen Raum im 17. und 18. Jahrhundert. Hg. v. Erdmut Jost u. Holger Zaunstöck i. Zusammenarb. m. Wolfgang Savelsberg. Halle 2012, 62–77. – Auch seine *Reise ins Reich* (siehe den Beitrag von Dieter Ising in diesem Katalog) nutzte Francke zu vielfältigen Zwecken, zum Beispiel auch zur Suche nach Drucken oder handschriftlichen Zeugnissen aus der Reformationszeit; vgl. Claudia Weiß u. Brigitte Klosterberg: 4.3 August Hermann Franckes Reise ins Reich (1717–1718): Aneignung des reformatorischen Erbes. In: Wissensspeicher der Reformation. Die Marienbibliothek und die Bibliothek des Waisenhauses in Halle. Hg. v. Doreen Zerbe. Halle 2016 (Kataloge der Franckeschen Stiftungen, 34), 159.

[13] Lebensläufe August Hermann Franckes [s. Anm. 11], 98f.

[14] Zur Entsendung von Mitarbeitern auf Reisen, z. B. von Georg Heinrich Neubauer (1666–1725) in die Niederlande (1697/98), vgl. den Beitrag von Holger Zaunstöck in diesem Katalog.

[15] Faktisch gilt dies natürlich auch für Francke, der auf seiner Hollandreise lutherische Theologen, aber auch Radikalpietisten trifft, außerdem wohl in Erbauungsversammlungen Niederländisch kommuniziert hat, vgl. Sträter, Interessierter Beobachter [s. Anm. 12], 73f.

[16] Philipp Jakob Spener an [Anton Friedrich Steding in Hannover ], 06.07.1682, zitiert nach: Philipp Jakob Spener: Theologische Bedencken. Bd. 4. 3. Aufl. Halle: Waisenhaus, 1715: Sectio XX. Reisen in die fremde auch theologi, sonderlich wegen der sprachen. Englische bücher nicht zu verachten; was dabey in acht zu nehmen nützlich, 461f., hier 461.

[17] Philipp Jakob Spener an [Anton Friedrich Steding in Hannover], 06.07.1682, zitiert nach: Spener, Theologische Bedencken [s. Anm. 16], 461.

[18] Als eine Art Anhang folgen noch eine Beschreibung der Reise der Gottlosigkeit zur See (XI. Cap.) und des „hochmüthige[n] Triumph[es] der Sünde / oder der Gottlosigkeit" (XII. Cap., 368) sowie ein Kapitel über die Verfolgung der Gottlosigkeit mit Steckbriefen (XIII. Cap., 373).

[19] Arnold, Vollständiges Geistreiches Gesangbuch [s. Anm. 1], Nr. 165, 239–241. Vgl. die 7. Strophe des Liedes *Freu dich sehr / o eine seele! und vergiß all noth und qual*: „In dein' seiten will ich fliehen an mein'm bittern todes gang / durch dein wunden will ich ziehen ins himmlische vaterland / in das schöne paradeiß / drein der schächer thät sein reiß / wirst du mich / HErr Christ! einführen / und mit ewger klarheit zieren." (ebd., Nr. 162, 234–236, hier 235).

[20] Entsprechend hatte Francke sich schon als Jugendlicher von seinen Eltern ein Zimmer einräumen lassen, „darinnen ich täglich meiner andacht und Gebets zu Gott hertzlich pflegte, und Gott bereits zu der Zeit gelobete ihm mein gantzes Leben zu seinem Dienst und zu seinen h. Ehren auffzuopffern." (Lebensläufe August Hermann Franckes [s. Anm. 11], 10).

Desertum
MARE
Meridiona
I. Formosa
I. des Magos
I. de Feu
Amsterdam
I. Bungo
I. Cheuxan
I. Haynam
Macao
Tunquin
Siam
Champa
Ava
Pegu
INDICUM
VIRGO

# 8

# Schaufenster in die Welt

THOMAS MÜLLER-BAHLKE

# „Gott und die Welt beßer und zeitiger kennen zu lernen"

## Die Kunst- und Naturalienkammer des Halleschen Waisenhauses als Schaufenster in die Welt

„Hertzliebe Mama, Gestern habe in Auerstädt an den lieben Papa geschrieben. Hiermit berichte nun, daß ich heute früh gegen 7 Uhr […] abgereiset, und jetzt um 11 Uhr hieselbst in Jena gesund und wohl ankommen bin."[1] Das schrieb Gotthilf August Francke (1696–1769) am 30. April 1719 an seine Mutter nach Halle, das er tags zuvor verlassen hatte. Eine Reise, für die wir heute eineinhalb Stunden kalkulieren, dauerte vor 300 Jahren eineinhalb Tage. Der junge Francke blieb ein knappes Jahr in Jena, um dort sein Theologiestudium fortzusetzen. Während dieser Zeit hielt er mit seinen beiden Eltern kontinuierlichen Briefkontakt. Allein 74 Briefe an seine Mutter sind aus diesen Monaten erhalten geblieben. Die Gegenkorrespondenz ist leider nicht überliefert, wird aber ähnlich dicht gewesen sein. Eine Reise zwischendurch nach Hause, etwa zu Weihnachten, war nicht vorgesehen. Viel zu weit, viel zu aufwendig und viel zu teuer wäre das in diesem Fall gewesen. Stattdessen verbrachte Gotthilf August Francke Weihnachten in dem sehr viel näher gelegenen Köstritz bei einer befreundeten Adelsfamilie. Aber selbst diese Distanz von nur drei Dutzend Kilometern, die uns heute wie ein Katzensprung vorkommt, konnte mit den Verkehrsmitteln und der Infrastruktur des frühen 18. Jahrhunderts, zumal bei ungünstiger Witterung, unversehens zu einer gefährlichen Odyssee geraten. So berichtete der junge Francke am 31. Dezember 1719 nach Hause: „Den 23ten Dec. reiseten wir um ½ 9 von Jena ab, waren aber kaum eine Meile gefahren, da der Wagen liegen blieb, und die Pferde mit den Vorder-Rädern fortgingen. Als dis mit Noth gemachet war, brach bald ein Rad", was ihn und seine Begleitung dazu zwang, zu Fuß im Schnee die nächste Ortschaft zu suchen: „Nach einer Stunde kamen wir in ein Dorf, und weil kein Rad zu bekommen war, kriegten wir mit genauer Noth einen großen Schlitten, auf welchen wir unsere Sachen und uns selbst mit genauer Noth packten. Wir wurden aber gar bald umgeworfen, und ich kam unten zu liegen, der Herr Graf aber, der bey mir saß, fiel auf mich, und weil es sehr enge war mußten wir beyde liegen, bis man uns heraus zog."[2]

Bereits dieser kurze Blick in die Alltagswelt der Frühen Neuzeit macht deutlich, dass Reisen damals etwas gänzlich anderes bedeutete als heute. Reisen war in der Regel kein harmloses Vergnügen. Die Kategorie der Vergnügungsreise kam auch erst mit der Verbesserung der Verkehrsmittel und -wege im 19. Jahrhundert auf. Und die heute viel gepriesene Reise zum Selbstzweck mit dem Weg als Ziel wäre sicher den meisten Zeitgenossen Franckes, abgesehen vielleicht von asketischen Pilgern, völlig abwegig erschienen. Es galt schon sehr genau zu überlegen, zu welchem Zweck man eine Reise antrat. Entsprechende Vorbereitungen und Vorkehrungen gestalteten sich aufwendiger als heutzutage und dennoch waren die Risiken und Unwägbarkeiten erheblich höher. Vor diesem Hintergrund ist die

VORHERIGE DOPPELSEITE:
Blick auf den Erdglobus in der Kunst- und Naturalienkammer.

Vermeintlicher **Drache oder Basilisk**, Figur aus Rochenhaut. Halle, Franckesche Stiftungen: KNK R.-Nr. 420. In den Naturbeschreibungen der Frühen Neuzeit tauchen immer wieder Phantasielebewesen auf – und wahrscheinlich wurde die Figur hier, aber auch in anderen barocken Kuriositätenkabinetten als ein solches sagenhaftes Tier präsentiert. In Wahrheit wurden diese Figuren von Seeleuten in ihrer Freizeit aus Rochenhaut gefertigt und dann als Drachen an Sammler verkauft. Im Katalog der Kammer von 1741 ist sie als Bachi (Talisman) aus China verzeichnet.

**Poenitenz-Pantoffel**, Holz und Eisen, Südindien, 1. Hälfte 18. Jahrhundert. Halle, Franckesche Stiftungen: KNK R.-Nr. 432. Dieser Poenitenzpantoffel wurde vom Missionar Benjamin Schultze aus Tranquebar nach Halle geschickt. Dazu berichtete er von einem hinduistischen Töpfer, der diesen Nagelschuh zur Selbstkasteiung nutzte, indem er sich in Trance versetzte und diesen anzog, – eine religiöse Praxis, die in der Grenzüberschreitung der eigenen Schmerzempfindung einen Zugang zum Göttlichen sah. Für den christlichen Missionar war dies jedoch reines „Teufelszeug" und er ließ sich nach dem Übertritt des Töpfers zum Christentum die Pantoffel aushändigen, um sie nach Halle zu schicken.

Frage umso spannender, wie eine Bewegung von der Art des Halleschen Pietismus ihr selbstgestecktes Ziel eines weltumspannenden Reformvorhabens in die Tat umzusetzen trachtete. Denn Mobilität und Reisetätigkeit waren hierfür unverzichtbar, ja geradezu konstitutiv. Aber August Hermann Francke (1663–1727) baute das Hallesche Waisenhaus in einer ganz bestimmten Weise zu einer Zentrale weltweiter Aktivitäten aus. Auch wenn die Geschichte des Halleschen Pietismus zahlreiche Varianten aufzuweisen hat, so ist doch dem Grunde nach erkennbar, dass junge Leute aus der ganzen Welt nach Halle kommen sollten, um sich hier ausbilden zu lassen und nach ihrer Rückkehr in die Heimat gemäß dem Vorbild Halles Filialen zu gründen und so die Reformideen immer weiter zu verbreiten.[3] Dadurch sollte ein Netzwerk mit zahlreichen Knotenpunkten entstehen, an denen hallische Gefolgsleute saßen, die einerseits die pietistischen Reformen vor Ort voranbrachten und andererseits als verlässliche Anlauforte für Reisende im hallischen Netzwerk fungierten sowie sichere Umschlagplätze für Waren darstellten und vor allem den Fluss handschriftlicher, gedruckter und mündlicher Kommunikation gewährleisteten.[4] Mit diesem organisatorischen Prinzip reduzierte man die Notwendigkeiten des Reisens erheblich. Denn die hallischen Gefolgsleute agierten idealerweise in ihrer angestammten Heimat und waren so nicht auf mehr oder minder häufige Heimreisen angewiesen. Gleichzeitig reduzierte jeder neue Knotenpunkt im Netzwerk potentiell die allgemeinen Gefahren des Reisens und die Risiken des Warentransports, ohne dass man von Halle aus einen eigenen Fuhrpark oder gar eine eigene Kurierstafette hätte unterhalten müssen, was ohnehin aus vielerlei Gründen ausgeschlossen war. Gleichzeitig erforderte diese Art des Netzwerks aber besonders gut funktionierende Kommunikationssysteme, um den Informationsaustausch und den Zusammenhalt zu gewährleisten. Folgerichtig lag in Halle hierauf ein besonderes Augenmerk.[5]

Beflügelt durch den rasch wachsenden Zulauf aus nah und fern erschienen die Anstalten August Hermann Franckes schon bald nach ihrer Gründung wie ein weit geöffnetes Tor zur Welt, durch das Menschen aus aller Herren Länder ein- und ausgingen, durch das aber auch Nachrichten und Informationen aus aller Welt einliefen, hier systematisch verarbeitet wurden, etwa in einer der ersten Tageszeitungen Brandenburg-Preußens und der ersten protestantischen Missionszeitschrift. Sichtbarer Ausdruck dieser Weltläufigkeit war auch die Kunst- und Naturalienkammer des Halleschen Waisenhauses, die zeitgleich mit Gründung der Anstalten ihren Anfang nahm.

Mengzi: Buchfragment über die Lehren des Konfuzius, China, 1660. Halle, Franckesche Stiftungen: KNK R.-Nr. 35. Das nur noch fragmentarisch erhaltene Buch ist eine Zusammenstellung von Lehrgesprächen über den Konfuzianismus von Menzius (370 – um 290 v. Chr.). Menzius, chinesisch Mengzi, war Lehrer und reiste angeblich über vierzig Jahre durch China, um seine konfuzianischen Lehren über politische Reformen zu verbreiten. Ein nicht-chinesisches Blatt, das dem Buch beiliegt, zeigt Kreuze und verschiedene christliche Aufschriften, die darauf hinweisen, dass das Buch einst in einer Missionsbibliothek vor Ort aufbewahrt wurde.

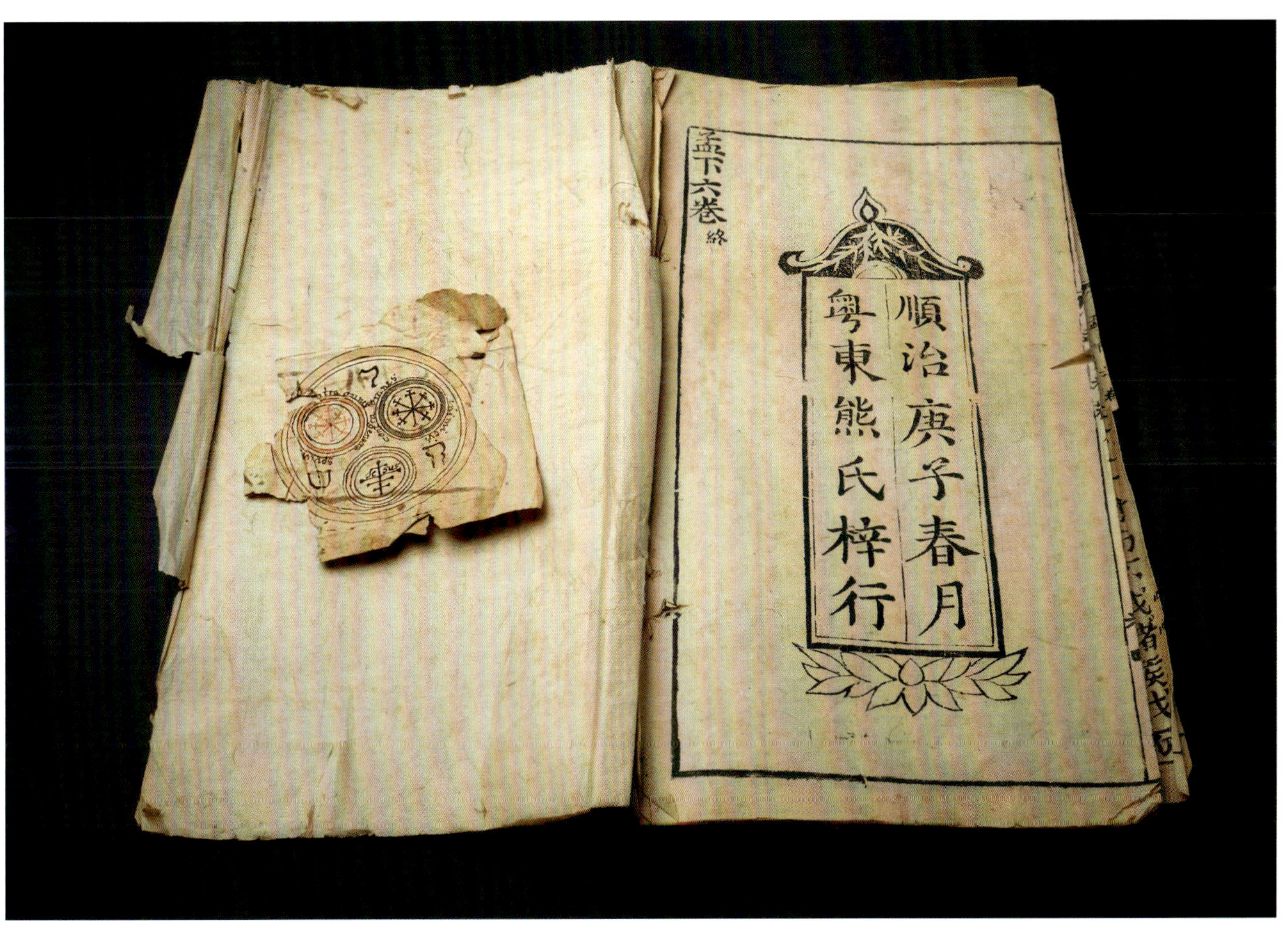

Wunderkammern aller Art erlebten seit dem 17. Jahrhundert ihre Blütezeit. Im höfischen Umfeld wurden sie vor allem zu Repräsentationszwecken angelegt. In hohen und niederen Adelskreisen fand das seine Nachahmung. Die Konjunktur solcher Sammlungen griff auch auf das Bürgertum über. Gelehrte und zunehmend auch deren Institutionen legten Kabinette nun vor allem für Forschungszwecke an. Bestimmte Berufsstände, etwa die der Apotheker, traten als besonders eifrige Sammler hervor. Die Größe und Ausrichtung solcher Sammlungen war ebenso vielfältig wie ihre Bezeichnungen. Dennoch lassen sich bestimmte Grundmuster erkennen, die allen Wunderkammern zugrunde lagen. Ohne diese hier vollständig diskutieren zu können, seien zwei Faktoren genannt, die als Voraussetzung für die Entstehung nahezu jeder frühneuzeitlichen Wunderkammer gelten können und die auch konstitutiv für die Kunst- und Naturalienkammer des Halleschen Waisenhauses waren.

Der erste davon war die Gelegenheit und Möglichkeit zur Anlegung einer solchen Sammlung. Wie das Beispiel des Halleschen Waisenhauses zeigt, bedurfte es dazu noch nicht einmal großer finanzieller Ressourcen. Gleichwohl standen diese in den meisten anderen Fällen zur Verfügung. Auch deswegen lässt sich die Mehrzahl der frühneuzeitlichen Objektsammlungen im adligen Umfeld nachweisen. Es gab einen ganz eigenen schwunghaften Handelszweig für kuriose Objekte und begehrenswerte Exponate, die je nach Geschmack und Vorlieben der Sammler in den Wunderkammern der Frühen Neuzeit nicht fehlen durften. Fehlende finanzielle Ausstattung konnte durch den Zugang zu den geeigneten Netzwerken kompensiert werden. Deswegen waren im bürgerlichen Milieu etwa Ärzte und vor allem Apotheker im Vorteil. Mit der Akquisition der Zutaten für ihre Medikamente saßen sie auch ganz dicht an den Handelswegen für exotische Pflanzen und Tiere, deren Bestandteilen oft ganz bestimmte Heilwirkungen zugesprochen wurden und an deren Erwerb sie deswegen schon von Berufs wegen interessiert waren. Auch andere Gelehrte waren im Vorteil bei dem Aufbau von Kuriositätenkabinetten. Denn sie waren in der Regel besser untereinander vernetzt als etwa Angehörige nicht akademischer Berufsgruppen. Bestenfalls gehörten sie weltweit agierenden Netzwerken an, waren in Akademien zusammengeschlossen und konnten sich so, ohne selbst reisen zu müssen, gegenseitig interessante Objekte vermitteln. August Hermann Francke verfügte über mehrere dieser vorteilhaften Bedingungen für das Zustandekommen einer florierenden Wunderkammer. Schon früh war er akademisch gut vernetzt und stand mit Gelehrten innerhalb und außerhalb Europas in engem Austausch.[6] Durch die Waisenhausapotheke und die angeschlossene Medikamentenexpedition besaß das Hallesche Waisenhaus zudem Zugang zu einschlägigen Handelszweigen, die für Wunderkammerzwecke besonders interessant waren. Der Zusammenhang zwischen der Kunst- und Naturalienkammer und der Apotheke des Halleschen Waisenhauses lässt sich bis heute an dem sogenannten Drogen- oder Apothekentisch ablesen, der zum historischen Inventar der Sammlung zählt.[7] August Hermann Francke konnte nicht viel Geld für den Aufbau einer Kunst- und Naturalienkammer aufwenden, kam aber trotzdem zum Erfolg, indem er einen anderen Weg beschritt. Er bat seine Freunde und Gönner ebenso wie die Eltern der ihm anvertrauten Zöglinge um interessante Gaben zur Vermehrung seiner Sammlung. Das weitgespannte Netzwerk seiner Beziehungen, das er sorgfältig aufgebaut hatte und dessen systematische Erweiterung er betrieb, bot die ideale Voraussetzung für eine rasch wachsende Sammlung von Objekten aus allen Wissensgebieten und allen Regionen. Insofern konnte die Kunst- und Naturalienkammer immer auch als eine Leistungsbilanz der weitreichenden Beziehungen des Halleschen Waisenhauses gelesen werden. Das, was mancher Sammler durch persönliche Reisen im eigenen Raritätenkabinett zusammentrug, um damit seine Weltläufigkeit unter Beweis zu stellen, gelang den Pietisten in Halle durch die gezielte Aktivierung ihres Netzwerks.

Der zweite konstitutive Faktor und das auslösende Moment zur Anlegung einer frühneuzeitlichen Wunderkammer bestand in der Absicht der Sammlerin oder des Sammlers bzw. der sammelnden Institution, sich die Welt anzueignen. So ist es kein Zufall, dass die Kunst- und Naturalienkammern zeitgleich mit dem Beginn der europäischen Expansion in Mode kamen.[8] Als im Zuge der großen

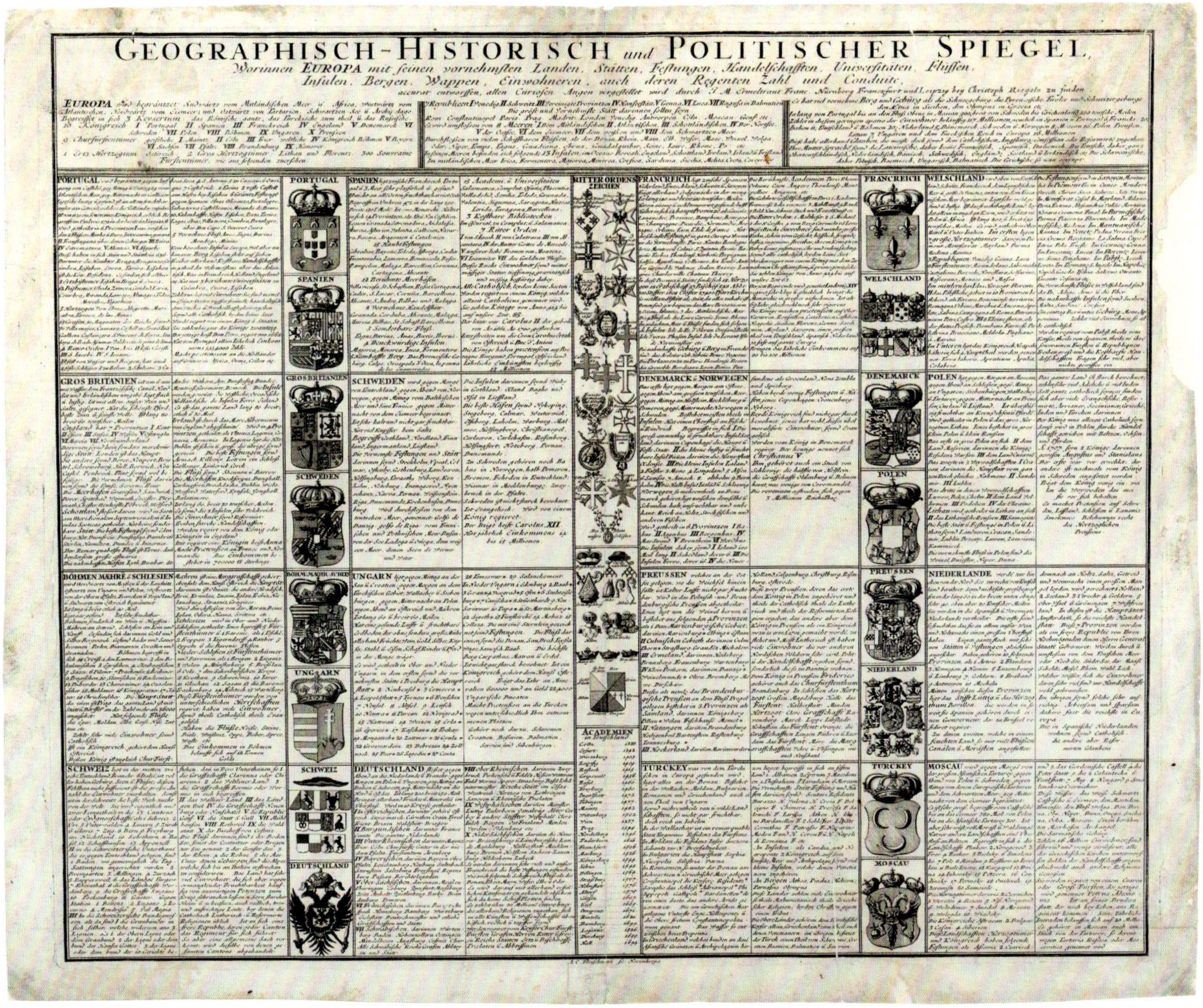

GEOGRAPHISCH-HISTORISCH und POLITISCHER SPIEGEL, Worinnen EUROPA mit seinen vornehmsten Landen, Stätten, Festungen, Handelschafften, Universitäten, Flüssen, Insulen, Bergen, Wappen, Einwohneren, auch deren Regenten Zahl und Conduite,

**Geographisch-Historisch und Politischer Spiegel**, Worinnen Europa mit seinen vornehmsten Landen, Stätten, Festungen, Handelsschafften, Universitäten, Flüssen, Insulen, Bergen, Wappen, Einwohneren, auch deren Regenten Zahl und Conduiten, Einblattdruck nach J. M. Ermeltraut Frank von A. C. Fleischmann, Christoph Riegel (Verleger), Nürnberg, Frankfurt/Main, Leipzig, um 1710. Halle, Franckesche Stiftungen: KNK R.-Nr. 1070. Das Blatt vereinigt das, was ein gebildeter Zeitgenosse des frühen 18. Jahrhunderts über Europa wissen sollte. Wahrscheinlich wurde es an den höheren Schulen der Franckeschen Stiftungen als Unterrichtsmaterial genutzt. Wann das Blatt in die Kunst- und Naturalienkammer kam, ist unklar.

Entdeckungs- und Eroberungsreisen die Welt komplexer und unübersichtlicher wurde, überkommene Ordnungsmuster der alten Welt hinterfragt wurden und sich neue materielle sowie geistige Möglichkeiten am Horizont der neuen Welten abzeichneten und nach Europa zurückgebracht wurden, wuchs auch die Sehnsucht nach einer besseren Durchdringung aller Zusammenhänge und nach einer Vergewisserung der eigenen christlichen Weltsicht. Auch deswegen schwang oft ein tief religiöser Ton mit, wenn es um die Begründung von frühmusealen Sammlungen ging. In dem Standardwerk der Museumskunde aus dem Jahr 1727 legte der Verfasser sehr ausführlich dar, dass es bei der Befassung mit der Natur und bei der Beschäftigung mit Kuriositäten mittels entsprechender Sammlungen um praktiziertes Christentum gehe, indem man sich auf diese Weise der Schöpfung Gottes annähere.[9] Überhaupt, so leitete der Verfasser sein umfangreiches Werk ein, gehe die Tradition der Raritätenkabinette auf das biblische Vorbild der Arche Noah als dem vollständigsten aller Naturalienkabinette zurück.[10]

Innere Fruchtschale einer **Kokosnuss**, Holz, Indien, vor 1741. Halle, Franckesche Stiftungen: KNK R.-Nr. 1184. Die Kokosnuss hatte für die hallischen Pietisten aufgrund ihrer vielfältigen und nützlichen Eigenschaften eine besondere Bedeutung. In den *Halleschen Berichten* wurden die umfangreichen Vorzüge der Frucht in einem Bericht eines Missionars aus Ostindien aufgezählt und gelobt. So kann man das Wasser bzw. die Milch der Kokosnuss trinken, das Fruchtfleisch essen oder aus der Nuss Kokosöl pressen. Die Schale kann als Behältnis verwendet oder zerkleinert zu Pinseln verarbeitet werden.

Die religiöse Aufladung frühneuzeitlicher Sammlungen kam den hallischen Pietisten sehr entgegen. Auch ihnen ging es bei der Unterhaltung einer enzyklopädischen Sammlung aus allen Wissensgebieten um die Aneignung der Welt: „Da nun der Haupt Zweck ist, die große Welt (und zwar Natur und Kunst) allhier im kleinern bey sammen zu haben […]“.[11] Dieses Bestreben nach Aneignung war geradezu eine Voraussetzung dafür, um die Welt dann im pietistischen Sinne verbessern zu können. Und ganz selbstverständlich wurde diese Aneignung mittels einer eigenen Kuriositätenschau als ein Ausdruck christlicher Praxis ausgelegt. Folgerichtig wurden hier auch künftige Missionare auf ihre Einsätze in Südindien vorbereitet. Im Zusammenwirken mit den handschriftlichen und gedruckten Berichten ihrer Amtsbrüder vor Ort lernten sie anhand der Sammlungsobjekte etwas über die südindische Tier- und Pflanzenwelt und erhielten einen Überblick über die Kultur in dem Missionsgebiet. Die Wunderkammer fungierte hier als ein Fenster in die Welt für diejenigen, die tatsächlich von Halle aus auf Reisen geschickt wurden. Auch wenn diese Emissäre bis heute besondere Aufmerksamkeit genießen, machen sie doch nur einen geringen Prozentsatz aller Besucher und Nutzer der Kunst- und Naturalienkammer des Waisenhauses im 18. Jahrhundert aus. Sehr viel größer war die Anzahl der Zöglinge, die im Verlauf ihrer Schulausbildung hier Unterricht erhielten, sowie die Anzahl der auswärtigen Gäste und Besucher, die hier durchgeführt wurden. Gemäß der religiösen Aufladung der Kunst- und Naturalienkammer wurden solche Führungen in der *Instruction für den Herumführer* von 1741 deswegen auch als „Gottes dienst" bezeichnet.[12] Zu diesem Zeitpunkt war die Sammlung des Halleschen Waisenhauses bereits auf weit über 4.000 Objekte angewachsen. Hatte zu Beginn die Ordnung noch keine große Rolle gespielt, erfolgte in den 1730er Jahren eine Systematisierung der Sammlung nach modernen wissenschaftlichen Kriterien. Und diese standen mit der religiösen Sammlungsmotivation durchaus noch in keinem erkennbaren Widerspruch. Auch den Pietisten ging es um ein besseres Verständnis der göttlichen Ordnung durch Anwendung zeitgemäßer wissenschaftlicher Methoden. Erstmals definierten sie die Zweckbestimmung einer Kunst- und Naturalienkammer nach pädagogischen Gesichtspunkten. Ansatzweise hatte es das schon zuvor gegeben, etwa in der Kuriositätenkammer Herzog Ernst des Frommen (1601–1675) in Gotha, wo August Hermann Francke aufgewachsen und von deren frühen Volksbildungsgedanken er möglicherweise inspiriert worden war.[13] Aber Francke verknüpfte seine Kuriositätensammlung von Beginn an mit dem Betrieb seiner Anstaltsschulen und ordnete sie zunächst dem Königlichen Pädagogium als der vornehmsten und am besten ausgestatteten Schule zu. Die rasch wachsende Sammlung diente dazu, der Schuljugend die unendliche Vielfalt der göttlichen Schöpfung zu vermitteln. Gerade die exotischen Objekte aus dem Reich der Natur und der Kunst, die die Zöglinge sonst nicht jeden Tag zu Gesicht bekamen, eigneten sich, um Erstaunen und Ehrfurcht hervorzurufen. Hier konnten sich die Anstalten besonders gut als Schaufenster zur Welt in Szene setzen. Denn den Schülerinnen und Schülern wurden in den festgelegten Unterrichtsstunden in der Kammer Dinge vorgeführt, von denen sie oft keine Vorstellung besaßen, von denen sie vielleicht noch nicht einmal je gehört hatten und die sie auch in ihrem ganzen Leben nie wieder zu Gesicht bekommen würden. Präparate tropischer Tiere wie das eines Chamäleons oder einer Tarantel gehörten ebenso dazu wie ein ganzer Schrank voller Muscheln und Schnecken aus der Südsee, Korallen oder Pflanzenteile aus den entferntesten Weltregionen. Die Zöglinge wurden hier auf imaginäre Reisen mitgenommen, die sie in ihrem Leben nur im unwahrscheinlichsten Falle selbst unternehmen konnten und die ihnen deswegen umso unvergesslicher blieben.

Als sich der preußische König Friedrich Wilhelm I. (1688–1740) bei einem denkwürdigen Besuch 1713 nach dem

**Medinawurm**, Tranquebar in Indien, vor 1741. Halle, Franckesche Stiftungen: KNK R.-Nr. 595. Der „Malabarische Nerven-Wurm" wurde vom Missionsarzt Samuel Benjamin Knoll (1705–1767) nach Halle geschickt. Dazu berichtete er, dass er diesen Wurm aus dem Bein eines indischen Jugendlichen operativ entfernt hatte. Knolls Bericht wurde dann in den *Halleschen Berichten*, der vom Waisenhaus herausgegebenen Zeitschrift, die über die Mission in Indien informierte, abgedruckt. Der Wurm, der durch verschmutztes Trinkwasser in den menschlichen Körper gelangt, kann bis zu einem Meter lang werden und wandert durch das Gewebe in die Beine.

pädagogischen Sinn des Unterrichts in der Wunderkammer erkundigte, bekam er zur Antwort, „die jungen Edelleute würden hineingeführt, damit, wenn sie anderwärts hinkämen, sie die Sachen nicht ansähen, wie die Kuh das neue Thor."[14] Die Wunderkammer wurde also nicht nur zur disziplinären Wissensvermittlung genutzt, etwa der Naturkunde, sondern hier fand Unterricht zum Zwecke der Allgemeinbildung statt, einem Teilbereich dessen, was wir heute unter kultureller Bildung subsumieren. Damit erfüllte die Wunderkammer für die Heranwachsenden im 18. Jahrhundert das, was heutzutage maßgeblich durch das Reisen erfolgt, nämlich die Berührung mit Neuem und Fremdartigem, um den eigenen Erkenntnishorizont zu erweitern und es zu dem eigenen kulturellen Hintergrund in Beziehung zu setzen. Bildungsreisen in andere Länder, so wie sie heute auch im schulischen Bildungsgang verankert sind, sei es durch Klassenfahrten oder Schüleraustausch, die vor dreihundert Jahren aus oben skizzierten Gründen noch undenkbar waren, fanden ihre Vorläufer in den Schulstunden, die in der Wunderkammer des Halleschen Waisenhauses durchgeführt wurden.

Die Aneignung der Welt fand im Mikrokosmos der Kunst- und Naturalienkammer statt und machte die Zöglinge mit Flora, Fauna und Kulturen oft weit entfernter Weltgegenden bekannt. Die sollten die meisten von ihnen zwar selbst niemals bereisen, die Aneignung in der Wunderkammer verhalf ihnen aber fast zu denselben kulturtechnischen Fertigkeiten wie eigenes Reisen, indem sie im späteren Leben etwa Vergleiche ziehen konnten, Verhältnismäßigkeiten bestimmen und bestimmte vielleicht ungewöhnliche Vorkommnisse besser einzuordnen in der Lage waren. Und sie konnten das erworbene exotische Wissen in ihren Heimatorten, die oft genug irgendwo in der abgelegenen Provinz lagen und an denen sie selbst Aufgaben der Bildung und Erziehung wahrzunehmen hatten, weitervermitteln. Auch auf diese Weise blieben die Anstalten in Halle ganzen Generationen von Zöglingen als Schaufenster zur Welt in Erinnerung.

Einen ähnlichen Effekt erzielte die Wunderkammer bei den durchreisenden Gästen. Schon sehr früh wurde sie neben dem schulischen Gebrauch auch Interessenten von außen gezeigt. Zu festen Zeiten wurden Führungen durch die Anstalten und in die Wunderkammer angeboten. Das Interesse war besonders groß, wenn in der Umgegend größere Ereignisse mit besonders viel Zulauf stattfanden, etwa Messe in Leipzig oder Jahrmarkt in Glaucha.[15] Natürlich erweckten auch hier die exotischen Exponate das besondere Interesse des Publikums. Deswegen wurden die Herumführer, die Besuchern die Kammer zeigten und erklärten, immer wieder angewiesen, nicht allein die Kuriositäten vorzuführen, sondern bei der Gelegenheit das ganze Werk zu erläutern und als einen Beleg für den besonderen Segen Gottes hervorzuheben.[16] Als besonders geeignet, in der Kammer eine Fernreise zu imaginieren, ohne die christliche Intention zu vernachlässigen, wurde die Vorführung der großen Landschaftsmodelle angesehen.[17] Auf Grundplatten von mehreren Quadratmetern befanden sich die Nachbauten der Stadt Jerusalem sowie des gesamten Heiligen Landes, die dem Betrachter auf sehr haptische Weise die wichtigsten christlichen Stätten und ihre geografischen Besonderheiten vor Augen führten. Die einzelnen Bauteile wie Wege, Gebäude und topografische Details waren mit zahlreichen Nummerierungen versehen, die auf Erläuterungen in gedruckten Beiheften verwiesen. Allein der Druck zum Modell der Stadt Jerusalem umfasst 204 Nummern mit jeweils kurzen einprägsamen Beschreibungen wichtiger Örtlichkeiten und entsprechender Bibelstellen, beginnend mit dem Berg Zion und der Burg Davids.[18] Die Nr. 139 verweist auf „Das Gefägniß, in welchem Petrus mit zween Ketten gebunden lag zwischen zweyen Kriegs=Knechten, da der Engel des HErrn ihn aufweckte, und durch die erste und andere Wacht ihn hinaus führete durch die Thüre, die sich ihnen von ihr selber aufthat."[19] Die letzten Abschnitte waren schließlich den Orten der Kreuzigung Jesu gewidmet und schlossen folgerichtig mit der Beschreibung der Grabstätte Christi und der Beschreibung seiner Auferstehung. Bei gewandter Ansprache mit bildreichen Ausführungen konnten Besucher einen kundig geführten Rundgang durch die verschlungenen Altstadtgassen Jerusalems und die näheren Umgebung fast so gut nachempfinden, als wären sie tatsächlich vor Ort. Nicht nur den Schülern, sondern auch den auswärtigen Besuchern bot sich in der Wunderkammer des Halleschen Waisenhauses auf diese Weise eine unvergessliche Pilgerreise im Kopf, die ihnen gegebenenfalls ebenso eindrücklich im Gedächtnis blieb wie der Ort, an dem sie diese Inszenierung erlebt hatten.

Gemeinsam mit der ganzen Gattung dieser vormodernen musealen Sammlungen verlor auch die Kunst- und Naturalienkammer des Halleschen Waisenhauses nach und nach ihre Anziehungskraft. Die Landschaftsmodelle fielen im ersten Drittel des 19. Jahrhunderts der Säge zum Opfer und die ganze Sammlung geriet im Unterdach des Waisenhauses in Vergessenheit. Längst hatten sich Spezialmuseen herausgebildet, deren Sammlungen im Verlauf des 19. Jahrhunderts auch die neuen Möglichkeiten des Reisens und des Transports von Objekten mittels maschinengetriebener Verkehrsmittel widerspiegelten. Aber selbst heute, in Zeiten, in denen die weitesten Reisen zu einer Selbstverständlichkeit geworden sind, mit modernsten Verkehrsmitteln aller Art und ausgestattet mit allen nur denkbaren Bequemlichkeiten, wirkt ein Blick in die barock verzierten Schränke der Kunst- und Naturalienkammer in den Franckeschen Stiftungen wie der Blick in ein Schaufenster zur Welt.

[1] Gotthilf August Francke: „Hertzliebe Mama". Briefe aus Jenaer Studientagen 1719–1720. Hg. v. Thomas Müller u. Carola Wessel u. Mitarb. v. Christel Butterweck. Tübingen 1997, 3.

[2] Francke, „Hertzliebe Mama" [s. Anm. 1], 91f.

[3] Francke schreibt in diesem Zusammenhang von einem *Seminarium nationum*. Vgl. August Hermann Franckes Schrift über eine Reform des Erziehungs- und Bildungswesens als Ausgangspunkt einer geistlichen und sozialen Neuordnung der Evangelischen Kirche des 18. Jahrhunderts. Der Große Aufsatz. Mit einer quellenkundlichen Einführung hg. v. Otto Podczek. Berlin 1962, 134.

[4] Zum Kommunikationsnetzwerk im hallischen Pietismus vgl. z. B. Brigitte Klosterberg: August Hermann Francke und das hallische Kommunikationsnetzwerk: Bedeutung, Überlieferung, Erschließung. In: Die Welt verändern. August Hermann Francke. Ein Lebenswerk um 1700. Hg. v. Holger Zaunstöck [u. a.]. Halle 2013 (Kataloge der Franckeschen Stiftungen, 29), 157–164; Thomas Müller-Bahlke: Die Bedeutung des Adels für das hallische Netzwerk. In: ebd., 181–192.

[5] Immer noch besonders aufschlussreich hierzu: August Hermann Franckes Briefe an den Grafen Heinrich XXIV. i. L. Reuß zu Köstritz und seine Gemahlin Eleonore aus den Jahren 1704–1727 als Beitrag zur Geschichte des Pietismus. Hg. v. Berthold Schmidt u. Otto Meusel. Leipzig 1905.

[6] So gehörte Francke seit 1699 der Society for Promoting Christian Knowledge in London an. 1701 wurde er in die Berlin-Brandenburgische Societaet der Wissenschaften aufgenommen.

[7] Dazu s. ausführlicher Thomas Müller-Bahlke: Die Wunderkammer der Franckeschen Stiftungen. 2., überarb. u. erweit. Aufl. Halle 2012, 98f.

[8] Andreas Grote: Vorrede – Das Objekt als Symbol. In: Macrocosmos in microcosmo. Die Welt in der Stube. Zur Geschichte des Sammelns 1450 bis 1800. Hg. v. A. Grote. Opladen 1994 (Berliner Schriften zur Museumskunde, 10), 11–17, hier 11.

[9] Der Verfasser, der sich selbst Kaspar Friedrich Neickel nannte, definierte die Naturbetrachtung mittels entsprechender Sammlung als Beschäftigung mit der Schöpfung Gottes und als tief religiöse Handlung. Vgl. C[aspar] F[riedrich] Neickel [d.i. Kaspar Friedrich Jencquel]: Museographia oder Anleitung zum rechten Begriff und nützlicher Anlegung der Museorum oder Raritäten-Kammern [...] In beliebter Kürtze zusammen getragen, und curiösen Gemüthern dargestellet. Auf Verlangen mit einigen Zusätzen und dreyfachem Anhang vermehret von D. Johann Kanold. Leipzig, Breslau 1727, 443ff. u. passim.

[10] Neickel, Museographia [s. Anm. 9], 9. Zudem sei als erstes Schatz-, Kunst- und Naturalienhaus das des König Salomo in der Bibel erwähnt, vgl. ebd., 10.

[11] Instruction für den Herumführer, 1741, Halle, Archiv der Franckeschen Stiftungen (nachfolgend AFSt): AFSt/W VII/I/29, Bl. 9r.

[12] Instruction für den Herumführer [s. Anm. 11], Bl. 4r.

[13] Zu diesem Thema vgl. Gotha macht Schule. Bildung von Luther bis Francke. Hg. v. Sascha Salatowsky. Gotha 2013 (Veröffentlichungen der Forschungsbibliothek Gotha, 49), 155: Katja Vogel: Exponatbeschreibung „3.7. Quellen des Wissens: Die Naturalienkammer"; Veronika Albrecht-Birkner: Reformation des Lebens. Die Reformen Herzog Ernsts des Frommen von Sachsen-Gotha und ihre Auswirkungen auf Frömmigkeit, Schule und Alltag im ländlichen Raum. Leipzig 2002 (Leucorea-Studien zur Geschichte der Reformation und der Lutherischen Orthodoxie, 1), 527.

[14] Zitiert nach: Pietist und Preußenkönig. August Hermann Francke im Gespräch mit Friedrich Wilhelm I. In: Gott zur Ehr und zu des Landes Besten. Die Franckeschen Stiftungen und Preußen. Aspekte einer alten Allianz. Hg. v. Thomas Müller-Bahlke. Halle 2001 (Kataloge der Franckeschen Stiftungen, 8), 5f., hier 6.

[15] Die Stiftungen August Hermann Francke's in Halle. Festschrift zur zweiten Säcularfeier seines Geburtstages. Hg. v. d. Directorium der Franckeschen Stiftungen. Halle 1863, 222.

[16] Instruction für den Herumführer [s. Anm. 11], Bl. 1v, 2r.

[17] Instruction für den Herumführer [s. Anm. 11], Bl. 1v.

[18] [Christoph Semler:] Die Stadt Jerusalem. Mit allen ihren Mauren, Thoren, Thürmen, Tempel, Pallästen, Schlössern, auch übrigen publiquen und privat-Gebäuden, samt denen Thälern, Bergen und umliegenden Bergen. In einem Modell und materiellen Fürstellung aufgerichtet Anno M.DCC.XVIII. Halle: Waisenhaus, 1718, 3.

[19] [Semler,] Die Stadt Jerusalem [s. Anm. 18], 18.

## Register der Personen


A

Achtnich, Martin 151

Adelung, Anhard 171

al-Hākim, Kalif 182

Angillis, Pieter 18, 30

Anker, Peter 64

Anne, England, Königin 161

Arndt, Johann 148f.

Arnold, Gottfried 28, 189f., 195

B

Balbín, Bohuslav 152

Bayly, Ludwig 196

Bengel, Johann Albrecht 38–40, 42f.

Benthem, Heinrich Ludolf 106

Bernigeroth, Martin 192

Birckmann, Margarete Barbara 78

Blumentrost, Laurentius 23, 118

Böhme, Anton Wilhelm 185

Boltzius, Johann Martin 104

Braun, Georg 44

Breckling, Friedrich 97f., 105, 111

Brockhausen, Johann Heinrich 119

Brunnholtz, Johann Peter 121, 125

C

Callenberg, Johann Heinrich 60, 67–69, 71, 74, 77–79, 82, 84f.

Cämmerer, August Friedrich 50

Çelebi Ismail Pascha 175

Celsing, Gustaf d. J. 72

Charmentier, Jacques le 21

Chodowiecki, Daniel 16

Christian VI., Dänemark, König 58

Chrysanthos, Archimandrit 163

Comenius, Johann Amos 150, 153f., 156

Coyet, Balthasar 133

Cranach, Lucas d. Ä. 154

Crusius, Christian Friedrich 139f.

D

Dannhauer, Johann Conrad 192

Dapper, Olfert 83, 176, 184

David, Christian 152

Defoe, Daniel 194

Dehné, Johann Christoph 189

Derschau, Reinhold von 192

Diogo (Landprediger) 53

Duval, Pierre 176

E

Eberhard Ludwig, Württemberg, Herzog 39, 44

Ernst I., Sachsen-Gotha-Altenburg, Herzog (der Fromme) 207

F

Federlin, Carl 44

Ferdinand II., Heiliges Römische Reich, Kaiser 153

Ferdinand III., Böhmen, König, Heiliges Römische Reich, Kaiser 145

Finckenhagen, Johann 119

Fokke, Simon 108

Francke, August Hermann 6, 9, 11, 19–24, 26f., 30, 37–44, 51, 58, 63, 65, 79, 83, 89–94, 98–102, 104–106, 111, 115–119, 123f., 126, 128, 130f., 139, 142f., 147, 150, 153, 155–157, 164f., 168, 170f., 173f., 176, 189, 192–196, 202–204, 207, 209

Francke, Gotthilf August 37, 42, 104, 123, 125, 201

Francke, Heinrich Friedrich 22, 164

Francke, Johann Henriette geb. Rachals 196

Freyer, Hieronymus 24f.

Freylinghausen, Gottlieb Anastasius 135

Freylinghausen, Johann Anastasius 60, 145

Friedrich I., Preußen, König 27, 115

Friedrich III., Brandenburg-Preußen, Kurfürst *siehe* Friedrich I., Preußen, König

Friedrich IV., Dänemark, König 49, 58

Friedrich Wilhelm I., Preußen, König 156, 207

Fritz, Johann Friedrich 60

Funk, Johann Caspar 37, 42f.

G

Georg, Dänemark, Prinz 161

Gersdorf, Henriette Catharina von 101, 142

Giedde, Ove 49

Glassbach, Carl Christian 77

Graff, Anton 78, 80

Grävenitz, Christiane Wilhelmine von 39, 43

Groeben, Otto Friedrich von der 183

Gronau, Israel Christian 104

Gründler, Johann Christian 118

Gründler, Johann Ernst 24, 57

H

Habernfeld, Andreas 155

Hafner, Johann Christoph 39, 44

Hall, Joseph 196

Handschuh, Johann Friedrich 121, 125

Heap, George 123, 135

Hecker, Johann Julius 78

Hedinger, Johann Reinhard 39

Heinrich IV., Frankreich, König 34

Heinrich XXIV., Reuß-Köstriz, Graf 22, 27, 209

Heinzelmann, Johann Dietrich Matthias 121, 125

Helmuth, Justus Heinrich Christian 122

Hemmerde, Carl Hermann 82

Herper (Buchdrucker) 143

Herrnschmid, Johann Daniel 144

Hochstetter, Andreas Adam 41

Hochstetter, Johann Andreas 39, 41

Hogenberg, Franz 44

Hohenlohe-Ingelfingen, Christian Kraft zu 44

Hohenlohe-Ingelfingen, Maria Katharina Sophie zu 44

Hohenlohe-Pfedelbach, Ludwig Gottfried zu 38

Holdermann, Jean-Baptiste 176
Holyck, Georg 152
Homann, Johann Baptist 69, 122
Hooghe, Romein de 133
Hus, Jan 139, 143, 150f.

I

Ignatius de Loyola 26
Israel, Georg 139, 151

J

Jäger, Johann Wolfgang 42
Janssonius, Johannes 108
Johann Georg II., Kurfürst 184
Jordan, Claude 107

K

Kate, Lambert ten 107
Keach, Benjamin 194f.
Keppele, Johann Heinrich 122
Keyßler, Johann Georg 25
Kißleben, Elisabeth Ehrengardt von 27, 105
Klein, Jacob 135
Knoll, Samuel Benjamin 125, 207
König, Johann Friedrich 135
Konstantin, Römisches Reich, Kaiser 83, 182
Köppen, Johann Ulrich 37f.
Kramer, Matthias 107

L

Lederwasch, Gregor II. 126
Letochleb, Wenzelslaus 144, 149
Liberda, Jan 142, 146, 149
Liebe, Gottlob August 50, 58
Lithgow, William 184
Lüdeke, Christoph Wilhelm 77
Ludolf, Heinrich Wilhelm 19, 22f., 26, 91, 97, 106, 119, 161, 163–166, 168–174, 176f., 182f., 185
Ludolf, Hiob 161, 165, 168
Lundius, Johann 183
Luther, Martin 22, 27, 42, 44, 155, 161, 174
Luttern, Walramo 145
Luyken, Jan 6, 13, 31, 34, 75, 178, 180

M

Maček, Matěj (Matius Mayek) 143–145, 155
Madai, David Samuel von 120f., 132f.
Mahmud I., Osmanisches Reich, Sultan 72, 84
Manitius, Johann Andreas 67–69
Mann, Johann Friedrich d. Ä. 78
Mann, Johann Friedrich d. J. 78
Mann, Justinus Philippus 78
Martini, Marcus 30
Mattioli, Pietro Andrea 146
Maundrell, Henry 183
Mechel, Christian von 78, 80
Melantrich, Georg 146, 154
Menzius (Mengzi) 203
Michaelis, Johann David 78
Michaelis, Johann Heinrich 83
Michaelis, Philipp 118
Milde, Heinrich 19, 24, 139f., 142–150, 154–157
Möller, Arnold 107
Moller, Carl Otto 131
Mühlenberg, Anna Maria 122
Mühlenberg, Heinrich Melchior 121f.
Müller, Johann 82
Murad Pascha 175

N

Natzmer, Charlotte Justine von 117
Natzmer, Dubislaw Gneomar von 117
Nensen (schwedischer Legationsprediger) 74
Neubauer, Georg Heinrich 19, 22, 27, 37, 89–108, 111, 196
Niebuhr, Carsten 77f.
Nitschmann, Anna 153
Noom, Reinier 108

O

Overbeek, Johann 90, 100f.

P

Paget, William 165
Paulus 83
Peter I., Russland, Zar 23, 118f.
Petersen, Johann Wilhelm 41–43
Philipp (Landprediger) 56
Plitt, Hermann 151
Porter, James 74f.
Posselt, Franz 19, 25f.
Pratt, Marie Louise 57

Q

Querfurt, August 17, 34

R

Raghunatha Nayak, Südostindien, König 49
Rajappen (Landprediger) 56
Rauner, Johann Thomas von 22
Reede tot Drakestein, Hendrik Adriaan van 62
Reuß, Jeremias Friedrich 40
Richter, Christian Friedrich 27, 116f., 121, 130–132
Richter, Christian Sigismund 130, 132
Riegemann (General) 118
Rodde, Caspar Adolph 118
Roloff, Ulrich Thomas 118
Rosen, Andrea 146
Ruthe, Matthias 146
Ruthe, Samuel 146f.
Ryne, Jan Van 134

S

Salchow, Christoph 171
Sandys, George 183f.
Sanson, Nicolas 150
Sarganek, Georg 157
Saur, Abraham 144
Scharschmid, Justus Samuel 23, 119, 173
Schaum, Johann Helfrich 121, 125
Schawrirajen (Stadtkatechet) 56
Schenck, Pieter 34, 108, 150, 164, 176

Schlegelmilch, Caspar Gottlieb 125
Schultz, Stephan 19, 67–69, 71–80, 82–85, 166, 171, 173
Schultze, Benjamin 19, 51f., 56, 58, 60–62, 202
Schwartz (Maler) 189
Schwartz, Christian Friedrich 57
Schweinitz, Georg Rudolf von 27, 94, 100f.
Seidel, Christoph Matthäus 194
Semler, Christoph 176, 179f.
Seutter, Matthäus 62f.
Severin, Paul 146f.
Spener, Philipp Jakob 41f., 193
Spizel, Gabriel 38
Steinmetz, Johann Adam 139f., 142f., 145, 147
Stubbe, Rathge 169f., 173, 183
Sturm, Leonhard Christoph 105, 180
Swanevelt, Hermann van 20
Swift, Jonathan 194
Sysang, Johann Christoph 38

T

Theobald, Zacharias 155
Thilo, Ernst Christian 121, 125
Thomas von Kempen 146
Tiepolo, Giovanni Domenico 15, 33
Titus 83
Tribbechow, Johannes 176
Troilo, Franz Ferdinand von 184
Tuki, Raphael 71f.
Turner, John 164, 176

U

Urlsperger, Samuel 22, 39

V

Ventzcke, Ernst Bogislaus 142, 144–146
Villalpando, Johann Baptista 179
Vogel, Bern[h]ardus 37, 44
Voogt, Ludewig 76

W

Weber, Max 124
Widmann, Georg 67f.
Woltersdorf, Albrecht Friedrich 72–74, 76f., 79f., 83–85

Z

Ziegenbalg, Bartholomäus 24, 51f., 56f., 60
Ziegenbalg, Dorothea 51
Ziegenhagen, Friedrich Michael 119, 125
Zinzendorf, Nikolaus Ludwig von 150, 152f., 156
Zischka, Johann 155

## Register der Orte


A

Akkon 72, 80

Aleppo 72f., 80, 171

Alexandria 72, 80, 161, 168, 171, 176, 185

Amsterdam 34, 90, 92f., 97–100, 106, 108–111, 120, 125

Ancona 72

Annaberg 117, 143

Ansbach 37

Antiochia 80

Archangelsk 118f., 133f.

Astrachan 119

Augsburg 22, 37, 44, 164, 173

Außig (Ústí nad Labem) 143

B

Banská Bystrica *siehe* Neusohl

Banská Štiavnica *siehe* Schemnitz

Barby 139, 142, 144–146, 148, 154, 156

Bärenstein 117

Basra 72

Bebenhausen 37, 40

Bennstedt 144

Berlin 9, 58, 78, 101, 117f., 140, 142, 144, 149, 156, 194f.

Bethlehem 163, 169f., 183

Biberach 37, 42

Blaubeuren 37, 42

Bodenbach 143

Böhmisch Kamnitz (Česká Kamenice) 143

Bopfingen 37

Borna 143

Braunschweig 95, 118

Bremen 95

C

Celle 22, 95

Chennai *siehe* Madras

Colombo 50, 57

Cuddalore 52

D

Damaskus 72, 80

Dansburg 49, 62f.

Danzig 68

Darmstadt 37

Delft 98–100, 106

Delfzijl 96

Den Haag 21, 91, 97f., 100, 106, 108

Denkendorf 37f., 40, 43f.

Dresden 101, 117, 143f.

E

Ebenezer 120f.

Ebersdorf 37

Ebstorf 161f., 172

Eger (Cheb) 143

Eisenach 37

Eisleben 144

Elbogen (Loket) 143

Emden 95

Erfurt 37, 161, 164

Erlangen 37

F

Falkenau (Sokolov) 143

Flatow (Złotów) 67

Flensburg 111

Frankfurt/Main 37

Fraureuth 145

G

Gera 37

Gießen 37

Giseh 72, 76, 84

Glaucha 89, 90–92, 94, 98–102, 104, 208

Glauchau 117

Görlitz 117

Gotha 37, 207

Großhennersdorf 140, 142, 145f., 149

Guben 117

H

Haarlem 96, 108

Halberstadt 101

Halle/Saale 6, 22–24, 37f., 43f., 49, 58, 60–62, 67, 72, 74, 77, 80, 83, 89–91, 93, 95, 99–103, 106, 111, 115, 117–123, 132, 135, 139f., 142–148, 154f., 157, 161, 163, 168, 171, 176, 193, 195, 201–204, 206–208

Hamburg 95, 97, 104, 117

Handewitt 111

Hannover 95

Hanya (Chania) 175

Harburg 95

Heidelberg 37, 153

Heilbronn 37

Herborn 153

Herrnhut 140, 150, 153

Hersfeld 37

I

Idstein 37

Ingelfingen 37, 44

Isfahan 72

Izmir *siehe* Smyrna

J

Jaffa 80, 161, 165, 170, 173, 176f.

Jena 144f., 201

Jerusalem 6, 22, 72, 75f., 80, 82, 84, 161–163, 165f., 168–171, 173f., 176–180, 182–185, 192, 208

Joachimsthal (Jáchymov) 58, 143f.

K

Kairo 71f., 74, 80, 84f., 161, 168, 173f., 176, 184f.

Kalkutta 119

Kapstadt 35

Karlsbad (Karlovy Vary) 140, 142–144

Kirchberg 117

Kleve 90, 100

Kloster Heilsbronn 37

Kloster Lüne 95
Kölleda 117
Königgrätz (Hradec Králové) 145
Königsberg (Kaliningrad) 67f.
Königsberg (Kynšperk nad Ohří) 143
Konstantinopel (Istanbul) 71–74, 83f., 161f., 164, 166, 170f., 173f., 176
Konstanz 151
Kopenhagen 40, 49f., 52, 118f., 125
Köstritz 201
Kulmbach 37
Kunevald (Kunin) 153

L

Leer 95
Leiden 74, 79, 97
Leipzig 9, 117, 143f., 157, 164, 208
Lissa (Leszno) 151, 153f.
Livorno 161, 164, 168, 170f., 173, 176, 185
London 49, 69, 119, 125, 161, 185
Lübeck 95, 119
Ludwigsburg 37, 39
Lüneburg 95, 195f.

M

Madras (Chennai) 52, 57f., 61, 125, 134f.
Magdeburg 22, 27, 94, 100, 133
Mayaveram 53, 64
Merseburg 51, 117, 144
Messina 173
Moskau 23, 118, 163

N

Nagapattinam 57
Naumburg 144
Nazareth 72
Neukölln (Berlin) 156
Neusohl (Banská Bystrica) 117, 131
Nördlingen 37
Nürnberg 34, 37, 43, 78, 117

O

Oldenburg (i. Oldenburg) 95
Öttingen 37

P

Paris 78, 105
Philadelphia 122f., 135
Pirna 117
Pondicherry 52
Prag 145f., 154

Q

Querfurt 144

R

Rama (Ramla) 165, 168, 176
Rixdorf (Berlin) 142, 144, 156
Rodesto 165
Rom 71
Rosette 185
Rotterdam 98–100, 104, 106
Rumburg (Rumburk) 143

S

Schemnitz (Banská Štiavnica) 132
Schlagenthin 149
Schneeberg 117
Schönberg (Altmark) 143
Schwäbisch Hall 37, 40, 43
Seeburg 144
Senftleben (Ženklava) 152
Smyrna (Izmir) 72, 77f., 80, 85, 164, 173, 176
Sorau 117
St. Petersburg 69, 118
Stuttgart 22, 37–40, 43

T

Teplitz (Teplice) 104, 143
Teschen (Cieszyn) 142
Tetschen (Děčin) 143
Thanjavur 52, 57
Tiruchirappalli 52, 56
Torgau 117
Tranquebar 24, 49f., 52f., 57f., 60, 63f., 119, 125, 202, 207
Triest 72, 80
Tübingen 37, 40f., 43f.
Turnau (Turnov) 151

U

Ulm 37f., 42–44
Usingen 37

V

Venedig 22, 72, 80, 161, 164, 173, 176f., 184
Ves Paně (Wespen) 139f., 142, 145, 152, 154, 156

W

Walddorf 37
Weimar 37
Weißenfels 144, 164
Wespen *siehe* Ves Paně
Wetzlar 37
Weyda 118
Wiehe 118
Wien 72f., 80, 118
Wiesenthal 143
Wittenberg 42, 118, 152, 154
Wohlbach 139f., 143
Wolfenbüttel 22, 95

Z

Zauchtental (Suchdol) 153
Zeitz 118
Zerbst 52
Zittau 143, 143

## Bildnachweis

Amsterdam (NL), Rijksmuseum: U1, 2f., 7, 8, 10f., 12, 14, 20, 21, 30, 35, 75, 86f., 107, 158f., 172, 179, 182

Amsterdam (NL), Stadsarchief: 96, 103

Barby, Evangelischer Pfarrbereich Barby, Foto Burghardt Westphal: 138

Berlin, akg images: 16u., 17, 28, 32o., 32u., 190f. | Foto Erich Lessing: 15 | Foto Bernard Bonnefon: 18 | North Wind Picture Archives: 25 | Pictures From History: 135 | Bildarchiv Monheim: 162

Berlin, Pictura Paedagogica Online: 160.

Berlin, Staatsbibliothek zu Berlin – Preußischer Kulturbesitz, Handschriftenabteilung: 91, 98

Berlin, Stiftung Preußischer Kulturbesitz, Museum für Asiatische Kunst: 120

Braunschweig, Herzog Anton Ulrich Museum. Kunstmuseum des Landes Niedersachsen, Museumsfotograf: 31

Erfurt, Thüringisches Museum für Volkskunde: 117

Göttingen, Niedersächsische Staats- und Universitätsbibliothek: 119

Halle, Evangelische Marktkirchengemeinde, Marienbibliothek, Foto Klaus Göltz: 81, 146

Halle, Franckesche Stiftungen: 19re., 23, 24, 50, 58, 59, 101, 165, 170 | Foto Klaus Göltz: 29, 33, 36, 38re., 39, 45, 46f., 48, 51, 54f., 56, 61, 62, 63, 64, 65o., 65u., 66, 68u.li., 68u.re., 69, 76, 80, 82, 83, 84, 85, 88, 92, 93, 94, 95, 97, 99, 106, 109, 110, 111, 116o., 116u., 130, 131, 132, 133, 134, 140f., 142, 143, 147, 148, 150, 151, 155, 160, 163o., 164, 168, 169, 171li., 171re., 174, 175, 177, 178, 180, 181, 183, 184, 185, 186f., 189, 192, 193, 194, 197, 198f., 200, 202, 203, 205, 206, 207 | Foto Klaus Göltz, Bearbeitung Andreas Matthes: 70f., 126f., 166f. | Foto Reinhard Hentze: 60

Halle, Martin-Luther-Universität Halle-Wittenberg, Universitäts- und Landesbibliothek Sachsen-Anhalt: 19li., 122

Heidelberg, Deutsche Apotheken Museum-Stiftung: 112f., 114

Herrnhut, Unitätsarchiv der Evangelischen Brüder-Unität: 136f., 144, 152, 153, 154, 157

Leiden (NL), Universitaire Bibliotheken: 73

Leipzig, Universitätsbibliothek, Porträtstichsammlung: 67, 77, 121

Oslo (NO), University Museum of Cultural Heritage: 53

Philadelphia (USA), American Philosophical Society: 123

Poznań (PL), Muzeum Narodowe w Poznaniu: 156

Privatbesitz, Wolfgang Pechstedt, Foto Klaus Göltz: 78li., 78re.

Privatbesitz, Mordechay Lewy: 163u.

Stockholm (S), Stiftelsen Skansen: 188

Tübingen, Eberhard Karls Universität, Universitätsbibliothek: 38li., 40f.

Ulm, Stadtarchiv Ulm: 42

## Leihgeber

Amsterdam (NL), Rijksmuseum

Amsterdam (NL), Stadsarchief

Barby, Evangelischer Pfarrbereich Barby

Berlin, akg-images

Berlin, Institut für Bildungsforschung / Pictura Paedagogica Online

Berlin, Museumsstiftung Post und Kommunikation

Berlin, Staatsbibliothek zu Berlin – Preußischer Kulturbesitz, Handschriftenabteilung

Berlin, Stiftung Preußischer Kulturbesitz, Museum für Asiatische Kunst

Braunschweig, Herzog Anton Ulrich Museum. Kunstmuseum des Landes Niedersachsen

Dresden, Sächsische Landesbibliothek – Staats- und Universitätsbibliothek Dresden / Deutsche Fotothek

Erfurt, Thüringisches Museum für Volkskunde

Frankfurt/Oder, Museum Viadrina

Göttingen, Niedersächsische Staats- und Universitätsbibliothek

Halle, Evangelische Marktkirchengemeinde, Marienbibliothek

Halle, Robert Filipski

Halle, Martin-Luther-Universität Halle-Wittenberg, Universitäts- und Landesbibliothek Sachsen-Anhalt

Heidelberg, Deutsche Apotheken Museum-Stiftung

Herrnhut, Unitätsarchiv der Evangelischen Brüder-Unität

Leiden (NL), Universitaire Bibliotheken

Leipzig, Universitätsbibliothek, Porträtstichsammlung

München, Bayerisches Nationalmuseum, Leihgabe aus der Orban-Sammlung der Ludwig-Maximilians-Universität München

Oslo (NO), University Museum of Cultural Heritage

Philadelphia (USA), American Philosophical Society

Poznań (PL), Muzeum Narodowe w Poznaniu

Privatbesitz, Mordechay Lewy

Privatbesitz, Wolfgang Pechstedt

Privatbesitz, Udo Schmidt

Schönebeck, Salzlandmuseum

Stockholm (S), Stiftelsen Skansen

Tübingen, Eberhard Karls Universität, Universitätsbibliothek

Ulm, Stadtarchiv Ulm

Weißenfels, Museum Weißenfels im Schloss Neu-Augustusburg

Werdau, Stadt- und Dampfmaschinenmuseum

Wolfenbüttel, Herzog August Bibliothek

Zeitz, Museum Schloss Moritzburg

Der Katalog erscheint anlässlich der Ausstellung

**Durch die Welt im Auftrag des Herrn.**
**Reisen von Pietisten im 18. Jahrhundert**

Kataloge der Franckeschen Stiftungen 35

**AUSSTELLUNG**
18. März 2018 – 16. September 2018
Historisches Waisenhaus der Franckeschen Stiftungen

Kuratoren: Anne Schröder-Kahnt und Claus Veltmann

Beirat: Thomas Müller-Bahlke und Holger Zaunstöck

Ausstellungsbüro: Claus Veltmann (Leitung), Anne Schröder-Kahnt, Angelika Kleiner, Thorsten Krüger, Edwin Williams

Studienzentrum August Hermann Francke – Archiv und Bibliothek: Brigitte Klosterberg (Leitung)

Ausstellungsgestaltung und -realisierung: Kocmoc.net, Leipzig

Ausstellungsbau: Gisbert Peuker, Luppenau

**KATALOG**
Herausgegeben von Anne Schröder-Kahnt und Claus Veltmann

Katalogbeiträge und Objektlisten
Die Katalogbeiträge sind namentlich gekennzeichnet. Die Einleitungstexte sowie die Objektbeschreibungen Raum 1, 2 (Orient), 6 und 7: Anne Schröder-Kahnt | Raum 2 (Indien) bis 4: Claus Veltmann (Kat.-Nr. 4.5 a–x: Claudia Weiß) | Raum 5: Claus Veltmann und Claudia Weiß (Kat.-Nr. 5.16: Mechthild Hofmann).
Wenn nicht anders vermerkt, geben die Maßangaben Höhe × Breite der Objekte an. Archivalien, Bücher und Reproduktionen sind ohne Maßangaben verzeichnet.

Textredaktion: Metta Scholz, Anne Schröder-Kahnt, Claus Veltmann, Claudia Weiß, Holger Zaunstöck

Bildredaktion: Anne Schröder-Kahnt und Claus Veltmann

Umschlag: Inneres der Grabeskirche in Jerusalem, Radierung von Jan Luyken, Amsterdam, 1698. Amsterdam, Rijksmuseum: RP-P-1896-A-19368-1210

Frontispiz: Landschaft mit zwei Wandersleuten, Radierung nach Hermann van Swanevelt, 2. Hälfte 17. Jahrhundert (Detail). Amsterdam, Rijksmuseum: RP-P-1904-3749

Kataloggestaltung: Klaus E. Göltz, Halle

Umschlaggestaltung: anschlaege.de, Berlin, unter Verwendung einer Illustration von Larissa Hoff

Öffentlichkeitsarbeit: Kerstin Heldt (Leitung)

Museumspädagogik: Susanna Kovács (Leitung)

Lithografie: ScanColor Reprostudio Leipzig GmbH, Leipzig

Druck und Bindung: Grafisches Centrum Cuno GmbH & Co.KG, Calbe



Bibliografische Information der Deutschen Nationalbibliothek:
Die Deutsche Nationalbibliothek verzeichnet diese Publikation in der Deutschen Nationalbibliografie; detaillierte bibliografische Daten sind im Internet über http://dnb.dnb.de abrufbar.
Bibliographic information published by the Deutsche Nationalbibliothek:
The Deutsche Nationalbibliothek lists this publication in the Deutsche Nationalbibliografie; detailed bibliographic data are available in the Internet at http://dnb.dnb.de.



Verlag der Franckeschen Stiftungen 2018
http://www.francke-halle.de und http://www.harrassowitz-verlag.de

ISBN 978-3-447-10967-3

Gefördert aus Mitteln der Beauftragten der Bundesregierung für Kultur und Medien und aus Mitteln des Landes Sachsen-Anhalt und mit freundlicher Unterstützung der Saalesparkasse.